JN076293

国際政治史講義

20世紀国際政治の軌跡

滝田賢治［著］

History of International Politics:

Trajectory of International Politics in 20th Century

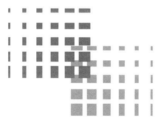

有信堂

まえがき

　20世紀は人類史における一大転換点であったと後世の歴史家は評価することになるであろう。「人は自分の生きている時代を誇大視する」傾向があるとはいえ、20世紀に起こった数えきれない戦争・革命・ジェノサイドや全人類を一瞬にして絶滅させる核兵器が登場したことを想起するだけでも、あるいは1900年に約17億人だった世界人口が2000年には約60億人と人口爆発した事実を再確認するだけでも、この世紀が人類史において異常な世紀であったといわざるをえない。

　20世紀前半の50年間—日数に直せば約18,000日の間—に、文字通り世界的規模の大戦争を一度ならず二度も発生させ、戦闘要員・非戦闘要員の死者約6,500万人、負傷者約5,500万人の犠牲者を生み出した。このなかにはホロコーストで犠牲となった約600万人のユダヤ人が含まれる。この数字は大戦終結前後までのものであり、戦後に傷病により命を落とした犠牲者を含めればさらに膨大な数になるはずである。また死亡しないまでも失明したり手足を失ったりし、重い後遺症を背負って混乱・疲弊した戦後を生き抜かなければならなかった負傷者たちの生活は過酷で悲惨なものであった。1790年から1913年までの120年間に発生した戦争の犠牲者は約450万人といわれているが、これに比べると二つの大戦争の犠牲者数は想像を絶する凄まじさといわざるをえない。この凄まじい犠牲者を生み出したのは、第一次・二次産業革命を背景とした生産技術・軍事技術の飛躍的「発展」と「国民皆兵制度」を含む総力戦の結果であったことはいうまでもない。

　20世紀にはこの二つの世界大戦ばかりでなく、規模も性格も異にする夥しい数の戦争・軍事紛争が発生した。植民地支配から脱却するために現地勢力が進めた宗主国との独立戦争、独立後の国家運営をめぐる対立に起因する内戦や

部族間・民族間戦争、ロシア革命を「源流」として第二次世界大戦後に打ち続いた社会主義革命とそれへの反革命戦争、一国内の政治的混乱・対立に対して資源獲得や戦略的地点の確保を目的に複数の外国勢力が介入して複雑化した国際紛争、独立した新興国家間の国境・領土紛争などが頻発した。第一次世界大戦と第二次世界大戦を淵源として発生した米ソ冷戦期を、大国間の長期にわたる大戦争も起こらず、米ソ核戦争も回避され国際システムは安定していたという理由で「長い平和（Long Peace）」（ジョン・L・ギャディス）であったとする見方もある。しかしこの冷戦期に発生した戦争・内戦・軍事紛争で約2,000万人が犠牲になっているという冷厳な事実を前にすると、「長い平和」という見方は虚しく聞こえる。

　戦争・軍事紛争の数と犠牲者の数ばかりでなく、国際法の交戦法規を無視した戦闘行為における残忍さの激増である。第二次世界大戦中のホロコーストは言うまでもなく、ソ連軍によるカチンの森虐殺事件、アメリカによる広島・長崎への原爆投下、日中戦争時の石井細菌部隊による中国人捕虜への人体実験、ヴェトナム戦争時のアメリカ軍によるソンミ村虐殺事件など枚挙にいとまがない。また戦時ではなかったが文化大革命中の中国で発生した2,000万人ともいわれる大量の死者（集団虐殺・自殺強要・自死を含む）、カンボジアのポルポト政権による200万人に上る虐殺などの大量虐殺が発生した。

　長期にわたる過酷な植民地統治に対する怨念、革命への恐怖と反革命への激しい反発、歴史的な部族・民族対立、戦争中の極限状況における異常心理などがジェノサイドやエスニック・クレンジングを生んだ。その意味で20世紀はニーアル・ファーガソンがいみじくも名付けたように「憎悪の世紀」であった。「狂気に満ちた世紀」だったとも言える。

　サイバー攻撃、無人爆撃機、ドローン、AI兵器などデジタル技術による超現代的兵器を駆使した正規戦争、民兵・犯罪集団を利用した非正規戦争、心理戦、情報戦を組み合わせたハイブリッド戦争の時代が到来しつつあると言われているが、一方ではイスラム過激派や分離主義者による古典的な自爆テロで多数の一般大衆を犠牲にする事例も多発している。伝統的な「古い戦争」にせよ、デジタル技術を駆使した「新しい戦争」にせよ、ハイブリッド戦争にせよ、勝利した国家・集団が勝利の愉悦感に浸れるのは一時的であり憎悪の悪循環に巻

き込まれていくことは「戦争の世紀」20 世紀の教訓である。はたして 21 世紀は「憎悪の世紀」「狂気に満ちた世紀」から決別できるのであろうか。

国際政治史講義— 20 世紀国際政治の軌跡／目　次

国際政治史講義

20 世紀国政政治の軌跡

序　章　産業革命と近代資本主義の生成

　19世紀を中心に発生した二つの産業革命がなければ、二つの資本主義様式は生まれなかったし、20世紀における二つの世界大戦も発生しなかったはずである。二つの産業革命とは18世紀後半から19世紀前半にかけイギリスで始まり西欧諸国に広がった第一次産業革命と、19世紀第4四半世紀から20世紀初頭にかけアメリカ・ドイツが牽引した第二次産業革命であることはいうまでもない。二つの資本主義とは産業資本主義と金融資本主義であることは論をまたない。二つの世界大戦とは数千万人の命を奪い、ありとあらゆる形の不幸を生み出した第一次世界大戦と第二次世界大戦である。この間、同じ言語を話し同じ宗教を信仰している集団が他の集団と軍事衝突し民族浄化を含む殺戮を行ったり、イデオロギーを異にする社会階層が相互に血で血を洗う戦闘を繰り返したり、民衆の抗議デモを独裁政権が圧殺したりし、阿鼻叫喚の地獄絵のような悲劇が繰り返されてきた。

　二つの産業革命は、ともに技術革命を基礎にしながらも動力革命・運輸革命・通信革命・軍事革命・農業革命を引き起こし生産様式・生産関係や生活様式を大きく変化させる社会革命となった。その結果、生産性を飛躍的に向上させると同時に、階級としての産業労働者層を生み出し、家族や社会あるいは都市の在り方を激変させた。第一次産業革命が革命といわれたのは、人間社会で長いこと動力源であった風力・水力・人間や動物の肉体的エネルギーのかなりの部分が外燃機関としての蒸気機関に取って代わられていくことになったからである。しかし企業の利潤が増大して産業資本主義が形成される一方、炭鉱労働者をはじめとする労働者は過酷な労働を強いられ、思想としての社会主義が運動としての社会主義に「発展」していくことになった。

　イギリスが第一次産業革命を主導できた理由は枚挙にいとまがない。蒸気機

4

関を含め鉄製機械の製造に不可欠な鉄鉱石と石炭に恵まれていたこと。18 世紀前半には石炭を蒸し焼きにして作るコークスを使い不純物を除去できる製鉄法が開発され銑鉄生産が増大し、18 世紀後半には銑鉄から棒鉄を効率的に生産するパドル法が開発され、鉄塊を熱いうちに圧延して棒鉄を製造できるようになっていたこと。さらに 19 世紀中葉にはイギリス人ヘンリー・ベッセマーが銑鉄から鋼を安価で大量生産するベッセマー法を発明したこと。こうした製鉄技術により蒸気機関が実用化され、逆に蒸気機関が溶鉱炉で鉄鉱石を溶解して銑鉄を作る際に不可欠な送風シリンダーの動力になったため、銑鉄の生産量が増大したこと。

こうした技術革命の発展以前からインド綿（キャラコ）が流入しており、このインド綿との遭遇が機械技術を急速に発展させることになった。東インド会社が輸入したインド綿は、羊毛と異なり軽くて吸湿性が高く、肌触りがよくイギリス国内で高い需要を生んだが、インドでは手工業で綿布が生産されていたため輸入量が限られていた。このことが企業家精神を刺激し紡績機や力織機が次々に発明された。アークライトの紡績機やカートライトの力織機は、石炭を燃料とし水蒸気の圧力を利用する蒸気機関を動力として生産性を飛躍的に伸ばし、その結果、大規模な工場制機械工業が発生していった。

もちろん現在でも従来の動力源もある程度使われているが、石炭と蒸気機関は産業機械や蒸気機関車、蒸気船に不可欠な要素となっていった。英米を中心に大型帆船（クリッパー）も登場していたが次第にはるかに高速の蒸気船に取って代わられ、この蒸気船や蒸気機関車に牽引された鉄道車両は人・物の移動時間を短縮して運輸革命をもたらすとともに郵便物をより短時間で運搬する通信革命も引き起こした。新たな製鉄技術により、鉄道のためのレール・信号塔・鉄橋が生産されるようになり、武器製造の高性能化・大量生産化が殺傷能力を高め、蒸気機関車や蒸気船は兵士や物資の兵站輸送を効率化して軍事力を増強させることになった。イギリスに興った第一次産業革命は、ナポレオン戦争後の 1830 年代になって本格的に西欧諸国やアメリカ東北部でも展開するようになったが、イタリアやドイツにおける本格的産業革命は 1860 年代から 70 年代の国家統一を待たねばならなかった。

資本・労働（力）・原材料・技術・市場の 5 要素を不可欠な生産要素とする

表1　主要国の世界貿易と世界工業生産に占める割合（%）

年	世界貿易に占める割合					工業生産に占める割合				
	欧州	英	仏	独	米	欧州	英	仏	独	米
1820	76	27	9	11	6	96	24	20	15	4
1840	74	25	11	8	7	94	21	18	17	5
1860	69	25	11	9	9	86	21	16	15	14
1870	72	25	10	10	8	N.A.	32	10	13	23

（出所）宮崎犀一・奥村茂次・森田桐郎編『近代国際経済要覧』12頁。
（原典）W. W. Rostow, The World Economy, History of Prospect, Macmillan, 1978, pp. 52-53 and 70-73.

産業資本主義の「発展」のためには、第一に重商主義的・封建的制約を撤廃しなければならず、第二にこれら5要素が循環することが不可欠であった。すなわち前4要素により製品・商品を生産し市場で売却し利潤を生むという循環がなければ企業の存続は不可能であった。絶えざる利潤の確保のためには、絶えざる市場の拡大が不可欠であった。そこで第三に市場拡大のために**自由貿易体制の構築と金本位制の導入**が不可欠となったのである。

　1813年イギリス政府は成長しつつあった産業資本家層の圧力を受け、東インド会社の重商主義的貿易独占権を禁止し、33年には商業活動そのものを停止させ、58年には会社そのものを解散させインド直接統治に乗り出した。1834年には奴隷制を廃止し自由な賃金労働者を創出し、43年には機械輸出禁止令（1774年制定）を廃止して技術貿易を可能にした。46年には輸入穀物に高関税をかける穀物法（1815年制定）を産業資本家・労働者双方の主張を取り入れ廃止した。49年から54年にかけ段階的に航海条例を廃止し、イギリスへの輸入は原産国船舶かイギリス船舶に限るという制限を解除した。1840年代から70年代の30年間に、他の西欧諸国も重商主義的制限を緩和していき、イギリスを中心に国際貿易が自由・多角化し質量ともに大きく発展し、西欧世界では全般的な高度経済成長が達成された。

　しかしこの国際貿易構造は、イギリスを「世界の工場」、「世界の銀行」、「世界の運輸業者」、「世界の貨物集積地」とし、西欧世界以外の諸国・諸地域を農業国あるいは原材料供給地とするイギリス中心の**垂直的国際分業体制**そのものとなった。この国際分業体制に組み込まれて非自立的な**補完的衛星国型経済圏**に転落した諸国・地域は、植民地か半植民地型の産業構造としての**モノカルチャー型経済**に固定化されていった。キューバの砂糖、ブラジルのコーヒー、ア

ルゼンチンの牧畜生産物（皮革原料・獣脂・羊毛）、オーストラリアの羊毛・穀物、イギリス領インドの綿花・黄麻（ジュート）・茶・インディゴ・アヘン、南アフリカのダイヤモンド・金、マラヤの錫・天然ゴムなどである。

　イギリスが産業革命の成果として生産した大量の綿織物や鉄工製品などの工業製品を外国に輸出する場合、バーター貿易すなわち相手国の農産物や鉱物などと物々交換することもあったが煩雑であったし、貿易を拡大するにも限界があった。しかし相手国通貨を受け取るにはその通貨の価値に不安を抱いたため、歴史的に世界中で価値が認められていた金と通貨の交換（兌換）を国家が保証することにより信用して取引ができるはずであった。古今東西で金の価値が認められていたのは、金の光沢が人々を魅了し、腐食しにくく、圧延性があり、比較的容易に分割できるという物質的優位性がある上に、生産量が限られ精錬するのにコストがかかるという希少価値があったからである。そこでイギリスは 1816 年自国通貨ポンドと金をリンクさせた通貨を鋳造する金本位制、厳密には**金貨本位制**を制定し、翌 17 年には「金 1 オンス（約 31.1035 グラム）＝ 3 ポンド 17 シリング 10 ペンス半」を交換比率とする**ソブリン金貨**を発行したのである。1 ポンドは約 9.8 グラムの金を含んでいた。1844 年にイングランド銀行が金と交換可能なポンド紙幣を発行し、イギリスの貿易相手国も自国通貨を金とリンクさせれば自国通貨の信用力が高まり貿易を拡大することができたため、19 世紀後半には主要国は金本位制を採用していった。ドイツは 1871 年、ラテン通貨同盟の中核であったフランスも 1873 年、日露はともに 1897 年、アメリカは遅れて 1900 年に金本位制を導入した。その結果 19 世紀末頃までに各国通貨間の為替レートが金を媒介として固定相場を形成し、ロンドンのシティを中心とした**国際金本位制**が成立していった。

　イギリスが自国中心の垂直的国際分業体制を築いたとはいっても、19 世紀初頭以来イギリスの貿易収支は常に赤字であり、特に 1870 年代後半以降、赤字幅は拡大していったが、海運業収入と海外投資収益を中心とした貿易外収支も拡大していったため経常収支は常に黒字であった。国際金本位制を牽引し、財政力と金融力に基づく経済力、産業革命以来の技術力を背景にした海軍力により軍事力の強大化を図り、世界各地に勢力圏を構築し**パクス・ブリタニカ**と呼ばれた一時代を築いた。

表2　金本位制度の類型

	国内流通通貨	対外支払準備 (対外決済)	国内通貨発行準備	紙幣と金との兌換
金貨本位制度	金貨・紙幣・補助通貨	金貨	金貨	自由兌換
金地金本位制度	紙幣・補助通貨	金塊	金塊	金塊購入可能 (自由兌換でない)
金為替本位制度	紙幣・補助通貨	金為替	金為替	兌換できず (金為替とのみ売買)

(注1)　金貨本位制度では、金貨を鋳つぶし金塊にすることは自由、逆に金塊を金貨に自由鋳造することも可能。
(注2)　金為替本位制度では、金為替と金貨・金塊は政府間では交換することが可能。

┈┈【脱線講義１】金本位制度の類型┈┈┈┈┈┈┈┈┈┈┈

　一口に金本位制度といっても金と通貨の交換の形態によって金貨本位制度、金地金本位制度、金為替本位制度等の３種類がある。狭義の金本位制度といわれているのが**金貨本位制度**であって次のような特徴をもっている。(1)金貨の自由鋳造が認められている。(2)金貨の自由溶解と他への転用が認められている。(3)金貨の輸出入が認められている。(4)金貨以外の金属が補助貨幣として鋳造され金とともに流通しており、金貨との交換は無制限。(5)国民の金地金・金塊を金貨あるいは法定価格で買い入れる。

　これに対し、**金地金本位制度**は「合理化された金本位制度」といわれるように、金貨という形を省略しつつ金本位制度の本質的機能を確保しようとしたもので、次のような特徴を持っている。(1)金準備は中央銀行で保持し、国内では銀貨・紙幣を流通させて金貨を流通させず、金貨・金地金は専ら対外支払いに用いる。(2)法幣たる銀行券・政府紙幣と金を等価に保つため、これらによって金地金・金塊を購入することができるが、それを金貨に鋳直すことは認められない。(3)法幣を金貨に兌換する義務を政府も中央銀行も負わない。(4)金地金・金塊の輸出入は自由である。

　金貨という形を省略しようという段階からさらに進んで、金地金・金塊をも含む金そのものの国際的流通も節約（輸送にかかるコスト・リスク・時間）しようとして考え出されたのが**金為替本位制度**であった。その最大の特徴は、国際金融の中心となっている金本位国（金貨本位制度か金地金本位制度）の通貨で表示した為替手形や中央銀行・市中銀行の預金、短期政府証券など金にいつでも交換できる通貨たる「金為替」を、金貨や金地金の代わりに通貨発行準備と外貨準備（対外決済用）にしていることである。そして国家は、一定の相場でこの「金為替」の売買を認めているのである。

┈┈【脱線講義２】パクス・ブリタニカ┈┈┈┈┈┈┈┈┈┈┈

　外交史や国際政治史ではしばしばパクス・ブリタニカという言葉が使われるが、必ずしも確立した定義があるわけではない。イギリスが第一次産業革命を牽引した技術力を背景に、工業力・経済力・軍事力を発展させた1850年前後から「帝国主義の時代」が始まる70年前後までを指す場合と、第一次世界大戦が勃発する1914年までを指す場合がある。特にイギリスの金融力と世界七つの海に睨みを利かせたイギリス海軍の力を強調することが多い。クリミア戦争、普仏戦争、露土戦争はあったが、「大国間の長期にわたる」大戦争が発生しな

かったのは総合国力で秀でていたイギリスの覇権性の効果であったという文脈でパクス・ブリタニカという言葉が使われる。本書では「19世紀中葉から第一次世界大戦までの時期において、イギリスがその技術力、経済力（とりわけ金融力）を背景に獲得した海軍力を中心とした軍事力と何よりも政治・外交力により大国間の長期に渡る大戦争を阻止しえた状態」と定義し使用している。

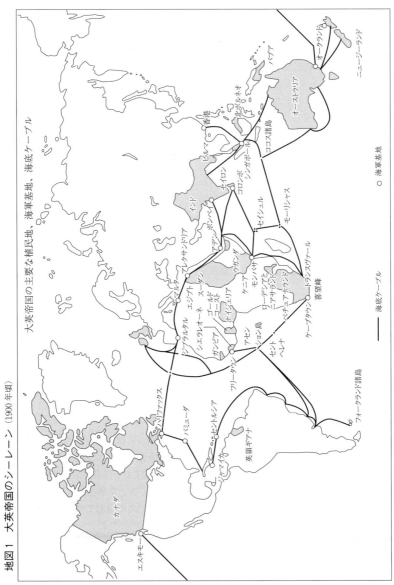

地図1 大英帝国のシーレーン（1900年頃）

大英帝国の主要な植民地、海軍基地、海底ケーブル

—— 海底ケーブル　　○ 海軍基地

（出所）ポール・ケネディ、鈴木主税訳『大国の興亡（上巻）』339頁。

年表1　19〜20世紀における英仏の対外膨張

イギリスの対外膨張	フランスの対外膨張
[1813年　東インド会社の貿易独占禁止]	
1815年　ケープ・マルタ・セイロン領有承認さる	1815年　セネガル領有
1814年　ネパール征服（〜16年）	
1819年　シンガポール領有	
1824年　マラッカ領有→62年ペナン・マラッカ・シンガポールを直轄領化	
1824年　第一次ビルマ戦争	
[1833年　東インド会社の商業活動停止命令]	1830年　アルジェリア領有
1838年　英土通商条約→トルコ市場開放させる	
1838年　第一次アフガン戦争（〜49年）	
1840年　アヘン戦争（〜42年）→香港領有	1844年　コートジボワール領有
1849年　シク戦争（〜42年）→パンジャブ併合→全インド征服	
1852年　第二次ビルマ戦争（〜53年）	
[1853年　クリミア戦争（〜56年）、ペリー来航]	
1856年　アロー号事件（戦争）（〜60年）	
[1857年　セポイの乱（〜59年）]	
[1858年　東インド会社解散]	1858年　仏越戦争（〜62年）→コーチシナ領有
1867年　インド直接統治→ムガール帝国滅亡　海峡植民地、直轄領となる	1863年　カンボジア領有
1969年　スエズ運河開通→75年同社株を買収	[1870年　普仏戦争（〜71年）]
1878年　ベルリン会議→キプロス領有　　　第二次アフガン戦争（〜80年）→保護国化	1881年　チュニジア領有
1882年　エジプト実質的に保護国化→公式には1914年	1882年　仏領コンゴ（中央コンゴ・ガボン）成立
1883年　バルチスタン領有	[1883年　清仏戦争（〜85年）]
1884年　英領ソマリランド成立	
1885年　第三次ビルマ戦争（〜86年）→全ビルマ併合　マラヤ連邦成立、中国の威海衛租借　ベチュアナランド（ボツアナ）保護国化　英領東アフリカ（ケニア）成立	1885年　オートボルタ（ブルキナファソ）領有
1886年　ナイジェリア領有	1887年　インドシナ連邦成立→99年ラオス編入
1888年　ローデシア（ジンバブエ）領有	
1890年　ウガンダ領有、ザンジバル保護領化	1890年　仏領スーダン（マリ）、仏領ギニア成立
	1894年　ウバンギ・シャリ領有
1891年　ニヤサランド（マラウイ）保護領化	1895年　象牙海岸領有　仏領西アフリカ成立（セネガル＋コートジボワール＋オートボルタ＋仏領ギニア＋仏領スーダン）→後、ニジェール・モーリタニア・ダホメを編入
1896年　アシャンティ（ガーナ）保護国化→1902年　英領ゴールドコースト	1896年　マダガスカル領有　仏領ソマリランド（ジプチ）成立
[1898年　ファショダ事件（英仏両軍の衝突）]　ザンビア領有	1898年　ニジェール領有
1899年　スーダン保護国化、ブーア戦争（〜1902年）→トランスバール・オレンジ併合	1900年　仏領保護領チャド成立
1902年　ガンビア領有、[日英同盟]	
1904年　[英仏協商→勢力圏分割で妥協]	1904年　[英仏協商]、モーリタニア・ダホメ領有
1907年　[英露協商→勢力圏分割で妥協]	
1910年　南アフリカ連邦成立（ケープ植民地＋ナタール共和国＋オレンジ自由国＋トランスヴァール共和国）	1910年　仏領赤道アフリカ成立（ウバンギ・シャリ＋仏領コンゴ＋仏領ガボン）→20年チャド編入
1922年　英委任統治領パレスチナ成立、イラク・ヨルダンを勢力圏へ	1923年　仏委任統治領シリア、レバノン成立

地図2　列強のアフリカ分割（1914年）

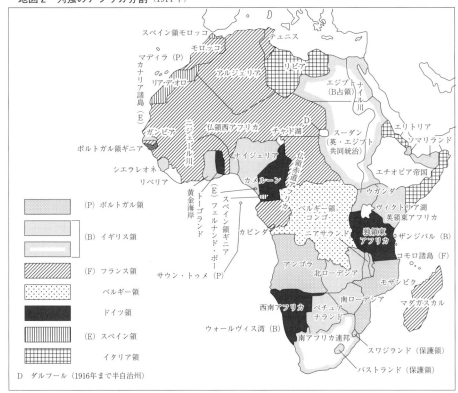

（出所）西川正夫・南塚信吾『帝国主義の時代』56頁。

　産業資本主義が様々な問題を発生させながらも発展し生産性が高まると、製品輸出市場と原材料獲得市場としての海外市場獲得のために英仏などの「先進国」が対外膨張に向かうことは必然であった。もちろん全ての対外膨張がこの二つの目的のためであったというわけではなく、シーレーンや戦略的拠点として確保する場合もあった。いずれの場合にも圧倒的に強化された軍事力を背景に強行していった。

　産業資本主義はその「発展」に関わる社会階層には利益をもたらし「より豊かな生活」を保証したが、その「発展」につれ劣悪な環境に置かれ低賃金と健康被害に苦しむ労働者階層は増大していった。市場原理を背景にした自由放任型の資本主義の「発展」が、貧富の格差など深刻な社会問題を発生させ、社会

不安を引き起こすようになったのである。この社会情勢を背景に、カール・マルクスやフリードリッヒ・エンゲルスは資本主義の理論的分析を進めたため次第に社会主義運動への影響を強めていった。1864 年には社会主義者とヨーロッパの労働者階層が国際的連携を図る目的で**第一インターナショナル**を結成したが、路線対立により崩壊した。89 年に社会主義者を中心に**第二インターナショナル**が結成されたが、第一次世界大戦勃発に対して自国の戦争を支持したため自壊した。

　イギリスは植民地獲得競争をめぐりフランスと、南下政策を進めるロシアと緊張関係にあったが、1860 年頃から 70 年頃にかけ国家統一を達成しその後急速に産業革命を進めていった独伊両国への対応にも苦慮するようになった。ビスマルクが宰相であった時代は英独協調関係が維持されていたが、1888 年ウィルヘルム 2 世がドイツ皇帝に即位するとにわかに緊張が高まっていった。

　世界工業生産における国別シェアでは 1880 年代前半、第 1 位アメリカ 29％、第 2 位イギリス 27％、第 3 位ドイツ 14％、第 4 位フランス 9％と、ドイツがフランスを凌駕しており、第一次世界大戦直前の 1913 年時点で、第 1 位アメリカ 36％、第 2 位ドイツ 16％、第 3 位イギリス 14％、第 4 位フランス 6％と、ヨーロッパにおいてはドイツが秀でていた。

　イギリスとフランスに取って代わり、アメリカとドイツが 19 世紀中葉頃から顕在化しつつあった第二次産業革命を加速したことがこの変化の背景にあった。第一次産業革命以降、化学、物理学、機械工学、冶金工学、電気工学などが飛躍的に発展したが、アメリカやドイツはこれらの成果を様々な分野に応用し、鉄鋼・機械・造船業を中心とする重工業と石油を主原料とする化学工業から成る**重化学工業**を発展させた。米独両国は「後発者利益」を享受したという側面もあった。ドイツに関しては普仏戦争の勝利によりフランスから獲得した賠償金を鉄道建設などの社会資本に投下でき、ドイツ領となったアルサス・ロレーヌ地方に豊富にあった石炭と鉄鉱石を利用できたことも要因であった。

　石炭に加えて石油を利用した外燃機関・内燃機関などの機関（エンジン）や電気機器が生産・運輸・通信などの駆動力となり、第二次産業革命の推進力となっていった。蒸気タービンに代表される外燃機関は産業革命の原動力ともいわれているが小型化・軽量化が難しく、輸送機械には不向きであった。これに

対し1885年にドイツのダイムラーとベンツがそれぞれ内燃機関を搭載した二輪車と三輪車を実用化したのをはじめ、次第に鉄道車両や船舶（商船・軍艦）などにも内燃機関が搭載され、産業用機械の駆動力ともなった。

───【脱線講義3】内燃機関と外燃機関 ───────────────

　内燃機関は機関（エンジン）内部で石油（ガソリン・軽油・重油）・天然ガス・ジェット燃料・ロケット燃料などを燃焼させ、それにより発生した高圧の燃料ガス（気体）が往復運動（ピストン運動→レシプロエンジンによる容積変化）や回転運動（ロータリーエンジンによる容積変化）を引き起こすエンジン。これに対して蒸気機関に代表される**外燃機関**は、エンジン内部で石炭や石油などの燃料が燃えることなく、エンジン外部で燃料を燃やし発生した水蒸気や空気でエンジンを作動させる。

　また電気に関しては、19世紀前半の電気研究の成果を基礎に19世紀後半に急速に発展した電気工学の成果が実用化されていった。1847年ドイツのヴェルナー・フォン・ジーメンスがドイツ最初の電信線を開通させ、66年発電機を製造し、75年英米間の海底ケーブル敷設に成功し、79年ベルリンで電気鉄道を敷設するなど、ヨーロッパにおける電気事業で支配的地位を築いていた。またアメリカではアレキサンダー・ベルが音波を電流で伝える有線電話を発明し、トーマス・エジソンは蓄音機や電球をはじめ数々の発明をしてGE（ゼネラル・エレクトリック）を創設した。直流を主張するエジソンと対立した弟子のニコラ・テスラは遠隔地まで安定的に送電できる交流を応用した交流発電機を発明し電気の発電や配送電を飛躍的に進歩させたほか、蛍光灯や無線機も発明した。1882年にエジソンがニューヨーク市で建設した発電所は石炭を燃料とするピストン式蒸気機関による火力発電所であったが、1890年代に入ると大型の蒸気タービンを使う火力発電所が現れるとともに、山間地のダムを利用した水力発電所も作られるようになっていった。

　家庭用燃料としてばかりでなく火力発電用にも依然として石炭への需要は高かったが内燃機関には不適であったため、鉄道車両、船舶、自動車などの輸送機器の内燃機関に不可欠な石油が重要な資源となっていった。19世紀末以降、中東のペルシャ湾岸地域で大規模油田が発見されたため英仏独露などの列強は、ペルシャやオスマン帝国支配下のこの地域へのプレゼンスを強めていった。特にイギリスは1900年頃にペルシャで大規模油田開発に乗り出し、1912年には

海軍大臣ウィンストン・チャーチルが主導して海軍軍艦を石炭燃料による外燃機関から石油燃料による内燃機関に大転換し、海軍力を増強していった。

　第一次産業革命により蓄積された利潤は産業資本を形成し、産業資本は第二次産業革命を推進する原資となってさらなる利潤を生み出した。しかしこの過程は決して単純ではなく経済恐慌も発生して企業や銀行の吸収合併が行われるとともに、石油生産と重化学工業が莫大な資本を不可欠としたため資本の集中と独占が進み、自由競争を阻害するカルテル・トラスト・コンツェルンという企業形態が発生した。これに伴い 19 世紀末から 20 世紀にかけ産業資本と銀行資本が癒着・結合した資本形態としての**金融資本**が形成されていった。誤解を恐れず敢えて単純化していえば、交換・価値基準・価値保存の手段であるお金（貨幣）が、モノとして売却され利潤を生むことになったのである。お金がお金を生むといってもいい。銀行に一定額のお金を預ければ一定期間後に一定額の利息が付くが、これを言い換えれば銀行にお金を売って利益を上げることを意味する。モノを作って売り利益を上げるためには、工場が稼働し店舗が開いていなければならない。しかし銀行に預金すれば、工場や店舗で労働する必要はない。一国の対外投資も本質的にはこれに似ている。

　産業革命の過程で蓄積された余剰（遊休）資本は金融資本として、多くの場合ロンドンの金融市場を通じて、後進国の公債購入（間接投資）や（半）植民地の鉄道・港湾・工場などの建設（直接投資）に投下された。金融資本の形成は、先進資本主義諸国に商品輸出市場、原材料輸入市場に加えて**資本輸出市場**の確保を促すことになった。銀行に預金する場合と大きく異なるのは、投資したこれら海外施設で長期にわたるストライキや破壊活動が発生した場合である。まず政治的に干渉し、次に軍隊を投入し、最終的には保護領や実質的に植民地として統治する事例が多発するようになった（年表1）（地図3）。

　アメリカとともに第二次産業革命を牽引したウィルヘルム 2 世統治下のドイツは、輸出・輸入市場とともに資本輸出市場の拡大を目指し、英仏露とヨーロッパ周辺地域で緊張を高めこれら 3 ヵ国を結束させる結果となった。1870 年頃から第一次世界大戦勃発までの時期は「**帝国主義の時代**」といわれる。それは産業革命を背景に国力を増大させた英仏や伝統的な「地続きの帝国」であったロシア・オーストリア=ハンガリーに加え急速に台頭してきた独伊日が、相互

14

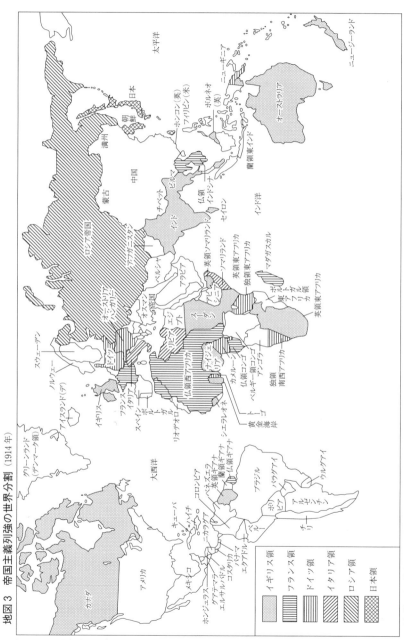

地図 3　帝国主義列強の世界分割（1914 年）

太平洋

ニュージーランド

日本

朝鮮

満州

中国

蒙古

ホンコン（英）

フィリピン（米）

ボルネオ（英）

ニューギニア

オーストラリア

蘭領東インド

ロシア帝国

チベット

ビルマ

仏領インドシナ

アフガニスタン

インド

セイロン

インド洋

オーストリア

ハンガリー

ペルシア

アラビア

英領ソマリランド

英領東アフリカ

独領東アフリカ

マダガスカル

ポルトガル領

ドイツ帝国

エジプト

東アフリカ

ドイツ帝国

イタリア

トリポリ

カメルーン

仏領コンゴ

ベルギー領コンゴ

独領南西アフリカ

英領東アフリカ

スウェーデン

ノルウェー

グリーンランド
（デンマーク領）

アイスランド（デ）

イギリス

フランス

イタリア

スペイン

ポルトガル

ナイジェリア

仏領西アフリカ

アンゴラ

ベルギー

ドイツ帝国

独領南西アフリカ

南アフリカ

リオデオロ

シエラレオネ

黄金海岸

トーゴ

大西洋

グアテマラ

ホンジュラス

エルサルバドル

コスタリカ

パナマ

キューバ

ハイチ

ニカラグア

カナダ

アメリカ

メキシコ

ベネズエラ

コロンビア

エクアドル

ブラジル

ボリビア

ペルー

チリ

パラグアイ

アルゼンチン

ウルグアイ

イギリス領

フランス領

ドイツ領

イタリア領

ロシア領

日本領

（出所）長岡新吉ほか編『世界経済入門』288–289 頁。

に勢力圏拡大を図り対立するようになったからである。ドイツの「世界政策」ともいわれる単独主義的外交政策に対応しイギリスは露仏と国益調整を行い妥協したため、多極化していたヨーロッパ国際関係は二極化していった。二極化した国際関係の中で発生したのがサライエヴォ事件であった。

┈┈【脱線講義４】帝国・帝国主義・帝国主義論┈┈┈┈┈┈┈┈┈┈┈┈┈┈┈

　これらの言葉・概念は多義的であり、必ずしも完全に一致した定義があるわけではない。

　(1)「帝国（empire →帝国的 imperial）」という言葉には、膨張、拡大とか強大というイメージが付きまとい、ある国家が強大な軍事力を背景に国境を越え他民族を支配する政治形態というのが一般的な定義であろう。ヨーロッパでは歴史的に古代ローマ皇帝の異民族配に由来したものと理解され、異民族を支配する統治形態とその政治空間を意味していた。中国では中華民族・中華王朝の価値観を受け入れ、恭順の意を示した領域を指したという。完全に植民地化した**公式帝国**に対して、**自由貿易主義**を掲げて経済的に対外進出するに留め、植民地の維持コストを回避する**非公式帝国**という見方もある（ジョン・ギャラハー、ロナルド・ロビンソン）。ハード・パワーではなくソフト・パワーにより価値観を共有させることにより、ある特定国家の政策を他の国家に抵抗なく受け入れさせ影響力を強化する「理念の帝国」、「自由の帝国」、「デモクラシーの帝国」という表現も現れている。日本では 2003 年に翻訳が出版されたアントニオ・ネグリとマイケル・ハート共著の『帝国』で意味する帝国は理解するのがなかなか難解であるが、冷戦終結後に顕在化し始めた現代グローバリゼーションを意識しつつ「グローバルな資本主義システム」と結びついた「グローバルな主権形態」を「帝国」と呼んでいる。グローバルに存在する多種多様な人々の群れである**マルチチュード**に絶対最高の権力を行使できるグローバルな主権が「帝国」ということになる。従ってアメリカとか中国とか国連とかいう何らかの具体的中心も存在しない、かつ領土・領域とは無関係な**支配装置**が「帝国」とされている。今までの帝国論とは異次元で帝国という用語が使用されている。

　(2)帝国主義（imperialism →帝国主義的 imperialistic）も「帝国を維持していく政策」という広義の定義があるが、ナポレオン１・３世による対内的な専制政治を担保するため対外的に膨張政策をとる**ボナパルチズム**を指すこともあった。1870 年代以降のイギリスでドイツなどの後発資本主義国に脅かされる事態を背景に、本国と植民地との結合を強化させる政策を指す、近代資本主義と関連させる議論もある。既述したように公式帝国とは異なり維持コストを支払わないで済む非公式帝国を確保するため、経済力で優位に立つ国家が劣位に立つ国家に対して自由貿易を盾に（強制的に不平等条約を結び）経済的に進出する**自由貿易帝国主義**という見方もある。アメリカのウィリアム・A・ウィリアムズが、自由貿易ではなく門戸開放原則を盾に経済進出する**門戸開放帝国主義**を唱えたこともあった。

　(3)帝国主義論については多くの議論が提起されてきたが、ここではジョン・アトキンス・ホプソン（『帝国主義論』1902 年）とウラディミール・イリイーチ・レーニン（『帝国主義論──資本主義の最高段階としての帝国主義』1917 年）の議論を紹介する。ともに資本主義の

「発展」と関連づけて議論している点では同じで、しばしばホブソン・レーニン系列と括られることもあるが議論の結論はまったく異なる。ホブソンが帝国主義的対外政策は対内政策によって回避できる可能性があると主張するのに対して、レーニンはその副題にあるように（ロシア語では副題が本題となっているとのこと）資本主義が高度に「発展」した諸国家は必然的に帝国主義的政策を採用すると主張した。

　ホブソンはイギリス労働党左派の理論家（フェビアン社会主義者）でマンチェスター・ガーディアンの特派員としてブール戦争（南ア戦争、1899〜1902年）に従軍し、その発生原因を考察する中で著作を完成させた。出版された1902年はイギリスが「**光栄ある孤立（splendid isolation）**」を放棄して極東の小国・日本と日英同盟条約を締結した年であり、この条約はパクス・ブリタニカの衰退を象徴する出来事であった。彼の議論展開は以下の通りである。産業資本主義が発展するにつれ過剰生産力と過剰資本が生まれるが、より豊かになった社会では消費が減少するとともに貯蓄が過剰となる。すなわち国内で製品と資本が消化されないため、製品輸出とともに**資本輸出**が行われるようになる。輸出された過剰資本は後発国や（半）植民地で直接投資や間接投資に投下され、そこで上がった収益は本国の投資家・預金者に配当金・利息として還流するため、（汗水たらして働くのではなく）金利所得に依存する新たな社会階層を出現させ（**寄生主義**）、この階層を対象とした**第三次産業**が発生する。しかしこの循環は国内政策によって抑制することができるとホブソンは主張した。労働者の賃金を値上げし（購買力をつけさせ消費を拡大し）、道路・鉄道・港湾設備などに余剰資金を投下して社会資本を充実させ、累進課税率を強め（所得の再分配を促し）、基幹産業を国有化するなど社会改良政策によって解決できると主張した。

　帝国主義間戦争と認識した大戦争が眼前で展開しているとレーニンが認識していた1917年、レーニンは『帝国主義論』を出版した。ホブソンが初めて提起した資本輸出と寄生主義という概念や、ドイツ社会民主党の理論家で医者でもあったルドルフ・ヒルファーディングが『金融資本論』（1910年）で提起した金融資本という概念も援用しながら、眼前で展開している大国間戦争を資本主義の最終段階における必然的現象であり、次に来るべきは社会主義であると主張した。市場における自由競争を大前提としていた資本主義はまさにこの自由競争による弱肉強食の結果、企業は生産の集積により銀行も資金の集積により独占体（正確には寡占体）となり、両者が一体化した金融資本を形成する。産業資本と銀行資本の融合・癒着現象であるが、後者が前者に対して優位となり「過剰資本」が海外へ資本輸出されるが、この輸出市場をめぐり後発資本主義国が先進資本主義国と市場再分割をめぐり闘争を展開することになる。その後、第一次世界大戦と呼ばれることになる英仏とドイツを中軸とした戦争の性格を「後付け」しながら、社会主義革命の不可避性を正当化しようとしたものであった。

第1章　第一次世界大戦——発生の背景・経緯・結果

　「1914年7月28日に勃発した第一次世界大戦は……」とか「……その結果、ついに第一次世界大戦が発生した」と人は何気なくいってしまうが、後世の人々が第一次世界大戦と称することになる戦争が勃発した時点で第一次世界大戦と表現した人は誰一人としていなかった。いえるはずもなかった。アメリカのウィルソン大統領が使った表現は「戦争を終わらせる戦争（War to end Wars）」であった。終わらせる戦争とはいうまでもなく、第一次バルカン戦争（1912年）と第二次バルカン戦争（1913年）と続いたバルカン半島での戦争である。終わらせる戦争とはすべての戦争を意味すると解釈する者もいる。少なくとも第二次世界大戦が勃発する以前は「欧州戦争（War in Europe）」、「諸国民の戦争（War of the Nations）」、「大戦争（Great War）」という表現が一般的であった。著者が翻訳を監修したマーガレット・マクミランの著書は『平和に終止符を打った戦争（The War That Ended Peace）』であった。1939年9月英仏がナチス・ドイツに宣戦布告して始まった戦争が第二次世界大戦と認識された時点で、その25年前に勃発した戦争が「第一次世界大戦」と初めて認識されたのである。以上の認識を前提とした上で、本書では第一次世界大戦という表現を使用する。

第1節　大戦発生の背景

　第一次世界大戦勃発の引き金となった直接的原因はいうまでもなく1914年6月28日、オーストリア皇太子フランツ・フェルディナンド夫妻がボスニアの首都サライェヴォでセルビア人青年アピス（暗号名）に狙撃されたことであった。しかし、仮にオーストリアとセルビアの二国間関係が良好であったなら

単なる狙撃事件として処理されていただろうし、たとえ軍事紛争に発展したと
しても第三次バルカン戦争という局地紛争として終わっていたであろう。しか
し現実は「大国間の長期にわたる」大戦争へと発展していった。19世紀にお
ける二つの産業革命と資本主義の肥大化が「帝国主義の時代」を形成し、この
時代に大国間関係が複雑な経緯をたどりながらも二極化していったからかであ
る。

　「帝国主義の時代」前期（1870～90年）における国際政治の基調は、グローバ
ルな規模で展開された英仏対立と英露対立であった。しかし後期（1890～1914
年）になるとドイツの急激な台頭を主因としてこの二つの対立は解消していき、
英仏露と独墺の対立が顕在化していった。

　英仏対立は、第一次産業革命を牽引して圧倒的な技術力・経済力・軍事力を
背景に世界各地に勢力圏を築いていたイギリスに、フランスが挑戦しようとし
て生じたものであった。イギリスはロンドンからジブラルタル海峡、キプロス
島、スエズ運河を経てアラビア海とインド洋を北上する、イギリス最大の植民
地インドへのシーレーンと、さらに延長したシンガポール・マラヤから南シナ
海を経由して香港に至るシーレーンを島国イギリスの生命線として最重要視し
ていた。これとともにカイロ、ケープタウン、カルカッタ（コルカタ）を結ぶ
アフリカ縦断政策を含む3C政策を具体化していった。一方、フランスは地中
海対岸のアルジェリア、チュニジア、モロッコ、フランス領西アフリカから東
アフリカ沖のマダガスカル島へのアフリカ横断政策を進め、さらに仏領インド
シナにおける植民地体制を構築していった。1898年9月19日ファショダ（現
南スーダン）で英仏両軍が軍事衝突したことはイギリスの縦断政策とフランス
の横断政策の結果であり、フランス軍の譲歩はイギリスの軍事的優位を象徴す
るものであった（地図4）。

　英露対立はイギリスが死守しようとしていたユーラシア大陸南周縁部のシー
レーンを、ロシアが不凍港（warm water port）と外洋へのアクセス獲得を目的
として繰り返し試みた南下政策によりしばしば脅かしたため生じたものであっ
た。このシーレーンのチョーク・ポイントは東地中海であり、スエズ運河が
1869年11月17日開通するとさらにその重要性は高まった（イギリスによる実
質的支配権獲得は1875年11月24日）。黒海は冬でも凍らないため軍艦や商船は

地図4　英仏のアフリカ進出とファショダ事件（1898 年）

（出所）平野千果子『フランス植民地主義の歴史』195 頁をもとに加筆・修正。地図内黒線で囲んだ地域は
イギリス勢力圏を示す。

航行できるが、オスマン帝国の勢力圏内にあったボスポラス・ダーダネルス両
海峡の通航を阻止されれば、ロシアの船舶は東地中海から大西洋やインド洋に
はアクセスできなかった。そこでイギリスは必然的にオスマン帝国を財政援助
も含め関係を緊密化していったのである。ロシアは東地中海ばかりか、中央ア
ジアからアフガニスタン・ペルシャ（イラン）、中央アジアからイギリス領イン
ド（現在のインドばかりでなくパキスタン、バングラデシュ、セイロン〈スリランカ〉、
ビルマ〈ミャンマー〉を含む）、さらにはシベリア・沿海州から北東アジアへの南
下も執拗に試みたため英露対立は常態化していった。

　しかし後期（1890～1914年）新興国家ドイツでは「忠実な仲介者」であった宰相ビスマルクの引退後、ウィルヘルム2世が野心的な**世界政策**の具体化に乗り出したことがこの二つの国家間対立を徐々に緩和させていった第一の要因であった。**パクス・ブリタニカ**を謳歌していたイギリスがオランダ系アフリカーナであるボーア人との**ブール戦争**（南ア戦争、1899年10月～1902年5月）を戦ったことも露仏両国との対立を緩和せざるをえない第二の要因であった。それは、長期にわたる泥沼化した戦争を戦ったため国力を衰退させ、この戦争の背後にドイツの存在を認識し、さらに**オスマン公債管理局**（後述）にドイツ資本が強引に割り込んできてオスマン帝国の対外債務問題処理に関するイギリスの主導権を脅かし始めたからであった。

　普仏戦争（1870年7月～10月）で勝利しドイツ帝国を成立させたビスマルクは、フランスの報復を阻止するため徹底的に孤立させる保障政策を実行していった。オーストリアを誘ってフランスが同盟関係を結ぶ唯一の可能性のあったロシアと同盟関係（三帝同盟）を結び、露仏同盟締結を阻止していた。しかしウィルヘルム2世は、バルカン地域の民族と領土をめぐる問題についてロシアとオーストリアとの利害対立を調整できず、結果的に**露仏同盟**（1894年1月）を成立させてしまった。このドイツ、オーストリアとロシアとの関係破綻は、汎ゲルマン主義と汎スラブ主義という歴史的な対立軸を表出してしまった。

　イギリスとの友好関係を重視していたビスマルクとは反対に、**3B政策**に象徴される世界政策を強行しようとしてイギリスの**3C政策**と衝突し、海軍力増強のために建艦競争を引き起こし貿易摩擦も激化させてしまった。この建艦競争は単に軍艦をより多く保有するための競い合いではなく、自艦と敵艦の速度を計測した上で複数の大砲の角度を一定にして一斉射撃できる当時としては最先端技術を駆使した超弩級（**ドレッドノート級**：Super-Dreadnought Class）の軍艦の建造を競い合うようになったのである。この超弩級軍艦は20世紀初頭に海軍大国を自任するイギリスが初めて建造したもので、航行速度と火力能力は従来型に比べ圧倒的な軍艦であった。当初は石炭を燃料としていたが、(1)貯蔵に広大なスペースをとられる、(2)ボイラー（燃焼室＋熱交換器）に石炭を投入するのに手間がかかる、(3)燃焼した際に出す煤煙は遠方からでも認識されるので、敵艦に位置を把握されやすい、(4)外洋に出た場合、海外で多くの貯炭場を確保

することが不可欠である、などの欠点があった。ドイツとの戦争の可能性を認識しつつあったウィンストン・チャーチルは、1911年10月37歳で内務大臣から格下の海軍大臣に就任することを受け入れ、石炭用ボイラーを、1880年代から実用化が進んでいた**内燃機関**に転換する決断を下した。石油（重油）は石炭に比べ熱効率は2倍で、1回の給油で外洋を遠方まで航行でき、煤煙も薄いため敵艦から発見されにくいという多くの利点があった。しかし最大の難点は石油（重油）をいかに確保するかであった。チャーチルが目を付けたのはペルシャ（イラン）産原油であった。イギリスは1901年にペルシャ南西部で大規模油田を発見し、1908年5月に初めて石油採掘に成功していた。その前年の1907年には英露協商によりペルシャ南部はイギリスの勢力圏となっていたため、1908年**アングロ・ペルシャン石油**（1935年アングロ・イラニアン石油）を設立し1912年にはアバダーン製油所を完成したからである。しかしオスマン公債管理局を利用して影響力を急激に高めてきたドイツが建設する予定のバクダッド鉄道の終着点バスラはアバダーンの目と鼻の先に位置していたため、イギリスは脅威を痛感し始めていたのである。

　露仏同盟締結により長年にわたる国際的孤立から脱却できたフランスは、独仏国境のアルサス・ロレーヌ地方をめぐる領土問題、これにより刺激されたフランス・ナショナリズムの高揚、さらに鉄・銅・鉛など天然資源が豊富で戦略上重要なモロッコをめぐる対立（タンジール事件〈1905年3月31日〉とアガディール事件〈1911年8月1日〉）により、ウィルヘルム2世統治下のドイツと緊張を高めていった。ウィルヘルム2世はイギリスのヴィクトリア女王の孫にあたり（ロシア最後の皇帝ニコライ2世も孫）、イギリスは19世紀末頃まではドイツと協力関係にあり、フランスとはファショダでの衝突に象徴されるように植民地獲得をめぐり対立することも多かったが、ドイツの冒険主義ともいえる野心的な世界政策の具体化に対抗するため、フランスはイギリスと日露戦争勃発（1904年2月10日）直後に**英仏協商**（1904年4月8日）を締結した。この協約の最大のポイントは、フランスがイギリスのエジプトにおける優越的地位を、イギリスがフランスのモロッコにおける特殊権益を認め合ったことであった。ドイツが引き起こした**タンジール**事件では、イギリスがフランスを支持してドイツの野心を挫き英仏関係を強化することになった。

英仏協商を後ろ盾にして、フランスは 20 世紀初頭の国際関係をコペルニクス的に転換させる舞台回しの大役を果たすことになる。ドイツと国境を接するフランスは前述のようにドイツとの緊張を高めていたので、安全保障強化のためにも英露協商の締結を切望していた。舞台回しをするためには、その前に二つの大きな仕事をこなさなければならなかった。第一にフランス自身がインドシナでの権益を守るため、日清・日露戦争後急激に台頭してきた日本との関係を強化すること、その上で第二に日露関係を改善することであった。そこでまずフランスは日本と**日仏協約**（1907 年 6 月 10 日）を締結し、清の独立・領土保全を尊重することを確認し合った上で、日本はフランスのインドシナにおける主権、フランスは日本の韓国における保護権を認め合い、東アジアにおける相互の利益を調整した。

ロシアを共通の敵として日本と日英同盟を結んでいたイギリスにとって、日露戦争（1904〜05 年）を戦った日露が協調関係に入らなければ英露協商は実現しないはずであった。日露戦争後、両国には相手国に対する強い反感があったものの、日本は財政的に逼迫し、ロシアも革命機運が高揚して国内情勢が不安定化していた上に、両国にとって満州への関心を強めるアメリを牽制する必要があった。長年にわたりロシアの南下政策を警戒していたイギリスは日露戦争の結果、ロシアが極東方面での南下が不可能になったこと、ドイツがオスマン帝国統治下のバルカン半島へのプレゼンスを短期間で強めてきたことなどの理由で、ロシアとの緊張関係を緩和する必要が出てきていた。そこでロシアの同盟国であったフランスはイギリスと共同で日露戦争により財政的に逼迫していた日本の国債を受けることを条件に、**第一次日露協約**（1907 年 7 月 30 日）を締結させたのである。この協約の秘密条項で、ハルピンと吉林の中間で境界線を設定することに同意し、北満州をロシアの、南満州を日本の勢力圏と認め合い、さらに日本は外蒙古におけるロシアの特殊権益を認め、ロシアは日本の韓国における優越的地位を認めることに同意した。日本はフランスとロシアの承認を受けたと理解し、**韓国併合**（1910 年 8 月 22 日）に突き進んでいった。

露仏同盟、英仏協商、日仏協約、日露協商という英仏露日四大国の枠組構築を背景に、フランスは英露に働きかけ、1907 年 8 月 31 日に**英露協商**が成立した。両国はチベットにおける清国の宗主権とチベットに対する不干渉を確認し

地図5　英露協商によるイランの分割

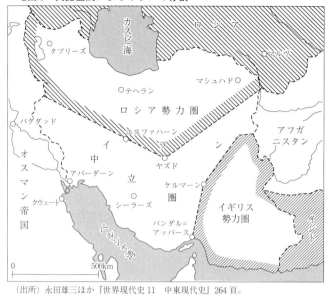

（出所）永田雄三ほか『世界現代史11　中東現代史』264 頁。

あい、ロシアはアフガニスタンをイギリスの勢力圏と認め、イギリスはペルシ
ャ（イラン）北部と中部をロシアの勢力範囲、ロシアはペルシャ南東部をイギ
リスの勢力範囲として認め合い、その間に緩衝地帯を設定することに合意した
（地図5）。イギリスが危惧していたロシアの南下政策のうち極東方面で可能性
は低くなったものの、ペルシャ・アフガニスタンとバルカン方面での可能性は
残っていたため、前者については調整し、後者についてはバルカンへの影響力
を増強しつつあったドイツを牽制する意味もあり一定程度の南下は認めようと
するものであった。

　ビスマルクが主導したドイツ・オーストリア・イタリア3ヵ国間の**三国同盟**
（1882 年 5 月 20 日）と対峙する**三国協商**が成立し、ヨーロッパ国際関係には大
国が中心となった二極対立構造が生まれることになった。日仏協商、日露協商
の成立によりこの二極対立構造は東アジア国際政治に拡張され、結果的にこの
構造はグローバルな広がりをもつことになった。この二極構造の成立はウィル
ヘルム 2 世のドイツが進めた世界政策のためであったが、植民地獲得競争ばか
りでなく、オスマン公債管理局をめぐる問題とこれと密接に関連する**バグダッ**

ド鉄道建設問題を軸により先鋭化していった。

　オスマン公債管理局（Ottoman Public Debt Administration：OPDA）は、オスマン帝国（オスマン銀行）が発行した公債を英仏など西欧諸国に引き受けてもらったものの期限が来ても償還できなくなったため、これら引き受け国（債権国）がオスマン帝国の国家収入を管理するために 1882 年 1 月 1 日に発足させた組織である。そもそもオスマン帝国の対外公債が問題となるのは、クリミア戦争（1853 年 10 月 23 日～56 年 3 月 30 日）勃発後、ヨーロッパ諸国（債権国）と初めて借款契約を結んだ時からである。その後も、鉄道建設資金の調達や贅沢な宮廷生活による財政赤字を補填するために公債を発行したが、1875 年 10 月 6 日オスマン帝国政府は対外債務の利子を半減させると一方的に宣言し、ついには同年 10 月 30 日デフォルト（利子支払い不能）宣言を発するに至った。**露土戦争**（1877 年 4 月 24 日～78 年 1 月 31 日）での完敗は財政難を加速させることになった。

　1881 年 12 月 20 日ヨーロッパの債権国は、複雑な債務関係を整理した上でオスマン帝国の関税収入も含め税収の一部を徴収し管理できる組織を設立することを同帝国に認めさせた。この組織こそオスマン公債管理局であった。イギリス、フランス、ドイツ、オーストリア、イタリア、オランダ、オスマン帝国国内債権者、オスマン帝国政府のそれぞれから送られた各 1 人の代表からなる 8 人の管理委員会が、初期には約 5,000 人、最盛期には 9,000 人の官僚を動かし税収を管理し、債権者への返済業務にあたった。これらの官僚はほぼ非ムスリムのヨーロッパ人で、彼らは**キャピチュレーション**と呼ばれた特権により帝国内で自由に行動できたため、ピーク時には税収の 30％を支配し同帝国の財政を実質的に掌握して財務省以上の存在として君臨した。**関税収入のほか 6 間接税**（特定地域の絹取引に課税されるうちの十分の一税、全国的に課せられる塩・タバコ専売収益、イスタンブール漁場税、印紙税、酒税）を徴収するばかりでなく、ブドウ、タバコ、繭、塩などの産物の生産を増強して帝国内ばかりか対外輸出攻勢を掛けた。さらには投資先を探すヨーロッパ企業に帝国内の投資先を紹介したため、これら企業が鉄道建設・港湾建設・船舶製造や電気・水道・ガスなどの公共事業への直接投資（資本輸出）を活発化させた。

　オスマン帝国のこうした巨大な財政権を掌握したオスマン公債管理局は、そ

の運営の主導権をめぐり内紛が続き、イギリスが公債保有額を大きく減少させ
たのに対し、フランス、ベルギー、ドイツが保有額を増大させたことも背景と
して、特にイギリスとドイツの対立が顕在化していったが、同管理局内ではド
イツ資本が優位となっていった。この英独対立に拍車をかけた問題がバクダッ
ド鉄道敷設権であった。オスマン帝国がドイツにイズミト—アンカラ間の鉄道
建設権を与えたことを契機に、ドイツはイギリス資本がすでに 1888 年までに
開通させたハイダル＝パシャ（イスタンブールのアナトリア側の対岸）—イズミト
線を買収して 89 年アナトリア鉄道会社を設立し、92 年にはアンカラまでを延
伸させアンカラ線を完成させた。さらに同社は 1893 年にエスキシェヒル—コ
ンヤ間の敷設権を獲得してコンヤ線を完成させた。1902 年にはコンヤからバ
グダッド、そこから東に下りペルシャ湾に面するバスラに至る敷設権を獲得し
バクダッド鉄道会社を設立した。管理局内で影響力を高めつつあったドイツは、
民間銀行であるドイツ銀行とドイツ・オリエント銀行が中心的出資者となるよ
う後押しをした。これによりドイツは首都ベルリンからプラハ、ウィーン、ブ
ダペスト、ベオグラード、ソフィア、イスタンブール、アンカラ、さらにエス
キシェヒル、コンヤ、ヌサイビンに至る鉄道を建設し、さらにイラク北部から
南下してバクダッド、バスラに到達すればペルシャ湾からインド洋に進出する
可能性が高まることは明らかであった（地図 6）。仮にこれが完成すれば、バス
ラからチグリス・ユーフラテス川を隔てたところには 1912 年にイギリスがペ
ルシャと合弁で設立した最初のアバダーン製油所があり、イギリスの権益を深
刻に損なうことは明らかであった。1914 年時点で、オスマン帝国内で生産さ
れる石油利権の 50％はイギリスが握り、かつ英蘭資本のロイヤル・ダッチシ
ェルが 25％で、25％のドイツ銀行は石油利権に関してはイギリスに圧倒され
ていたことも巨大な産油地帯となることが明らかであったペルシャ湾岸への野
心を刺激した。そればかりか、イギリス・フランスが実質的に支配していたス
エズ運河を経由せずにアラビア海からインド洋に達することができるようにな
り、スエズ運河の地位を相対的に低下させる可能性もあった。そのため英仏露
からの圧力が高まり、1914 年英独交渉の結果、ドイツが譲歩しバグダッド—
バスラ間の敷設権の放棄を余儀なくされたが、その甲斐もなくサライェヴォ事
件をきっかけに第一次世界大戦が勃発してしまった。

地図6　バグダッド鉄道

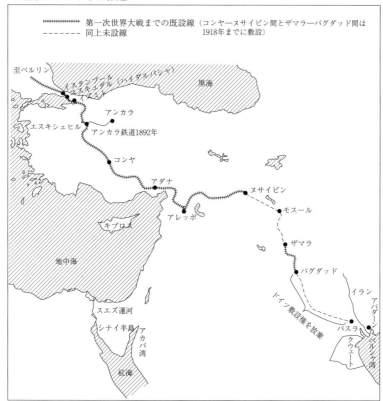

（出所）中岡三益『アラブ近現代史』116 頁、永田雄三ほか『世界現代史 11　中東現代史』171 頁、
William A. Cleveland, Britannica Atlas, pp. 128-131 を参考に筆者作成。

第2節　大戦の展開

「6月の銃声」から「8月の砲声」へ

　1914 年 6 月 28 日オーストリア皇太子フランツ・フェルディナンド夫妻がボ
スニアの首都サライェヴォを訪問中、ボスニア系セルビア人青年に一発の銃声
で暗殺された。その後すぐに戦争には発展せず、7 月 23 日オーストリア＝ハ
ンガリーがセルビアに最後通牒を発し、それをセルビアが無視したためオース
トリア＝ハンガリーが 28 日宣戦布告するとともに大軍を南下させた。セルビ

図1　「帝国主義時代」の大国間関係の変化

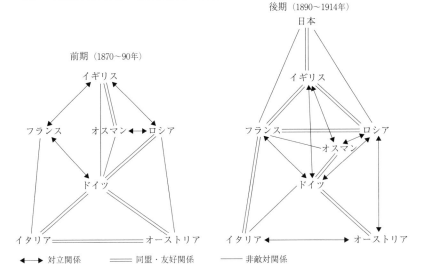

ア の後見人を任ずるロシアも総動員令を発してロシア軍を南下させた。これに対してドイツはロシア（8月1日）、フランス（8月3日）に宣戦布告し、8月4日にはイギリスが対独宣戦をした。日英同盟と日露協商を結んでいた日本もドイツ（8月23日）、オーストリア＝ハンガリー（8月25日）に宣戦布告し、8月末までには態度の煮え切らないイタリアを除き、ドイツ、オーストリア＝ハンガリーと英仏露の間の全面戦争の構図が明確となった。8月に入って急に大国間の砲声が鳴り響く中でも「クリスマスまでには帰れる」と楽観して戦場に赴いた多くの兵士たちは、4年の長きに及ぶ大国間で戦われる大戦争が生み出した阿鼻叫喚の生き地獄に突き落とされていくことになった。

　ドイツは1905年に策定された**シュリーフェン・プラン**に基づいて西部戦線で短期決戦を狙ったが、西部戦線で最初のフランスとの**マルヌの会戦**で南下を阻止されシュリーフェン・プランを挫折させられた。敗北後、戦車・爆撃機・毒ガスを使用し始めたにもかかわらず、以後、西部戦線は膠着していった。10月末から11月初旬にかけセルビアに続いて英仏露が次々にオスマン帝国に宣戦布告したため、オスマン帝国は三国同盟に加わり参戦したため戦線は中東地域にまで拡大していくことになった。

　1915年4月26日、イギリスは戦後においてオスマン帝国領分割に参加させるロンドン密約をイタリアと結んだため、イタリアは5月23日オーストリア＝ハンガリーに宣戦布告した。これに対し、1915年8月8日ドイツ・オーストリア＝ハンガリーは4億フランの借款をブルガリアに供与し、オスマン帝国を含む4ヵ国の軍事条約を結び、中央同盟国を結成した。ブルガリアは10月14日にはセルビアを攻撃した。その後、ユトランド沖海戦（1916年5月31日〜6月1日）で制海権を失ったドイツは、すでに始めていた潜水艦作戦（1915年2月開始宣言）をさらに進めて1917年2月1日無制限潜水艦作戦を開始し、島国＝海洋国家イギリスを窮地に追い込んでいった。しかしこの無制限潜水艦作戦によりイギリス船籍ルシタニア号が撃沈され、114人のアメリカ市民が犠牲になったことがアメリカ世論に火をつけ、ウィルソン政権は孤立主義勢力の抵抗を排除しつつ1917年4月6日ドイツに宣戦布告した。戦場にならず軍需生産が活性化したアメリカが三国協商＝連合国側へ参戦したために、大量の軍事物資が供給され戦況は連合国に有利に展開し始めた。

　日露戦争前夜から革命の機運が高まっていたロシアでは、戦争中の1917年3月に二月革命、続いて11月7日十月革命が勃発し、ボリシェヴィキが政治・軍事権力を掌握した。翌8日レーニンは無併合・無賠償・即時講和・民族自決などを骨子とした「平和の布告」を発表した。アメリカのウィルソン大統領はこれへの対応を迫られた。平和の布告は資本主義世界における伝統的な戦争終結方式へのアンチ・テーゼであったからである。ウィルソン大統領は民族自決の原則・公海自由の原則・秘密外交の禁止などを骨子とする「十四ヵ条の原則」をちょうど3ヵ月後の1918年1月8日に発表した、否、緊急対応的に発表せざるをえなかったのである。ボリシェヴィキの指導者ウラジミール・イリイーチ・レーニンは不安定な権力基盤を1日でも早く安定させるためにも、また悪しき帝国主義戦争に距離を置くためにも戦争からの離脱を決意し、ドイツとブレスト・リトフスク講和条約を締結し、戦線を離れた（3月3日）。東部戦線での軍事的圧力から解放されたドイツ、オーストリア＝ハンガリーであったが、アメリカ参戦の効果は大きく次第に劣勢に立たされていった。11月4日オーストリア＝ハンガリーは連合国と休戦し、11日ドイツも連合国と休戦して、ここに4年3ヵ月に及ぶ第一次世界大戦は終結したのである。翌1919年1

年表 2　第一次世界大戦・関連年表

1914 年　6 月 28 日	**サライェヴォ事件発生**
7 月 23 日	オーストリア=ハンガリー、セルビアに最後通牒
28 日	オーストリア=ハンガリー、セルビアに宣戦布告、両国国境で戦闘開始→**第一次世界大戦勃発**
30 日	ロシア軍、総動員令
31 日	オーストリア=ハンガリーで総動員令、
8 月 1 日	ドイツ、ロシアに宣戦布告、ドイツ・フランスで総動員令、イタリア、中立宣言
2 日	トルコ、ドイツと秘密条約→総動員令を布告
3 日	ドイツ、フランスに宣戦布告、イギリス軍動員令
4 日	イギリス、ドイツに宣戦布告
6 日	オーストリア=ハンガリー、ロシアに宣戦布告、セルビア、ドイツに宣戦布告
11 日	フランス、オーストリア=ハンガリーに宣戦布告、オーストリア=ハンガリー、セルビア侵攻
12 日	イギリス、オーストリア=ハンガリーに宣戦布告、モンテネグロ、ドイツに宣戦布告
15 日	ロシア軍、ドイツ領東プロシアに侵攻
20〜22 日	ロレーヌの会戦、フランス軍大敗
23 日	日本、ドイツに宣戦布告、25 日オーストリアに宣戦布告
26〜30 日	タンネンベルクの会戦→独軍、露軍を壊滅
28 日	オーストリア=ハンガリー、ベルギーに宣戦布告
9 月 5〜12 日	マルヌの会戦→西部戦線で独軍と連合軍が対峙
10 月 29 日	独土艦隊、黒海で露艦隊を攻撃、セルビア、オスマン帝国に宣戦布告
11 月 1 日	ロシア、オスマン帝国に宣戦布告
11 月 5 日	イギリス・フランス、オスマン帝国に宣戦布告
7 日	日本軍、ドイツ租借地・青島を占領
1915 年　1 月 18 日	日本、**中国に二十一ヵ条要求**→5 月 7 日袁世凱政権、受諾
2 月	ドイツ、潜水艦攻撃を開始
2 月 19 日	英仏連合海軍、ダーダネルス海峡を攻撃→3 月 18 日敗退
3 月 18 日	英仏露秘密協定→イスタンブール問題と海峡問題で妥協
4 月 22 日	ドイツ軍、イーブル会戦で**毒ガス**使用
26 日	ロンドン密約→英仏露とイタリアが、イタリアの連合国参加、トルコ領分割、単独不講和を密約
5 月 4 日	イタリア、三国同盟条約破棄を声明
7 日	ドイツ潜水艦がイギリス船ルシタニア号を**撃沈**→アメリカ人乗客、多数死亡
23 日	イタリア、オーストリア=ハンガリーに宣戦布告
7 月 9 日	ドイツ領南西アフリカ、降伏
13 日	ドイツ軍、東部戦線で攻勢
8 月 21 日	イタリア、オスマン帝国に宣言布告
9 月 6 日	ドイツ、オーストリア=ハンガリー、ブルガリアと同盟条約
9 月	**フサイン・マクマホン協定**
10 月 14 日	ブルガリア、セルビアを攻撃
1916 年　5 月 16 日	**サイクス・ピコ協定**
31 日〜6 月 1 日	英独海軍、ユトランド沖海
7 月 1 日	ソンムの会戦（〜10 月）→連合国、大攻勢
2 日	レーニン『帝国主義論』脱稿
8 月 27 日	ルーマニア、オーストリア=ハンガリーに宣戦布告
28 日	イタリア、ドイツに宣戦布告

	9 月		ブルガリア、ルーマニアに宣戦布告
	12 月 12 日		ドイツ、連合国に講和交渉を提案→30 日連合国、拒否
	18 日		アメリカ大統領 W・ウィルソン、交戦国に戦争目的開示を提案
			→スイス、スウェーデン、ノルウェー、デンマークが支持表明
1917 年	1 月 9 日		ドイツ、**無制限潜水艦作戦を決定→開始 2 月 1 日**
	12 日		連合国、ウィルソンに講和条件を提示
	22 日		ウィルソン大統領、上院演説で民族自決・海洋の自由・勝利なき平和・国際平和機構設立を主張
	1 月		日本軍の駆逐艦、地中海へ→ヨーロッパ戦線に参加
	2 月 1 日		ドイツ、無制限潜水艦攻撃を宣言
	2 月 3 日		アメリカ、ドイツと断交
	3 月 11 日		**二月革命**
	14 日		中国、ドイツと断交
	4 月 6 日		**アメリカ、ドイツに宣戦布告**
	6 月 29 日		ギリシャ、連合国側で参戦
	8 月 14 日		中国、ドイツ・オーストリアに宣戦布告
	11 月 2 日		**バルフォア宣言**
	7 日		**十月革命→**8 日ソヴィエト政権「平和に関する布告」
	11〜12 月		イギリス軍、パレスチナでオスマン軍に大攻勢
1918 年	1 月 8 日		ウィルソン大統領、「**十四ヵ条の原則**」提起
	3 月 3 日		ドイツとソヴィエト政権、ブレスト・リトフスク**講和条約調印**
	3 月 21 日〜4 月 5 日		ソンム川の会戦 →ドイツ軍大攻勢
	5 月 7 日		ドイツとルーマニア、講和条約調印
	9 月 12 日〜28 日		連合軍、総攻撃によりドイツ戦線を突破。連合軍、バルカン戦線・パレスチナ戦線で攻勢をかける
	10 月		**スペイン風邪、大流行**
	24 日		イタリア軍、オーストリア軍に攻撃開始
	30 日		オスマン帝国、連合国と休戦協定調印
	11 月 3 日		ドイツ・キール軍港で水兵の反乱、**オーストリア、連合国と休戦協定に調印**
	9 日		**ウィルヘルム 2 世、オランダに亡命**
	11 日		**ドイツ、休戦協定に調印→**ブレスト・リトフスク条約を破棄
1919 年	1 月 5 日〜15 日		ドイツ・ベルリンでスパルタクス団の反乱
	1 月 18 日		パリ講和会議（フランス・ヴェルサイユ）開催
	3 月 1 日		朝鮮半島で万歳事件
	3 月 2〜6 日		モスクワでコミンテルン結成大会
	5 月 1 日		中国で五・四運動
	6 月 28 日		ドイツ、連合国と**ヴェルサイユ条約調印**
	8 月 9 日		イギリス・イラン条約→イラン、イギリスの保護国に
	9 月 10 日		オーストリア、連合国と**サン・ジェルマン条約調印**
	11 月 27 日		ブルガリア、連合国と**ヌイイー条約調印**
1920 年	1 月 10 日		**国際連盟成立→**11 月 15 日第 1 回総会（ジュネーブ）
	6 月 4 日		ハンガリー、連合国とトリアノン条約調印
	8 月 10 日		オスマン帝国、連合国と**セーヴル条約調印→**1920 年 7 月 24 日トルコ共和国とローザンヌ条約
1921 年	5 月 5 日		連合国、ドイツに賠償金総額 **1320 億金マルク**を要求
1922 年	4 月 16 日		ドイツとソヴィエトがラパロ条約調印

（出所）青山・石橋・木村・竹本・松浦編『世界史大年表』、歴史学研究会編『世界史年表　第二版』、日比野丈夫編『世界史年表』、ジャン=ジャック・ベッケール、ゲルト・クルマイヒ（剣持久木、西山暁義訳）『仏独共通史　第一次世界大戦（下）』および巻末の参考文献。

月 18 日からパリ講和会議が開催されフランス外務省で討議が続けられた。6
月 28 日にはパリ郊外のヴェルサイユ宮殿鏡の間でドイツは連合国との**ヴェル
サイユ講和条約**に調印したのであった。この会議で独立への国際的承認を得る
ことを熱望していた中国と朝鮮では、それが認められなかったため、**五・四運
動**と**三・一運動**が起こり、日本がその標的となった。

　この間、十月革命の起こったロシアと敗色が濃くなったオーストリア＝ハン
ガリーでは、長きにわたり大帝国の支配に呻吟してきた諸民族が独立への動き
を加速した。フィンランドは 1917 年 12 月、バルト三国は 18 年 3 月〜4 月に
独立を宣言し、ボリシェヴィキは直ちにフィンランドの独立を承認し、バルト
三国は 1920 年に承認した。1918 年 10 月にはチェコ・スロヴァキアとハンガ
リーが、11 月にはポーランドがオーストリアからの独立を宣言した。セルビ
ア、クロアチア、スロヴェニア各地域はオーストリアからの独立を目指し、12
月 1 日セルヴ・クロアート・スロヴェーヌ王国の成立を宣言した。連合国とオ
ーストリアとのサン・ジェルマン講和条約で同王国の成立が認められたが、そ
の後は政局不安が続き 1929 年 1 月 6 日ユーゴスラヴィア王国となり国王独裁
が展開された。

ロシア革命の衝撃と列強の対ソ干渉戦争

　第一・二次産業革命の「成果」を背景に第一次世界大戦が総力戦化・長期化
し、極度に疲弊したロシアでは 1917 年 11 月 7 日**十月革命**が起こった。8 日ソ
ヴィエト政権が成立しレーニンが発表した「平和の布告」はアメリカのウッド
ロウ・ウィルソン大統領に「十四ヵ条の原則」を打ち出すことを余儀なくする
ほどのインパクトを持つものであった。

　レーニンの「平和の布告」に基づく休戦の申し入れによって、同政権はドイ
ツ、オーストリア＝ハンガリー、ブルガリア、オスマン帝国の中央同盟諸国と
の間で 1917 年 12 月休戦協定を結んだ。さらに同月末より同地で講和交渉が開
始されたが、ドイツ側の講和条件が過酷であったために、翌 18 年 2 月ソヴィ
エト側代表トロツキーは交渉を打ち切り、一方的に戦争終結を宣言した。その
ためドイツはソヴィエト政権に再び軍事攻勢を加えた。レーニンの決断によっ
てドイツをはじめとする同盟側の過酷な講和条件を受け入れ、ソヴィエト政権

地図7 ブレスト・リトフスク条約直前の戦線

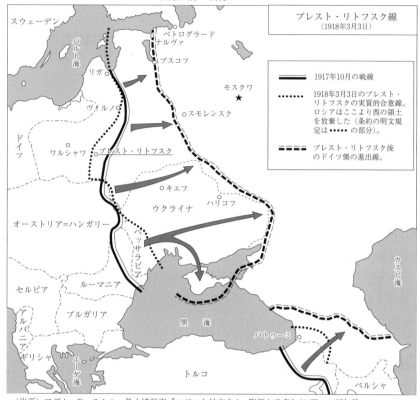

（出所）アダム・B・ラウム、鈴木博信訳『ソヴェト外交史1 膨張と共存』81頁。一部加筆。

は1918年3月3日講和条約としてのブレスト・リトフスク条約に調印した
（地図7）。これにより同政権は、(1)ポーランド、リトアニア、エストニア、ク
ールラント（ラトビア西部）の主権を放棄し、(2)進駐していたフィンランド、
オーランド島から撤退し、(3)さらにウクライナの独立を認めて約320万平方キ
ロメートルの領土を失い、(4)同年8月の付属条約で60億金マルクの賠償を課
せられることになった。無併合・無賠償の原則で講和交渉に臨んだソヴィエト
政権であったが、政権の安定のためにドイツ側の過酷な要求を呑まざるをえな
かった。

　これによってドイツ側は東部戦線における軍事的圧力から解放され、西部戦
線に軍事力を集中させることができるようになった。またこの条約により、オ

スマン帝国軍とソヴィエト政権軍は進駐していたイランから撤退したため、以後イギリス軍がイラン北部を占領することになった。しかし 11 月 9 日ドイツ革命が勃発し皇帝ウィルヘルム 2 世は退位し、社会民主党のエーベルト政権が成立して連合国と休戦協定を締結し（11 月 11 日）、ブレスト・リトフス条約は無効とされた（同月 13 日、ソヴィエト政権も破棄を宣言した）。戦後、ヴェルサイユ条約でもその破棄が確認された。

　第一次世界大戦の勃発とともにヨーロッパの社会主義勢力は無効化し、第二インターナショナルは崩壊していたため、戦争終結後の 1919 年 3 月 2 日ソヴィエト政権が中心となって第三インターナショナル（コミンテルン）を創立した。これは世界の社会主義運動のセンターとなっていき、これ以降世界各国で共産党が創設されていくことになる。19 年 7 月 25 日、ソヴィエト政府外務人民委員代理カラハンは、レーニンの平和の布告の理念に基づいて帝政ロシアが中国と結んだ全ての不平等条約を破棄し、平等の原則に立って国交を樹立する意思があることを宣言し（「カラハン宣言」）、翌 20 年北京政府はこれを受け入れる姿勢を見せたが、イギリスが強硬に反対した。しかし、こうしたソヴィエト政権の「平和の布告」やそれに基づくいわゆる革命外交は、資本主義列強に抑圧されている地域の人々を鼓舞するとともに、共産党設立への機運を高めることになった。

　ロシア革命によりソヴィエト政権が成立すると、連合軍はまずソヴィエト政権打倒を目的とし、さらにブレスト・リトフスク条約によってソヴィエト政権と同盟国側が休戦した後には、東部戦線の再建をも目的として、時には国内の反革命勢力に支援を与えつつ、ソヴィエト政権に軍事干渉を開始した。対ソ干渉戦争の勃発である（地図 8）。

　イギリスではウィンストン・チャーチル軍需相、フランスではフオッシュ参謀総長が対ソ干渉戦争を強硬に主張し、ブレスト・リトフスク条約締結後の 1918 年 4 月、英仏両軍は北海に面したムルマンスクに上陸し、日英陸戦隊はウラジオストックに上陸した。しかし対ソ干渉戦争が本格化するのは、チェコ軍団事件が発生したあとである。

　国土がオーストリア＝ハンガリー帝国に支配されていたチェック人とスロヴァキア人からなるチェコ軍団は、第一次世界大戦中、戦後における独立を夢見

34

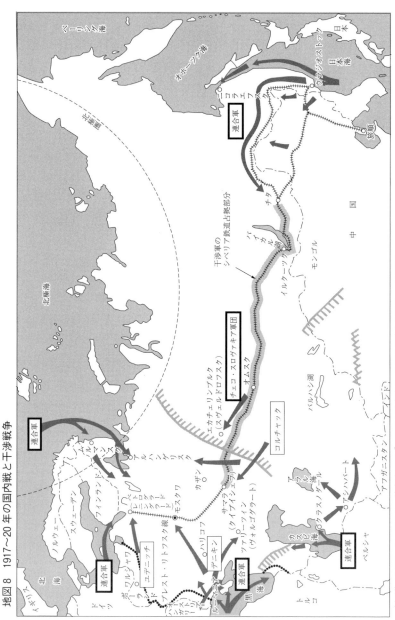

地図 8　1917〜20年の国内戦と干渉戦争

（出所）アダム・B・ウラム、鈴木博信訳『ソヴェト外交史 1　膨張と共存』111頁。一部修正。

て東部戦線でロシア軍と協力しつつドイツ軍と戦っていた。しかし1918年3月のブレスト・リトフスク条約でソヴィエト政権が休戦したため、チェコ軍団は東部戦線に留まる理由を失った。否、それ以上にチェコ・スロヴァキアの独立のために西部戦線に移動し、フランスと協力して戦うべきであるという声が軍団内部で高まった。しかしチェコ軍団単独でドイツ軍と戦い、前線を突破して西方へ移動することはもちろん不可能であった。そこでシベリア鉄道でウラジオストックを目指し、船で地球を一周して西部戦線に合流するとともに、一部は北ロシアの港から西部戦線にまわるという方針が決まった。

　チェコ軍団がシベリア鉄道でウラジオストックに向かっている途中、ウラル山中のチェリャビンスクで、休戦成立によって帰国しようとしていた独墺の捕虜部隊と衝突した。さらにチェコ軍団とボリシェヴィキ部隊が衝突し、両者の衝突はシベリア地方各地に拡大していった。5万とも7万ともいわれていたチェコ軍団が捕虜部隊やボリシェヴィキ部隊によって全滅させられる可能性が高まったと世界に報道され、ここにいわゆる**チェコ軍団事件**が発生したのである（1918年5月）。そこですでに干渉戦争を開始していた英仏は日米に対し、本格的な**シベリア出兵**を要請してきた。1918年1月、アメリカは日本政府に対し日米共同出兵を提案し、アメリカ自体は9,000人の派兵を行った。日本は8月2日シベリア出兵を宣言し、秋には7万3,000人へと兵力を増強した（地図9）。この間、英仏はロシア北部・南部およびカフカスに軍隊を派遣し、干渉戦争を強化した。

　こうした連合国の干渉戦争を背景に、1918年秋には反ソヴィエト勢力が大同団結し西シベリアのオムニスにコルチャック（帝政派海軍提督）政権が成立した。19年3月、東部戦線でコルチャック軍が攻勢を開始し（5月、日本はコルチャック政権を承認）、9月には南部戦線でデニキン軍の攻勢があったが、ソ連赤軍に敗北し19年秋にはコルチャック政権は崩壊していった。また19年秋には英仏軍が撤兵し、翌20年1月にはアメリカもシベリアから撤兵するとともに、連合軍はソヴィエト政権に対する経済封鎖を解除した。しかし唯一シベリアに残留した日本軍は20年3月**ニコラエフスク事件**（尼港事件）に遭遇し、22年10月までこのニコラエフスクを占領するとともに、25年4月まで樺太の「保証占領」を続けた。

━━━【脱線講義5】ニコラエフスク事件 ━━━

　アムール川河口に位置するニコラエフスク（尼港）で1920年3月から5月にかけ、赤軍
パルチザン部隊が引き起こした大規模かつ凄惨な住民虐殺事件。ロシア人を主体に、朝鮮人
と中国人からなるパルチザン部隊が住民から略奪ばかりか殺害を行い、武器引き渡しを拒否
した現地駐留の日本軍守備隊をほぼ殲滅した。

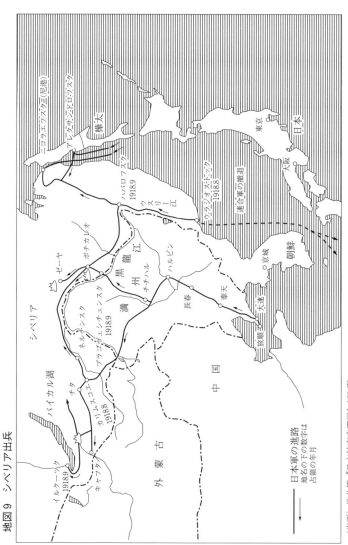

地図9　シベリア出兵

（出所）池井優『日本外交史概説』129頁。

第一次世界大戦と日本の行動

　第一次世界大戦が勃発すると、同盟国であったイギリスは日本に対独参戦を要求したがすぐにこれを撤回し、日本の軍事行動を海上輸送ルートの保護に限定するように要請した。しかし1914年8月23日、日本が対独参戦するや日本の戦闘区域を限定するよう要請してきた。日本は14年9月山東半島に上陸するとともに膠州湾のドイツ基地を攻撃し、さらに青島を攻撃した。10月には日本海軍がドイツ領南洋諸島を軍事占領するに至った。

　日本はイギリスの要請を盾に、日本周辺のドイツ権益の継承を狙って作戦行動を展開していった。さらに1915年1月18日には欧米列強の耳目がヨーロッパ大陸に向けられているのを利用して、中国の袁世凱政府に「二十一ヵ条要求」を突きつけた。日本の対独参戦直前、アメリカ政府は日本がドイツ利権継承を狙い何らかの軍事行動をとる場合には、**高平・ルート協定**（1908年11月）に基づいて事前にアメリカ政府と協議することを求め、日本が独断的行動に出ることを抑制しようとしていた。

　日本がドイツ権益の継承を狙い行動を起こし1915年1月18日袁世凱政府に「二十一ヵ条要求」を突きつけたために、アメリカは5月6日、英仏露の協商3ヵ国に対日干渉を提唱したが、拒否された。当時ヨーロッパ諸国の中国権益の期限が半永久的であったのに対し、日本の満州における権益期限は25年でほぼ1920年代に消滅することになっていた。関東州（遼東半島先端部の旅順・大連を含む地域）租借地は1923年に租借期限満了となり、日本はこれを中国に返還しなければならなかった。またこの租借地を起点とする**南満州鉄道**は39年に、南満州鉄道と朝鮮鉄道を連結する**安奉鉄道**は32年に経営期限満了となり、日本は中国側の買収要求に応じねばならなかった。したがってヨーロッパ列強の耳目がヨーロッパ大陸自体に集中し、袁世凱自身が帝制問題で南方派と激しく争っている機会をとらえたばかりでなく、より実質的に戦後の講和会議において国際的干渉を阻止するためにも、この時点で日本の権益を長期にわたり確固としたものにしなければならないという現実的要請があったのである（地図10）。

　「二十一ヵ条要求」は第一号から第五号まで五つに大別され、第五号の7ヵ条は希望事項とされ最終的に14ヵ条の要求となった。第一号、山東省のドイ

地図10　関東州・南満州鉄道・安奉鉄道

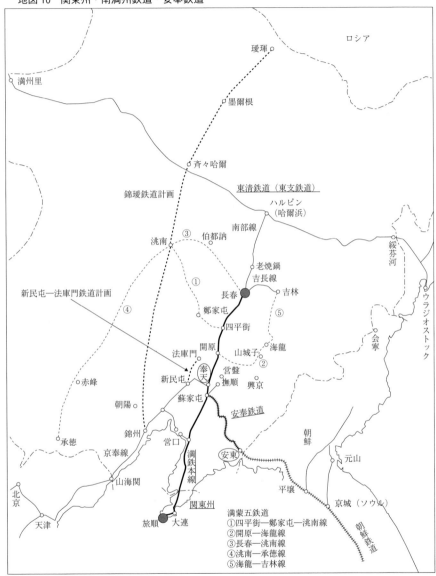

（出所）加藤聖文『満鉄全史』6-7頁をもとに加筆・修正。

ツ権益の処分については日独間の取り決めに一任することなど4ヵ条。第二号、関東州（現在のほぼ大連・旅順地域）の租借期限、南満州鉄道・安奉鉄道の権益期間を99年間延長すること。南満州・東部内蒙古における日本の特殊権益を承認することなど7ヵ条。第三号、漢冶萍公司を日中合弁で経営することに関する2ヵ条。第四号、中国沿岸の港湾および島嶼を他国に譲与あるいは貸与しないことに関する1ヵ条。第五号、中国中央政府に政治・財政・軍事顧問として日本人を招聘すること、日本の病院・学校には土地所有権を認めること、必要な地域において日中合同で警察を管理すること、日本からの兵器の供給を受け入れ、日中合弁の兵器廠を経営すること、などに関する7ヵ条であった。しかし予め国際的批判が起こることを認識していたため伏せていたものの、袁世凱政権が漏らしたため希望事項であると言いつくろった。

　中国は激しく抵抗したが、日本は5月9日午後6時を期限とする最後通牒を5月7日に発して9日中国は日本の圧力に屈した。その後も中国はあらゆる機会をとらえて日本の要求の不当性を訴え続け、この問題はこれ以降日中関係を悪化させていったのである。英仏露に対日共同干渉を拒否されていたアメリカはひとたび日中間で批准が交換されるや、アメリカおよびアメリカ人の地位・権利に変更をもたらす場合には事前にアメリカ政府に通報するべきであるとの態度を示すに留まった。アメリカは1917年4月6日対独参戦したが、アメリカがヨーロッパ大戦に関与している間に、中国におけるアメリカおよびアメリカ人の地位・権利が日本によって脅かされるのを懸念し、1917年11月2日石井駐米大使とランシング国務長官の間で**石井・ランシング協定**を締結し、満州における日本の特殊利益は承認するが、それ以上の日本の進出は牽制しようとする態度を明確にした。

　この石井・ランシング協定が締結された直後、ロシア革命が勃発し、英仏が中心となって対ソ干渉戦争に向けて動き始めるや、日本でも参謀本部次長の田中義一が積極的姿勢を見せたのに対し、陸軍はバイカル湖以東のシベリアに限定して出兵を指示した。そして英仏が日米にシベリア出兵を要請するや直ちにこれを受け、英仏米の予想を上回る大規模な軍隊をシベリアに出兵させたのであった。

　1919年1月18日からパリ郊外のヴェルサイユ宮殿で始まったパリ講和会議

に、日本は西園寺公望を首席、牧野伸顕（元外相）を次席とする代表団を送り込んだが、日本の基本方針は日本に関係のある問題には発言するが、日本に関係のない問題にはコミットを控えるというものであった。具体的には赤道以北のドイツ領南洋諸島の割譲、山東省におけるドイツ権益の譲渡の二つを実現することに全力をあげた。ドイツ山東利権の継承を条件に日本が対独参戦し、さらに「二十一ヵ条要求」を突きつけていたため、中国政府は激しくこれに抵抗するとともにアメリカ政府との連絡を緊密にしていった。

そして中国はアメリカの参戦に遅れること約半年経った 1917 年 8 月 14 日に対独参戦した。ヴェルサイユ会議では中国が連合国の一国としてドイツと戦ったことを理由に、山東権益を中国へ直接回収することと、日本の威嚇のもとに成立した「二十一ヵ条要求」の無効を主張した。アメリカが中華民国を支持したにもかかわらず英仏が日本の要求を認め、ヴェルサイユ条約にドイツ山東利権の日本への継承を盛り込むことになった。そこで中国代表は五・四運動以降の国内的混乱の中でヴェルサイユ会議から脱退したのであった。

第一次世界大戦期の中近東情勢——イギリスの「三枚舌外交」

1914 年 8 月 2 日オスマン帝国がドイツと同盟関係を樹立し、中央同盟の側から第一次世界大戦に参加したことは、結果的には英仏の中東への進出を可能にし、その後のいわゆる中東問題の原因となっていった。オスマン帝国が参戦するや戦線はトルコ海峡地帯からさらに中近東へと拡大していった。10 月 29 日、オスマン帝国・ドイツ艦隊は黒海沿岸のロシア領を攻撃したためロシアがオスマン帝国に宣戦し、海峡地帯でドイツ・オスマン帝国と英仏露との戦闘が激化していった。11 月 5 日イギリスもオスマン帝国に宣戦して地中海のキプロスを併合した上、12 月 19 日にはエジプトを正式に保護領化した。翌 15 年 2 月連合国軍はダーダネルス海峡への攻撃を開始し、3 月には英仏露の 3 ヵ国がコンスタンティノープル秘密協定を締結して、ロシアにボスポラス海峡・マルマラ海・ダーダネルス海峡のいわゆる海峡地帯の領有を認めた。さらに 4 月 26 日には英仏露三国が、イタリアとロンドン秘密協定（ロンドン密約）を締結して、ダルマティアなどのオスマン帝国領をイタリアに分割することを代償とし、イタリアに対独参戦することを約させた。すでに大戦初期からイギリスを

中心に、戦後におけるトルコ領分割戦略が強力に推し進められていたのである。

　このイギリスの分割戦略は、アラブ地域のアラブ人とユダヤ人に対し相反する約束を行いつつ支持を調達するという、二枚舌外交として展開されていった。1915 年 7 月から翌 16 年 1 月までイギリスの駐エジプト・スーダン高等弁務官アーサー・ヘンリー・マクマホンは、メッカに拠点を持つアラブ人リーダーであるフサインと何回か往復書簡を交換し合い、第一次世界大戦終結後、オスマン帝国の支配下にあるアラブ人に独立国家の建国を認める（シリア西部以外のアラブ人居住地域）代わりに、オスマン帝国打倒にアラブ人が協力することに両者は合意していた。この往復書簡のうち、1915 年 10 月の書簡を**フサイン・マクマホン協定**または**マクマホン宣言**と呼ぶ。

　しかし半年後、イギリスはフランス、ロシアとともにフサイン・マクマホン協定と矛盾する**サイクス・ピコ協定**を結んだ（1916 年 5 月 16 日）（地図 11）。この秘密協定によって英仏露各国は、次のような地域を獲得することになっていた。

　　イギリス：バクダッドを含むイラク地方、シリアのハイファ港とアッカ港、
　　　　　　　「B 地帯」（トランスヨルダンと中部メソポタミア）は勢力範囲
　　フランス：シリア、キリキア（アナトリア南部）、「A 地帯」（内部シリアとモー
　　　　　　　スール地区）は勢力範囲
　　ロ　シ　ア：イスタンブール、海峡両岸地帯。カフカース（カスピ海と黒海に挟
　　　　　　　まれた山岳地帯）に接する東部州
　　国際管理地域：パレスチナ

　1915 年 4 月のロンドン秘密協定でオスマン帝国分割に参加することを認められていたイタリアが反発したため、1917 年 4 月英仏伊は**サン・ジャン・ド・モーリエンヌ協定**を締結しスミルナを含む小アジア南部をイタリア領とした。

　連合国 4 ヵ国間で帝国主義的領土分割を約束した上で、1917 年 11 月 2 日、イギリス外相アーサー・ジェイムズ・バルフォアは、アラブ・中東イギリス軍の対オスマン帝国作戦基地であるパレスチナを防衛するため、イェルサレム地方のユダヤ人の協力を得る必要上、パレスチナにユダヤ人国家を建設すること

地図11　ダマスクス議定書とサイクス・ピコ協定

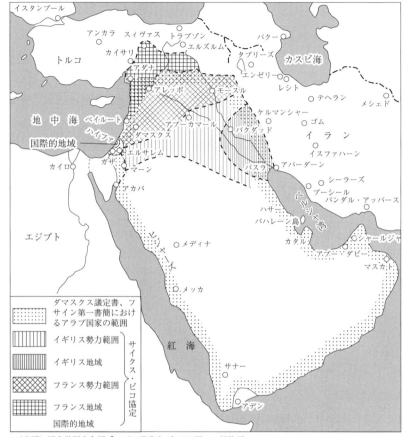

（出所）歴史学研究会編『アジア現代史 1』279 頁。一部修正。

を認めるバルフォア宣言を出した。ここに至るやイギリスは鉄面皮にも「三枚
舌外交」を展開し始めたのである。現代に至るパレスチナ問題の淵源ともなっ
た行動であった。1916 年 4 月クータル・アマーロでオスマン帝国軍に惨敗し
たイギリス軍は、翌 17 年 3 月バグダッドを攻撃し、12 月初旬にはイェルサレ
ムを占領した。翌 18 年 10 月 1 日にはついにアラブ・イギリス軍はダマスカス
に入城した。戦争後半にはこうしたイギリス軍の軍事的勝利を背景として、イ
ギリスは戦後中東政策を強行していこうとした。

　1920 年 1 月ロンドンで開かれた連合国最高会議は、対オスマン帝国条約案を主要議題として可決したが、そこではアラビア半島以外のアラブ人地域を委任統治下に置くことを確認した上で、バルフォア宣言を国際的に承認したのであった。戦後における連合国のこの最終的決定はアラブ人の不満を爆発させ、反乱を引き起こしていった。さらに同年春開かれた戦勝国会議としての**サン・レモ会議**（1920 年 4 月 18 日～26 日）では、ロンドン会議で基本路線を決定していた対オスマン帝国講和条約をさらに検討して、セーヴル条約の内容を最終的に決定した。シリアの委任統治権をフランスに、パレスチナとイラクの委任統治権をイギリスに与えることを認め、同時に英仏両国の石油協定について討議した。対オスマン帝国講和条約たるセーヴル条約は 1920 年 8 月にパリ郊外のセーヴルで調印された。

　1908 年以来オスマン帝国の政権を担当していた青年トルコ党政権の指導者たちは、第一次世界大戦敗戦（1918 年 10 月 30 日オスマン帝国は連合軍とムドロス条約を結び降伏）とともに亡命し、連合軍が首都イスタンブールを占領した。メフメット 6 世は帝政復活を狙い講和交渉に乗り出したが、連合国の一員であったギリシャは連合国に支援され大ギリシャ主義に基づく領土拡張を掲げ、港湾都市イズミルを占領するなど、各地を占領していった（1919 年 5 月中旬）。

　こうした事態に対し、ムスタファ・ケマル（ケマル・アタテュルク〈父なるトルコ人である〉ケマル）が指導者とする抵抗運動が、1920 年 5 月 3 日アンカラ臨時政府（大国民議会政府）を樹立し、旧領土であるイズミル、イスタンブールを占領しているギリシャに宣戦し（1922 年 8 月、ギリシャ・トルコ戦争）、9 月 8 日イズミルを占領、アナトリア地方から全ギリシャ軍を駆逐し、10 月 11 日ムダニヤ休戦条約を締結し、屈辱的なセーヴル条約を改めるためのローザンヌ会議が開かれることとなった。

　この会議への出席をめぐり、ケマルのアンカラ臨時政府とオスマン帝国のどちらの代表が出席するかをめぐって対立が起こった。結局、アンカラ臨時政府の代表であり、のちにトルコ共和国第 2 代大統領となるイスメット・イノニュが出席することになった。11 月 1 日、大国民議会はスルタン制の廃止を決議し、同月 17 日メフメット 6 世は国外に亡命して、ここにオスマン帝国は滅亡した。翌 1923 年 7 月 24 日、アンカラ臨時政府は連合国と**ローザンヌ条約**を締

結して、イズミル、イスタンブールなどの領有権を回復し、10月2日には連合軍が最終的に現在のトルコ共和国の領土から撤退した。10月29日トルコ共和国が建国されムスタファ・ケマルが初代大統領に就任し、近代化を進めていくことになった。

パリ講和会議とヴェルサイユ体制

1919年1月18日から20年8月10日まで、パリ郊外のヴェルサイユ宮殿で開かれたパリ講和会議は敗戦国とソ連の出席を認めず、戦勝国27ヵ国が参加した。当初会議を主導したのはアメリカ（ウッドロウ・ウィルソン大統領、R・ランシング国務長官）、イギリス（ロイド・ジョージ首相、アーサー・J・バルフォア外相）、フランス（ジョルジュ・クレマンソー首相、ステファン・ビション外相）、イタリア（ビットリオ・オルランド首相、シドニー・ソニノ外相）、日本（西園寺公望、牧野伸顕）の五大国であって、他の22ヵ国は重要会議から外され総会に出席するだけであった。五大国主導といっても日本はアジア・太平洋問題にのみ関心を示してヨーロッパ問題にはコミットしようとせず、イタリアもフィウメ問題の決定を不満として引き揚げてしまったので、英米仏三首脳によってすべての問題が決定された。1871年に普仏戦争に勝利してウィルヘルム1世がドイツ帝国の成立を宣言したヴェルサイユ宮殿「鏡の間」で、第一次世界大戦の直接的引き金となったサライェヴォ事件が起こった6月28日を意識的に選び、中国を除く連合国とドイツとの間にヴェルサイユ条約が調印された。

この講和会議はウィルソンの十四ヵ条の理念を背景に、無併合・無賠償、勝利なき平和、国際協調、民族自決などを原則として進められ、中東諸国の独立、国際連盟や国際労働機関の設立などが決定されたが、他方で英仏が中心となって戦争責任を一方的にドイツなど敗戦国に押しつけ過酷な制裁を加えるものであった（「カルタゴの平和」）。この会議の結果生み出されたいわゆるヴェルサイユ体制が、第二次ヨーロッパ大戦さらには第二次世界大戦の一因となったことは明らかである。

パリ講和会議を主導したアメリカではあったが、1920年1月19日アメリカ議会上院はヴェルサイユ条約の批准を否決した。それは第一次世界大戦参戦に対する反発、孤立主義勢力の復活、学者出身のウィルソン大統領の議会対策の

まずさなどに加えて、日本が旧ドイツ利権を継承することにアメリカ議会内外の世論が反対をしていたにもかかわらず日本のパリ講和会議からの引き揚げを恐れたウィルソンが日本の要求を認めたという事実も、アメリカ上院が批准拒否をする大きな理由であった。

連合国がドイツと結んだヴェルサイユ条約は全 15 篇、および多くの付属文書からなる膨大なものであった。連合国はドイツとのこのヴェルサイユ条約をはじめ、オーストリア、ブルガリア、ハンガリー、オスマン帝国と、それぞれ**サン・ジェルマン条約**（1919 年 9 月 10 日）、**ヌイイー条約**（1919 年 11 月 27 日）、**トリアノン条約**（1920 年 6 月 4 日）、**セーヴル条約**（1920 年 8 月 10 日、アンカラ臨時政府とローザンヌ条約、1923 年 7 月 24 日）を締結していった。ヴェルサイユ条約をはじめ、これら講和条約によって生み出されたヨーロッパ国際秩序をヴェルサイユ体制と呼ぶが、その内実はウッドロウ・ウィルソンの十四ヵ条の原則の理念から遠くかけ離れた、英仏のドイツに対する激しい憎悪と、帝国主義的利益に基づいて形成されたため、当初から多くの欠点を含んでいた。

第一に、アメリカ上院がヴェルサイユ条約を批准せず、国際連盟に加盟しなかった。アメリカはオーストリア（1921 年 8 月 24 日）、ドイツ（1921 年 8 月 25 日）と個別に単独講和を結び、戦争終結に決着をつけた形にした。

第二に、ソ連が参加できず、それどころかこの会議の最中に列強から干渉戦争を仕掛けられたために、第三インターナショナル（コミンテルン）を結成して（1919 年 3 月）この体制に対抗していこうとした。実際には 1920 年代中葉にヨーロッパの主要な国家から承認されていくことになるが、アメリカがソ連を承認するのは、1933 年 12 月になってからのことである。

第三に、「カルタゴの平和」と呼ばれるほどの過酷な制裁をドイツに課したため、ドイツに深い屈辱感を与え、ナチス・ドイツの台頭と第二次世界大戦の原因を生み出すこととなった。

第四に、第一次世界大戦中の約束にもかかわらず、イタリアには十分な帝国主義利益の配分が行われなかったため、イタリア側にこの体制に対する大きな不満を残し、これも 30 年代に入ってからイタリアをこの体制への挑戦者としたのである。

表3　ヴェルサイユ体制を基礎づけた連合国との諸条約

ヴェルサイユ条約（1919年6月28日、対ドイツ）（地図 12-1、12-2）
(1)　領土の割譲（面積で 13% = 67,000 平方マイル、人口で 10% = 700 万人の減少）
　①フランスへアルサス、ロレーヌを譲渡する
　②ベルギーへドイツ・ベルギー国境の小部分（オイペン = マルメディ）を譲渡する
　③チェコへシュレレジェンの小部分を譲渡する
　④ポーランドへ西プロシア、ポズナニ（ポーセン）、上部シレジアを譲渡する
　⑤デンマークに対してシュレスヴィヒ北部の領有権につき人民投票に委ねる
　⑥リトアニアへメーメルを返還ないし割譲する
　⑦ポーランド回廊（ポンメルン = ポメラニアンの一地域）を設定する
　⑧国際連盟管理下のダンツィヒ自由市を設定し、外交権と関税権をポーランドに与える
　⑨ザール地方を国際連盟管理下に置く
(2)　海外植民地の放棄（面積 100 万平方マイル、人口 1,200 万人を失う）
　①ドイツ領東アフリカ（タンガニーカ）はイギリスの委任統治領とする
　②西南アフリカ（ナミビア）は南アフリカの委任統治領とする
　③カメルーンとトーゴランドは英仏の委任統治領とする
　④南太平洋諸島に関して、赤道以北は日本の委任統治領（地図 13）、その他はオーストラリア
　　委任統治領およびイギリス・オーストラリア・ニュージーランド委任統治領とする
(3)　軍備制限を課す
　①参謀本部の廃止
　②陸軍 10 万以下で巨砲の保有禁止
　③海軍兵力は 1 万 6,500 人以下で潜水艦保有禁止
　④空軍保有禁止
　⑤一般義務兵役廃止
　⑥ラインラント（ライン川の左右 50km）の非武装化
　⑦条約履行の保障としてライン川左岸は連合国軍が 15 年間占領する
(4)　賠償義務
　（総額、期間、支払方法で意見対立し）1921 年 5 月までに賠償委員会が総額を決定（1921 年に
　1,320 億金マルクと決定）
(5)　オーストリアの独立保障、ブレスト・リトフスク条約の破棄

サン・ジェルマン条約（1919 年 9 月 10 日、対オーストリア）→領土・人口の 75%を失う
(1)　民族自決原則に基づく帝国の解体 = ハンガリー、チェコ・スロヴァキア、ポーランド、セル
　ヴ・クロアート・スロヴェーヌの独立を認める
(2)　ドイツとの併合を禁止する
(3)　トレンティノ（チロル）・イストリア（トリエスト）をイタリアへ割譲する。
(4)　陸軍を 3 万以下にする
(5)　賠償委員会が後に定める時償金を支払う

ヌイイー条約（1919 年 11 月 27 日、対ブルガリア）
(1)　トラキア（エーゲ海北辺）をギリシャに割譲する
(2)　軍備制限を課す
(3)　賠償金 94 万ポンド（= 4 億 5,000 万ドル）

トリアノン条約（1920 年 6 月 4 日、対ハンガリー）→額土の 72%、人口の 64% を失う（人口 750 万人へ、300 万のマジャール人が国外に居住）

(1)　額土の割譲
　　①チェコがスロヴァキアを併合することを認める
　　②フィウメをイタリアかユーゴへ割譲する（1920 年自由市）
　　③セルヴ・クロアート・スロヴェーヌ（のちユーゴスラヴィア）へヴォイヴォディナ、クロアチア、スロヴェニア、ボスニアを割譲する
　　④ルーマニアへトランシルヴァニアを割譲する
(2)　オーストリアからの分離と完全な独立
(3)　軍備制限を課す
(4)　賠償金を課す

セーヴル条約（1920 年 8 月 10 日、対オスマン帝国）⇒**ローザンヌ条約**（1923 年 7 月 24 日）
(1)　額土の割譲
　　①イスタンブール付近を除く現トルコ共和国の北西部を剥奪する→(a)イギリスのメソポタミア、パレスチナ委託統治を認めキプロス領有を認める、(b)フランスのシリア委託統治を認める、(c)ギリシャへトラキアを割譲する
　　②アルメニア・ヒジャーズの独立を認める
(2)　ボスポラス海峡・マルマラ海・ダーダネルス海峡を国際海峡委員会管理下で非武装化、国際化をする
(3)　軍備制限課す→ローザンヌ条約
　　①イズミル、イスタンブール、東トラキアを回収した
　　②海峡地帯のトルコの主権は承認された
　　③陸海軍の軍備制限は撤廃された

48

地図 12-1　ヴェルサイユ条約によるワイマール共和国版図

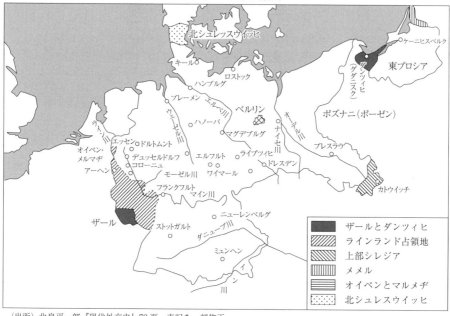

（出所）北島平一郎『現代外交史』72 頁。表記を一部修正。

地図 12-2

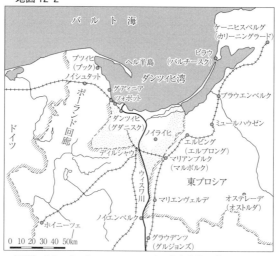

（出所）ドナルド・キャメロン・ワット、鈴木主税訳『第二次世界大
戦はこうして始まった（下）』9 頁。

地図13　日本の委任統治領

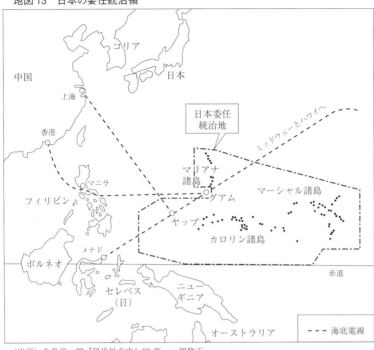

（出所）北島平一郎『現代外交史』99頁。一部修正。

第3節　大戦の結果と国際政治史的意義

　英仏など西欧諸国を中心に17世紀中葉以降に打ち立てられてきたいわゆる西欧国家体系の観点から見ると、第一次世界大戦は次のような意味を持つものとして理解されるであろう。

　第一に、19世紀を通じて西欧国家体系の中心的構成要素(コンポーネント)であった覇権国イギリスとNo.2のフランスが戦勝国であったにもかかわらず、その国力を大幅に低下させたことがあげられる。大英帝国に影が差し始め、**パクス・ブリタニカ**が動揺し始めた。それは産業革命の「成果」としての軍事技術の飛躍的発展によってこの戦争が**前線・銃後の区別のない総力戦**となり（航空機による大都市無差別爆撃や、潜水艦による商船無差別攻撃など）、地続きのフランスはもとより島

国のイギリスも戦場になったからであった。第一次世界大戦による戦闘要員の死者数は約 1,000 万人から 1,200 万人と推定され、負傷者数 2,000 万人、非戦闘要員の犠牲者は約 1,000 万人以上にのぼり、戦費は直接戦費約 800 億ドル、間接戦費約 1,500 億ドルといわれている。因みに 1790 年から 1913 年までの約 120 年間の全ての戦争による戦死者数が約 450 万人といわれていることから考えると、4 年 4 ヵ月の戦闘での死傷者数は人類史上最大の悲劇であったといわざるをえない。

　確かに英仏は、アフリカや西南太平洋におけるドイツ植民地を国際連盟の委任統治領として獲得したり、旧オスマン帝国の領土を勢力範囲に組み込んでいったが、自由主義思想と民族自決原理の普及によるナショナリズムの高まりによって、かえってその植民地経営は危機に直面していったのである。そのため「帝国主義の時代の後期」における植民地システムの強化というよりも、植民地に一定程度の自治権を付与して、金融・通商上の利益を極大化しようとするいわゆる**非公式帝国**へと植民地システムを再構築することを余儀なくされたのである。

　第二に、総力戦化し長期化した第一次世界大戦の中で封建制遺制そのものとしてのロシア社会は極度に疲弊し、その中で思想としての社会主義ではなく**体制としての社会主義**が史上初めて成立したことがあげられる。西欧国家体系の同質性の一つに資本主義的生産様式をあげることができるが、思想史的に見ればこの資本主義を土壌にしつつ、これを否定する社会主義的生産様式を基礎とする体制としての社会主義が成立したのである。体制としての社会主義、すなわちソヴィエト・ロシアは、今や自由主義思想と民族自決理念によってナショナリズムを鼓吹し始めた欧米植民地の民族解放勢力や、資本主義内部の社会主義運動・労働運動のセンターとなっていった。西欧国家体系という視点から見れば、西欧国家体系の中から生まれながら、その西欧国家体系そのものを否定しようとする体制としてのソヴィエト・ロシアが誕生したということである。

　第三に、アメリカと日本に続いて社会主義国家＝ソ連という非西欧国家が国際政治の無視しえない構成要素となったことがあげられる。アメリカは 18 世紀後半、ヨーロッパ的諸価値を否定した革命国家として独立した明らかに非西欧的国家であった。それが大西洋という自然の要塞と卓越した技術開発力・経

済力、そしてこれらに支えられた圧倒的な軍事力によって連合国に勝利をもたらしたため、大きな打撃を受けた英仏に代わって西欧国家体系の主要な構成要素になる条件を獲得したのである。日本は 19 世紀中葉、英仏米露によって強制的に西欧国家体系に接合させられ、西欧国家体系の周辺部に位置していたが、日清・日露両戦争を契機に西欧国家体系内部において局地的に影響力を増大させていった。そしてさらに第一次世界大戦によって、明確に西欧国家体系内でリージョナル・ヘゲモンとしての地位を獲得するに至った。

　一方かつて帝政ロシアは、西欧国家体系の準構成要素ではあったが、今や革命ロシアは第三インターナショナル（コミンテルン）を結成して、西欧国家体系そのものを否定するいわば**反システム運動**の中心となっていった。1920 年代における英仏をはじめとする列強のソ連承認は、ソ連をこの体系の明確な構成要素とすることによって、それが持っている反システム性を少しでも緩和しようとする試みであったともいえる。

　第四に、民族自決原則が国際政治において重要視されるようになった。民族自決原則は西欧国家体系を機能させるある程度の規範となっていったということができる。それはロシア革命のインパクト、より具体的にはレーニンの「平和の布告」に盛り込まれた新しい理念・メッセージに刺激されたアメリカ大統領のウィルソンが、その新しい理念を真正面から受け止めて十四ヵ条の原則にまとめ、これをヴェルサイユ講和会議の指導理念としたからであった。もちろん、パリ講和会議はすでに見たように英仏さらには日本の帝国主義的対応によって、その理念が貫徹されたものとは言い難いが、少なくとも公式的には無視し難い理念となると同時に、被抑圧民族の民族解放闘争を支える武器となっていった。英仏等ヨーロッパ列強は、旧帝国を解体する効果を持つ場合にはこの理念を支持し利用したが、逆に自国の植民地内部でこの理念に基づく独立運動が激化する場合には徹底的な弾圧を加えたのであった。この理念が日米欧の植民地に適応されて、独立が達成されるのは第二次世界大戦の終結を待たなければならなかったが、ヨーロッパ周辺部にはこの原則を適用され八つの「民族国家」が成立した。それは旧中央同盟国の弱体化、ソヴィエト・ロシアへの防壁構築、民族自決原則の具体化という「一石三鳥の効果」を持つものであった。それらはロシア（ソ連）から独立したエストニア、ラトビア、リトアニア、フ

地図14　第一次世界大戦後に独立した8ヵ国

（出所）柴田三千雄ほか『世界現代史37　世界現代史』242頁。筆者が一部加筆。
⑧のユーゴスラヴィアの　■　は旧セルビア。

ィンランドであり、オーストリアから独立したポーランド、チェコ・スロヴァ
キア、ハンガリー、セルヴ・クロアート・スロヴェーヌ王国（ユーゴスラヴィ
ア）の8ヵ国である（地図14）。旧オスマン帝国支配下の各地域が独立への動き
を強めても、英仏両国の圧倒的な軍事力によって抑圧され、国際連盟の委任統
治領という名目で両国の勢力範囲に組み込まれ、独立が認められたとしても両
国の保護国としての形式的なものであった。
　第五に、これらの結果として西欧国家体系そのものが大きく変容し始めた。
17世紀中葉、ヨーロッパに生まれた西欧国家体系は、産業革命を背景とした
運輸・通信・軍事技術の飛躍的発展によって拡大し（物理的・空間的に拡大する
とともに構成要素の数を増大させた）、当初の同質性を次第に喪失することによっ

て擬制化しつつあったが、第一次世界大戦は西欧国家体系を擬制化という概念
では説明できないほどに変容させたのであった。

　それは次の理由による。(1)オーストリア＝ハンガリー帝国やオスマン帝国な
ど地続きで拡大した**地続きの帝国**に支配されていた地域が、民族自決原則によ
って民族国家を形成し、西欧国家体系の新たな構成要素が飛躍的に増えたこと。
(2)単に数が増えたというばかりでなく、より根本的に西欧国家体系を保証して
いた同質性が明白に破られたこと。すでに非西欧の米日は擬制化しつつあった
西欧国家体系の構成要素ではあったが、いまやアメリカは英仏に代わり西欧国
家体系の中心的コンポーネントに地位を上昇させたばかりでなく、同じく非西
欧の日本も東アジア・西太平洋地域に限られてはいたが、中心的なコンポーネ
ントに地位を上昇させたからであった。さらに 19 世紀以降、西欧国家体系の
重要な同質性の一つであった資本主義的生産様式を否定する、社会主義が体制
として成立したのである。(3)このことと関連するが、西欧国家体系の重要な同
質性であった自由主義・資本主義を否定する社会主義として成立し、具体的な
政治体制を構築して西欧国家体系に対する反システム運動を担ったこと。

第2章　戦間期の国際関係──1920年代と1930年代

第1節　「相対的安定期」としての1920年代

　第一次世界大戦と第二次世界大戦の間の約20年間は「戦間期（inter-war period）」と呼ばれている。もちろん第二次世界大戦が起こって初めてこの20年間を戦間期と名づけるようになったことはいうまでもない。人類史上、未曽有の大惨事となった大戦争への反省を誓ったにもかかわらず再度大戦争を発生させてしまった原因を、列強間の20年間の外交行動に求めようとする意識が戦間期研究をもたらしたのである。この戦間期は国際関係の特徴の違いによって、1920年代と1930年代にほぼきれいに時期区分することができる。1920年代は相対的安定期と呼びうる時期であり、1930年代は世界恐慌によって引き起こされた「ブロック化」の時代といえる。

　1918年に第一次世界大戦が終結し、19年前半にパリ講和会議が開催されて紆余曲折の後に対独ヴェルサイユ条約が成立したのをはじめ、1920年にかけて他の同盟国との間にも講和条約が成立し、戦後の新しい枠組みができ上がってゆき20年代半ば以降国際関係は安定化していったのである。この相対的安定期という言葉は、マルクス主義者たちが名付けた言葉であり、国際関係の安定は一時的・表面的なもので、資本主義に内在する矛盾がいずれは具体的な形をとって現れ資本主義国間の帝国主義的な対立が早晩起こる、という意味合いを込めたものであった。

　事実、1929年10月24日、ニューヨーク株式市場における株価大暴落がきっかけとなって次第に世界恐慌が発生していったのである。この世界恐慌が深化していく中で世界は次第にブロック経済化してゆき、後発資本主義国たるドイツ、イタリア、日本は、全体主義的政治体制のもとで周辺諸国に軍事的侵略

を行っていった。ユーラシア大陸の西ではドイツとイタリアがその周辺部に軍事的拡大を強行してゆき、1939年9月ヨーロッパ大戦が勃発した。

　一方ユーラシア大陸の東の中国大陸では1931年9月以降、日本が軍事的侵略を開始していたが、1937年7月以降中国中心部への軍事的侵略を本格化させたために日中間で日中戦争が勃発し、中国および中国大陸周辺部に帝国主義的利害を有する、イギリス、フランス、アメリカ、オランダ各国との緊張を高めていった。こうしたヨーロッパにおける戦争とアジアにおける戦争は、1941年12月の日米開戦により結びつけられ文字通り世界的な規模での第二次世界大戦となっていったのである。

　第一次世界大戦が終結したときヨーロッパは混乱の極致にあった。ロシアにではロシア革命そのものと、英仏米日などの対ソ干渉戦争（シベリア出兵も含む）によって政治的・経済的に混乱をきわめており、敗戦国ドイツも経済活動はほとんど麻痺していた。ドイツの同盟国であったオーストリア、ハンガリー、ブルガリア、オスマン帝国も敗戦により、社会的不安と混乱を深めていた。

　一方、戦勝国であったイギリスやフランスも、第一次世界大戦が前線と銃後の区別のない総力戦でしかも長期にわたったために軍事的・経済的に深刻な打撃を受けており、社会的には不安定な状態にあった。したがって、ヨーロッパ国際関係が安定化するためには、ソ連をめぐる状況が安定すること、ドイツの深刻な経済的危機が改善されること、さらには戦勝国とはいえ不安定な状態にあったイギリスやフランスあるいはベルギー、イタリアの政情が安定化することが必要であった。

ソ連情勢の安定化

　ソ連情勢の安定化に寄与した要因は、ソヴィエト政権そのものが政治的に安定度を増していき列強の対ソ干渉戦争が終結に向かったこと、これらを背景として日欧の諸国がソ連を外交的に承認するようになったこと、最高指導者レーニンが死去したことなどがあげられる。英仏日米の4ヵ国はチェコ軍団救出を名目に1918年夏シベリアに出兵したが、19年秋から20年初頭にかけて徐々に撤兵していった（日本はワシントン会議の決定を受け22年10月に撤兵）。

　連合国と中央同盟側諸国との戦争処理は1920年8月のオスマン帝国とのセ

ーヴル条約によって一応の決着を見たため、連合国は 1922 年 4 月ジェノヴァ
国際会議を開催しここにソ連とドイツを招聘した。この機会をとらえて、ソ連
とドイツはラッパロ条約を締結し外交関係を樹立した。ソ連が国際的承認を得
たのは、これが最初であった。

　1924 年 1 月レーニンが死去し、その後継者となったスターリンは一国社会
主義路線を打ち出して、資本主義と社会主義との両体制間の平和的共存へのテ
ーゼを打ち出したため、これ以降列強は徐々にソ連を外交的に承認していった
のである。すなわち 1924 年 2 月まずイギリスがソ連を承認して 8 月には英ソ
通商条約を締結し、ソ連を西欧国家体系に接合しようとする現実的外交を展開
したのであった。それ以降フランス（10 月）、イタリアとオーストリア（11 月）
がソ連を承認していった。日本は翌 25 年 1 月、日ソ基本条約を締結してソ連
を承認したが、国内的には共産主義＝「赤」への恐怖から治安維持法を制定し
たのであった。因みにアメリカは 1933 年 12 月になってやっとルーズヴェルト
政権が承認した。

　ドイツ側の事情もあり、1925 年 10 月にはソ連はドイツとの間に長期融資協
定を、さらに 26 年 4 月には独ソ友好中立条約（ベルリン条約）を締結し、ソ連
は他のどの国とよりもドイツとの二国間関係を強化していった。

ドイツ情勢の安定化

　ヴェルサイユ条約では賠償金に関して 1921 年 5 月までに連合国賠償委員会
が総額を決定することになっていたために、21 年 4 月同委員会はロンドン賠
償会議を開催しドイツに対し 1,320 億金マルクの賠償金を要求することを決定
した。しかし当時のドイツは天文学的なインフレに見舞われていた、というよ
りも経済そのものが崩壊していたのであり、このような莫大な賠償金を支払う
力は到底なかったのである。因みに第一次世界大戦直前の 1913 年の卸売物価
を 1 とすると、ルール出兵が始まった 23 年末には 1 兆 2,600 億となっていた。
この状況を天文学的インフレと表現することもあるが、経済が崩壊していたと
いうべきである。

　経済の崩壊したドイツから賠償金を取り立てることのできなかったフランス
は、ベルギーとともに 1923 年 1 月、ルール出兵を行いルール地方を占領した。

図 2　戦間期の経済的循環関係

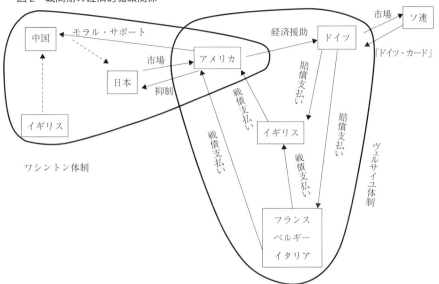

これに対して時のクーノ政権は、労働者たちに組織的なサボタージュをさせこれに抵抗したのであった（**受動的抵抗**）。すでに前年ソ連と国交を結んでいたドイツでは、ロシア市場に進出しようとするドイツ重工業資本家や、フランスの軍事的行動を牽制しようとする国家主義者たちが、**東方和親政策**（対ソ協調政策）を主張してクーノ政権の受動的抵抗を支持したのであった。

　しかしこの組織的なサボタージュは天に唾する結果となりドイツ経済の苦境をますます深めていったため、シュトレーゼマン政権（1923 年 8 月〜23 年 11 月大連合内閣、シュトレーゼマン首相、23 年 11 月以降外相）は 23 年 9 月、この受動的抵抗政策を中止し、イギリス、フランスとの協調を重視する、いわゆる**履行政策**（対西欧協調政策）を打ち出していった。

　このようなドイツ賠償問題をめぐるドイツと英仏との間の対立・相互不信を解消するためにコミットした、否コミットせざるをえなかったのがアメリカであった。英仏などの連合国は第一次世界大戦中アメリカに戦時債務を負っており、戦後その債務を支払うための原資として予定していたのがドイツから取り立てるはずの賠償金であった。したがってアメリカにとって、ドイツ賠償問題

表4 賠償・戦債の支払い・受取り　　　　　　　(1924/7/1〜1931/6/30)（100万ドル）

	受け取り		支払い			ネット・ポジション＋受け取り−支払い
	ドイツから	全ての主要債務国から（合計）	アメリカへ	イギリスへ	合計	
イギリス	564.9	881.3	1,122.1	—	1,122.1	− 240.8
フランス	1,426.0	1,426.0	220.8	197.1	417.9	＋ 1,008.1
イタリア	203.2	203.2	33.0	107.1	140.1	＋ 63.1
ベルギー	182.2	182.2	39.8	12.2	52.0	＋ 130.2

（原典）Clough, S.B., The Economic Development of Western Civilization, McGraw-Hill, 1959, p. 416.
（出所）宮崎犀一・奥村茂次・森田桐郎編『近代国際経済要覧』128 頁。

が解決しない限りアメリカ自身が英仏等の諸国に対して持っている債権を回収することができなかったのである（図2）（表4）。

そこでアメリカ政府は、アメリカの銀行家 C・G・ドーズにドイツ賠償問題解決のプランを策定させたのである。1924 年 8 月に発表されたいわゆる**ドーズ案**は、ドイツが連合国に支払う賠償金総額と支払い期限には一切触れないという当時としては実に奇妙なものであったが、今日から見れば現実的なものであったといえるかもしれない。

第一に新たに**ライヒスマルク**という通貨単位を創出し、これをドイツ政府から独立した発券銀行が管理する。1 ライヒスマルク＝1 兆旧マルクというレートで発行し、ライヒスマルクは金または金為替と兌換可能なものとされた。しかしこの兌換が実現するのは 1930 年からのことである。因みに 1923 年に通貨安定のためドイツ・レンテン銀行が、1 レンテンマルク＝1 兆旧マルクのレートで**レンテンマルク**を発行し経済の安定化に寄与したが、この通貨は金あるいは金為替との兌換が認められていなかった。

第二に、8 億金マルクの外資を導入したが、基本的にはアメリカからの導入であった。

第三に賠償金支払い財源を明確化し、租税（アルコール・煙草・砂糖・関税）、鉄道債券、鉄道収入、工業債を指定した。

アメリカはいわばドイツの破産管財人として、ドイツの金融・財政に大きな影響力を行使していたのであった。ウッドロウ・ウィルソン大統領が中心となって成立させた、ドイツとのヴェルサイユ条約をアメリカ上院が批准に反対し

たため参加できなかったこと、またアメリカ議会がアメリカの建国の父たちの
いわば遺言を無視して第一次世界大戦に参戦したのはウォール街の"死の商人"
たちの陰謀であったという結論を出すに至ったこと、などによって 1920 年代
のアメリカ外交は孤立主義的であったとする評価が一般的ではあるが、少なく
とも経済的に見ればアメリカはヨーロッパに関与せざるをえなかったことは事
実である。

　ほぼ経済が崩壊していたドイツは、このドーズ案に基づくアメリカの財政
的・金融的援助によって、まさに不死鳥のごとく急速に経済を復興させていっ
た。ドイツ賠償問題やフランスとベルギーのルール出兵による混乱とその後の
ドイツ経済の目ざましい復興を背景に、**ロカルノ条約**が 1925 年 12 月ロンドン
で結ばれることになった。

　フランスにとってみればルール出兵は何ら利益をもたらさず、しかもドーズ
案成立後ドイツの経済的復興は脅威となっていた。ドイツにとってフランスは
軍事的脅威であり、ライン地方の安全保障を必要としていたし、またイギリス
はその伝統的な勢力均衡政策という対大陸政策の観点からフランスの強大化を
恐れ、かつまたドイツを対ソ接近政策（東方和親政策）から西欧協調路線へと
転換させる必要があった。

　ロカルノ条約はライン保障条約、ドイツとフランス、ベルギー、ポーランド、
チェコ・スロヴァキア 4 ヵ国との間の四つの仲裁裁判条約、フランスとポーラ
ンド、チェコ・スロヴァキアそれぞれとの二つの同盟条約の総称であった。ロ
カルノ条約の中心をなしたものは地域的安全保障条約としての**ライン保障条約**
であり次の 4 点を規定した。(1)ドイツ、フランスおよびドイツ、ベルギー国境
の現状維持、(2)ラインラントの永久武装禁止の保障、(3)イギリスとイタリアが
この条約の違反行為によって犠牲になった国々に援助を与えること、(4)イギリ
ス、フランス、ベルギーは自衛もしくはライン非武装に対する明らかな違反も
しくは国際連盟義務遂行の場合以外には危害を与えないこと。

　ヴェルサイユ条約を補強・強化するための地域的安全保障条約としてのロカ
ルノ条約に対し、関係各国は基本的には積極的に評価した。イギリスはその伝
統的な大陸政策が実現する基礎が保障されたものとして評価し、フランスもド
イツの対仏復讐戦争の可能性を除去したものとして評価した。ドイツ自体は対

ソ接近政策と西欧協調政策とのバランスをとる政策を維持していくことになっ
たし、イタリアはイギリスとともにこのロカルノ条約の保証国になったことに
より、国際的地位が上昇したものとして評価したのである。

　大戦終結直後、孤立主義的傾向を強めたかに見えたアメリカではあったが、
リターン・トゥ・ノーマルシィー（平常への復帰）を掲げた共和党のハーディ
ングが大統領に就任すると（1921 年 3 月、第 27 代大統領）、まずドイツ、オース
トリアと個別に平和条約を締結した（21 年 8 月）。さらにアジア・太平洋に関
しては**ワシントン会議**を招集して、この地域の新たな国際関係構築に主導的な
役割を果たしていった。ヨーロッパとの関係において、孤立主義に回帰するか
に見えたアメリカがすでにそのときアジア・太平洋に関しては積極的に関与し
ようとしていたのである。

　ハーディング政権のヒューズ国務長官は、米英日仏伊の五大国以外にオラン
ダ、ベルギー、ポルトガル、中国を加えた 9 ヵ国の参加のもとに、1921 年 11
月から翌 22 年 2 月まで首都ワシントンでワシントン会議を開催した。ハーデ
ィング政権にとってこの会議開催の目的は、イギリスに関しては 19 世紀以来
のイギリスの圧倒的な海軍力を抑制するために英米均等海軍力を実現すること
であり、日本に関しては 20 世紀初頭以来、とりわけ第一次世界大戦中の大陸
政策を抑制するとともに、これを保障している 1902 年以来の日英同盟そのも
のを破棄させることであった。

　まず**太平洋に関する四ヵ国条約**（米英日仏、1921 年 12 月）は、日本のシベリ
アからの撤兵と日英同盟の破棄を規定し、この条約に基づいて旧ドイツ領であ
ったヤップ島に関する日米協定と、山東半島のドイツ権益を中国に返還する日
中協定の二つが結ばれたのである。

　中国に関する九ヵ国条約（1922 年 2 月）は、アメリカの中国政策の基本であ
る門戸開放・領土保全の尊重を規定し、「アメリカは日本の中国における特殊
権益を認める、日本は中国での機会均等原則を認める」という、第一次世界大
戦中に締結された石井・ランシング協定（1917 年 11 月）を破棄することとなっ
た。

　海軍軍縮条約（1922 年 2 月）では、(1)主力艦・航空母艦に関しては米：英：
日：仏：伊 = 5：5：3：1.67：1.67 という比率とする、(2)潜水艦については水

上艦に関する国際法規に従う、(3) 10 年間は主力艦の建造を停止する、(4)毒ガスの使用を禁止する、ことが規定され、主力艦の制限には成功したものの補助艦についての制限に関しては失敗した。補助艦についての合意が成立するのは、1930 年のロンドン海軍軍縮会議においてであり、英：米：日の比率は 10.3：10：7 となった。しかしワシントン海軍軍縮会議では日本よりはるかに低い数字しか認められなかったフランスとイタリアはロンドン会議には不参加であった。

　このワシントン会議の開催は、アメリカの孤立主義的な対ヨーロッパ政策とは対照的に、アメリカが明確な目的を持って強いイニシアチブを発揮したものであった。アメリカが中心となって複数の諸列強を動員し、一定の合意に達するという外交アプローチは、その後アメリカがしばしば見せることになる**集団的関与**（collective engagement）の原型の一つと見ることができるであろう。19 世紀より、イギリスの圧倒的な海軍力によって、アメリカの自由な通商活動が妨げられていたことへの長年の不満を、アメリカは米英均等海軍力の実現によって解消するとともに日本の大陸政策を抑制しえたため、アメリカ外交の全面的勝利であったといえる。

　翻って日本はといえば、このワシントン諸条約によって 19 世紀末以来追求してきた大陸政策の後退を余儀なくされるとともに、三国干渉への反省から外交的単独主義に決別して締結した日英同盟を破棄させられ、相対的に国際的孤立をも余儀なくされた。しかし他面、ボリシェヴィズムおよびアジアにおけるナショナリズム台頭への「番犬（watch dog）」としての役割を与えられ、満州における権益と西太平洋における軍事力は無傷のままであった。この意味でアメリカの対日抑制政策は不徹底なものであったといわざるをえない。

　以上のようにアジア・太平洋において、戦後国際関係の枠組みが形成され文字通り相対的に安定化していく中で**不戦条約**（ケロッグ・ブリアン条約、1928 年）が締結された。これはアメリカの第一次世界大戦参戦 10 周年にあたり、フランス外相 A・ブリアンが米仏不戦条約の締結を提案したところ、アメリカの F・B・ケロッグ国務長官がより多くの国家の参加を求めることを提案し、63 ヵ国が参加して締結されたものであった。わずか 2 ヵ条のこの条約は、第一に紛争解決の手段として戦争に訴えないこと、第二に一切の紛争は平和的手段に

よって解決されることを謳ったものではあったが、それは制裁手段を欠き、かつまた自衛戦争を禁止していないという欠点があった。しかし他方で、国際連盟に参加していなかったアメリカ、ソ連も参加するとともに、連盟規約より戦争の違法化をさらに進めた。そのため、ヴェルサイユ体制下の平和機構強化に役立つという側面も見逃せず、国際連盟規約・国際連合憲章とともに、20世紀前半における三大国際条約といわれるようになっていった。

1920年代における相対的な安定とは、以上検討したように、アメリカの経済力がその源泉となって展開した経済循環運動によって支えられたヴェルサイユ・ロカルノ体制と、同じくアメリカの政治的意志が中心となって作動し始めたアジア・太平洋に関するワシントン体制の二つによって実現したものといえる。逆にいえばアメリカの経済力・政治的意志が欠如した場合には、この相対的安定は崩れる運命にあったといってよい。

第2節　世界恐慌と「ブロック化」の1930年代

世界恐慌の発生

アメリカは第一次大戦後、平和維持機構としての国際連盟に加盟しなかったが、1920年代ヨーロッパにおけるヴェルサイユ体制とアジア・太平洋地域におけるワシントン体制を創出するのに尽力した。システム創出に主導的な役割を果たし、かつまたそのシステムを維持していくためのコストを支払う国家を「大国」と定義するならば、20年代のアメリカはまさに「大国」であった。

1920年代アメリカが国際連盟に加盟しなかったこと、アメリカ一国が未曽有の経済的繁栄に酔っていたことをもって、20年代アメリカ外交は孤立主義的であったという見解が一般的であるが、少なくとも20年代に限ってみればアメリカは対外的関与をする政治的意思と経済力を持っていたし、現実的にそうしたのであった。

1917年4月遅ればせながらドイツに宣戦したアメリカであるが、その国内は戦場とはならずアメリカ自体が巨大な軍需工場に一変していた。大戦が終わったときアメリカは未曽有の繁栄を享受しつつあり、それを支えたのが新しい産業分野としての電機・機械・化学・自動車産業などの基幹産業であった。さ

らに 20 年代中葉以降ドイツ経済が奇蹟的に回復すると、イギリス、フランス
などの連合国への賠償金が支払われ、これら英仏等の連合国はアメリカに対す
る戦時責務を返還するという経済的循環運動が始動し始め（図2）、その結果
20 年代のアメリカの金準備は世界総額の 40% 前後をも占めるに至った。大航
海以来、西ヨーロッパ諸国がアジア、アフリカ、ラテン・アメリカから収奪し
てきた膨大な富が大西洋を渡り、第一次世界大戦を契機にアメリカに移動して
いったともいえる。石炭生産も世界の約 40%、原油は約 70%、粗鉱・銑鉄も
約 50% 前後を占めていた。大戦直前に本格化した自動車生産は、1925 年時点
で世界総台数 480 万台のうち 420 万台がアメリカ製であった。圧倒的な経済力
だったのである。大戦を境に急発展を遂げた電機産業は、映画・レコード産業
の成長を促した。ジャズやブルースが大流行してハーレム・ルネッサンスが開
花し、ハリウッドが世界の注目の的となっていた。「金ピカ時代」であった。

　しかし 1929 年 10 月 24 日（「暗黒の木曜日」）ニューヨーク株式市場における
株価大暴落によって、この未曽有の繁栄と金ピカ時代は突如終わりを告げるこ
とになったのである。本節では第一になぜアメリカにおいて経済恐慌が発生し
たのか、第二になぜこの経済恐慌が国境線を乗り越えて文字通り世界恐慌とな
っていったのか、第三に資本主義諸国はこの世界恐慌にどのように対応しよう
としたのか、とりわけ日独伊のいわゆる後発資本主義諸国はなぜ、またどのよ
うに周辺諸国に軍事的侵略により植民地を拡大していったのか、を検討するこ
とにする。

　1920 年代のアメリカは基幹産業を中心に経済が活況を呈し、その結果経済
は上昇に次ぐ上昇を続け投資（investment）というよりも、投機（speculation）
の様相を見せ始めるに至っていた。株価の上昇とともに不動産価格も実需とは
関係なく高騰を続け、株価も不動産価格もマネーゲームの様相を帯びつつあっ
た。

　一方自動車・機械工業の発展は、粗放農業によって特徴づけられるアメリカ
農業を機械化していった。農業の機械化は必然的に農業生産性の向上をもたら
し、農業所得の増大を引き起こしたが、やがてはこの農業生産性の増大は過剰
生産という深刻な問題を引き起こし、結果として農産物価格の下落、さらには
農業所得の減少を引き起こしたのである。農業セクターにおける機械化は信用

制度の発達によるローンによって行われていたために、農産物価格の下落による農業所得の減少はローンの支払いを滞らせ、その結果、農業機械を生産していた企業ばかりか、ここに繋がる関係企業の業績を悪化させていったのである。こうした農業セクターにおける過剰生産→農産物価格の下落→農業所得の減少は深刻の度を深め、**農業恐慌**を引き起こしつつあったが、同時にそれは工業セクターにおける生産激減と悲観的見通しを急速に高めたのであった。

アメリカ経済は活況を呈していたとはいえ、アメリカの株価は必ずしも実際の業績を反映しないまま上昇を続け土地価格も実需を離れて高騰していたが、今や農業恐慌の強まりと鉱工業生産の悲観的見通しは、1929 年 10 月 24 日ニューヨーク株式市場において**証券恐慌**を引き起こしたのであった。農業恐慌に端を発する工業セクターの混乱は、株式市場において全面的な株の投売り（ガラ）をもたらし、商い＝市場が成り立たなくなった。全面的な証券恐慌であった。この証券恐慌は取り付け騒ぎを引き起こし、**金融恐慌**を引き起こした。今や全面的な恐慌状態に突入しつつあったのである。

西欧国家体系は第一次世界大戦後、ヨーロッパにおいてはヴェルサイユ体制、アジア・太平洋においてはワシントン体制というサブ・システムの創出によって精緻化されつつあったが、この二つのサブ・システムを機能させていたアメリカの政治的意志と経済力は今やあてにできなくなったのである。

そもそもシステムそのものが機能しているということは、人・物・金・情報・サービスなどが恒常的に移動し合っているということを意味するが、近代以降特にこれらが移動し合うためには、**金の裏づけ**が不可欠であった。国際的にこれらを移動させうる国際通貨は、現実にはドルとポンドが中心であったが、それはこれらの通貨が金と兌換しうるもので、現実に米英とりわけアメリカが膨大な金を公的に保有していたからである。しかるにアメリカ国内における経済恐慌の深刻化はその通貨であるドルへの不信感を国際的に深めたばかりでなく、アメリカ政府やイギリス政府が**金輸出禁止**の措置（金との兌換の停止）に出ることが予想されたため、ますますドルばかりかポンドへの不信感が広まっていったのである。

ドル・ポンドという国際通貨への信用不安は、国際金融市場の資金の逼迫を引き起こし世界貿易は縮小していった。世界貿易の縮小は各国の鉱工業・農業

生産の低下を引き起こし失業者を増大させ、文字通りの世界恐慌となっていったのである。

　国際金融市場における国際通貨たるドル・ポンドの逼迫と、世界貿易の急激な縮小は資本主義諸国に様々な対応策をとらせた。国内的にはインフレ政策を進めたり、麻薬的効果を持つ軍需生産の進行を強行していった。また対外的には関税障壁を強化したり、ブロック化をもたらす特恵関税を設定したり、為替管理を強化したりあるいは通貨の相次ぐ切り下げを行っていった。アメリカが高関税率の**スムート・ホーレイ法**を成立（1930 年 6 月）させたり、イギリスがオタワ会議（イギリス連邦経済会議）で連邦内の**特恵関税制度**を作ったことはその典型である。

┈┈【脱線講義 6】国際金本位制度の成立と崩壊 ┈┈┈┈

　1918 年 11 月、第一次世界大戦が終わるや、為替相場を安定させ世界貿易を拡大するために、英米を中心とする各国は**ジェノヴァ国際会議**を開催して国際金本位制度の再建を決定した。しかし、この再建された国際金本位制度は、英米を金地金本位国、その他の国々をポンド・ドル対外支払い準備・国内通貨発行準備とする金為替本位国、とするものであった。金貨本位国ではなく金地金本位国を中核に据えたのは次のような理由からであった。第一に、第一次世界大戦期を通じ金の生産量が約三分の二に減少したために金の節約が不可欠であったこと。第二に、金が英米仏の 3 ヵ国に集中していて、他の国々は金不足であったこと。第三に、金の国際間移動が自由でなくなったこと。国際金本位制度成立の大前提は、金の自由な移動であったが、第一次世界大戦後、各国は競って金の集中化をはかって流出を制限したのであった。国際金本位制度の再建とはいいながら、実際には各国ともその機能を低下させる政策をとっていたのであった。したがって、英米を金地金本位国、ドイツ、ベルギー、イタリア、スイスなどを金為替本位国とした国際金本位制度が崩壊するのは時間の問題であった。金の自由な国際間移動が阻害されたという根本的な理由のほかに、世界経済の条件の変化と金為替本位制度そのものの欠点があった。

　第一は、世界資本主義が弾力性を失いつつあったこと。第一次世界大戦を契機に、先進資本主義国ではカルテル、トラスト、コンツェルンの強化と、これに対抗する労働運動の激化によって物価が需要と供給の関係をストレートに反映しなくなった。すなわち、金の増減が貿易収支の調整弁とならなくなったのである。

　第二に、世界経済の相対的均衡状態が崩れつつあったこと。大戦前、イギリスはその卓越した経済力によってロンドンに世界の金を集中すると同時に、活発な対外投資によって金を還流させるという「ポンプ」の役割を果たし均衡状態を維持していた。しかるに、大戦を通じ世界の全金準備の 40〜45％を保有するに至ったアメリカが、ドルの価値を維持するためにそれを国内通貨準備に繰り入れず保留する政策（「金不胎化政策」、「金の死蔵」、「金の幽閉」）をとり、金の還流を行わなかった。フランスがドイツから賠償金として膨大な金を獲

得したことも重なって、世界経済のバランスが失われたのであった。

　第三に、金為替は特定国の通貨であるので、その特定国に経済不安（例えば大幅な国際収支の赤字）が生ずると、その金為替の受け取りが拒否されて金そのものによる決済が行われ、輸出超過国に金が集中・偏在すること。金為替は金と同じ機能を担っているので、無条件に受け取られ、しかも短期間で金に兌換されないで保有されることが、この本位制度の安定化に不可欠であった。しかし実際には経済不安によって、金＝金為替という虚構の弱点が露呈してしまった。

　第四に、この制度のもとでは金本位国の中央銀行に金が退蔵される傾向が強いこと。金為替は多くの場合、金本位国に預金の形で置かれているので、いつ引き出されてもいいように——それは金本位国の金準備の減少を意味する——金本位国の中央銀行は多額の金準備を必要とするようになる。

　第五に、為替相場が大きく変動し、世界経済が不安定化する傾向があること。例えば、英米という金本位国の金利差によって、金為替がドルからポンドに、逆にポンドからドルに取り替えられて為替相場が変動する。また、商業銀行も預かっているので、この為替相場の変動を利用して利潤を上げようとして預かっている金為替を短期間に売り買いし、さらに相場の変動を激化させることがあるのである。

　以上のような欠陥を内在していた国際金本位制度＝金為替本位制度は、1929年10月ニューヨーク株式市場の株価大暴落を契機に、一挙に崩壊していったのである。経済の先行き見通しを反映する株価の大暴落は買い控えを促して物価を下落させ、世界的な物価の下落傾向が現れた。各国は、この傾向が国内に波及するのを最小限に留めようとしてドルやポンドとのリンクを断ったのである。まず農業国であるアルゼンチン・オーストラリアが、農産物価格の下落によって債務返済不能に陥り、まず金本位制度から離脱した（1929年12月）。さらに、独墺関税同盟の創設計画に対抗してフランスが資本を引き揚げたことが引き金となって、オーストリアのクレジット・アンシュタルトが倒産し、連鎖的にドイツにある短期資金（主としてアメリカの資金）も引き揚げられ、ドイツのダナート銀行が支払い停止に追い込まれたため、ドイツとオーストリアも離脱した（1931年7月）。大戦後におけるアメリカ資本の対独流入がドイツ経済回復の要因となってドイツは英仏に対する賠償を支払い、英仏はこれを戦時における対米債務返済の原資としていた。この循環運動が1920年代のいわゆる「相対的安定」の基礎であった。しかし今やこの循環運動が停止しつつあったため、投機の波（ポンド売り＝金の流出）がロンドン市場を襲い、イギリスも金本位制度からの離脱を余儀なくされた（1931年9月。7月以来、合計2億ポンドの金が流出）。

　一方、アメリカでは銀行のモラトリアム（一時的支払停止）が1933年に入って全国に拡大し、全米48州中41州の銀行は完全にその機能を停止した。この経済不安を前にアメリカの金はヨーロッパに流出し、アメリカはデフレの圧力に苦しんでいた。1933年3月大統領に就任したF・D・ルーズヴェルトは金輸出絶対禁止の声明（4月）を発して金本位制度を停止した。さらに一歩進んで、それまでの1オンス＝20.67ドルという政府の金買い上げ価格を1オンス＝35ドルに引き上げてアメリカの金の還流を促し、国内的にはインフレを起こし、対外的にはドルの切下げ（＝ドル為替の下落）を通じて金本位停止国に奪われた海外市

場を奪還して景気の回復を狙ったのである。

　こうして自由・無差別を原則とした世界貿易の骨格たる金本位制度が崩壊し、代わっていくつかの経済領域・通貨圏が形成されていった。英連邦諸国からなるイギリスのスターリング・ブロック、フランス植民地およびフランス周辺国を含むフラン＝金・ブロック、ドイツおよびその周辺部のマルク・ブロック、「日満支」の円ブロック、そしてドイツと競合しつつ形成された中南米諸国を中心とするドル・ブロック、がそれぞれ通貨圏を少しでも拡大しようとして世界市場再分割の闘争（過剰生産物の輸出市場獲得競争）に入った。しかし、基本的にその通貨圏が狭小で、しかも金保有量が英米仏よりはるかに少なかった後発資本主義国たる日独伊にはこの経済戦に勝利する力はなく、軍事力によってその劣勢を挽回しようとし、ついには第二次世界大戦を引き起こしたのであった。

後発資本主義国の対応

　世界恐慌の深化と先進資本主義諸国がとったこのような恐慌対策はドイツ、イタリア、日本という**後発資本主義国**に深刻な打撃を与えたのである。これら後発資本主義国は「持たざる国（have-nots）」といわれるが、現実にはいわば「中途半端に持っている国家」、「中途半端に資本主義化した国家」といえる。工業化・（産業）資本主義化していない、工業セクターを持たない農業国家であったならば、世界恐慌の影響は少なかったはずであるし、受けたとしてもその影響はわずかであったはずである。

　産業資本主義は**資本・労働力・原料・技術・市場**という五つの要素を基礎に展開される生産様式であるが、「中途半端に資本主義化」したこれら後発資本主義諸国は、労働力は別として資本・原料・技術・市場が十分ではなかったのである。後発資本主義国ではどこでも資本が不足しており、アメリカやイギリスをはじめとする西欧先進資本主義国からの外資導入を行っていたが今やそれは不可能となった。工業生産に不可欠な原材料も後発資本主義国は一般的に天然資源が乏しい国家であった上に、イギリス、フランスのように天然資源に富む海外植民地を必ずしも持ってはいなかった。市場についても、購買力を持っている中間層が十分に育っていなかったために国内市場は発達しておらず、また購買力のある人口を抱えた海外植民地も十分ではなかった。

----- **【脱線講義 7】市場の類型** -----

　産業資本主義における市場には国内市場と海外市場の二つが想定されている。国内市場には次の三つの類型がある。①進出し開拓していく国家や勢力が先住民の存在を無視してフロ

ンティア（無主地）として当該地域を自国領土に編入し、自国民を入植させる場合。②政治権力により所得配分を大きく変更する政策を強行し、購買力のある中間層を広汎に創出する場合。このケースは実現が極めて困難であるため、革命や軍事力を背景にした強権政治、あるいは戦争で敗北した国家が占領軍の命令により実行する場合である。③生活や仕事にきわめて便利か不可欠な技術を搭載した製品が出現し、広範な市民が高価であっても継続的に購入する場合。

　しかしいずれの場合もその可能性は低く、特に後発資本主義諸国は軍事力を背景に国力の弱い地域を海外市場として囲い込んでいった。

　これら 3 点に加えて後発資本主義国は、政治的にも経済的にも民主化が進んでおらず、大土地所有制・不在地主に象徴される**封建遺制**を抱えていて貧富の差が激しく、その結果、左右の対立や社会的不安定性のために強権的統治が行われる国家であった。資本主義国としてこうした弱点を持つ後発資本主義国家は、世界恐慌の深まりと先進資本主義国のとる恐慌対策によって、その資本主義的循環運動は停止しつつあった。こうした状況に対し日独伊は 1930 年代に入ると、ヴェルサイユ条約・ロカルノ条約やワシントン諸条約で規定された義務や責任を無視してそれぞれの周辺地域に軍事拡大していったのである。こうして 1930 年代にはイギリスを中心とする**スターリング・ブロック**、アメリカを中心とする**ドル・ブロック**、ナチス・ドイツ支配下の**通貨管理ブロック**、フランスを中心とする**金ブロック**、そして日本を中心とする「日・満・支」の**円ブロック**などの通貨ブロックが形成されていたのである（地図 15）。

　本節では後発資本主義国ドイツとイタリアがどのように軍事侵略を展開し、ブロック形成に邁進していったかを概観することにし、日本の対応については第 3 節で検討する。

ドイツ

　世界恐慌の広がりは、ドイツの賠償金の支払いを困難にしていったために、アメリカ大統領フーバーはいわゆる**フーバー・モラトリアム**を宣言し、戦争賠償の支払いを 1 年間延期することを認めた（1931 年 6 月 20 日）。しかしドイツは賠償金支払い不能宣言をしなければならなかった（1932 年 1 月 9 日）。そこで関係各国は**ローザンヌ会議**（1932 年 6 月〜7 月）を開催し、債権国はすべての要求を取り消すこと、ドイツは 30 億金マルクを 5 分利付償還の条件付き公債の

地図 15　1937 年頃の世界経済ブロック

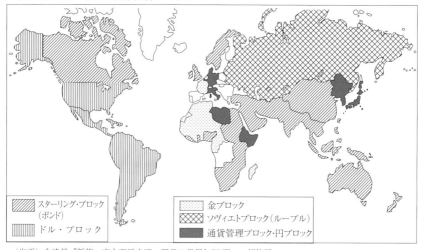

（出所）今津晃『新修　京大西洋史Ⅷ　現代の世界』52 頁。一部修正。

形で一次払いに同意することを約した。しかしドイツ経済の一層の悪化を背景
に、1933 年 7 月にナチスは一党独裁を確立した。

　一党独裁を確立したナチス・ドイツは 1933 年 10 月国際連盟から脱退した。
これ以降、ナチス・ドイツはヴェルサイユ条約・ロカルノ条約の規定を一方的
に無視しヴェルサイユ体制に真っ向から挑戦してゆくことになるが、その政策
は 1920 年 2 月ナチス第 1 回党大会で採決された、ナチ党綱領 2 ヵ条を忠実に
実現していこうとするものであった。この綱領は、(1)民族自決権に基づき全て
のドイツ人が、大ドイツ国家を目標として結集すること、(2)ドイツ民族は他の
諸国民と同等の権利を寄与されるべきであり、そのためにヴェルサイユ条約お
よびサン・ジェルマン条約の廃棄を要求すること、(3)ドイツ民族に食料を供給
し、さらに過剰人口を移住させるために植民地を要求すること、の 3 点を最初
の党大会で明確に謳っていた。

　1919 年に締結されたヴェルサイユ条約は、ザール地方の最終的な帰属に関
して 15 年後に行われる人民投票によるものとしていた。そこで 1935 年 1 月、
ザール地方は、(1)ドイツに復帰するか、(2)フランスに統合されるか、(3)国際連
盟の統治下に残るか、の三つの可能性について人民投票がなされた。これに先
立ってナチス・ドイツは、ザール地方の住民に積極的な働きかけを行っていた

ために、90％のザール住民がドイツへの復帰を希望しザール地方はドイツに帰属することになった。

　このザール帰属を突破口として、というよりもすでにこのときのナチス・ドイツはヴェルサイユ条約の軍事制限に関わる諸条項に違反する具体的措置を進めていたのであった。1935年3月ドイツはイギリスの指摘に対して空軍の存在を国際的に認めるとともに、一般徴兵制度を復活しさらには地上軍36個師団＝55万に増大する法令を布告したのである。

　ヴェルサイユ体制に対するナチス・ドイツの挑発的行動に驚愕したイギリス、フランス、イタリアは翌4月イタリアのストレーザで会合し、ドイツの再軍備を非難すると同時に、ドイツの隣国オーストリアの独立と保全に関する三国宣言を再確認し、今後とも協力していくことを約した（ストレーザ戦線の形成）。しかし同月、ドイツがヴェルサイユ条約に違反して多数の潜水艦を建造していた事実をイギリスに通告するやイギリスはドイツと海軍交渉を開始し、ドイツは全ての艦艇について対英35％、潜水艦については英独均等を受諾する、という内容の英独海軍協定を6月に成立させた。

　その前年、1934年1月にドイツはポーランドと不可侵条約を結んだが、この条約によりナチス・ドイツが独ソ間のラッパロ条約を無視してソ連の犠牲によってドイツの東部国境を修正する意図があるとソ連は警戒したのである。

　他方、英仏伊の三国がストレーザで確認し合ったにもかかわらず、イギリスがドイツと英独海軍協定を成立させドイツが急速に再軍備を進めていったため、フランスはドイツに対する軍事的脅威を懸念せざるをえなかった。こうしたソ連、フランスの対独不安は、1935年5月2日仏ソ相互援助条約の調印に繋がった。ソ連はその後すぐにチェコ・スロヴァキアと同様の援助条約を締結したが、それは30年代半ばの段階においてドイツの軍事的脅威をソ連が真剣に危惧していたことを表すものであった。

　さらにナチス・ドイツは1937年11月に日独伊防共協定を締結し、38年3月オーストリアに進入してウィーンを占領し、オーストリアの併合を行った（独墺併合＝アンシュルス）。1933年アドルフ・ヒトラーが連立内閣の首相になるや、まず同じゲルマン民族であるのにヴェルサイユ条約とサン・ジェルマン条約によってその合併が禁止されていたオーストリアをまず併合しようとした。

　しかし、当初はオーストリアの支援要請を受けたイタリアのムッソリーニがナチス・ドイツの動きを牽制したためにオーストリア併合は進まなかったが、イタリア自身がエチオピア侵略を進めるにあたってドイツの支援を必要としたためイタリアはこの問題でドイツを牽制することができなくなり、ドイツのアンシュルスを結果的に許すことになったのである。

　イギリス、フランスは今回も実効的な具体策をとることはなかった。オーストリアは 1936 年 3 月ドイツがロカルノ条約を破棄してラインラントに進駐したため、ただちにサン・ジェルマン条約の軍事条項を破棄し徴兵法を実施したが、軍事的にドイツに対抗して国境線を防衛することができなかったのである。ドイツに対する宥和的態度というよりも弱腰を見て取ったヒトラーは、さらにチェコ・スロヴァキアのズデーテン地方に食指を延ばし始めた。

　このチェコ北部のドイツとの国境を接するズデーテン地方にはドイツ人が多数居住しており、このドイツ系住民を煽動して完全な自治権を認めるよう運動を開始させた。第一次世界大戦終結後、オーストリアからの独立を認められたチェコ・スロヴァキアはその国家安全保障のために 1924 年 1 月フランスと同盟条約を締結していたが（フランスはポーランドとの同盟条約を締結）、ドイツの再軍備とイギリスの対独接近によってフランスがソ連と相互援助条約を締結したあと、1935 年 5 月ソ連は同様の相互援助条約をチェコ・スロヴァキアと締結していた。ヒトラーはズデーテン地方のドイツ系住民を煽動しつつこの三つの同盟条約・相互援助条約をドイツに対する包囲網であると非難し、ドイツの安全保障のためにこの包囲網を解くことは、ドイツの正当な権利であると主張するに至ったのである。

　事態が緊迫する中で、条約に基づいてソ連はフランスとともにチェコ・スロヴァキアを援助する用意のあることを明らかにしていたが、地理的に決定的な困難が存在していた。それはソ連もフランスもチェコ・スロヴァキアと国境を接しておらず、直接チェコ・スロヴァキアに地上軍を派遣することができなかったことである。フランスから見ればチェコ・スロヴァキアはスイス、ドイツそしてドイツに併合されたオーストリアの彼方に位置しており、ドイツそのものを攻撃することは可能であってもチェコ・スロヴァキアに軍隊を派遣することは不可能であった。ソ連はポーランドかルーマニアを通って軍隊を派遣する

ことはできたが、当のポーランドとルーマニアがソ連の通過を認めることはドイツとの戦争に巻き込まれることを意味したために抵抗した。

ヒトラーはズデーテン侵攻直前の9月29日〜30日、ムッソリーニの仲介によりイギリスのJ・チェンバレン首相、フランスのE・ダラディエ首相、イタリアのムッソリーニ統領とミュンヘン会談に臨み、英仏はヒトラーの恫喝を前にズデーテン地方からチェコ・スロヴァキア軍を完全撤退させた上で、ドイツ軍が進駐することを認めさせられることとなった。

この問題が発生して以来、イギリスはチェコ・スロヴァキアが三方をドイツに包囲されているためこれを救うことは不可能であり、基本的には中欧問題に関与することには消極的であった。チェンバレンもダラディエもズデーテン地方のドイツへの割譲こそが、チェコ・スロヴァキアばかりかヨーロッパ全体の平和を保障するものであるとする認識に立っていたために、ミュンヘン会談における対独宥和的態度は当然といえば当然だったのである。

ヒトラーはミュンヘン会談直前まで数度にわたり、ドイツはズデーテン地方の割譲以外、領土的要求をしないと言明していた。しかしズデーテン問題に対する英仏の宥和的態度を確認するや、チェコ・スロヴァキアの解体に向かっていったのである。

ズデーテン地方のドイツ系住民の自治権要求が実現するや、スロヴァキアでも同様の動きが起こった。この動きの裏には明らかにナチス・ドイツによる策謀があった。スロヴァキアを中心として起こった完全自治の要求の結果、チェコ・スロヴァキアは単一の共和国から連邦国家に再編され、スロヴァキア等には自治が認められ、外交・防衛などの重要な権限のみが連邦政府に付与された。

しかしスロヴァキアは自治の範囲を超えて、防衛に関する権限をも掌握しようとし連邦政府から弾圧されたためナチス・ドイツに援助を求め、ナチス・ドイツは軍隊をボヘミア（＝ベーメン：チェコ西部のドイツとの国境地域）とモラビア（＝メーレン：チェコ南部のオーストリアとの国境地域）に侵攻させてここを占領し併合してしまった。こうしたドイツ軍の圧力を背景にスロヴァキアは独立を宣言し、1939年3月ヒトラーはチェコをドイツの保護下に置くことに成功したのであった。こうしてナチス・ドイツは、チェコ・スロヴァキアを解体した上でここを実質的に支配したのであった（地図16）。

地図16　ナチス・ドイツによるチェコ・スロヴァキアの解体

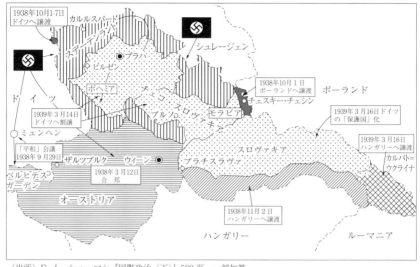

（出所）F・L・シューマン『国際政治（下）』508頁。一部加筆。

　今やヒトラーの次の目的は明らかであった。ミュンヘン会談における対独宥
和的な態度を国内で厳しく指弾されたチェンバレン首相は、ここに至って対独
宥和政策を放棄し、ポーランド援助の姿勢を明確にしたのであった。ナチス・
ドイツのチェコ・スロヴァキア侵略に列強の関心が集中していた中で、イタリ
アはアルバニアに侵攻し、ナチス・ドイツのチェコ・スロヴァキア解体がほぼ
終了した1939年4月最終的にこれを併合した。1911〜12年の伊土戦争の結果、
イタリアはトリポリ、キレナイカを領有することに成功していたが、このとき
もアガディール事件（第二次モロッコ事件）に列強の耳目が集まっている隙をつ
いて行った経験があったのである。

　ミュンヘン会談とミュンヘン協定は、大国が弱小国家を犠牲にすることによ
って自国の国益を擁護しようとする、侵略者に対する宥和政策を意味するもの
として使われるようになったが、ミュンヘン会談そのものはナチス台頭以来の
英仏の対独宥和政策の当然の帰結であったといわなければならない。

　ナチス・ドイツによるチェコ・スロヴァキア解体と、その後のポーランド侵
攻を阻止するためには、第一にイタリアの対独接近を阻止し、第二にナチス・
ドイツによるオーストラリア併合（アンシュルス）を阻止することが不可欠で

あった。

　第一の点に関していえば、ムッソリーニはナチス・ドイツの再軍備と拡張政策に当初は批判的であり、イギリス、フランスはイタリアの対独接近を阻止するためにも、まずイタリア自体に宥和的な態度をとらざるをえなかった。スエズ運河が開通した 1869 年以降、イギリス帝国にとって最大の植民地インド、さらにはマレー半島から香港を中心とする中国に至る海上輸送路（シーレーン）を維持防御するために、地中海はイギリスにとって死活的な意味を持っていた。戦間期、イギリスとともにロカルノ条約の保障国となり国際的地位を上昇させた地中海に面するイタリアは、後発資本主義国であったが政治的・地政学的に無視し難い国家となっていた。またフランスにとってドイツとイタリアが提携した場合には中欧へのルートが絶たれるばかりでなく、戦争となった場合二正面で戦争を開かなければならないことは明らかであった。こうして英仏両国はイタリアに対して宥和的政策を展開することになるが、両国のイタリアに対するこうした態度を見てドイツはヴェルサイユ体制に挑戦するかのような態度をとっていったのである。

　第二の点に関していえばエチオピア問題で当初、英仏の宥和的態度を引き出せなかったイタリアはドイツの支援を必要としたのであり、このことがイタリアの対独接近を引き起こす引き金となっていったのである。ドイツの軍事的拡大政策を阻止するポイント・オブ・ノーリターンはいくつかあったが、決定的なそれは 1938 年 3 月の独墺併合（アンシュルス）であった。そもそもドイツの再軍備を抑制するとともに、オーストリアの軍事力の回復を阻止するためにサン・ジェルマン条約はオーストリアの兵力を 3 万以下としていたが、オーストリアが急遽本格的再軍備を開始してもドイツのオーストリアに対する軍事的併合を阻止することができなかったのである。

　この段階でイギリスが傍観者的態度をとらず、仏ソ相互援助条約を結んでいる両国とともにナチス・ドイツに対し毅然とした態度に出ていればアンシュルスは実現しなかったであろう。イタリアが対独接近せず、また独墺併合が実現していなかったならば、ナチス・ドイツはチェコ・スロヴァキアへの侵略を進めなかっただろうし、ポーランド侵略もなかったであろう。万一チェコ・スロヴァキアへの軍事侵攻が起こったとしても、イタリアが対独接近を図ってお

ず独墺併合が達成されていなかったならば、フランスはイタリアを経由してオーストリアからチェコ・スロヴァキアに地上軍を派遣することができたであろうし、ルーマニアあるいはポーランドはこれら両国への援助の意思があったソ連の軍隊通過を認めていたであろう。

　仏ソ援助条約に基づいてフランスとともにチェコ・スロヴァキアを援助する用意のあったソ連は、ミュンヘン会談への出席をチェコ・スロヴァキアとともに拒否され孤立感を深めるとともに、英仏はナチス・ドイツの矛先をソ連に向けようとしているのではないかとの猜疑心を深めていったのである。さらにソ連は極東における張鼓峰事件（沙草峰事件、1938年7月〜8月）とノモンハン事件（1939年5月〜9月）によって、日本軍と二度にわたり軍事衝突を体験しており、しかもソ連は日独防共協定（1936年11月）には秘密軍事協定が存在すると確証を得ていたために、今や日独による挟撃の可能性を危惧せざるをえなかったのである。

　今や対独宥和政策に決別したチェンバレンは、1939年4月6日ポーランドと相互援助条約を調印したが、依然ドイツを挑発することになる軍事協定には消極的でソ連の提案した英仏ソ三国軍事協定は実現しなかった。

　一方ドイツは1939年5月22日イタリアと友好同盟条約を締結して、対独包囲網の形成を打破しつつソ連への働きかけを強化していった。ソ連を除外したミュンヘン会談やソ連の提案した三国軍事同盟に対する英仏の消極的な態度、そして今また張鼓峰事件とノモンハン事件の勃発によってソ連は自国の安全保障を確保するために、防御態勢が整うまで一時的にせよドイツの働きかけを受け入れ、一定程度の協定に達しなければならなかった。

　ドイツにしてみても、今やイギリスとフランスがポーランドとの間に相互援助条約や同盟条約を結んでいる上に仏ソ間には相互援助条約が締結されているために、ドイツが単独でポーランドに侵攻した場合、激しい戦闘を覚悟しなければならなかった。もしソ連を中立化させることができるならば、過去の宥和政策から見て英仏はあえてドイツに宣戦を布告しないかもしれないと判断し、ヒトラーはソ連との協定締結に全力を集中させていった。

　1939年8月23日ドイツのリッベントロップ外相はモスクワに飛び、新たに外務人民委員となったモロトフ外相との間で**独ソ不可侵条約**に調印することに成功した。全7条からなる同条約は、相互に侵略しないばかりか他の諸国に対

しても単独・共同とも問わず侵略しないことを約し、さらに締約国の一方が第三国から攻撃を受けた場合、他方は中立を維持することを謳っているが、これらは国際的な目を欺くための条項であって条約の真骨頂は**付属秘密議定書**にあった。

付属秘密議定書

1. バルト海諸国（フィンランド、エストニア、ラトビア、リトアニア）に属する地域に領土的・政治的変更がなされるときは、リトアニアの北部国境線をもって、独ソ両国の利益範囲の共通境界とする。この場合、両国はヴィルナ地方に対するリトアニアの利益を承認する。
2. ポーランドに属する地域の領土的・政治的変更が行われるときは、ほぼナレフ、ヴィスツラ、サン三川を結ぶ線をもって、独ソ両国の利益範囲の境界とする。
   両国の利益が独立ポーランドの維持を望ましいものと見るか否かの問題と、同国の国境線をいかに確定するかの問題とは、今後の政治的発展を見た上で最終的に明らかにすることができる。
   いずれにせよ両国政府はこの問題を友好的了解をもって解決することにする。
3. 東南ヨーロッパに関しては、ソ連はベッサラビア地方に対して利益関係を有することをここに強調する。ドイツはこの地方に対して、まったく政治的利害関係のないことをここに強調する。
4. この議定書は、両国ともに極秘扱いとする。

（ワルター・ホーファーほか、救仁郷繁訳『ナチスドキュメント、1933-1945』論争社、1960年）

イタリア

　イギリスとともにロカルノ条約の保証国となり国際的評価の高まったイタリアは、ナチス・ドイツによる再軍備とヴェルサイユ体制への挑戦に批判的ではあったが、イタリア独自の論理（後述）から1935年10月3日エチオピア侵略を始めた。しかし英仏を中心とする国際連盟がイタリアに対する宥和的態度を示したため、ヒトラーは先の仏ソ相互援助条約をロカルノ条約違反だと主張した。そしてこれに対抗するという口実のもとに36年3月7日ロカルノ条約を一方的に破棄し、ラインラントに武装・進駐して主権の回復を一方的に主張したのであった。

　ナチス・ドイツのラインラントへの武装・進駐は、同じくヴェルサイユ体制のもとで様々な制約を受けていた旧同盟国のオーストリアとトルコを刺激した。第一次世界大戦終結にあたり、連合国とオーストリアとの間に結ばれたサン・ジェルマン条約の軍備制限条項では、オーストリアの兵力を3万以下としていたが、オーストリアはこれを破棄してドイツに倣い1936年4月1日徴兵制を復活させた。

　同じくトルコもセーヴル条約（1920 年 8 月）を改めたローザンヌ条約（1923 年 7 月）でダーダネルス海峡とボスポラス海峡沿岸地域の非武装化を受け入れていたが、旧連合国に対しこの地域の非武装化の解除を要求し、1936 年 7 月の**モントルー条約**でその要求を認めさせることに成功したのであった。

　スペインでは 1936 年 2 月人民戦線内閣が成立していたが、F・フランコ将軍はスペイン領モロッコで反乱を起こし、反乱軍を率いて 36 年 7 月以降**スペイン内戦**を引き起こした。ナチス・ドイツは当初このスペイン内戦に関して外務省を中心に慎重な態度をとっていたが、フランコが政権奪取に成功した場合には、スペインは世界恐慌の拡大によって打撃を受けたドイツ経済にとって大きな利益をもたらすとする見解が有力になり、36 年 11 月ドイツはイタリアとともにフランコ政権を承認した。

　そしてドイツはフランコ政権に対して軍事援助を開始するとともに、ヴェルサイユ条約に違反して再建させたドイツ空軍により、バスク州ゲルニカ（1937 年 7 月）とバルセロナ（1938 年 3 月）において完膚なきまでに攻撃を加えたのであった。こうしたドイツ、イタリアのフランコ政権に対する軍事・経済援助によって人民政府側は敗北し、1939 年 2 月にはイギリス、フランスもフランコ政権を承認せざるをえなかった。

　ヴェルサイユ講和会議が開かれていた 1919 年 3 月、イタリアではムッソリーニが中心となってファシスト党が結成された（3 月 23 日）。しかし同時に A・グラムシや P・トリアッティが中心となって共産党も結成され（1921 年 1 月）左右の対立が深まっていったが、1926 年末から 28 年末にかけての 2 年間に、ファシスト党の独裁的権力が確立して（1926 年 11 月）、同党以外の政党に解散命令が出された（11 月 9 日）。1928 年 11 月、ファシスト党代表議会が国家機関となった（11 月 25 日）。1930 年以降、世界恐慌が深刻化する中でナチス・ドイツの拡張政策に批判的であったイタリアは、次第に自らも後発資本主義国として受けた経済的打撃を回復するべく軍事的侵略によって海外植民地獲得に動き始めた。

　かつてイタリアは 1880 年代中葉、ドイツ、オーストリアとの三国同盟を背景にアフリカの角であるエリトリア、ソマリアを植民地化し、さらに 1911 年から 12 年にかけての伊土戦争によって、トリポリタニア・キレナイカ（リビ

ア）を植民地化することに成功していた。しかるに 30 年代、世界恐慌の深化
とブロック化の進行はイタリアにさらなる植民地獲得と地中海からインド洋へ
抜けるルート確保への野望を抱かせたのであった。1934 年 12 月、イタリア領
ソマリランドとエチオピアとの間の国境地帯でのイタリア、エチオピア両軍の
衝突はイタリアのエチオピア合併の契機となった。これは東アジアにおける柳
条湖事件後の満州事変や、その後の盧溝橋事件を契機とする日中戦争の展開に
符合するものであった。

　イタリアはドイツとは異なりイギリス、フランスの対応を慎重に見極めなが
ら、エチオピア侵略を進めていった。この国境紛争に先立ちイタリアはイギリ
スからエチオピアへの経済進出への承認を取りつけた（1934 年 7 月と 10 月、ロ
ンドン）。さらに 1935 年 1 月には仏伊ローマ協定（フランス外相ラヴァルとムッソ
リーニ）を締結して、(1)フランスはサハラおよびソマリランドの若干の地域を
イタリアに割譲する、(2)チュニジアでのフランス系、イタリア系住民の国籍問
題をフランス側に有利な形で解決する、(3)オーストリアの独立維持を確約する、
(4)アフリカでの両国間の経済協力を行う、ことを約した上で、フランスはイタ
リアのエチオピア併合に承認を与え、イタリアのドイツへの接近を阻止しよう
としたのであった。これはパワー・ポリティックスそのものであった。

　同年 4 月すでに見たストレーザ会議が開かれた際にも、英仏両国首脳はイタ
リアのエチオピア侵略には何ら言及せずドイツの再軍備を非難したのみであっ
た。こうした英仏両国の対応を見たイタリアは、翌 35 年 10 月以降本格的なエ
チオピア侵略を開始していった。国際連盟の総会はイタリアへの経済制裁を可
決したものの、イギリス、フランス両国の対イタリア宥和的態度によってその
経済制裁は不徹底なものであり、最終的には 36 年 5 月イタリアはエチオピア
全土を併合しエチオピア国王は祖国を去ったのであった（地図 17）。イタリア
のエチオピア併合完了という既成事実と、ドイツの再軍備、ザール・ラインラ
ント奪回、フランコ政権への援助強化という事態を前に、イギリスはフランス
と同様にイタリアへの接近を試み、1937 年 1 月地中海の現状維持を約した**英
伊紳士協定**を結んでイタリアのエチオピア併合を承認したのであった。

地図 17　イタリアのエチオピア侵略

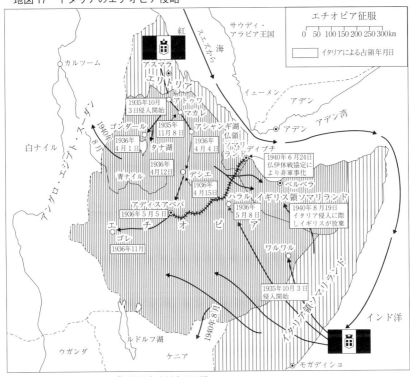

（出所）F・L・シューマン『国際政治（上）』226 頁。

第3節　日本の対応──満州事変と日中戦争

　パリ講和会議において朝鮮は日本からの独立を認められず、また中国は旧ドイツ利権を回収するという要求を受け入れられなかったため、朝鮮においては**三・一運動**（1919 年 3 月 1 日）、中国においては**五・四運動**（5 月 4 日）が起こった。1917 年 11 月 8 日、ボリシェヴィキ革命が一応達成されるやレーニンは「平和の布告」を発布したが、これに対抗するかのように 2 ヵ月後の 1918 年 1 月 8 日にはアメリカ大統領ウッドロウ・ウィルソンが「**十四ヵ条の原則**（Fourteen Points）」を発表して民族自決の原則を高らかに謳い上げていた。

　史上初めての社会主義政権の成立と民族自決理念の広がりは帝国主義諸列強

の支配に苦しむ被支配民族に大きなインパクトを与え、ナショナリズムが高まっていた。三・一運動、五・四運動は日本を標的にしたナショナリズム運動そのものであった。中国の上海では 1921 年 7 月陳独秀・胡適らが中心となって中国共産党を設立し、翌 22 年にはコミンテルミンに加盟して民族・民主革命の実現を目指していた。

　1919 年の五・四運動は、それ以降中国各地で学生や労働者のストライキ、帝国主義反対・軍閥打倒の運動を引き起こしたが、この運動に影響を受けた孫文は 21 年 5 月広東に新政府を樹立し、中国共産党との提携を進め**第一次国共合作**（1924 年）を行った。25 年の五・三〇事件による反帝国主義運動と軍閥打倒の機運を背景に、中国統一のための北閥の機運が高まっていった。

　1925 年国民政府と改称された広東政府は、26 年以降、蒋介石を国民政府軍総司令官に任命し中国統一のための北閥を開始した。その後蒋介石は国共合作政策を放棄し、さらに日本が支持していた張作霖を北京政府から追放して中国統一をほぼ完成したのであった（国民革命）。さらに 1927 年 4 月蒋介石は上海クーデターによって共産党員を追放し、南京に別の国民政府を樹立した。アメリカはこの国民政府を 1928 年 11 月に承認し、日独伊も 29 年 6 月に承認した。しかし蒋介石の国民政府は軍閥や外国資本と結びついた財閥を基礎としていたために、中国統一を完成させるためには資本主義を否定する中国共産党勢力を一掃しなければならなかったのである。一応中国統一が実現し蒋介石を中心とする国民政府が中国共産党勢力を駆逐しようとしている状況の中で世界恐慌が拡大し、後発資本主義国＝日本を直撃していたのである。

満州事変への道

　日本の軍部に不満は鬱積していったもののワシントン会議以来約 10 年間日本は英米との協調外交を追求していたが、世界恐慌が深刻化する中で周辺地域に軍事侵略を展開し、英米との対立を深めていくことになった。1931 年 9 月 18 日、奉天（瀋陽）郊外の柳条湖における鉄道爆破事件（**柳条湖事件**）をきっかけに**満州事変**を引き起こしてゆき、32 年 1 月には**上海事変**を引き起こすとともに中国東北地域に満州国を建国していった（地図 18）。

　満州事変の勃発に対し、アメリカ国務長官スチムソンは「アメリカの中国に

対する門戸開放原則と 1928 年 8 月の不戦条約に違反して引き起こされた一切の条約・協定を承認することはできない」という、いわゆる**スチムソン・ドクトリン**（不承認主義）を日本側に伝えた（31 年 11 月 24 日）。国際連盟は英仏米独伊の 5 ヵ国からなる**リットン調査団**を組織し満州事変および満州国についての調査にあたらせ、10 章からなる約 18 万語のリットン報告書が 32 年 11 月 21 日連盟理事会に提出された。実質的な結論に相当する第九章「解

地図 18　満州事変

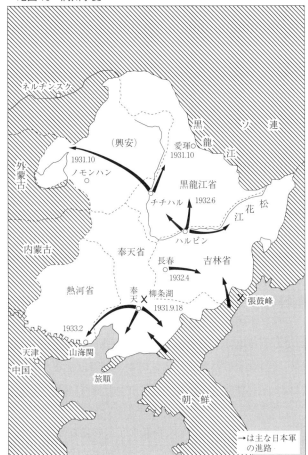

（出所）池井優『日本外交史概説』168 頁。

決の原則および条件」では、解決の一般的原則として連盟規約・不戦条約・九ヵ国条約と抵触しないものであること、満州における日本の利益は承認されること、満州における政府には広範な自治を認めること、日中両国間の経済的関係を促進するために新たに両国間に通商条約を締結すること、などが述べられており日本側にとってはかなり好意的な報告書であったということができる。

　事実この問題を討議した国際連盟の臨時総会（1932 年 12 月）では、フランス・イギリス等の帝国主義諸国は日本の立場を弁護したのであった。しかし奉

天（瀋陽）、北京との中間に位置する長城の東端にある戦略的要衝＝山海関での爆破事件（33年1月1日）を契機として日中両軍が衝突し、日本軍はここを占領して熱河に進入するや日本に好意的であった英仏も姿勢を硬化させ日本は国際的に孤立していった。

　1933年3月27日、日本は国際連盟を脱退した。翌34年12月にはワシントン条約破棄を関係諸国に通告し、日本もドイツと同様に既存秩序に挑戦していく姿勢を明確にしたのであった。ヴェルサイユ・ワシントン両体制を支える先進資本主義国である英米仏に対する反発と、国内外の社会主義勢力に対する警戒心を共通項として、国際的に孤立化しつつある日独は1936年11月25日**日独防共協定**（共産主義インターナショナルに対する共同防衛に関する日独協定）を締結した。この協定は共産主義インターナショナルの破壊工作を阻止するために、日独が協力することを約束していた。ソ連は早い段階からこの協定をめぐる日独交渉を察知しており、発表されたもの以外に日独間の秘密軍事協定が存在していることを知っていた。このことによってソ連は、アメリカに日本への圧力をかけるよう工作させることになるのである（後述）。

　世界恐慌の深化を背景としたナチス・ドイツと日本の軍事侵略に対してコミンテルン第七回大会（1935年8月：モスクワ）は、ファシズム勢力の強大化とそれによる戦争の勃発をコミンテルンが阻止するために社会党を含む民主諸勢力に対し反ファシズム統一戦線（＝人民戦線）の形成を呼びかけた。実際スペインとフランスでは共産党と社会党ないしは左翼共和派との統一戦線が成立し、両国とも1936年には人民戦線政府を成立させたが、スペインではすでに見たようにフランコ将軍の反乱によって内戦が勃発し崩壊していった。そしてコミンテルン第七回大会の決議は、明らかにドイツ、日本のファシズムが準備しつつある帝国主義戦争に対抗するべくコミンテルンとして全力を尽くすことを明らかにしていた。

日中戦争——日独伊の提携と日米対立の激化

　1937年7月7日北京郊外で**盧溝橋事件**が起こった。当時、北京には義和団事件（北清事件）最終議定書（1901年）に基づき日英仏伊4ヵ国の軍隊が駐留し、軍事演習の権利が認められていた。日本の「支那駐屯軍」は約4,000人の規模

を有し連日夜間演習を行っていたが、盧溝橋付近において演習中の兵士1人が一時的に行方不明になったことから日中間に軍事衝突が始まったのである。当初、陸軍参謀本部は不拡大方針を決定して冷静に対応しようとしていたが、居留民保護を名目に日本本土から派兵する決定が下された。こうした華北における日本の軍事的拡大は中国の各地において排日運動を激化させ、それがまた日中間の軍事衝突を引き起こしていった。

　特に中国におけるイギリスの帝国主義的権益が集中する上海に戦火が飛び火するや（1937年8月）イギリスは硬化した。またアメリカも10月5日ルーズヴェルト大統領が「**隔離演説**」を行って、ドイツとともに日本を激しく非難したのであった。その後日中間で直接あるいはイギリス、ドイツの斡旋によって和平工作が試みられたがいずれも失敗に終わり、その間にも日中戦争は拡大してゆき、日本軍部が外務省を差し置いて対中外交・対中和平工作についての決定的な権限を有するに至っていた。

　日中戦争が拡大していく中、日本は二度にわたりソ連との軍事衝突を引き起こしていた。**張鼓峰事件**（沙草峰事件、1938年7月〜8月）と**ノモンハン事件**（1939年5月〜9月）である。張鼓峰はソ連・満州・朝鮮の国境が接する今日の豆満江河口に位置しており、ソ連が自国領と認識して陣地を構築していた。しかし日本は満州国領内と認識していたのでこの一帯を占領したもののソ連軍の猛反撃を受け、日本軍は辛うじて全滅を免れるほどの大打撃を被ったのである。ノモンハン事件は満蒙国境のノモンハンで起こった日ソ両軍の軍事衝突である。1939年5月、ソ連の衛星国であるモンゴル人民共和国の軍隊がハルハ川を渡河したのを国境侵犯と見なした日本軍はこれを攻撃したが、張鼓峰事件と同様8月ソ連機械化部隊の大反撃を受け日本軍建軍以来の損害を被った。しかし独ソ不可侵条約が締結されることによって、両軍は停戦協定を成立させた（地図19）。

　いずれの事件においても当時アメリカに次ぐ第二位の鉱工業生産力を誇ったソ連が、その経済力・技術力を背景にソ連陸軍の近代化と機械化に努めた結果、日本軍は全滅に近い大打撃を受けたのであった。とはいえ極東方面における日本の軍事的意図を認識していたソ連は日独による挟撃を避けるため、独ソ不可侵条約を締結せざるをえなかった。他方、建軍以来最大の被害を被った日本軍は、北進政策を放棄し南進政策の可能性を探ることになったのである。

地図 19　日ソ国境紛争と張鼓峰事件・ノモンハン事件

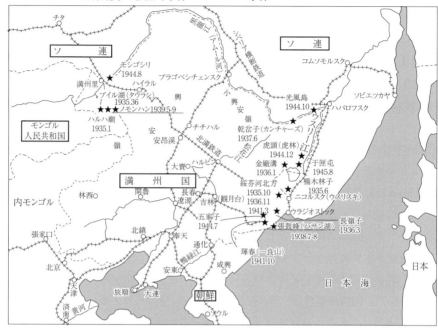

（出所）P・カルヴォコレッシーほか、八木勇訳『第二次世界大戦（下）』254-255頁。
（注）表記に若干加工を加えている。★は日ソ両軍の衝突地点。

　　日中戦争が欧米列強の権益が集中する華中、華南に飛び火すると列強は日本
に対する姿勢を硬化させていったが、足元のヨーロッパそのものがドイツの軍
事的侵略によって混乱していたために実効的な対日政策をとれずにいた。それ
に対し国内に強固な孤立主義勢力を抱えていたアメリカが、ルーズヴェルト大
統領の隔離演説に見られるように、ドイツばかりか日本の軍事的侵略に明確に
警告を発し、徐々に日独を抑制する方向に歩み出したのであった。
　　さらに 1938 年 10 月グルー駐日大使は、日本軍の中国占領地域において機会
均衡・門戸開放原則が踏みにじられつつある具体的事実を日本側に指摘して注
意を喚起した。これに対し時の有田外相は、日中戦争勃発以前の原則を勃発以
後の段階に適応するということは問題解決に何ら貢献しないと反駁し、たとえ
表面的にせよ日本政府が認めてきたアメリカの中国政策の原則を今後は必ずし
も遵守していくものではないとする姿勢を示したため、アメリカ側に強い衝撃

を与えたのであった。こうした状況の中で、1939年4月日本が占領中の天津においていわゆる天津問題が発生した。天津で起こった海関監督殺人事件の容疑者引き渡しをイギリス側が拒否したため日英間に緊張が高まったが、日本はイギリスに中国における日本の特殊権利・特殊利益を認めさせイギリス側の全面的譲歩によって解決した。

　1939年に入るとアメリカ国務省は、直ちに日本の報復を受けることのない対日経済措置として、まず民間業者に対日輸出を自発的に止めることを要望する**道徳的禁輸**（モラル・インバーゴー）を実施した。さらに先の有田外相発言と天津問題に衝撃を受けた議会で、ピットマン決議・ヴァンテンバーグ決議案など数々の対日制裁決議案が提出された。こうした国内世論を背景として、同年7月26日ハル国務長官は**日米通商航海条約の破棄**（6ヵ月後）を日本に通告した。これはアメリカが、依然として国際秩序の維持に関心を抱いていることを示すと同時に、このアメリカの意図を推測させることによってヨーロッパの混乱を利用した日本の行動を抑制する決意のあることを明らかにしたものであった。

ヨーロッパ大戦と日米交渉

　1939年9月1日ナチス・ドイツがポーランドに侵攻してヨーロッパ大戦が始まるや、ルーズヴェルト大統領は武器輸出禁止撤廃措置をとって（39年9月5日）交戦国に対する武器の現金売却を可能にし、続けて国家非常事態宣言を発し（9月8日）、さらに翌40年初頭には侵略国と戦うための国防予算の成立を議会に要求したのであった（40年1月3日）。こうした一連の措置を背景に、**武器貸与法**（レンドリース法、41年3月）を成立させ、ルーズヴェルト政権は軍需品の海外輸出の道を開きつつ軍需生産機構を整備していった。

　1940年3月、日本が中国支配の既成事実化のための苦策として**汪兆銘政権**を成立させるや、それまで中国への借款供与に消極的であったハル国務長官は中国への借款供与に賛成し始めたのである。40年の1年だけでアメリカの対中国借款は1億4,000万ドルにも上った。この対中援助政策は単に親中感情から出たのもではなく、ヨーロッパの危機とアジアの危機が結びつくことへの警戒と関連していた。すなわち根本的には、英国防衛という決定に由来していた

のである。もしイギリスが敗北しその工業力や海運力がドイツに奪われる事態となると、アメリカに対する危機は現実的なものとなる上に、そのドイツが日本と同盟している以上、太平洋と大西洋で一大アメリカ包囲網ができる可能性があったのである。そのためイギリスを防衛することが不可欠であり、それはまたイギリスの植民地や自治領（オーストラリアとニュージーランド）を守り、イギリスの海運力を保持することを意味したのである。そのためにも日本を中国に釘付けにしておく必要があったのであり、このような観点から対中援助がなされたのであった。

　日中戦争が拡大していく中で日本軍用機による中国諸都市への爆撃によって、一般市民が殺傷される事例がアメリカのマスコミによって広く報道されていた。日本に対する先の道義的禁輸の中に航空機も含まれていたが、1939 年 12 月にはさらに禁輸物資として航空機生産に不可欠なアルミニウム・マグネシウム・モリブデンが追加された。

　1940 年 1 月 26 日から日米は無条約状態に入っており、同年 7 月 2 日ルーズヴェルト大統領は新国防法（国防強化促進法）に基づき 3 種類の物資を輸出することを許可制としたが、日本にとって不可欠な石油およびクズ鉄を慎重にも除外していた。しかし 7 月 25 日にはこのクズ鉄・石油・航空機ガソリンの輸出を許可制としたのであった。これに対し、7 月 27 日第二次近衛内閣（7 月 22 日成立：外相＝松岡洋右）は正式に**南進政策**を決定した（『世界情勢の推移に伴ふ時局処理要綱』）。

　明治維新以来、陸軍は北進への、海軍は南進への関心を抱く傾向が伝統的に強かった。第一次世界大戦の結果、旧ドイツ領の西南太平洋諸島を国際連盟の委任統治領として日本が実質的に支配下に置くようになると、この傾向はさらに強まっていった。1930 年代に入り世界恐慌が深化してゆく中で陸軍が華北に進出していくと、海軍は次第に南進論を主張するようになった。1907 年策定の「帝国国防方針」（仮想敵国の第一順位はロシア、第二順位はアメリカ）が改定され、海軍の主張に基づいて仮想敵国の第一順位にアメリカを置き、さらにイギリスをも仮想敵国と想定したであった。

　南進論が主張されるようになった第二の要因としては、1939 年 9 月に始まったヨーロッパ大戦では西部戦線において日本の友好国ドイツの電撃作戦が大

成果をあげ、フランスとオランダはドイツに占領されイギリスはヨーロッパ大陸からの撤退を余儀なくされつつあったこと。ドイツの大戦果に刺激された日本は、英仏蘭が東南アジアに領有する植民地を獲得しようとする誘惑にかられた。第三に、直接的にはアメリカの対日経済制裁が強化されてきたため、石油・天然ゴムなどの天然資源に富む、英仏蘭の植民地に進出することを考え始めたのである。

　日本軍は 1940 年 9 月 23 日**北部仏印に進駐**した。日本の北部仏印進駐はアメリカに今までとは比較にならない現実の脅威を与えることになった。それは日本の軍用機が北部仏印からアメリカの実質的植民地であるフィリピンのマニラまでを往復飛行する航続能力を持っていたからであった。アメリカ政府は日本軍の北部仏印進駐直後、9 月 25 日蒋介石の国民政府（重慶）への借款供与を発表し、さらに 26 日あらゆる種類のクズ鉄と鉄鋼を統制下に置く措置をとった（石油については何らの言及をしていない）。

　1936 年 11 月に結ばれた日独防共協定は 1 年後にイタリアが加盟することによって日独伊防共協定となり、周辺部に軍事侵略を展開しつつあった後発資本主義諸国間の提携を強化していたが、日本においては日中戦争の長期化とそれに伴うソ連の出方に対応するため、38 年 5 月初旬より三国防共協定をより強固な軍事同盟に格上げすることが検討され始めていた。

　三国同盟案に対して外務省には日本の国策にとってマイナスであるという慎重論もあったが、ソ連のみを対象とするという線で次第に合意が出来上がりドイツとの交渉が展開されていった。しかし 1939 年 8 月 23 日、独ソ不可侵条約が締結されたため交渉は打ち切られたが、その後アメリカの対日経済制裁が強化されるとともに日本の南進政策が明確に打ち出された。他方ヨーロッパ戦線において大戦果をあげていたドイツではあったが、イギリスの対独抵抗を支えているアメリカの援助を最小限とするために日本にアメリカの行動を牽制させることが不可欠であった。かくして**日独伊三国同盟**は 40 年 9 月 27 日調印された。三国同盟条約はまず日独伊三国がアジアとヨーロッパにおいて新秩序を形成することに主導的な役割を果たすことを認め合った上で、ヨーロッパ大戦や日中戦争に参加していない国家から攻撃を受けた場合には、三国は政治的・経済的・軍事的に援助し合うことを確約した。三国同盟についての交渉について

すでに情報を入手していたアメリカではあったが、実際に同盟の成立を知るや三国同盟はアメリカを対象としたものであり「三国によって挑発されればいつでもこれに対抗する用意がある」と 40 年 10 月海軍長官 P・C・ノックスは声明したのであった。

　ノックス海軍長官は三国同盟条約はアメリカを対象としたものであるとの認識を示したが、それは三国防共協定を発展させたものでありソ連もまた対象としていたものであった。事実ドイツは三国同盟条約締結に際し日ソ間を周旋する意思を表明し、日ソ二国間ばかりでなく日独伊三国とソ連との利害調整を実現しようとしていた。またドイツのリッペントロップ外相は 1940 年 1 月ソ連のモロトフ外相をベルリンに招いて協議していてもいた。

　しかし、モロトフの次のような提案は 4 ヵ国間の利害調整そのものを失敗させるとともにヒトラーに対ソ戦を決意させ、ヒトラーは 12 月 18 日バルバロッサ作戦なる総統命令を下した。日独のこうした動きはソ連にも対独戦の可能性が高まってきていることを認識させ、ヨーロッパと極東における二正面作戦を避けるためにも、日本との一定程度の了解を認識させるに至ったのであった。

モロトフ提案
1. ドイツ軍はフィンランドを撤退すること。
2. ソ連がブルガリアを保護下に置く権利と、海峡地帯にソ連の陸・海軍基地を設置する権利を認めること。
3. バスウ地方からイランに至る地域をソ連の勢力範囲として認めること。
4. 日本が北樺太の石炭・石油利権を放棄すること。

　日本の中立条約締結提案に対し、当初ソ連はこの条約は日本の日中戦争・南進政策双方にとってプラスであるのに、ソ連にとっては米中との関係を悪化させることになる不利なものであるとして消極的な態度をとっていた。しかるにヨーロッパ方面における独ソ関係の緊張は日に日に高まり、特に 1941 年に入りバルカン情勢のため独ソ関係は微妙になっていた。すなわち 41 年 3 月ブルガリアが三国同盟に参加し、ドイツ軍はブルガリアを通過してギリシャ国境に迫っていた。その結果、締結に躊躇していたソ連は 41 年 4 月 13 日日ソ中立条約の締結に同意し、締約国の一方が第三国から軍事行動を受けた場合には、他方は中立を守ることが約されたのであった。他方、ドイツは日本にアメリカを牽制させ、それによってアメリカの対独参戦を阻止することができると考え、

日本側もドイツとの協力関係強化によってアメリカの軍事的介入を抑止することができると判断していた。

　日ソ中立条約と前後して民間レベルで日米交渉が始まり、やがてこれが政府間レベルの交渉に移行していったが、アメリカの実質的植民地であるフィリピンを南進行動の対象にしない限りアメリカの武力介入を回避できるとの見通しのもとに、日本は 1941 年 7 月**南部仏印に進駐**した。

　日本が三国同盟結成によって枢軸国側に明確にコミットしたことに対して、アメリカがきわめて強い不信感を抱いていたことを十分認識せず、加えてフィリピンを占領しない限りアメリカとの武力衝突は回避できるとの判断をしていたことは、取り返しのつかない深刻な判断ミスとなった。ルーズヴェルト大統領は行政命令によって 7 月 26 日**在米日本資産を凍結**するとともに、1940 年 9 月の段階では除外されていた石油も含め戦略物資の対日輸出の全面禁止措置をとったのである（**対日石油禁輸**、8 月 1 日）。こうした動きに呼応するかのように、8 月 4 日重慶を臨時首都としていた国民政府は英米ソ中による 4 ヵ国連合戦線（後の国際連合）の成立を発表し、8 月 14 日にはイギリスのチャーチル首相とルーズヴェルト大統領は**大西洋憲章**を発表し、全体主義国家との全面的戦争への覚悟とその戦争に勝利した際のあるべき世界秩序の編成原則について合意したのであった。

　一方日本は、こうした英米の対応を受けて 9 月 6 日と 11 月 5 日の御前会議において「**帝国国策遂行要領**」を決定した。11 月 26 日アメリカ国務長官コーデル・ハルは**ハル・ノート**を野村吉三郎駐米大使と来栖三郎特命全権大使に手渡した。

　ハル・ノートは、(1)全ての国家の領土保全と主権を尊重すること、(2)内政不干渉の原則を支持すること、(3)機会均等原則を支持すること、(4)軍事的手段によっては太平洋の現状を変更しないこと、という四つの原則を確認するとともに次の諸点の確認を求めた。すなわち、(1)日・英・米・蘭・中・ソ・タイの間に多角的不可侵条約を締結すること、(2)日・米・英・中・蘭・タイの間で仏領インドシナの領土主権を尊重する条約を締結し、特恵待遇を排除すること、(3)中国および仏領インドシナから日本軍および警察は撤退すること、(4)重慶政府以外の中国における政府を否認すること、(5)中国における治外法権を撤廃する

こと、(6)日米間に互恵的最恵国待遇の通商条約を締結すること、(7)資産凍結を解除すること、(8)円、ドル為替の安定を図ること、(9)日米両国が第三国と締結している条約の規定につき、太平洋地域の平和を害するがごとき解釈をとらないこと。

日本の大本営政府連絡会議はハル・ノートをアメリカの最後通牒と認識し、12月1日の御前会議で英米蘭に対し開戦することを決定した。日本時間12月8日、日本軍はハワイ真珠湾を攻撃し、ここに**日米戦争**が勃発したのであった（地図20）。

一方ヨーロッパでは、ドイツのポーランド侵攻を契機に文字通り全ヨーロッパを巻き込む**ヨーロッパ大戦**が展開されていた。9月1日、ドイツがポーランドに侵攻したあと、9月3日、イギリスとフランスはドイツに対して宣戦を布告した。9月17日ソ連はポーランドに侵攻して、独ソは国境友好条約に調印し（9月28日）、ポーランド分割についての秘密協定を締結したのであった。

ソ連は9月下旬にはエストニア、12月初旬にはラトビアおよびリトアニアと相互援助条約を締結し、ソ連海・空軍基地の租借や駐留権を認めさせた。さらに10月にはフィンランドにも同じような条約の締結を迫ったが、絶対中立を標榜するフィンランドがこれに抵抗したため、11月28日ソ連はフィンランドとの不可侵条約を破棄し、30日、陸・海・空軍による全面的な攻撃を開始したのであった。「冬戦争」の勃発である。バルト三国やフィンランドに対するソ連のこのような強権的な政策は、独ソ不可侵条約の締結にもかかわらず独ソ戦勃発が時間の問題であることをソ連自身が認識していた証拠であった（地図21）。

一方ドイツはポーランド侵攻後、1940年4月にはデンマーク、ノルウェーに侵攻し、さらに破竹の勢いで5月にはベルギー、オランダ、ルクセンブルク、6月にはフランスを占領するに至った。しかし残るイギリスは必死にドイツに対して抵抗を続けたためドイツ軍はロンドン空爆を続けたが、ここに上陸し占領するには至らなかった。そこでヨーロッパ大陸からの直接の上陸に代えてバルカン半島を南下し、イギリスにとって伝統的に死活的な意味を持つ東地中海からジブラルタル海峡を経由してイギリスを攻撃する作戦に出た。41年2月ロンメル将軍指揮下のドイツ軍が北アフリカ戦線を展開するとともに、3月ド

地図 20　日本軍の南進と拡大

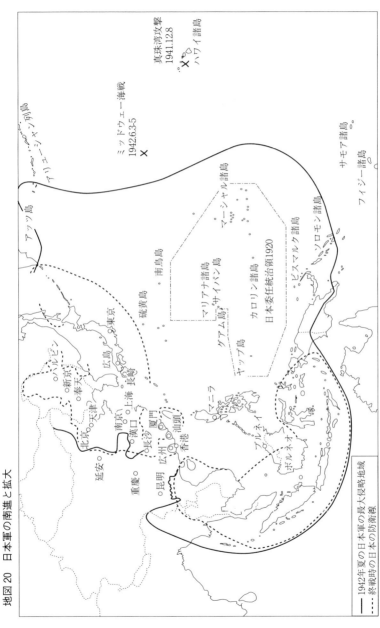

真珠湾攻撃
1941.12.8
ハワイ諸島

ミッドウェー海戦
1942.6.3-5

アリューシャン列島

アッツ島

サモア諸島

フィジー諸島

マーシャル諸島

南鳥島

硫黄島

マリアナ諸島
サイパン島

ビスマルク諸島

ソロモン諸島

グアム島
ヤップ島
カロリン諸島
日本委任統治領 1920

東京
広島
長崎
上海
新京
奉天
北京
天津
南京
黄口
長沙
広州
厦門
汕頭
香港
延安
重慶
昆明

ハルビン

マニラ

ボルネオ

フィリピン

―　1942年夏の日本軍の最大侵略地域
‥‥　終戦時の日本の防衛線

（出所）川島真・服部龍二編『東アジア国際政治史』113 頁。グアム島については一部修正。

92

地図 21 「冬戦争」（ソ連―フィンランド戦争）（1939 年 11 月）

（出所）マーティン・ギルバート、岩崎敏夫訳『第二次世界大戦（上）』59 頁。一部加筆。

イツ軍はバルカン半島・ブルガリアに進入した。

　ソ連もまたロシア帝国時代からの伝統的政策の実現のためバルカン半島に進出しようとし、バルカン半島をめぐって独ソ間に緊張が高まっていった。しかもドイツはポーランド侵攻からイギリス空爆までの戦争を展開するにあたって原材料をソ連から輸入していたが、その債務が累積しつつあった。1941 年 6 月 22 日ドイツはソ連に侵攻したが、独ソ戦争の勃発はドイツにとりこれら二つの問題を一挙に解決する効果を持ったものであった。

第**3**章　第二次世界大戦の発生・展開・終結

第1節　第二次世界大戦の構造と性格

　1939 年 8 月 23 日世界を驚愕させた**独ソ不可侵条約**を締結したナチス・ドイツは、ミュンヘン会談の合意を無視し 9 月 1 日ポーランドに侵攻し、9 月 3 日に英仏が対独宣戦してここに**ヨーロッパ大戦**が開始された。これをもって学界もジャーナリズムも第二次世界大戦が勃発したと表現するのが一般的になっているが、西欧諸国の多くが世界に植民地を所有していたという視点を導入しても無理があり、西欧中心的偏見というべきであろう。独ソ不可侵条約にもかかわらず 41 年 6 月 22 日ドイツ軍がソ連を攻撃し**独ソ戦**が始まり、ドイツは英仏とソ連との二正面戦争を戦うことになった。一方アジアではすでに日本が 37 年 7 月以降、中国・蔣介石政権との**日中戦争**を始めており、40 年 9 月下旬には北部仏領インドシナに進駐したのに続きドイツ・イタリアと三国同盟条約を締結した。この二つの政策により日本もヨーロッパ大戦と形式上は関わりを持つことになったが、現実にはユーラシア大陸の西と東で別個の戦争が行われていたことになる。しかし 1941 年 12 月 8 日日本軍がパールハーバーを攻撃して始まった日米戦争は、洋の東西で戦われていた戦争を結びつけ、アメリカはアジア・太平洋方面で日本と、ヨーロッパ方面で独伊と戦闘に入ることになった。国際法的に見るならば

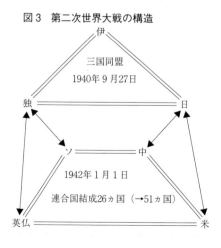

図3　第二次世界大戦の構造

42年1月1日アメリカ・ワシントンD.C.において26ヵ国が参加した**連合国**が結成されたことにより、日独伊三国同盟諸国（40年11月ハンガリーとルーマニアが参加）と連合国との、まさに世界大で戦われる第二次世界大戦が始まったというべきである。ヨーロッパ大陸で始まった**ヨーロッパ大戦**はその周辺海域、バルカン半島、地中海、北アフリカへと戦域を拡大して**広域ヨーロッパ大戦**となり、日中戦争と日米戦争は中国大陸から、英仏蘭を巻き込みながら東南アジアと広大な太平洋の海域に拡大していく**アジア・太平洋戦争**へと拡大していった。

　第二次世界大戦は独伊日を中心とした枢軸国と米英ソを中心とした連合国が完全に二つの陣営に分かれて、数年間にわたり戦った戦争というイメージが強い。しかしこの大戦を民主主義国と全体主義国との戦争と二項対立の構図でとらえるならば、その見方はきわめて単純かつナイーブであり、時間の経過とともに各戦局の性格が大きく変化した事実を看過することになる。連合国の中心となった米英ソが「奇妙な同盟」と評されたことが象徴しているように、民主主義国家＝米英と共産党独裁の社会主義国を標榜する全体主義国家＝ソ連が手を握り、全体主義国家＝独伊日と熾烈な戦闘を繰り返した事実を再確認すべきである。その上、米英をはじめフランス、オランダ、ベルギーなど連合国に参加した民主主義国家と自任する国家もアジアやアフリカ、ラテン・アメリカに植民地を所有する帝国主義国家であったことは否定できない。対内的に民主制度を保証していたものの、対外的には保護国・保護領・国際連盟委任統治領などと称する実質的には植民地を有する帝国主義国家と、革命期には民族自決を打ち出したものの周辺地域を実質的植民地として囲い込み、第二次世界大戦期には帝政ロシア時代の植民地であった諸地域を占領したスターリン独裁下のソ連が「奇妙な同盟」を結び、日独伊（ハンガリー、ルーマニア、ブルガリア）の全体主義国家と戦った戦争であった。

　広域ヨーロッパ大戦も、ドイツを中心とした枢軸国側諸国と米英ソ仏を中心とした連合国側諸国に完全に分かれて終始一貫して戦われた訳ではなかった。特に枢軸国側に参加した国家、参加を強制された国家は、戦局の変化に翻弄され、これらの国家の戦後における状況は、戦争中の独・ソ・米英との関係の変化や距離の取り方により、大きく異なることになった。全体主義国家＝ソ連は

ヨーロッパ大戦が勃発するやロシア帝国時代に植民地としていたバルト三国を占領した上、同じく植民地であった隣国フィンランドが戦略的要衝の割譲を拒否すると同国に「冬戦争」を仕掛けて不凍港や主要都市を含め国土の 10% を割譲させた。そのためフィンランドは独ソ戦争では自衛戦争であることを強調しつつソ連攻撃に加わった。しかしフィンランドは大戦終結前にソ連と休戦協定を結んでいたため、連合国と講和条約を結ばされたものの日独のように戦犯を裁判にかける連合国による軍事裁判を受けずに済んだ。イタリアも南部を統治していたバドリオ政権が大戦終結前の 1943 年 9 月 3 日に米英に無条件降伏したあと、同政権が同年 10 月 13 日に対独宣戦し、米英軍の傘下に入って中・北部を支配していたドイツ軍およびドイツ傀儡政権軍と戦った。そのため戦後、連合国とパリ講和条約を結ばされ領土の割譲・国境の変更を受け入れたものの軍事制限や戦犯の裁判については米ソ冷戦の発生によりうやむやになっていった。枢軸国として戦ったハンガリー、ルーマニア、ブルガリアも戦争中、独ソの間で複雑な経緯をたどることになり、それが戦後の運命を左右することになった。ルーマニアとブルガリアは、44 年に入りソ連の攻撃を受けるとクーデターでファシスト政権を打倒した勢力がまずソ連、続いて米英と休戦し対独宣戦したため、パリ講和条約を結ばされたものの、その内容は穏やかなものとなった。45 年 5 月のベルリン陥落までソ連軍と戦闘を続けたハンガリーへの講和内容すらも同様であった。そこには戦後これらの地域を自国の衛星国にしようとしていたそれぞれの思惑が働いていたからである。

　チェコ・スロヴァキアとポーランドもその地理的・歴史的条件により、戦争初期から戦争終結期にかけドイツとソ連の思惑に翻弄され、戦後は結局ソ連の衛星国に組み込まれた。同じくユーゴスラヴィアも独ソ間の「陣取り合戦」の対象となったが、ヨシップ・チトーが主導したパルチザンがソ連軍の支援を受けずドイツ軍から自国を解放した。そのため戦後はソ連の衛星国に組み込まれることなく米ソ冷戦中も独自路線を貫くことができたのである。ギリシャは 1941 年 4 月ドイツ、イタリア、ブルガリアに侵攻され分割占領下に置かれ王室と政府はロンドンに亡命政府を樹立した。占領軍である枢軸国軍に対抗するギリシャ人民解放軍（ELAS：ギリシャ共産党系）とギリシャ民族共和同盟（EDES：反共共和主義パルチザン）が相互に戦うことになったが、大戦終結後の

46年より、帰還した王党派勢力とELASとの間で内戦が勃発した。<u>アルバニア</u>は39年4月イタリアの侵攻を受け、41年独伊両軍がアルバニア隣国のユーゴスラヴィアに侵攻したため、ギリシャを含めバルカン半島全域が戦場と化し、43年夏にイタリア（南部）が連合国に降伏するとドイツがアルバニアを占領した。43年2月スターリングラードの攻防でドイツ軍を降伏させたあと、1年後の44年初頭からソ連軍はベルリンを目指し破竹の勢いで西進するとともに、同時にバルカン半島を南下し始めていた。同年11月ソ連軍はアルバニアのパルチザンと協力しつつアルバニアを解放し、戦後はエンヴェル・ホッジャ率いる共産党政権が成立し、スターリン批判まではソ連の影響下に置かれた。

　また中立を宣言した<u>スウェーデン</u>はドイツの軍事的圧力を受けドイツ武装兵士1万5,000人を輸送したし、厳正中立を国是としていた<u>スイス</u>もユダヤ人の入国を禁止したり、ドイツがオランダやベルギーで略奪したことを認識しながらスイス銀行は金塊を購入したのである。<u>ポルトガル</u>も中立を宣言し大戦初期には両陣営に戦略物資タングステンを輸出しながら、連合国の優勢が明らかになると大西洋上のアゾレス諸島を基地として利用することを認めたのであった。<u>スペイン</u>も中立を宣言しながら、当初はドイツに傾斜する姿勢を見せ、のちに連合国寄りの対応をしたため、その右顧左眄（うこさべん）の対応が枢軸国の不信を招く結果となった。

--------【脱線講義8】　ナチス・ドイツと周辺国との関係 --------
⑴ドイツの同盟国（イタリア、フィンランド、ハンガリー、ルーマニア、ブルガリア、ユーゴスラヴィア→後取り消し）、⑵ドイツに侵略された国家（自力で解放した国家＝ユーゴスラヴィア、アルバニア、米英が解放した国家＝フランス、イタリア、オランダ、ベルギー、ルクセンブルク、ソ連が解放した国家＝ポーランド、チェコ・スロヴァキア、ハンガリー、ルーマニア、ブルガリア）、⑶中立を維持した国家（スウェーデン〈ドイツに宥和的〉、スイス〈ドイツに宥和的〉、ポルトガル〈連合国に協力的〉、スペイン）

　これらの事例が如実に示すように、ヨーロッパ大戦でもアジア・太平洋戦争でも地域や時代により戦争の性格が異なっていた事実を認識することが不可欠である。短期間で終わったドイツ・ポーランド戦争は帝国主義国ドイツと自衛戦争を展開するポーランドとの非対称的戦争であったが、ドイツと英仏との戦争は帝国主義国家間の対称的戦争であり、独ソ戦争も大国間の対称的戦争であ

図4　大戦の戦域と性格

- 第二次世界大戦
  - ヨーロッパ大戦
    - ドイツと米英仏（伊）との戦争←対称的戦争（仏=自由フランス、伊=バドリオ政権以降）
    - 独ソのポーランド攻撃・占領←非対称的戦争
    - 独ソ戦争←対称的戦争
    - ソ連とフィンランドとの戦争（「冬戦争」）←非対称的戦争
    - ソ連とハンガリー・ルーマニア・ブルガリアとの戦争←非対称的戦争
    - ドイツのベネルックス3ヵ国攻撃←非対称的戦争
    - ムッソリーニ政権のイタリア（+独）と米英との戦争（北アフリカをめぐる）←対称的戦争
  - アジア・太平洋戦争
    - 日中戦争←非対称的戦争
    - 日米戦争←対称的戦争
    - 日本と米英仏蘭の植民地との戦争←対称的戦争から非対称的戦争へ
    - 日ソ戦争←対称的戦争

った。

アジア・太平洋戦争は、やがて国共内戦に発展する国共対立を内包する日中戦争、日米戦争、日本と東南アジア地域に植民地を有する米英仏蘭（植民地軍、現地民族解放組織）との戦争、そして日ソ戦争の総称である。対抗関係が複雑に変化した拡大ヨーロッパ大戦と異なり、アジア・太平洋戦争は日本が他国や他国の抵抗組織と展開した戦争であった。東南アジア地域では、日本軍の侵入に対して植民地現地人による民族解放戦線ないし抵抗組織との非対称的戦争が展開され、ヨーロッパでの戦闘が終結するやイギリスとフランス（自由フランス）は軍隊をそれぞれの植民地に派遣し、日本軍との対称的戦争を開始した。例外はオランダ領東インド（インドネシア）で、日本軍は植民地軍を大敗させたあと、軍政を布いた3年半の間にスカルノやハッタを中心とした独立準備調査会（のち委員会）と協力関係を維持し軍事訓練を施した。この勢力が復帰してきたオランダ軍と独立戦争を展開することになった。

第2節　連合国の結成と無条件降伏方式

1941年12月7日（日本時間12月8日）日米開戦により太平洋戦争（アジア・太平洋戦争）が開始され、アメリカが第二次世界大戦に参戦することになると、米英首脳は秘密会談（アルカディア会談〈コードネーム〉41年12月22日～42年1月14日）を行い、(1)ヨーロッパでの戦争に全力を傾注し（=ナチス・ドイツ打倒を優先）、太平洋（アジア・太平洋）における戦争（=日本との戦争）は当面は防

御的とする、(2)米英合同参謀本部会議をワシントンに設置し、戦争計画を調整する、(3)連合国共同宣言を作成する、ことに合意した。ここで明らかになったことは、第一にナチス・ドイツ打倒を最優先するヨーロッパ第一主義、アジア・太平洋第二主義を採用するという大戦略を打ち出したこと、第二にパールハーバーへの攻撃は別として戦場とならず、文字通り「民主主義の兵器廠」（ルーズヴェルトの「炉辺談話」40 年 12 月 18 日）として急激に戦時生産力を増強していたアメリカがイギリスと協調しながら戦争を主導すること、の 2 点であった。

　アルカディア会談が開催されていた 1942 年 1 月 1 日、ワシントン D.C. で形式的には米英ソ中（中華民国）の**四大国**、実質的には米英が中心となり**連合国宣言**（Declaration of the United Nations）を発表した。この時点で参加国は亡命政府を含め 26 ヵ国であったが、45 年 3 月までに 47 ヵ国に増え、英米ソ中 4 ヵ国が招集したサンフランシスコ会儀の時点では 50 ヵ国（ポーランドで統一政府ができ参加したため、最終的には 51 ヵ国が原加盟国となった）になっていた。この宣言では、署名国は大西洋憲章の理念に賛同し、「生命、自由、独立および宗教的自由を擁護するためにも、さらに自国・他国を問わずその領土における人類の権利と正義を保持するためにも、連合国が日独などの敵国に対して完全に勝利する闘争に従事している」ことを確認し、「日独伊の枢軸国と単独で休戦または講和をしない」ことも確約した。

　太平洋戦線では早くも 1942 年 6 月初旬、日本軍がアメリカ軍とのミッドウェー海戦に敗れて制海権を失い、さらに 43 年 2 月にはソロモン諸島のガダルカナルの攻防に敗れ、日本軍は多くの航空機・軍艦・武器・兵士を失って制空権も失い、日本にとってはこの大戦の一大転換点となった。一方、ヨーロッパ戦線では 42 年 8 月下旬以降の独ソ間で戦われていたソ連の大工業都市**スターリングラードの攻防**で 43 年 2 月 2 日ドイツ軍の壊滅的敗北が決定的となり、さらに 9 月初旬、イタリアに上陸した連合軍に対しイタリアが降伏した。連合国軍が両戦線で優勢となりつつあった 43 年 1 月ルーズヴェルトとチャーチルはモロッコのカサブランカで会談し、複雑な経緯・背景はあったが結果的に枢軸国に対して**無条件降伏**を要求することになった。アメリカ国務省内では独日に対して無条件降伏を求める方針が打ち出されていたが、チャーチル首相を含

むイギリス政府やアメリカ軍部では、この方式だと日独は敗北が濃厚になって
も休戦はせずに必死になって戦争を継続するだろうとの懸念が表明されていた。
しかし1月24日の記者会見で、F・D・ルーズヴェルトは無条件降伏が原則で
あると発言し、チャーチルもイギリスが対日単独講和をするのではないかとい
うルーズヴェルトの疑念を明確に否定するためにもやむなく同意したとの見解
もある。43年11月27日に発表されたカイロ宣言でも末尾で「日本国の無条
件降伏を獲得するために（to procure the unconditional surrender）」と表現してい
る。

--------【脱線講義9】連合国という名称 --------

　英仏がドイツに宣戦布告し第二次世界大戦―実際は第二次ヨーロッパ大戦―が開始された
時点で、英仏両国や同盟関係を結んだ諸国家を Allies 連合国と呼称していたが（第一次世界
大戦でも独墺諸国と戦った英仏米諸国は自らを連合国と表現していた。正式には「同盟国お
よび連合国」Allied and Associated Powers）、日米開戦によりアメリカも第二次世界大戦
に参戦しアメリカ大統領 F・D・ルーズヴェルトは日独など枢軸国と戦う諸国を the United
Nations と呼称することを提案し、1942年1月1日に発表された共同宣言では Allies では
なく、the United Nations を採用した。ポツダム宣言第12条では日本占領のために the
occupying forces of the Allies を組織すること、降伏文書でも日本政府は連合国軍最高司
令官 Supreme Commander for the Allied Powers の指示に従うこと、と Allies または
Allied Powers という表現を使い、第二次世界大戦後、連合国が日本の占領政策を遂行する
ために極東委員会のもとに設置した組織も General Headquarters, Supreme Commander
for Allied Powers（GHQ/SCAP）とこれを踏襲して Allied Powers としていた。軍事的意
味合いが強い場合は Allies や Allied Powers という言葉が連合国を表すために使われていた
が、軍事的意味合いを薄めるために United Nations という用語をルーズヴェルトが提案し
たのではないか。中立国であったスウェーデンやスイスに駐在していた日本の外交官達は、
44年夏のダンバートン・オークス会議で the United Nations が設立されることを知り本国
へ伝達したが、外務省はその日本語訳に苦慮したようである。連合国という訳語では戦争終
結後も戦争を連想させるため、国際連盟に模して国際連合としたという説もある。なお現在
でも中国は the United Nations を聯合国と訳している。

第3節　第二次世界大戦の展開

　本節では第二次世界大戦の展開を概説し、大戦中に連合国の数ヵ国や多国間
で議論された戦後構想については事実を述べるに留め、詳しくは第4章で検討
する。

年表 3　第二次世界大戦　関連年表

ヨーロッパ方面	アジア・太平洋方面
1936 年 11 月 25 日　日独伊防共協定	
1937 年 10 月 5 日　F・D・ルーズヴェルト「隔離演説」 11 月 7 日　ヒトラー「生存圏」構想提示	1937 年 7 月 7 日　**盧溝橋事件→日中戦争→上海へ拡大** 9 月 23 日　第二次国共合作 12 月 10 日　日本軍、南京攻撃→13 日占領
1938 年 3 月 13 日　**独墺併合（アンシュルス）** 9 月 29 日　**ミュンヘン会談（～30 日）** 10 月 1 日　独軍、ズデーテン進駐開始	1938 年 4 月 1 日　日本、国家総動員法公布 7 月 29 日　張鼓峰事件（～8 月 10 日）
1939 年 2 月 24 日　ハンガリー、日独伊防共協定加盟 3 月 16 日　ヒトラー、チェコ・スロヴァキア解体 8 月 23 日　**独ソ不可侵条約調印** 9 月 1 日　**独軍、ポーランド侵略→第二次世界大戦** 28 日　独ソ、ポーランド分割 11 月 30 日　ソ連・フィンランド戦争（冬戦争） 12 月 14 日　ソ連、国際連盟を除名される	1939 年 5 月 12 日　**ノモンハン事件（～9 月 15 日）** 7 月 27 日　米国、日米通商条約破棄を宣言
1940 年 4 月 9 日　独軍、デンマーク・ノルウェー侵入 5 月 10 日　独軍、ベネルックス諸国に侵入 6 月 14 日　独軍、パリ進駐 15～17 日　ソ連軍、バルト三国に進駐 28～30 日　ルーマニア、ソ連にベッサラビアとブコヴィナを割譲 8 月 15 日　独空軍、ロンドン空爆（～10 月 30 日） 10 月 12 日　独軍、ルーマニアに侵入 28 日　伊軍、ギリシャに侵入 11 月 20 日　**ハンガリー、枢軸同盟参加、ルーマニア（23 日）、スロヴァキア（24 日）も参加**	1940 年 1 月 26 日　日米通商条約、廃止 9 月 23 日　**日本軍、北部仏印に進駐** 27 日　**日独伊三国同盟条約調印**
1941 年 1 月 6 日　ルーズヴェルト「**四つの自由**」提唱 3 月 11 日　米国、武器貸与法成立 4 月 5 日　英軍、アジスアベバ解放 23 日　ギリシャ軍、独伊軍に降伏 6 月 22 日　独ソ戦開始→伊・ルーマニア・スロヴァキア・フィンランドも対ソ宣戦	1941 年 4 月 13 日　**日ソ中立条約調印** 7 月 28 日　**日本軍、南部仏印に進駐** 8 月 1 日　米国、対日石油禁輸 9 月 6 日　日本・御前会議「**帝国国策遂行要領**」 10 月 16 日　近衛内閣総辞職、東条内閣成立 11 月 26 日　米国務長官ハル「ハル・ノート」提示

8月 9日	チャーチル・ルーズヴェルト、大西洋会談（～12日）「**大西洋憲章**」（14日）		12月 8日	**日本軍、真珠湾攻撃→アジア・太平洋戦争開始→**日本軍、香港・フィリピン攻撃
8月25日	英ソ軍、イラン進駐			
9月 8日	独軍、レニングラード包囲戦開始			
11月25日	**ブルガリア、枢軸同盟参加**			
1942年 1月 1日	**連合国宣言**（26ヵ国：ワシントンD.C.）	1942年	1月15日	日本軍、ビルマ攻撃開始
			1月25日	タイ、米英に宣戦布告
			2月15日	日本軍、シンガポール陥落
			3月 8日	日本軍、ラングーン占領
			4月18日	米空母ホーネット発進のB-25、東京・名古屋・神戸を空襲
8月23日	独軍、スターリングラード攻撃開始		5月 1日	日本軍、マンダレー占領
11月 8日	アイゼンハワー指揮の米英連合軍、モロッコ・アルジェリアに上陸（北アフリカ作戦）		6月5～7日	**ミッドウェー海戦**、日本軍大敗
22日	ソ連軍、スターリングラードで独軍包囲		8月 7日	ソロモン諸島ガダルカナル島の戦い
1943年 1月14日	**カサブランカ会談**（～24日）	1943年	1月11日	米英、中国に対する治外法権撤廃
1月18日	ソ連軍、レニングラード包囲線打破		2月1～7日	日本軍、ガダルカナル島の戦い 大敗→撤退
2月 2日	**独軍、スターリングラードで投降**			
4月13日	「**カチンの森事件**」世界に向け公表			
25日	ソ連、ポーランド亡命政権と断交		5月29日	アリューシャン列島アッツ島で米軍、日本軍を殲滅
5月12～13日	チュニジアの独伊軍、米英軍に投降 →連合軍の**北アフリカ作戦終了**			
7月10日	連合軍、シシリー上陸			
25日	ムッソリーニ逮捕→バドリオ政権成立			
8月14日	**第一次ケベック会談**（～24日）			
9月 3日	連合軍、イタリア本土上陸			
9日	イラン、対独宣戦			
10月13日	バドリオ政権、対独宣戦			
19日	**米英ソモスクワ外相会議**（～30日）			
11月18日	英空軍、ベルリン大空襲開始（～12月）			

	11 月 22 日	カイロ会談（～26 日）→ 12 月 1 日カイロ宣言発表			
	11 月 28 日	テヘラン会談（～12 月 1 日）			
1944 年	1 月 27 日	ソ連軍、レニングラード解放	1944 年	3 月 8 日	日本軍、インパール作戦開始
	3 月 26 日	ソ連軍、ルーマニア進駐		6 月 15 日	米軍、サイパン上陸
	6 月 4 日	連合軍、ローマ入城		6 月 16 日	米空軍 B-29、中国成都より北九州を空爆
	6 月 6 日	連合軍、ノルマンディー上陸作戦開始			
	7 月 1 日	ブレトン・ウッズ会議（～22 日）		6 月 19～20 日	マリアナ沖海戦
	7 月 17 日	ソ連軍、ポーランド進駐		7 月 7 日	サイパン島日本軍、全滅
	7 月 20 日	ヒトラー自殺未遂		7 月 18 日	東条内閣総辞職→ 22 日　小磯国昭内閣成立
	7 月 21 日	ポーランド・ルブリン委員会成立		7 月 21 日	米軍、グアム上陸→ 8 月 11 日日本軍全滅
	8 月 1 日	ワルシャワ蜂起（～10 月 2 日）		7 月 24 日	米軍、テニヤン島上陸→ 8 月 3 日占領
	8 月 25 日	連合国、パリ入城			
	8 月 21 日	ダンバートン・オークス会議（～10 月 7 日）		10 月 20 日	米軍、フィリピン・レイテ島上陸開始→ 12 月 26 日占領
	8 月 31 日	ソ連軍、ブカレスト入城			
	9 月 4 日	ソ連軍、ハンガリー進駐→ 6 日ブルガリア進駐			
	9 月 11 日	連合軍、ドイツ到達		10 月 24～25 日	レイテ沖海戦→神風特攻隊出撃
	9 月 11 日	第二次ケベック会談（～16 日）			
	10 月 9 日	バルカン協定		11 月 24 日	サイパン島から B-29、東京を初空爆
	10 月 11 日	ソ連軍、ドイツ国境を超える			
	10 月 20 日	ソ連・チトー軍、ベオグラード解放			
	12 月 3 日	ギリシャ国民解放戦線（EAM：41 年 9 月結成）蜂起し、政府軍・英軍戦闘（～45 年 1 月 11 日）			
	12 月 31 日	ポーランド、ルブリン臨時政府設立			
1945 年	1 月 17 日	ソ連軍、ワルシャワ解放	1945 年	1 月 9 日	米軍、ルソン島に上陸作戦開始
	2 月 4 日	ヤルタ会談（～11 日）		2 月 16 日	米空軍、東京大空爆
	2 月 13 日	ソ連軍、ブダペスト解放		3 月 9～19 日	米空軍、日本空爆→東京、名古屋、大阪、中国・四国・九州地方
	3 月 7 日	ユーゴにチトー臨時政府樹立			
				3 月 17 日	米軍、硫黄島の日本軍、殲滅
	3 月 23 日	連合軍、ライン川を渡る		3 月 26 日	米軍、沖縄上陸作戦開始
	4 月 12 日	ルーズヴェルト死去→トルーマン大統領就任		4 月 1 日	米軍、沖縄本島上陸
	4 月 13 日	ソ連軍、ウィーン占領		4 月 5 日	ソ連、日ソ中立条約不延長通告

	4月15日	ソ連軍、ベルリン市内に突入		4月6～7日	沖縄沖で日本連合艦隊殲滅
	4月25日	米ソ両軍合流←「エルベの誓い」		5月24～25日	東京大空襲
	4月25日	サンフランシスコ会議→国連憲章採択（～6月26日）		6月21日	沖縄戦、終了
	4月28日	ムッソリーニ、処刑			
	4月30日	ヒトラー自殺→5月1日放送			
	5月2日	ソ連軍、ベルリン制圧			
	5月7～8日	ドイツ、無条件降伏			
	7月16日	米国、ネヴァダ州で原爆実験			
	7月17～8月2日	ポツダム会談		7月26日	ポツダム宣言発表
				8月6日	米軍、広島に原爆投下
				8月8日	ソ連、対日宣戦布告→ソ連軍満州に侵入
				8月9日	米軍、長崎に原爆投下
				8月14日	御前会議、ポツダム宣言受諾
				8月28日	連合軍、日本本土進駐開始
				8月30日	マッカーサー、厚木到着
				9月2日	日本、降伏文書に調印→連合国「一般命令第1号」
	10月24日	国際連合、発足			
	11月20日	ニュルンベルク国際軍事裁判（～46年10月1日）			
	12月7日	ブレトン・ウッズ協定発効			
	12月16日	米英ソ三国外相会議（モスクワ）→極東委員会・対日理事会設置決定			
1946年	7月29日	パリ講和会議（～10月15日）	1946年	4月29日	極東国際軍事裁判（～48年11月12日）
				7月12日	国共内戦本格化
1947年	2月10日	パリ講和条約調印			

（出所）青山・石橋・木村・竹本・松浦編『世界史大年表』、歴史学研究会編『世界史年表　第二版』、日比野丈夫編『世界史年表』および巻末の参考文献。

　1941年12月7日（8日）の日米戦争の勃発は、ユーラシア大陸の東西で戦われていた戦争を結びつけ、文字通り第二次世界大戦の構図を生み出した。より具体的には42年1月1日ワシントンにおいて米英ソ仏中の五大国を含む26ヵ国が**連合国**を結成し、日独伊三国同盟（40年9月27日成立、11月ハンガリー、ルーマニアが参加）と全面的に戦争を展開することにより世界的規模での大戦争が発生したのである。

　1939 年 9 月、ドイツのポーランド侵攻後、ドイツ軍がデンマーク、ノルウェーに侵攻し（40 年 4 月）、さらに破竹の勢いでベルギー、オランダ、ルクセンブルクを蹂躙し、さらに 6 月にはパリに入り占領を開始した。ドイツ軍が次の目標としたイギリスは必死の抵抗を続けたためイギリス上陸をあきらめ、バルカンを南下し地中海からイギリス攻略を狙うとともにソ連に矛先を向けたのであった。

　ソ連攻撃はヒトラーの著書『我が闘争』の内容に沿ったものでもあった。ドイツはこの方針に基づいて 1941 年に入るや、一方で北アフリカ戦線を展開するとともに、他方でブルガリア、ユーゴスラヴィア、ギリシャに進入し、同じくバルカン南下を窺うソ連との緊張を高め 41 年 1 月 22 日には**独ソ戦**が開始された。

　同年 10 月初旬よりモスクワ大攻撃を開始したが、130 年前ナポレオンを撃退した冬将軍が訪れるとともに、冬の戦闘に慣れたソ連極東軍が参戦してきたためにドイツ軍は撤退を余儀なくされた。しかし 42 年夏までにドイツ軍は態勢を立て直し、ソ連工業の心臓部である南部のスターリングラードに侵攻し、ソ連軍との熾烈な**スターリングラードの攻防**を展開した（～43 年 2 月）。

　ドイツ軍精鋭 30 万～33 万との戦闘を余儀なくされ国家存亡の危機に立たされたソ連は、同盟国米英に対し**第二戦線**を設定してドイツ軍を引きつけソ連に対する軍事的な圧力を軽減しうるよう要請してきた。ルーズヴェルトはこれに同意したが、戦後ソ連が地中海東部に南下するのを阻止して大英帝国の生命線ともいうべき「**インドへの道**」を確保することを至上命題としていたイギリスのチャーチルは、連合軍に**北アフリカ上陸作戦**（トーチ作戦）を展開させ、これをもってスターリンの要求する第二戦線と位置づけたのであった。この北アフリカ作戦は、アイゼンハワー将軍指揮下で 1942 年 11 月開始された。

　北アフリカに上陸した連合軍は地中海からナチス・ドイツを駆逐し、さらにバルカン半島へと北上する作戦（トーチ作戦）を展開し、1943 年夏にはイタリア本土に上陸して 9 月 3 日にはバドリオ政権から無条件降伏を勝ち取ったのであった。そしてイタリアに対独参戦を宣言させるとともに（10 月 13 日）、ソ連を排除して米英両国だけでイタリア問題を処理していこうとしたのであった。このいわゆる「**イタリア方式**」は三大国協調路線を損なうものであるとしてソ

連の反発を呼び、ソ連が東欧バルカン方面で軍事的勝利を収めた暁には米英を排除してソ連が単独でこの地域を処理していくことができる可能性を与えることになった。この間スターリングラードでの死闘に耐え抜いたソ連は同年秋には一転反攻に転じ、43年2月にはドイツ軍を降伏させた。スターリングラードの攻防におけるソ連軍の勝利と米英がイタリアから無条件降伏を勝ち取ったことは、連合国にとってヨーロッパ戦線での一大転機となったのである。

　一方、アジア・太平洋方面では1942年夏ミッドウェー海戦・ガダルカナル海戦でアメリカが日本に勝利し、早くも制海権と制空権を握るに至った。

　二つの戦線における連合国側の優勢を背景に、1943年11月**カイロ会談**と**テヘラン会談**が開催された。アメリカのルーズヴェルト大統領、イギリスのチャーチル首相、中国の蔣介石総統の3人の間で持たれたカイロ会談の結果、**カイロ宣言**が発表された。

　この大戦における連合国の大戦略は**ヨーロッパ第一主義**、**アジア第二主義**であったために、中国に割り当てられる軍事力・軍事物資は限られたものとならざるをえなかった。その分、米英は中国に対し**不平等条約撤廃**を約束し（1943年1月）、カイロ会談・カイロ宣言によって中国を大国の一つとして扱うという**中国大国化政策**により、中国戦線の崩壊を阻止ししようとしたのであった。それと前後して開催されたテヘラン会談において、ルーズヴェルトとチャーチルはスターリンから初めて対日参戦する用意があるとの発言を引き出したのであった。

　スターリングラードの攻防に勝利したソ連は1944年1月東部戦線で大攻勢を開始し、1月27日には**レニングラードの攻防**に勝利しドイツ軍を東部戦線から敗退させた。同年6月6日、米英両軍を中心とする連合軍は「史上最大の作戦」（**ノルマンディー上陸作戦**）を開始し、8月25日にはパリを解放しさらに北上を続けた。

　ヨーロッパ戦線における第二の転機を迎えた連合国は、戦後を見据え1944年**ブレトン・ウッズ会議**（7月）、**ダンバートン・オークス会議**（8月～10月）を開催した。戦争終結への見通しが強まるにつれて、連合国とりわけイギリスとソ連は、戦後構想と結びつけて大戦中の軍事作戦を進めていった。その結果、米英とソ連との間に相互不信が生まれていったばかりか米英間にも相互不信が

生まれていったが、それは第二次大戦が終結するまでは抑制されざるをえなかった。

　1944年初頭、東部戦線からナチス・ドイツを駆逐したソ連は、各国のレジスタンス闘争と呼応しつつチャーチルの予想を超える破竹の勢いでドイツ軍を追撃し、44年1月にはポーランド国境を越え、3月にはルーマニア、9月にはブルガリアに宣戦し、さらに10月にはユーゴスラヴィアに侵攻するなど、東欧・バルカン半島に深く進んでいった。イギリスの地中海政策の基礎たるギリシャにソ連主導の革命の波が及ぶことは必至であると判断したイギリス首相チャーチルは、10月急遽モスクワへ飛び、東欧・バルカン地域の勢力圏に関してスターリン首相と**バルカン協定**を結ばなければならなかった。イギリスはソ連との一応の協定によってギリシャにおける優位が認められるやギリシャ国内の民族解放戦線に対する弾圧を強化し、同国におけるイギリスの支配権を回復しようとした。イギリス軍司令官スコービー中将による弾圧は、ついに44年12月2日アテネにおける内乱の勃発を誘発したが、解放戦線はイギリス軍の全面攻勢を前に降伏を余儀なくされたのであった。ドイツ軍と勇敢に戦闘してきた解放戦線に対するイギリス軍の弾圧はルーズヴェルト大統領を激怒させたとはいえ米英ソ三国間の大きな紛争の種とはならなかったが、ポーランド問題・ドイツ問題をめぐって米英とソ連は戦後への思惑を秘め鋭く対立することになるのである。

　ポーランドではすでに**ポーランド愛国者同盟**がドイツに対しレジスタンス運動を展開し、ソ連軍の支援を受けドイツを打倒してポーランドにおける国家権力の掌握を目指していた。一方、ロンドンには**ポーランド亡命政府**（ミコワイチク政権）が存在しており、**カチンの森虐殺事件**での1万4,000人ものポーランド将校大量虐殺事件やカーゾン線問題をめぐっていっそう反ソ・反共的態度を打ち出し、戦後におけるポーランドの支配権を主張していた。ロンドン亡命政権を正当政府として認めていた米英両国とも、当初はこれらの問題をめぐってソ連と対立することを望んでいなかった。しかし1944年1月、ソ連軍はポーランドに侵攻したあと、愛国者同盟と祖国国民会議を主体として、**国民解放委員会**（ルブリン委員会）を創設させ、さらに12月にはこれを基礎にポーランド臨時政府を設立させてソ連占領下の行政権を委任したのであった。そこで解

　放後のポーランドに樹立される政府に亡命政権を参加させる方針であった米英と、臨時政府を基礎として新政府を樹立しようとするソ連との間に緊張が生じてきたが、大戦中ルーズヴェルト政権のもとでは対ソ連強硬論は抑制されていた。

　米英ソ三国の共同の敵たるドイツ処理問題についても1944年になってもまだその処理方法が三国間で決定されていなかったため、まず米英間で検討がなされた。米英間の第二次ケベック会談（44年9月）にはアメリカ財務省を中心として作成された**モーゲンソー・プラン**が提出された。この案に対しイギリスは「完全に破壊されたドイツは全ヨーロッパを覆う混沌の蔓延源となるであろう」という理由からこれに反対し、アメリカ側も「ドイツ工業の徹底的破壊を骨組とするこのプランは、大量の政府資金による対外援助によって海外市場を再建・確保せよというアメリカ財界の主張と対立するものである」という理由から消極的態度をとり始めた。しかしドイツ処理問題をめぐって、三国の間に意見の一致が見られず、この問題は先のポーランド問題とともに、ヤルタ会談（45年2月）以降、とりわけトルーマン政権成立（45年4月）とともに米英国内に対ソ警戒論を台頭させてゆく一因となっていった。

　アジア・太平洋方面では、すでに1942年夏の段階でアメリカ軍が制海権・制空権を握っていたが、44年初頭マーシャル群島、6月マリアナ諸島のサイパン、グアム、テニヤン、9月にはカロリン諸島、パラオ諸島に米軍が上陸し、夏から秋にかけて2,500kmの航続距離を持つ長距離戦略爆撃機B-29（ボーイング社製）の基地が完成し、11月末以降、日本本土を空爆するようになった。ほぼ同じ頃10月末のレイテ沖海戦で日本海軍の主力に壊滅的被害を与えていた。日米開戦以来、スチムソン陸軍長官、マーシャル陸軍参謀長など陸軍首脳や中国現地に派遣されていたスチルウェル将軍、シェンノート将軍は、中国を基地として対日攻撃を行う戦略を立てていた。事実、中国の成都を発進したB-29が44年6月16日未明、日本製鉄八幡工場を目標とし九州北部を空爆したのを手始めに翌3月まで数十回の空爆（インドを発進しヒマラヤ〈hump〉越えして中国を経由した爆撃機も含む）を行った。11月24日にはサイパン発進のB-29爆撃機が、東京を初空襲した。

　しかしアメリカは10月3日**対日戦略の一大修正**を行った。すなわち両将軍たちが構想してきた中国を基地として対日攻撃を行うという戦略を破棄し、台

湾・中国東部海岸への上陸作戦を基本的に中止し、マッカーサーの主張を中軸として採用し、海軍（特にキング海軍作戦部長）の方針を側援的に遂行し、ルソン島から沖縄への上陸作戦を敢行すると同時にマリアナ諸島から硫黄島を経由して沖縄へ進攻することを決定したのである。

　この戦略修正の背景には以下のような理由があった。(1)太平洋方面での**アイランド・ホッピング作戦**（島づたい作戦）が予想以上に功を奏しており、日本本土への本格的爆撃も時間の問題となっていた。事実、上述のように11月末以降、東京をはじめ主要都市や工業地帯への大規模爆撃が継続的に展開されていた。(2)一方で中国大陸では日本軍の攻勢が弱まりつつあったとはいえ、日本陸軍は1944年4月中旬から12月中旬にかけ**大陸打通作戦**（一号作戦）を展開しており日本軍は侮りがたかった。これに対し、重慶南方の成都を主要基地とする中国・アメリカ空軍への補給は依然として中印国境のハンプ系山脈を越えはるばる1,600kmもの遠方からなされなければならなかったため、作戦行動には多くの制約があり、しかも国民政府軍のさらなる弱体化と国共対立という政治的障害が存在していた。(3)中国情勢の展望が不確実であったのに対して、この段階ではソ連の対日参戦がかなりの確率で期待できるようになっていたため、中国を基地にして最終的な対日攻撃を行う必要性は低下していた。43年10月の**米英ソモスクワ外相会議**でスターリンはハル国務長官に、ドイツ打倒後に対日参戦する意向を伝え、11月末のテヘラン会談でもルーズヴェルト大統領に対しこの意向を繰り返していた。日本が降伏しても大陸の日本軍が降伏しなければ完全な対日戦終結とはならず、この事態に備えるばかりでなく太平洋側からの日本本土攻略の間、大陸の日本軍を釘付けにしておくためにも、中国大陸にソ連軍が存在していることは重要であると、スチムソン陸軍長官やマーシャル陸軍参謀長ら軍部は判断したのであった。「ソ連の対日参戦」の可能性は対日戦略修正の重要な要因の一つであったが、修正後は逆に戦略修正が要因となって軍部は「ソ連の対日参戦」を期待することになるのである。

　しかしこの対日戦略の修正は、日本打倒後に「民主的で統一されたれた大国」中国を東アジアの安定勢力に育て上げるというアメリカの戦後構想を毀損する重大な結果をもたらすことになった。第一に中国の戦略的地位が低下したこと、第二に1945年8月の終戦時に強力な米陸軍部隊が中国に存在しなかっ

たことである。中国は日本を打倒する上で軍事的貢献をして初めて戦後アジアにおける大国としての地位が保証されるはずであったが、この修正により軍事的貢献の機会が減少し、実質的な意味で大国としての地位を要求する根拠を失ったのである。同時に終戦時において米陸軍部隊が中国に進駐していなかったため、アメリカはソ連軍・中国共産党軍の行動を抑止することはできなかったのである。アメリカのこのような決定は、スターリンの第二戦線設定要求に対して北アフリカ上陸作戦でかわし、スターリンとのバルカン協定締結に如実に現れているチャーチルの行動と好対照をなし、クラウゼヴィッツ的観念を欠いた軍事第一主義に導かれていたのである。

------【脱線講義10】大戦期アメリカの対中政策 ------------

　中国戦線はどのように展開してきたのであろうか。すでにアメリカは1938年を転機として蒋介石政権に様々な援助を開始していた。同年末から40年末までに総額1億2,000万ドルに上る4種類の借款を供与した。また41年5月6日、武器貸与法＝レンドリース（3月1日成立）を中国に適用することを決定した。また航空使節団が中国に派遣され、その報告に基づいて中国のパイロットを養成すると同時にクレア・L・シェンノート少将指揮下の義勇飛行隊（フライング・タイガー）が中国軍に加わって対日戦に参加することを許可していた。そしてパールハーバー・ショックを引き金として高揚した議会内外の親中感情を背景に、ルーズヴェルト政権はその対中援助政策をいっそう強化したのであった。

　日米開戦直後の1942年2月には5億ドルの借款供与を決定し、かねてより中国政府が要求していた不平等条約撤廃（43年1月）・中国人移民制限法廃止（43年12月）を実施し、ヨーロッパ第一主義という連合国のグランド・ストラテジーのため中国戦線へ供与される軍需物資の少なさをカバーして、同戦線の崩壊を防止するため米英ソモスクワ外相会議（43年10月）やカイロ会談（同年10月〜12月）に蒋介石やその他の代表を招いて、**中国大国化政策**を演出しモラル・サポートを行っていった。

　だが1944年1月に開始された日本軍による**大陸打通作戦**は、アメリカの精神的援助と限定された物的援助だけでは中国戦線崩壊を救いえないように思わせたのである。6月中旬、長沙が陥落し、さらに衡陽も占領され（8月8日）、戦略上きわめて重要な在中米軍基地＝桂林や柳州への日本軍の進攻は必至とみられ、当時中国への唯一の補給ルートであったヒマラヤ越え空輸ルートへの中国側基地である昆明や臨時首都＝重慶の陥落も時間の問題と判断されるに至り、アメリカは「中国における戦争努力の全面的崩壊」を恐れなければならなくなった。

　中国現地の米軍総司令部司令官スチルウェル将軍やチャイナ・サービスの外交官は、事態を救えるのは国共両軍の統合使用であると主張した。ワシントンのマーシャル陸軍参謀長やスチムソン陸軍長官はこの主張を正当なものと認めた。これ以降アメリカは、国共両党派閥を調停して第三次合作を実現し、親米的な統一政府を実現させ、これを日本にとって代えて、

戦後東アジアの安定勢力に育成していこうとしたのであった。

　合作の実現はアメリカにとって次のような意味を持つものと判断された。(1)合作が実現すれば、その可能性が極度に高まってきていた内戦の勃発—それは戦後における国民党＝政府の相対的優位を損ねるものであったと判断されたのであるが—を回避することができる。(2)日本打倒に軍事力を有効に投入することができ、その打倒に貢献し得た場合には、戦後における国際的発言力を確保することが可能になる。(3)予測されているソ連の参戦前に合作が実現すれば、ソ連の中国共産党への政治的影響力を阻止することができる。これを逆にいえば、ソ連が対日参戦し南下してくれば、その中国問題への影響力が増大し、対日戦が終結すれば—それは一面では確かに国民党＝政府の優位を確保する立場から見ればプラス要因であるが—すでにそれまでにも局地的に対立してきた双方が、本格的内戦へ突入していくのは明らかであったからである。すなわちソ連参戦前の段階においてこそ、アメリカは国共双方に対して大きな影響力を行使することができるわけであった。

　この時期はアメリカが中国に対してより大きな影響力を行使しうるいわばラスト・チャンスであった。その後もアメリカによる国共調停工作が継続されることになったが、国共間の本格的な内戦という状況のもとで、中国とりわけ中共への影響力が大幅に低下したアメリカが当初の中国政策を実現することは明らかに困難であった。

　ヨーロッパ戦線では連合国側の優勢が明らかとなり、戦後国際秩序に向けて国際会議が開催されるようになっていたが、同時に戦後への思惑を秘め米英ソ相互間での不信と対立が徐々に生まれていった。こうした相互不信の芽を摘み、誤解を解消してドイツ・日本の無条件降伏を速やか、かつ完全にするために、第二次世界大戦の最終局面における連合国側の戦争政策と戦後処理問題についての米英ソ三首脳間の**ヤルタ会談**（1945年2月4日～11日）が開催された。

　ヤルタ会談後、フランスを北上してきた米英軍を中心とする連合軍はライン川を渡った（1945年3月23日）。一方、ソ連軍もオーストリアのウィーンを占領（4月13日）、2日後の4月15日にはベルリン総攻撃を開始し、5月2日にはベルリンを占領した。この間4月25日にはエルベ川のトゥルガで米ソ両軍が合流していた。5月7日ドイツは降伏しヨーロッパにおける戦闘は終了した。

　アジア・太平洋方面においては1945年2月激戦の末、アメリカ軍は硫黄島に上陸した。3月26日沖縄の慶良間諸島に上陸し、4月1日沖縄本島中部西海岸に日本軍の抵抗をほとんど受けることなく無血上陸した後、待ち構えていた日本軍主力と約40日にわたって激戦を交わし、6月中旬までに日本軍を本島最南部に追い詰めた。同時にこの間、米軍は約2週間で本島北部までの地域を

制圧した。日本で数少ない地上戦の戦場となった沖縄で、米軍側は約1万2,500人、日本側は集団自決死を含め約19万人が死亡したと推定されている。

この間ベルリン陥落直前総攻撃が間近になった4月25日、**サンフランシスコ会議**が開催され**国連憲章**が成立した。引き続いて7月中旬から8月初旬にかけてベルリン郊外のポツダムで**ポツダム会談**が開催された（7月17日〜8月2日）。

トルーマン・アメリカ大統領、チャーチル・イギリス首相（7月末にアトリー首相に代わる）、ソ連・スターリン首相の三大国首脳がドイツの戦後処理について協議し**ベルリン協定**を締結した。同時に日本に無条件降伏を受諾させることなどを謳った**ポツダム宣言**を発表した（45年7月26日、米英両国で発表し、蒋介石の同意を得て米英中三国名で発表された。ソ連は8月8日これに参加した）。

8月6日、アメリカは広島に原爆を投下し、8月8日ソ連もポツダム宣言に参加するとともに日本に宣戦を布告し、ソ連軍は疾風怒濤のごとく満州から朝鮮に南下するとともに樺太・千島に侵攻した。約57万5,000人の日本兵・日本人がシベリアに強制連行され、約6万人の日本兵が死亡したと推定されている。さらに8月9日、アメリカは長崎に2個目の原爆を投下した。アメリカ軍による本土への大規模無差別空爆の波状攻撃と沖縄本島への上陸、広島・長崎への原爆投下そしてソ連の対日参戦は、日本に**ポツダム宣言受諾**を決断させ（8月14日）、翌8月15日国民に「終戦」（＝敗戦）が発表された。降伏文書は9月2日、相模湾に停泊した戦艦ミズーリ号艦上で行われた。

ここに1937年7月7日以降の日中戦争、1941年12月7日以降の日米戦争、そしてこの二つの戦争の間で始まっていた東南アジア諸地域の宗主国との戦争を含むアジア・太平洋戦争はここに終結した。それは第二次世界大戦の終結でもあった。

第4節　ソ連の対日参戦と日本の降伏

現在でも日本では、ソ連の条約破棄は一方的な背信行為であると非難する論調があるが、そもそもこの条約は両国とも政治的計算に基づき結んだ一時的な政略結婚（marriage of convenience）であった。この条約が締結された1941年4

月段階でナチス・ドイツはヨーロッパ各国を席巻し、日独伊三国同盟条約（40
年9月27日）により日本とも連携を深めていたため、ソ連はドイツが独ソ不可
侵条約（39年8月23日）を破棄して対ソ戦争に入るのは時間の問題と判断して
いた。その場合、ソ連はドイツと日本に挟撃される恐れがあった。事実41年
6月22日独ソ戦が勃発し、42年8月から43年2月までソ連南部の一大工業地
帯スターリングラードをめぐり国家存亡をかけた熾烈な攻防を展開した。一方、
日本も40年9月23日北部仏印に軍事侵攻し、4日後の27日にはナチス・ド
イツと同盟関係に入ったため、日本は「ルビコンを渡ってしまった」と認識す
るに至ったルーズヴェルト政権は日本に対する認識を極度に悪化させていた。
近い将来、日米戦争が勃発した場合、日本も米ソに挟撃される可能性が高まっ
ていたのである。日ソ両国とも当面挟撃の危険を回避するために一時的かつ便
宜的に中立関係を維持しようとしたのであった。

　そもそも日ソ両国は1930年代後半以降、満蒙国境と満ソ国境をめぐり紛争
を繰り返してきた。それは日本が満州事変（31年9月18日〜）により国際世論
を無視して一方的に満州国を建国（32年3月1日）したことを契機としていた。
日ソ国境紛争の中でも**張鼓峰事件**（沙草峰事件・ハサン事件）をきっかけとして
勃発した**ノモンハン事件**が最大規模の軍事衝突であった。前者は38年7月末
から8月上旬にかけ豆満江近くの満ソ国境で発生したが、日本は日中戦争中で
あったこともあり停戦に応じた。後者は39年5月から9月にかけて展開され
たもので、事件とはいうもののその規模と被害から**ノモンハン戦争**という歴史
家もいる。さらに41年6月22日独ソ戦が勃発した直後の7月初旬、日本は対
ソ戦争を想定して関東軍12個師団をはじめ約70万人の大兵力を動員して満州
で大軍事演習（**関東軍特別大演習＝関特演**）を展開していた。独ソ戦が始まった
ばかりのソ連は、この日本による関特演はシベリア方面のソ連軍部隊を対独戦
に振り向けることを困難にした日ソ中立条約違反と激しく非難していた。度重
なる国境紛争とこの関特演は、日ソ間の条約が便宜的なものであったことを明
確に証明している。

　2発の原爆投下とソ連の対日参戦が日本のポツダム宣言受諾を促すことにな
った。ポツダム宣言は全13ヵ条からなる対日降伏要求書であった。米英中3ヵ
国が日本と日本軍を完全に壊滅させる覚悟を示し、日本政府と全日本軍が**即時**

無条件降伏を宣言することを要求した。即時無条件降伏する日本に対し3ヵ国が要求する具体的条件として、カイロ宣言の条項を履行すること、日本の主権を本州、北海道、九州、四国と3ヵ国が決定する諸小島に限定すること、戦争犯罪人を処罰すること、言論・宗教・思想の自由と基本的人権を尊重すること、などを明示していた。

　日本政府・軍部は受諾するか否かをめぐり内部対立が深刻になりポツダム宣言に明確な反応を示しえなかったため、日本は予想通り黙殺ないし拒否したとアメリカは認識し、8月6日と9日に広島・長崎への原爆投下を敢行した。日本が宣言を受諾しなかったこともアメリカの原爆投下を正当化した。ソ連は4月5日に日ソ中立条約（1941年4月13日締結、4月25日発効。有効期限5年で46年4月まで。満了1年前までにいずれかの国が廃棄を通告しない限りさらに5年間自動延長されるとされた）の不延長（実質的には廃棄）を日本に通告していたが、広島への原爆投下2日後の8月8日（日本時間9日未明）に同条約を破棄して対日宣戦を布告し満州、朝鮮半島、南樺太への侵攻を始めた。ヤルタ会談でスターリンはドイツ打倒後2〜3ヵ月（in two or three months）で対日参戦する意向をF・D・ルーズヴェルトに伝えており、この意味でソ連の対日参戦は約束通りであったが、ポツダム会談直前にトルーマン大統領には8月15日での対日参戦を伝えていた。予定より1週間早めた参戦は広島への原爆投下に対応したものであったことは明らかである。8月9日の午前9時にアメリカが2発目の原爆を長崎に投下した。4月にソ連が日ソ中立条約の不延長を伝えていたとはいえ、政府・軍部の一部にはソ連の仲介による戦争終結を期待するものもいたが、2発の原爆とソ連の参戦により、今やその期待も完全に打ち砕かれたのである。政府・軍部は宣言を受諾すべきか戦争を継続するかの二者択一を迫られた。45年2月近衛文麿元首相のグループが、戦争の長期化はソ連の日本占領と日本の共産化をもたらす危険性があるため戦争終結の決断をするよう求める「近衛上奏文」を昭和天皇に献言した際、却下した天皇は8月10日未明の御前会議ではポツダム宣言を受諾せざるをえなかった。この決定は閣議が承認した後、中立国スイスとスウェーデンに伝達され、同盟通信社（戦後、共同通信社と時事通信社に分割）から電信で交戦各国に送信された。「降伏後は天皇と日本政府による国家統治の権限は連合国軍最高司令官に委ねられる」ことを条件にアメリカ

を中心とする連合国は日本の降伏意思を受け入れたため、8 月 14 日御前会議
はポツダム宣言受諾を最終決定し、翌 15 日に昭和天皇は**玉音放送**によりポツ
ダム宣言受諾と降伏決定を広く国民に発表したのである。

第4章　戦後国際秩序構想の形成

第1節　アメリカにおける戦後構想の前提

　米英ソ三国が中心になって戦後秩序構想が形成されていったとはいえ、ほぼ戦場にならず急速に戦時生産を活発化させたアメリカが、その後の国際秩序構想に大きな影響を与えたことは否定できない。大局的に見てアメリカのパワーエリートに影響を与えていた国際秩序観は、第一次世界大戦終結期に W・ウィルソン大統領が発表した「十四ヵ条の原則」（1918年1月8日）であった。だが同時にこの平和原則は、ロシア革命成就直後にレーニンが発表した「平和の布告（1917年11月8日）」に対応するために、ちょうど3ヵ月後に緊急対応的に発表されたものであることを忘れてはならない。この布告でレーニンは、戦争終結のための講和は、(1)無併合（他国の土地を略奪することも他民族を強制的に併合することもしない）・無賠償、(2)秘密外交の禁止、(3)民族自決、などを原則として行われるべきことを強調していた。19世紀中葉から思想・運動として展開してきた社会主義が今や具体的な政治権力として確立しつつあった時点で、自由民主主義の旗手となりつつあったアメリカは社会主義の拡大に対抗するためにも同じような理念・原則を打ち出さざるをえなかったのである。ウィルソンとレーニンに代表される二つの**国際主義**の対立、あるいは思想史的に見れば**西欧の正統と異端**の対立の結果としての米ソ冷戦の源流を生み出すことになる。

　ウィルソン大統領が1918年1月に年頭教書として発表したこの十四ヵ条の原則は、レーニンの平和の布告とともに第一次世界大戦を終結させるにあたり行われる連合国側の独墺諸国に対する講和条件に関してアメリカとしての基本的方針を表明したものであった。(1)秘密外交の禁止、(2)公海における航行の自由、(3)経済障壁の除去による平等な通商条件の確立、(4)軍備の最小限度までの

縮小、(5)植民地問題の公平な解決（制限的な民族自決）、(6)国の大小にかかわら
ず、政治的独立と領土の安全を保障するための諸国家の連合体の設立、など高
邁な理念が柱であった。現実には英仏伊日などの抵抗に遭い、高邁な理念のほ
とんどが骨抜きにされ、諸国家の連合体としてその後、国際連盟と呼ばれるこ
とになる国際機関の設立が実現しただけであった。人類史上初めて実現したこ
の国際機関も 10 年足らずで機能不全に陥り第二次世界大戦の勃発を阻止でき
なかったし、民族自決原則に基づき独立を果たした 8 ヵ国も旧敵国であった独
墺諸国と旧ロシア帝国の勢力圏の解体の結果であり、かつ英仏伊日が支配する
アジア・アフリカの広大な植民地には民族自決原則は適用されなかった。

　しかしながら、否だからこそ、第二次世界大戦後の国際秩序を構想したアメ
リカのパワーエリートは、ウィルソンの高邁な理念を受け継ぎ、三度、世界大
戦が起こりえない国際秩序を樹立するためにその具体化を希求していった。こ
の十四ヵ条の原則とともに国際秩序構想に影響を与えたものが、1941 年 1 月 6
日アメリカの F・D・ルーズヴェルト大統領が年頭教書で強調した「**四つの自
由**」((1)表現の自由、(2)信仰の自由、(3)欠乏からの自由、(4)恐怖からの自由）という民
主主義の大原則であった。

　1941 年 6 月 22 日に独ソ戦が始まり全ヨーロッパに戦線が拡大しつつあった
8 月、イギリスの W・チャーチル首相といまだ参戦していなかったアメリカの
ルーズヴェルト大統領が大西洋会談（8 月 9～12 日）を行い、14 日に発表した
大西洋憲章の 8 項目は、「十四ヵ条の原則」と「四つの自由」に込められた理
念を再確認したものといえる。(1)領土その他のいかなる拡大も求めない、(2)関
係諸国民の意思に反する領土変更は行わない、(3)すべての国民に対し自らの政
治体制を選択する自由を尊重する、(4)すべての国家の経済的繁栄のために通
商・原料が等しく開放されることを支持する（自由貿易の促進）、(5)労働条件の
改善、経済的進歩、社会保障の確保のために経済協力を推進する、(6)恐怖と欠
乏からの自由を保障し、平和が確立されることを希望する、(7)海洋の自由を保
障する、(8)侵略国家を武装解除するとともに一般的安全保障制度を確立する。

第2節　戦後国際秩序形成をめぐる動き

　本節では第二次世界大戦中に、米英ソの2ヵ国、3ヵ国で、あるいは連合国が多国間で戦後秩序構築に向け議論し、一応合意した問題を中心に検討するが、必要に応じて大戦の展開にも言及する。

　第二次世界大戦後の新しい国際秩序は、年表4を見れば明らかなように連合国のうち米英ソ三大国が中心となってその枠組みが徐々に形成されていった。それはこれら3ヵ国がドイツ・イタリア・日本およびその同盟国を打倒する上で主導的役割を果たしたからである。「戦場で獲得できなかったものは、戦後の講和のテーブルでも獲得できない」ように大戦中に軍事的実績を上げた国家のみが、戦後における国際秩序のシナリオを描くことができ、かつ戦争終結後もその実現を他国に要求できたのである。3ヵ国のうち英ソは「戦争とは他の手段をもってなされる政治（外交）の延長である」という**クラウゼヴィッツ的発想**が強く、極力、自国にとって望ましい戦後国際秩序をたえず意識しつつ大戦中の戦術・軍事政策を展開していった。すなわちイギリスは、戦後においても大英帝国の版図と世界各地における帝国主義的権益を維持することを意識しつつ行動し、ソ連は帝政ロシア時代からの**南下政策**の対象としていた地域と自国周辺部において安全保障を確実にするために行動した。それに対してクラウゼヴィッツ的発想の希薄なアメリカは、全体主義的独裁国家から早期に**無条件降伏**を勝ち取ろうとする軍事第一主義に導かれていたため、大戦中の軍事行動を戦後における国際秩序構想と結びつける傾向は英ソに比べて必ずしも強くなかった。しかし英ソの場合であっても対独戦の初期段階では、自国防衛に全エネルギーを傾注しなければならなかった。イギリスはドイツ空軍による苛烈な空爆を耐えしのいだあとになって、ソ連は1942年8月から43年2月のスターリングラードの攻防に打ち勝ったあとになって初めて、自国にとって望ましい戦後秩序と大戦中の軍事行動を結びつけることができるようになったのである。

年表 4　戦後国際秩序構築をめぐる動き

1941 年　1 月　6 日　米大統領 F・D・ルーズヴェルト年頭教書「四つの自由」演説

　　　　8 月　9 日〜12 日　ルーズヴェルト、英首相チャーチル「大西洋会談」→「大西洋憲章」（8/14）

　　　　12 月 22 日〜1942 年 1 月 14 日　ルーズヴェルト、チャーチル「アルカディア（コードネーム）会議」

1942 年　1 月　1 日　「連合国宣言」（ワシントン D.C.、亡命政権を含め 26 ヵ国が署名）

　　　　6 月 19 日〜25 日　ルーズヴェルト、チャーチル、第 2 回目のワシントン会談（コードネームなし）

1943 年　1 月 14 日〜24 日　ルーズヴェルト、チャーチル「カサブランカ会議」（モロッコ）→対独日、無条件降伏原則

　　　　8 月 17 日〜24 日　ルーズヴェルト、チャーチル「第一次ケベック会談」

　　　　10 月 19 日〜30 日　米英ソ外相会議（C・ハル、R・イーデン、V・M・モロトフ）→ 11/1「モスクワ宣言」

　　　　11 月 22 日〜26 日　ルーズヴェルト、チャーチル、蒋介石「カイロ会談」→ 11／27「カイロ宣言」

　　　　11 月 28 日〜12 月 1 日　ルーズヴェルト、チャーチル、スターリン「テヘラン会談」

1944 年　7 月 1〜22 日　「ブレトン・ウッズ会議」（米ニューハンプシャー州、45 ヵ国参加）→「ブレトン・ウッズ協定」

　　　　8 月 21 日〜10 月 7 日　「ダンバートン・オークス会議」（米ワシントン D.C.、(1)米英ソ、(2)米英中）→「ダンバートン・オークス提案」

　　　　9 月 11〜16 日　ルーズヴェルト、チャーチル「第二次ケベック会談」（→モーゲンソー・プラン）

　　　　10 月 9 日　チャーチル、スターリン「バルカン協定（百分率協定）」

1945 年　2 月 4〜11 日　ルーズヴェルト、チャーチル、スターリン「ヤルタ会談」（ソ連クリミア半島）→「ヤルタ協定」

　　　　4 月 25 日〜6 月 26 日　サンフランシスコ会議（＝国際機構に関する連合国会議、米サンフランシスコ、原加盟国 50 ヵ国→ 51 ヵ国が「国連憲章」に署名→ 10 月 24 日発効）

　　　　7 月 17 日〜8 月 2 日　トルーマン、チャーチル（→ C・アトリー）、スターリン「ポツダム会談」→ 8/2「ポツダム宣言」

【脱線講義11】国際秩序

　ヘッドリー・ブルはその古典的名著『国際社会論』で国際秩序を「主権国家から成る社会あるいは国際社会の主要な基本的目的を維持する国際活動の様式である」と規定している〔『国際社会論』2000 年。Anarchical Society: A Study of Order in the World Politics〕。しかしこの定義は抽象的であり、国際関係の変容の原因と結果を説明することには無理がある。本書では次のような定義で使用する。秩序とは一般的には「組織や構造の整った状態」を指すが、国際秩序という場合の秩序とは「国家間に明示的・黙示的な行動ルールが存在していて、他国の行動を予測することが可能であるために国際関係が相対的に安定している状態」と理解することができる。ある組織や構造の基本的な構成要素（コンポーネント）が明確で、その構成要素の間で規範やルールが相互に理解されていて、相互の行動が予測可能なより安定的な状態といえる。

　アメリカは両者を結びつける発想が希薄だったとはいえ、大戦初期から政府部内でアメリカにとって望ましい戦後国際秩序について議論し、構想が徐々に具体化されていったのも事実である。日米戦争開始により第二次世界大戦に本格的に参戦することになったアメリカは、当初、軍事第一主義に導かれていたとはいえ戦後秩序を本格的に構想する段階になると、アメリカのパワーエリートにより共有されてきたリベラルな価値観・世界観がこの構想に影響を与えるようになった。

　1942年11月初旬以降、米英両軍が北アフリカ上陸作戦を敢行し43年5月中旬にドイツ軍を中心とする枢軸軍を完敗させ—15万とも27万ともいわれる将兵が捕虜となった—、ヨーロッパ・太平洋戦線において戦局が明確に好転し始めたため、米英ソを中心に連合国は戦後国際秩序を具体化するために行動し始めた。

　最初の大きな動きは**カイロ会談**と**テヘラン会談**であったが、これに先立ちルーズヴェルトとチャーチルはカナダのケベックで、ヨーロッパ戦線に対して長らく二義的に位置づけられていたアジア戦線、具体的には対日攻略戦略と戦後を見据えた中国への援助について討議するため秘密軍事会合を開いた。この**第一次ケベック会談**（1943年8月17日～24日）ではチャーチルの提案により「連合国東南アジア司令部（the South East Asia Command：司令部はセイロン〈現スリランカ〉のコロンボ）」を設置することが決定し、1946年までイギリスのマウントバッテン（Louis Mountbatten）将軍が最高司令官となり、アメリカ極東軍司令官マッカーサー（Douglas MacArthur、これ以降、連合軍西南太平洋方面司令官）と協力し対日反攻を指揮した。さらに10月にモスクワで開催された**米英ソ外相会議**（10月19日～30日）は、同年春から夏にかけ北アフリカから枢軸軍を駆逐し、イタリアを降伏させた事態を踏まえ、打倒したナチス・ドイツへの対応や戦後に平和維持機構を設立する必要についての**モスクワ宣言**（中国代表は参加しなかったが、米英ソ中4ヵ国）を発表した。米英首脳によるケベック会談がアジア戦線・極東問題に重点を置いたカイロ会談への準備という性格を濃くしたものであったのに対し、モスクワ外相会議はドイツ打倒後のヨーロッパを意識したテヘラン会談への対応であったといえよう。

　カイロ会談はルーズヴェルト、チャーチル、中国国民政府の蒋介石の3人で

行われ、**テヘラン会談**はルーズヴェルト、チャーチルとソ連のスターリンの 3
人で行われた。カイロが選ばれたのは北アフリカから枢軸軍が一掃され安全に
なった上に、チャーチルにとってはイギリスから比較的近いという理由があっ
た。イランは当初、ナチス・ドイツに接近していたが英ソが進駐したため首都
テヘランは安全な場所であるとともに、スターリンにすればソ連から近いとい
う理由があった。ではなぜ 4 人が一堂に会して一度の会談で終わらせなかった
のか。当時のソ連は日本と日ソ中立条約（1941 年 4 月 13 日）を締結しており、
日本の敵国である米英との会談が明らかになると日本軍によるソ連極東方面へ
の侵攻の危険性があり、その会談に中国代表団が加わっていると日本に伝わる
可能性が高いと、従来から中国への不信感を持っていたスターリンが危惧した
からであった。また蒋介石も反徒団体と認識していた中国共産党にソ連が支援
しているとの疑惑を抱いており、同席を忌避したからである。

　そもそもカイロ会談開催に積極的であったのは F・D・ルーズヴェルトであ
り、チャーチルは消極的だったといわれている。ルーズヴェルトは、長期にわ
たる対日戦争に疲弊した国民党政府が対日単独講和することを恐れていた。ヨ
ーロッパ第一主義により連合国の中国戦線への軍事援助は大きく制約されてい
たため、中国を四大国の一つとして遇することによりモラル・サポートをする
必要があった。中国戦線を維持し、戦後において「民主的で統一された大国」
中国を大日本帝国崩壊後の東アジアの安定勢力に育て上げることを期待してい
たからである。3 ヵ国首脳で行われたカイロ会談（1943 年 11 月 22 日〜26 日）後
に発表されたカイロ宣言（27 日）は、以下の点を確認した。(1)第一次世界大戦
開始後に日本が奪取または占領した太平洋における全ての島嶼を日本から剥奪
すること、(2)満州、台湾および澎湖島などの日本が中国人から盗取した全ての
地域を中華民国に返還すること、(3)朝鮮人民の奴隷状態に留意し、やがて朝鮮
を自由かつ独立した状態にすること、(4)これらの目的を実現するために長期に
わたる必死の戦いを継続する。

　英米首脳 2 人は蒋介石・宋美齢夫妻をカイロに残し（夫妻はカイロの史跡めぐ
りをした）、側近とともにテヘランでスターリンとの会談（**テヘラン会談**、11 月
28 日〜12 月 1 日）に臨んだ。この会談の中心的議題は、ソ連に対するドイツの
軍事的圧力を軽減するために米英が**第二戦線**としての西部戦線を構築すること

と、ポーランド国境問題であった。ソ連がドイツとの熾烈なスターリングラードの攻防（1942年8月〜43年2月）で国家存亡の危機にあったときに、スターリンは米英に第二戦線構築を要求したが、米英は42年11月以降北アフリカ上陸作戦（トーチ作戦）とイタリア上陸作戦をもって第二戦線構築としたためソ連は米英に対する強い不信感を抱き、冷戦の遠因の一つともなった。テヘラン会談以降、ソ連は戦後ヨーロッパの国際秩序構築に自国の主張を強硬に反映させようとし始めた。テヘラン会談では、第一に遅まきながら西部戦線構築のための北フランスへの上陸作戦としての**ノルマンディー上陸作戦**（コードネームはオーヴァーロード作戦〈大君主作戦〉）を1944年春以降敢行することが合意された。第二に戦後におけるポーランドの西部国境は**オーデル・ナイセ線**、東部国境は**カーゾン線**とすることで合意した。またスターリンはルーズヴェルトに対日参戦の意図を伝えていた。

　ヨーロッパ方面では、1944年に入りソ連軍が東部戦線でドイツ軍に対して大攻勢をかけてドイツ軍を敗退に次ぐ敗退に追い込み、ベルリンを目指して疾風怒濤のごとく進軍していく中、米英軍は6月6日ノルマンディーに上陸するとともに、南フランス上陸を敢行して8月25日パリを解放した。

　1944年夏以降、連合国にとって戦争終結は時間の問題との認識が生まれてきたため、戦後の国際秩序構築をめぐる動きが加速化していった。米英を中心に戦後国際秩序の大きな枠組みとして**ブレトン・ウッズ体制**と**国際連合**——この時点では「国際平和機構」——を設立する準備を開始した。第二次世界大戦が発生して間もなく、米英を中心にこの戦争が発生した原因を探る作業を開始しており、その成果も踏まえ連合諸国に提案されることになったのであった。

　ブレトン・ウッズ体制は1929年秋以降の世界恐慌に対して各国が一国主義で対応した結果、戦争が発生したとの認識に基づいて構築され、国際連合は国際連盟の機能不全により再び世界大戦を引き起こしてしまったことへの深刻な反省の結果、創設されたものであった。

　資本主義と民主主義を国家存立の基本的価値観とする米英は、第二次世界大戦が発生した主要な原因を、国際社会が協調して世界恐慌に適切に対応しなかったことと認識しており、この認識がブレトン・ウッズ体制を構築しようとした動機であった。世界恐慌に対して資本主義諸国は、(1)輸出貿易を促進するた

めに通貨切り下げ競争に走ったり、(2)植民地を含む自国勢力圏に特恵関税を供
与したり、(3)国際金本位制度から離脱して（＝金本位停止＝自国通貨と金との交換
を停止し、保有する金の流出を阻止する）、(4)ブロック経済（アウタルキー）を構築
した。その結果、世界貿易は急激に縮小し、特に日独伊など市場規模の小さい
後発資本主義諸国は市場確保のため周辺諸地域を軍事的手段で自国勢力圏に囲
い込んでいった。この一国主義的政策への反省から、米英を中心に連合諸国は
国際協調により地球的規模で完全雇用と高度な生活水準を生み出す大前提とし
て、世界貿易を拡大するために**為替相場の安定**を重視したのである。1944 年 7
月アメリカ・ニューハンプシャー州ブレトン・ウッズにあるマウント・ワシン
トン・ホテルに 45ヵ国の連合国が集まり、戦後の国際金融組織について 3 週
間にわたって議論を交わした。その結果、米英両国が主導してブレトン・ウッ
ズ協定（以下、IMF 協定）を締結し、これに基づいて**国際通貨基金**（IMF：Inter-
national Monetary Fund）と**国際復興開発銀行**（IBRD：世界銀行〈World Bank〉）を
設立した。

━━━【脱線講義12】ケインズ案とホワイト案 ━━━━━━━━━━

　米英が主導したブレトン・ウッズ会議では、イギリスがジョン・メイナード・ケインズ
の「国際清算同盟（ケインズ案）」、アメリカがハリー・デクスター・ホワイトの「連合国
国際安定基金案（ホワイト案）」を提出した。ケインズ案は、新たにバンコールという国際
通貨を創出するが加盟各国への割当額は当該国の輸出入額を勘案して決め、加盟国は清算同
盟に勘定口座を開設して自国に割り当てられたバンコール勘定により多角的決済を行うとい
う**銀行原理**に基づくものであった。これに対してホワイト案は、ユニタスという国際通貨単
位を作った上で、加盟国が基金を設け一時的な流動性不足に陥った加盟国にこの基金から融
資する**基金原理**に基づくものであった。
　両案とも今まさに戦われている第二次世界大戦発生の根本的原因が、1930 年代の世界恐慌
による為替の不安定化と世界経済のブロック化であったとの認識を共有していた連合国 44ヵ
国は、戦後における通貨と為替を安定させる国際通貨制度の創設を熱望していた。深刻な外
貨不足に悩むイギリスの窮状を認識していたケインズは超国家的な銀行を設立し管理通貨制
度を実現しようとした。一方、ホワイトは世界最大の金保有国であるアメリカが、その金に
基礎を置くアメリカ・ドルで戦後世界の外貨不足に対応できると自信を持っていた。圧倒的
な米英の経済力の差からホワイト案を基軸とした IMF 協定が成立した。

　IMF の最大の目的は為替相場の安定（固定相場制の維持）であり、これを前
提に為替の自由化（通貨の交換性）を加盟各国に義務づけるとともに、経常赤

字に陥った加盟国中央政府に対して短期資金を融資し、世界銀行は IMF による為替相場の安定を基礎に加盟国が行う戦後復興事業に長期資金を提供することになった。

　為替相場の安定を図るために固定相場制が導入されることになり、当時世界最大の金保有国であったアメリカが、歴史的に希少金属と認識されてきた金（ゴールド）と自国通貨である米ドルを純金 1 オンス＝ 35 米ドル（以下、ドル）でリンクさせた**金・ドル本位制**を採用した（純金 1 オンス＝約 31g → 1 ドル≒ 0.888g →「1 ドルは約 0.888g の金を含む」という）。IMF 協定により、加盟国は「金」または「金との交換が保証されるドル」で自国通貨の交換比率（IMF 平価）を表示して金ドル本位制という固定相場制を維持していくことが義務づけられたのである。ただし基礎的不均衡が生じた場合は、自国通貨を IMF 平価の上下 1％以内の変動幅で釘づけする義務も負うことになった。

　すなわち、アメリカの国内通貨であるドルを 1 ドル保有していることは約 0.888g の金を保有していることになり、金の裏づけのある（金と兌換できる）1 ドルと加盟国通貨を一定比率で固定したのである。この安心感・信頼性によりドルによって世界各国に融資することが可能になった。その結果、ドルが国際基軸通貨として世界中に流通することになり、戦後における世界貿易を拡大に不可欠な外貨不足を解消しようとしたのである。因みに日本円は、占領期の 1949 年 4 月に 1 ドル＝ 360 円という固定レートに決定されたが、金との関係でいえば 1 ドル≒ 0.888g ＝ 360 円で、1 円≒ 0.00246g ということになった。

　国際平和維持機構を設立するための会議は、1944 年 8 月下旬から 10 月初旬にかけ、アメリカの首都ワシントン北西部の小高い丘の上にあるダンバートン・オークス邸を会場にして開かれた。この会議もカイロ会談とテヘラン会談のときと同じような理由から、前半は米英ソ、後半は米英中の二段階に分け開催された。この会議では 43 年 10 月のモスクワ宣言（米英ソ中 4 ヵ国、中国代表は参加せず）に基づき「一般的国際機構設立に関する提案」を具体化する議論と作業が行われた。ダンバートン・オークスでは United Nations という語は使われておらず General International Organization という表現が使われ、現在、日本で国連という意味で使われている United Nations が使われたのは 45 年 4 月のサンフランシスコ会議以降であった。米英ソ中それぞれの代表は、国務次

表 5　戦後主要国の公的金保有 （単位：100 万米ドル）

	1948	1950	1952	1954	1956	1958	1960	1962	1964	1968 年
先進国(計)	30,430	30,710	30,740	31,860	32,880	35,000	35,375	36,537	38,123	35,506
アメリカ	24,399	22,820	23,252	21,793	22,058	20,582	17,804	16,057	15,471	10,892
	(73%)	(67%)	(68%)	(62%)	(61%)	(54%)	(46%)	(40%)	(37%)	(27%)
イギリス	1,611	2,862	1,483	2,530	1,773	2,807	2,801	2,581	2,136	1,474
フランス	548	662	582	708	924	750	1,641	2,587	3,729	3,877
西ドイツ	—	—	140	626	1,494	2,639	2,971	3,699	4,248	4,539
スイス	1,387	1,470	1,410	1,513	1,664	1,925	2,185	2,667	2,725	2,624
日　本	3	7	16	21	23	54	247	289	304	356
世界 （計）	33,065	33,755	33,900	34,950	36,055	38,030	38,030	39,280	40,840	38,935

（出所）宮崎犀一ほか編『近代国際経済要覧』156 頁　（原出）IMF, *International Financial Statistics*, 各号
（注）世界全体に占めるアメリカの保有比率 （ ） については筆者が追加したものである。

官の E・ステッチニアス （のち国務長官）、外務次官の A・カドガン （国際連盟英国代表、のち英国国連大使）、駐米大使の A・グロムイコ （のちソ連国連大使、外務大臣）、駐英大使の顧維鈞 （クォ・ウェイ・チュイン＝Wellington Koo、のち駐米大使、国際司法裁判所判事） であった。

ーーー【脱線講義13】アメリカ国内における国際平和維持機構への世論 ーーーー

　1943 年 3 月、アメリカは戦後に国際平和維持機構に参加するべきであるとの超党派提案が上院で可決され、同年 10 月の米英ソモスクワ外相会議でハル国務長官は同機構設立についてソ連の支持を得ることに成功していた。孤立主義的傾向の強かった戦間期、議会内外の世論はアメリカが国際問題に積極的に関与することにきわめて消極的であったが、日米開戦とともに世論は一変した。44 年 5 月のギャラップ調査では、「戦後においてアメリカは国際問題に積極的に関与すべきか」という設問に対して、「関与すべき」という意見は 73% に達していた。また「平和維持機構を戦争終結以前に設立すべきか終結まで待つべきか」という設問に対しては、「待つべき」30% に対して、「今すぐに設立すべき」という意見は 58% であった。

　戦後国際秩序の骨格がほぼ固まった段階で、米英は独日を最終的に打倒するため**第二次ケベック会談** （1944 年 9 月 11 日〜16 日） を開催した。最大のテーマはドイツ打倒後のドイツ処理計画とイギリスの対日戦への関与についてであった。ユダヤ系アメリカ人でルーズヴェルト大統領の竹馬の友といわれた財務長官ヘンリー・モーゲンソーは、ルール地方とザール地方のドイツ軍需工業を徹底的に解体してドイツを「**農業と牧畜の国**」にする**モーゲンソー・プラン**を提案した。同処理案は、⑴南北ドイツの解体、⑵ポーランド・フランスへの領土割譲、⑶完全な武装解除、⑷軍需産業の完全撤去のみならずドイツ経済に工業

的性格の残存を保障するような一切の製造業の全面的撤去を内容とし、ドイツを「農業と牧畜の国」にしようというきわめて厳しいものであった。

　ハル国務長官とスチムソン陸軍長官はこのプランに否定的であった。ソ連のスターリンにシンパシーを抱くに至っていたルーズヴェルトは、当初、農業国家ドイツはソ連の安全保障を高めるという理由からこのプランを支持していたが、次第に消極的になっていった。ノルマンディー上陸作戦に成功した米英両軍が 150 万の兵力でフランスを北上しつつあった 1944 年秋の段階で、ソ連は 350 万の赤軍をドイツの首都ベルリンに破竹の勢いで進軍させていた事実が、米英主導で戦後ドイツを「経営する」ことを期待していたルーズヴェルトにソ連への警戒心を抱かせた可能性もある。

　ドイツ軍とのスターリングラードの攻防、レニングラードの攻防に勝利したソ連軍の一部も同じころバルカン半島を南下し、ルーマニア、ブルガリアさらにはユーゴスラヴィア、ギリシャにも進撃する構えを見せた始めたことを知ったイギリスのチャーチル首相は、1944 年 10 月急遽モスクワに飛び、スターリンとバルカン地域における勢力圏について**バルカン協定（百分率協定）**に合意した。ハンガリーでは英ソそれぞれ 50%、ルーマニアではソ連 90%、ブルガリアではソ連 75%、ユーゴスラヴィアでは英ソそれぞれ 50%、ギリシャでは英 90% の勢力圏を認め合うというものであったが、厳密にこの数字通りに勢力圏を分割することなど不可能で、実際には黒海を自国の防衛上重視するスターリンは第一にルーマニア、第二にブルガリアにおける優越的地位をチャーチルに認めさせたのに対し、チャーチルはギリシャを勢力圏に置くことをスターリンに認めさせたものであった。

ヤルタ会談

　国際的な安全保障と経済に関しての大きな枠組みは形成されつつあったが、ドイツと日本を打倒したあとの占領政策と国境・領土問題という個別・具体的な問題を解決することが焦眉の問題となってきた。連合国がドイツに対して最終的な全面攻撃を開始する 1945 年 2 月 4 日〜12 日、ルーズヴェルト、チャーチル、スターリンの三首脳が冬でも比較的温暖な黒海沿岸のクリミア半島でヤルタ会談を行った。ドイツ打倒後のドイツ処理問題が議論の中心であったが、

まずルーズヴェルトが
主導して前年ダンバー
トン・オークス会議で
未解決であった国際平
和維持機構の設立とそ
のための会議をできる
だけ早く招集すること
で合意した。また植民
地処理方式や秘密協定
という形をとって日本
処理問題についても合
意した。その結果、**解
放されたヨーロッパに
関する宣言が発表され**

地図 22　第二次世界大戦後におけるポーランド国境変遷

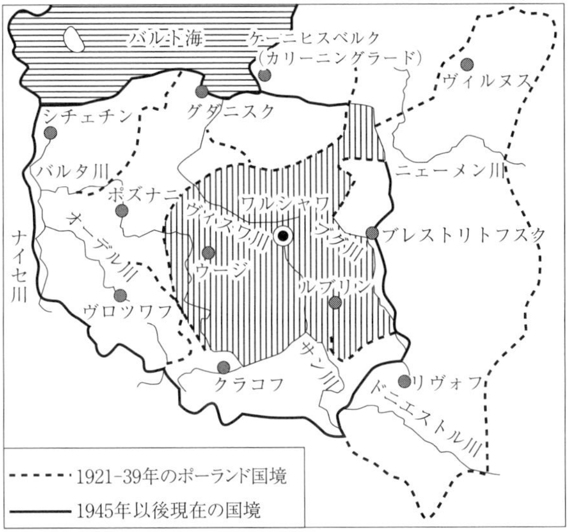

（出所）藤村信『ヤルタ』57 頁。

るとともに**ソ連の対日参戦に関する協定**（「日本に関するヤルタ秘密協定」）など
が締結された。

　ドイツ処理問題に関する**解放されたヨーロッパに関する宣言**では、米英ソ仏
4ヵ国による共同占領方式、非ナチス化、非軍事化、ドイツ戦争犯罪人の処罰
を明言するとともに、ポーランドとユーゴスラヴィアにおいて海外の亡命政権
も参加させた広範かつ民主的な新政権の樹立、カーゾン線に沿ったポーランド
東部国境の設定（地図 22）、ナチス・ドイツに占領された諸国の解放と民主化、
国際連合設立のためのサンフランシスコ会議の招集、国際連合憲章の決定や安
全保障理事会での大国の拒否権の承認などが三国間で合意されたことが明らか
にされた。

　ソ連の対日参戦に関する協定では、ソ連がナチス・ドイツ打倒後、2〜3ヵ月
で対日参戦することを約束した。その代償として北緯 50 度以南の樺太および
隣接する諸島、全千島列島をソ連に引き渡すこと、中国国民党の蒋介石総統の
了解を前提にしつつ大連商業港をソ連が優先的に利用する権利と旅順港をソ連
の海軍基地として租借する権利、さらには南満州鉄道を中ソ共同経営としつつ
ソ連の優越的利益を保証することを米英に認めさせた。すでに述べたように、

スターリンは米英ソモスクワ外相会議でハル国務長官に、テヘラン会談ではルーズヴェルト大統領に、ドイツ打倒後に対日参戦する可能性を繰り返しており、ソ連の対日参戦の意向も 1944 年 10 月の対日戦略変更の要因にもなっていたため、中国の主権を侵害しかねないスターリンの要求を飲まざるをえなかったのである。また秘密協定とされたのは、ドイツとの戦闘が続いている中で、日ソ中立条約の相手である日本と戦争する意思が明らかになれば極東方面で日本との戦闘が始まり、日独に挟撃されることを恐れたからであることはいうまでもない。秘密とされたもののアメリカ代表団には多くの参加者がいたため中国の主権を侵害しかねないこの秘密協定はリークされ、ルーズヴェルト大統領自らイニシアチブをとった大西洋憲章やカイロ宣言の精神に反するこの協定に対する批判とソ連に対する不信感がアメリカ議会で高まっていき、ルーズヴェルト死去に伴い成立したトルーマン政権は 1946 年 2 月 11 日公表を余儀なくされた。トルーマン政権内部ではこの協定の評価をめぐって対立が深まり、さらにはソ連の意図に対する疑念が拡大していった。米英ソ三国間の相互不信を払拭するために戦後処理問題について開かれたヤルタ会談ではあったが、米英とソ連は問題処理の手順や方式についても異なったイメージを抱いており、いわば同床異夢の状態であった。このことも米ソ冷戦の遠因の一つとなった。

解放されたヨーロッパに関する宣言 （主要部分の抜粋）

ソ連首相、イギリス首相、アメリカ大統領は、旧枢軸国に支配されていたが、今や解放されたヨーロッパの諸国民が差し迫っている政治的・経済的問題を民主的手段により解決するのを援助するため協力することに合意した。ヨーロッパにおける秩序の確立および国民の経済生活の再建は、解放された諸国民がナチズムとファシズムの最後の痕跡を一掃し、国民自らが選んだ民主的制度を創設することにより実現されなければならない。それこそが大西洋憲章の原則に基づくものであり、侵略国家により主権を強奪された諸国民が自らの政治体制を選択することである。

（出所）鹿島平和研究所編『現代国際政治の基本文書』15-17 頁
（注）文意を損ねない範囲でわかりやすい表現に修正してある。

ソ連の対日参戦に関する協定 （日本に関するヤルタ秘密協定：抜粋）

ソ連、アメリカ、イギリスの三大国の指導者は、ドイツが降伏し、かつヨーロッパにおける戦争が終結してから 2〜3ヵ月で、ソ連が次の条件で対日参戦することを約束した。(1)外蒙古（蒙古人民共和国）の現状は維持される。(2) 1904 年の日本の背信的攻撃により侵害されたロシアが以前に保有していた諸権利は、次の通り回復される。(a)樺太南部とこれに隣接する全ての島をソ連に返還される。(b)大連商業港は国際化されるものとし、同港におけるソ連の優越的利益が保護され、ソ連の海軍基地としての旅順港の租借権が回復される。(c)東支鉄道と、大連港に至る南満州鉄道は、中ソ共同経営会社を

設立することにより共同運営されるものとする。ただしソ連の優越的利益は保護され、中国が満州において完全な主権を保有していることは三大国の指導者により了解されている。(3)千島列島はソ連に引き渡される。以上の措置は蒋介石総統の同意を必要とするものであり、ルーズヴェルト大統領はこの同意を取るための措置を取ることとする。

　（出所）鹿島平和研究所編、前掲書、24-25 頁。(注) 文意を損ねない範囲でわかりやすい表現に修正してある。

　ヤルタ会談後、連合軍は対独包囲網を急速に狭めていった。前年 1944 年 6月 6 日ノルマンディーに上陸し、8 月 25 日パリに進撃した米英軍はフランスを北上していきヤルタ会談後の 45 年 3 月 23 日になってやっとライン川を渡河したが、ソ連軍は米英軍に先んじて 4 月 15 日〜16 日にはベルリン総攻撃を開始した。この数日前の 4 月 12 日ルーズヴェルト大統領が心臓発作で突如死去し、副大統領のハリー・トルーマンが大統領に昇格していた。2 週間にわたる熾烈な攻防戦で独ソ両軍合わせて約 25 万人が犠牲となり、ドイツ第三帝国の魔都ベルリンは廃墟と化した。ルーズヴェルト大統領の最側近であった「生きているルーズヴェルト」ハリー・ホプキンスがトルーマンの命を受けてベルリンを視察した際、「これは第二のカルタゴだ」と呻いたといわれている。4 月 30 日にはアドルフ・ヒトラーは愛人エヴァ・ブラウンと心中自殺し、生前のヒトラーが後継者に指名していたといわれる海軍総司令官カール・デーニッツ海軍元帥を中心にナチス要人はシュレースヴィヒ=ホルシュタイン州のフレンスブルクに行政機能を移転させ（フレンスブルク政府）、無条件降伏までの敗戦処理を行った。ソ連軍が 5 月 2 日にベルリンを占領するに及んで 5 月 7 日ドイツは降伏し休戦協定に調印した（ベルリンでの降伏は 8 日）。連合国が政府承認していなかったフレンスブルク政府の全閣僚は 5 月 23 日に連合国に逮捕された。

　6 月 5 日米英ソ仏 4 ヵ国はベルリン宣言（ベルリン協定）を発して、ナチス・ドイツの最終的敗北と消滅を宣言するとともに、これら 4 ヵ国が共同してドイツを占領統治することを世界に宣言した。米英軍がベルリンに進駐してくるのがこのあとの 7 月 4 日であったことは、ドイツ問題の処理にソ連が大きな影響力を及ぼすことを暗示していた。

　1945 年 4 月 25 日から 6 月 26 日まで、ヤルタ会談での合意に基づき国際平和維持機構を設立するための連合国会議（招集国はダンバートン・オークス会議に

参加した米英ソ中の4ヵ国）としての**サンフランシスコ会議**が開催されていた最中に、会議参加国はヒトラーの自殺とナチス・ドイツの敗北を知ったのである。ここで50ヵ国が参加し6月26日、連合国憲章（国際連合憲章）が採択された。その後ポーランドが憲章に署名したため原加盟国は51ヵ国となった。会議の期間、ポーランドではロンドンに拠点を置くミコワイチク亡命政権とソ連が支援するルブリン政権が対立していたため代表を派遣できなかったが、統一政権が成立し憲章に署名したのであった。

ポツダム会談

　ヤルタ会談からナチス・ドイツの敗北に至る1945年前半、日本の敗北も時間の問題となっていた。ヤルタ会談直後の2月19日にアメリカ軍は硫黄島に上陸し、4月1日には沖縄本島に上陸し6月までに日本軍守備隊を潰滅させた。沖縄は日米間で、日本で数少ない地上戦の場となり阿鼻叫喚の生き地獄となった。追い打ちをかけるように4月5日にはソ連が日ソ中立条約の不延長を通告するに至った。連合国の敵は日本だけとなった。連合国は日本攻略と日本打倒後の「日本処分」に集中できるはずであったが、ヨーロッパ情勢をめぐりイギリスとソ連の間の対立が顕在化してきた。ヤルタ会談後、ソ連は三国間の合意に反して赤軍が進駐していたポーランドやルーマニアなど東欧地域で親ソ政権を樹立する動きを加速化しつつあったからである。チャーチル英首相の提案でアメリカを含めた三大国間首脳の会議を急遽開かざるをえなかった。ソ連が占領していたベルリン郊外のポツダムにあるツェツィーリエンホーフ宮殿で、7月17日から8月2日までポツダム会談が開催された。

　アメリカからは、新大統領となったハリー・トルーマンが参加した。イギリスからは最初チャーチル首相が参加していたが、7月下旬に行われた総選挙でチャーチルの保守党が敗北したため、会議途中から（7月27日）労働党内閣を組閣したアトリー首相が参加することになった。会議途中の交代劇を見て驚いた様子のソ連代表のスターリン首相に、チャーチルは「閣下、これが民主主義というものです」と皮肉っぽくいったというエピソードが伝わっている。

　会談では、特に三つの問題、すなわちポーランド問題、ドイツによる賠償問題、かつて枢軸国側であった地域における政治体制をめぐり英ソの間での対立

が頂点に達し、トルーマンが会談を打ち切ろうとしたため同席していたバーンズ国務長官が、これら三つの問題について議論を深める提案をして危機を乗り切った。結果的にはこれら三つの問題や戦争犯罪人の扱い、平和条約締結などについて確認がされるとともに、日本降伏についてのいわゆる**対日ポツダム宣言**が発せられた。

　ドイツを分割占領統治すること、ドイツの非ナチス化、ドイツ軍の武装解除、戦犯の処罰、現物による賠償（デモンタージュ＝工場・機械設備の接収）に関しては、ヤルタ会談ですでに合意されていた。しかし分割占領であったため4ヵ国それぞれの占領地域で独自の政策がバラバラに行われていたため、統一的な行政制度を確立することが合意された。その上で特に対立していた三つの問題について議論が行われた。

ポーランド問題

　英ソが激しく対立したのはポーランド問題、具体的にはその国境と新たに創設されるはずの政体をめぐる問題であった。ヤルタ会談では、ほぼ**カーゾン線**（第一次世界大戦後、連合国が 1919 年 12 月に決定した国境で、当時盛り上がった民族自決原則にほぼ沿ったものといわれている）（地図 23）に沿った線をポーランド東部国境とし、その結果ポーランドが支配していた西ウクライナを失うことになる代償として一定のドイツ領をポーランドに与えることで合意されていた。しかしソ連のスターリンは東プロシアの南半分とオーデル・ナイセ川以東の広大なドイツ地域をポーランドに与えることを認めるようにチャーチルに迫った。ソ連は 4 月 21 日、オーデル川と西ナイセ川の線（**オーデル・ナイセ線**）の東側地域をポーランドの管轄に委ねる協定に署名していたのである。これを認めるとこの地域に住む数百万人近いドイツ人を追放することになるばかりか、イギリスが占領する地域にこの膨大なドイツ人が移動してくるとチャーチルは反対したのであった。さらにスターリンは、ロンドンに拠点を置くミコワイチク亡命政権の解体とその軍隊の帰国を要求するに至った。ポーランドにはソ連が支援するルブリン政権が現存している事実が、スターリンを強気にしていた。チャーチルは、ソ連が支援する政権の成立と国境線の大規模な西方移動によりポーランドがソ連の衛星国になることを危惧したのである。

132

地図23　第一次世界大戦後のカーゾン線

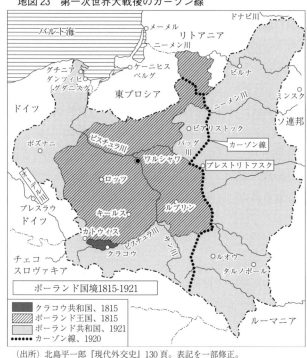

（出所）北島平一郎『現代外交史』130頁。表記を一部修正。

ドイツによる賠償
問題

　ヤルタ会談では、ドイツによる賠償は賠償金ではなく**実物賠償**とされ、ドイツの領土と領土外にあるドイツ国民の資産（設備、工作機械、船舶、鉄道車両、ドイツの海外投資、工業・運輸・その他の企業の株式など）をドイツ降伏後または組織的抵抗が終結してから2年以内に撤去することが合意されていた。その詳細を煮詰める

ためにモスクワに米英ソ各1名の代表からなる連合国賠償委員会を設置し、実物賠償の総額を200億ドルとしたが、ソ連はその50％を自国が受け取ることを主張していた。実物賠償の形式をとることは決まっていたが、具体的詳細は決まっていなかったため、ポツダム会談ではソ連はその占領地域とドイツの国外資産から実物賠償を受け取るとともに、西部地域からも工業的資本設備の25％を受け取るとされた。米英と賠償を受け取る権利を有する国々は、ドイツ西部地域と外国資産から実物賠償を受け取ることとなった。

旧枢軸国の政治体制問題

　ヤルタ会談では旧枢軸の新たな政治体制に関して自由で民主的な選挙を通じて政府を樹立するという原則が合意されていたが、政府樹立が現実の問題となったこの時期になると、米英とソ連の対立は激化していった。そして米英とソ

連が自国軍隊を進駐させていた地域で影響力を発揮できるような曖昧な形で決着させざるをえなかった。ハンガリー・ブルガリア・ルーマニアでは親ソ政権が成立し、イタリアでは親米英政権が樹立された。「戦場で取れなかったモノは、講和のテーブルでも取れない」ことが明らかになるとともに、米ソ冷戦の近因となっていった。米英ソの間で明確な合意がなされないままヨーロッパの戦後秩序についての議論が打ち切られたため、大戦終結後、これらの問題は米ソ冷戦発生の原因の一つとなっていったのである。

　ナチス・ドイツ打倒後のヨーロッパ情勢をめぐる米英とソ連の間の相互不信を残しながら、唯一残った敵国「大日本帝国」打倒に向け連合国としての最終的対応が喫緊の問題となった。アメリカはナチス・ドイツが崩壊したため議会内外の世論に押されてヨーロッパからアメリカ軍の撤退を進めており、ドイツ打倒直後には日本打倒のためにソ連の対日参戦を以前にもまして期待するようになっていた。アメリカがソ連の対日参戦を期待したのは、単独で本土決戦をした場合にはアメリカ兵の膨大な犠牲が想定されたばかりか、たとえ日本政府が降伏しても中国大陸に展開する関東軍が降伏せず徹底抗戦戦することが予想されたからである。しかし原爆実験成功の知らせが、この期待を反転させ始めた。

　スターリンはテヘラン会談やヤルタ会談でルーズヴェルト大統領に対日参戦の意向を伝えていたが、ポツダム会談直前にも新大統領トルーマンにその意向を確認していた。その直後の 7 月 16 日に、ポツダムのスチムソン陸軍長官にニューメキシコ州ニューアラモスで行われた原爆実験が成功したとの極秘情報が伝えられた。これ以降トルーマン政権はソ連の対日参戦以前に単独で日本を敗北させ、単独占領を進める方針を固めたのである。

　この変化を背景にアメリカが中心となり対日ポツダム宣言（日本の降伏条件に関する宣言）の草案を策定し、7 月 26 日にアメリカ大統領、中華民国主席、イギリス首相による全 13 条からなる対日ポツダム宣言を発表するに至ったのである。帰国直前のチャーチルが指摘した若干の修正を受け入れ、中国の蒋介石総統には草案を電報で伝えていた。日本と交戦状態になかったソ連はこの草案へ介入することはなかった。トルーマンはポツダム宣言発表と同時に原爆投下を承認し、ソ連が対日打倒に関与する機会を奪おうとしたのである。

対日ポツダム宣言 （抜粋）

8.　カイロ宣言の条項は履行せらるべく又日本国の主権は本州、北海道、九州、四国及び吾らの決定する諸小島に局限せらるべし

9.　日本国軍隊は完全に武装を解除せられたる後、各自の家庭に復帰し平和的且つ生産的な生活を営む機会を得しめらるべし

10.　吾等は日本人を民族として奴隷化せんとし又は国民として滅亡せしめんとするの意図を有するものに非ざるも、吾等の俘虜を虐待せる者を含む一切の戦争犯罪人に対しては厳重なる処罰を加へらるべし。日本国政府は日本国国民の間に於ける民主主義的傾向の復活強化に対する一切の障碍を除去すべし。言論、宗教及び思想の自由並びに基本的人権の尊重は確立せらるべし

11.　日本国は其の経済を支持し且つ公正なる実物賠償の取り立てを可能ならしむるが如き産業を維持することをゆるさるべし。但し日本国をして戦争の為、再軍備を為すことを得しむるが如き産業は此の限りに在らず。右目的の為、原料の入手（其の支配とは之を区別す）を許さるべし。日本国は将来、世界貿易関係への参加を許さるべし

12.　前記諸目的が達成せられ且つ日本国国民の自由に表明せる意思に従い平和的傾向を有し且つ責任ある政府が樹立せらるるに於いては連合国の占領軍は直ちに日本国より撤収せらるべし

13.　吾等は日本国政府が直ちに全日本軍隊の無条件降伏を宣言し且つ行動に於ける同政府の誠意に付き、適当且つ十分なる保障を提供せんことを同政府に対し要求す。右以外の日本国の選択は迅速且つ完全なる破滅あるのみとす

（出所）細谷千尋・有賀貞・石井修・佐々木卓也編『日米関係資料集　1945 － 97』8-9頁。

（注）外務省定訳は漢字とカタカナであるが、文意に沿って漢字と平仮名表現に変更してある。

第5章　第二次世界大戦の終結と前後の国際情勢

第1節　大戦終結期の状況──人的・物的被害とその背景

　1939年9月のドイツによるポーランド侵攻以降、45年8月対日戦争が終わるまでの第二次世界大戦による被害者は、戦闘要員・非戦闘要員を含めると4,300万人から4,500万人、戦費1兆4,000億ドルと推定されている。この中にはナチスによって虐殺された約600万のユダヤ人や30万から40万と推定される広島・長崎の原爆被害者が含まれている。この4,300万人から4,500万人という数字は、大戦終結前後までのものであり、終結後数年を経た時点までの傷病による犠牲者を加えれば、さらに大きな数字になることは明らかである。また死亡しないまでも失明したり、手足を失ったりした戦争負傷者数は死亡者数を大幅に上回ることは明らかである。重い後遺症を背負って混乱した戦後を生きなければならなくなった負傷者たちには、悲惨で重苦しい生活があった。否、死者や負傷者以上に何百何千万かの彼らの家族こそが最大の犠牲者だったのかもしれない。

　ではなぜ第二次世界大戦は人類史上未曾有のこのような惨害をもたらしたのであろうか。それは第一に、第一次大戦以上にこの戦争が高度に機械化・高性能化して前線・銃後という古典的区別がなくなり、一度に大量殺戮が可能になったからである。すでに第一次世界大戦時に航空機・潜水艦・毒ガスが登場していたが、第一次世界大戦に登場したこれらの兵器も、まだ初歩的なものであった。しかるに第二次世界大戦はヨーロッパ全域ばかりか地中海、北アフリカ、バルカンを含むヨーロッパ周辺部とアジア・太平洋全域を戦場として戦われ、長距離飛行可能な重爆撃機、大型空母、長時間潜水航行可能な潜水艦や毒ガス・細菌兵器そしてついには原爆を出現させたからであった。

　第二に、第二次世界大戦の性格をどうとらえるかはさておき、事実として閉鎖的かつ全体主義的国家体制のもとで、軍部が主導権を持っていた日独伊が周辺国を軍事侵略することによって開始された戦争であったからである。すなわち総力戦という極度の緊張のもとで、こうした国家体制を有していた日独伊は軍部をコントロールできずクラウゼヴィッツ的観念とは無縁に、戦争そのものが自己目的化して大量虐殺、捕虜・ゲリラへの虐待、都市への無差別爆撃を行ったのである。もちろん都市への無差別爆撃はアメリカ、イギリス等もドイツ、日本に対して行ったことであり、日独伊に特徴的なこととはいえない。

　第三に、第一・第二の点と関連するが、戦時国際法が十分に機能しなかったからである。それは第一次世界大戦以降、科学技術が飛躍的に発達したために国際法が十分対応しきれなかった上に、日独伊が19世紀後半以降、後発資本主義国として強権を発動しつつ開発独裁を行ってきたため、人権や人道に対する観念が希薄だったからである。米英仏等のいわゆる欧米諸国は相対的に当時の日独伊に比べ人道的観念がより強かったとはいえるが、それはあくまでも自国民に対するものであって、彼らが海外に有していた植民地の人間に対しては必ずしも十分にそれが適用されたわけではない、ということも確認しておく必要があるであろう。

　こうした膨大な人的・物的被害を生み出して文字通り世界大戦としての第二次世界大戦が終わったとき、アメリカは急速に戦時体制を縮小していった。戦争終結時1,200万の兵力は2年後には140万へと縮小されていた。それに対しソ連は戦後体制を解体せず、兵力は500万から600万・戦車5万台・航空機2万機の水準を維持し、旧式の戦車・航空機を廃棄しないどころか、旧枢軸国からの戦時賠償の取り立てに積極的姿勢を見せつつあった。さらに新たに海軍の建設に乗り出そうとしていたのである。

　一方戦勝国とはいえ、イギリスは経済的にも軍事的にも疲弊し、フランスは自国自体が政治的真空の中にあった。ヨーロッパとアジアの戦後処理問題および新たな国際秩序の形成については戦時サミットを通じ一応の方向性は打ち出されていたものの、実際に戦争が最終的に集結するや戦後処理と新たな国際的枠組みの具体的問題をめぐり、連合国とりわけ米英とソ連の間で対立が顕在化し激化していったのである。ヨーロッパに関しては第一に、ドイツ第三帝国解

体後の政治的真空をどう埋めるのか、第二に、東ヨーロッパの政治体制をどのような形で創出するのか、第三に、イギリスの伝統的支配地域とも重なるバルカン地域の国際的枠組みをどのようにするのかが大戦中の戦時サミットによってすでに問題となっていた。

　第一の問題についてはドイツを米英ソ仏の四大国で共同統治するという原則は決まっていたものの、どの国がドイツのどの地域を占領統治するのか、そしてその後どのような政治的プログラムによって統一をしていくのかをめぐってソ連と米英仏との間に亀裂が生まれていった。第二の点に関して、特にポーランドの政治体制をどのように創出するかをめぐり、米英とソ連との間に亀裂が深まっていった。第三の点に関しては、ギリシャの解放勢力やイランにおけるソ連のプレゼンスをどのように解消していくかが具体的な問題となってきた。

　アジアに関しては大日本帝国解体後の新たな政治的真空を誰がどのように埋めるかが大戦中から認識されていた。すなわち具体的には、連合国が日本を打倒したあと、戦争中日本が軍政を布いていた地域の旧宗主国と解放勢力がどのように対応しようとしたのか、より直接的にはどの勢力が日本軍の武装解除をするのかという問題をめぐって対立が生まれていった。

第2節　連合国の旧枢軸国への対応——講和条約と国際軍事法廷

ドイツへの対応

　近代以降、戦争終結にあたり参戦国は講和条約を結び、勝敗が明確な場合、戦勝国が敗戦国に領土割譲、軍備制限、賠償取り立てなどを要求するのが一般的であった。第二次世界大戦の終結に際して連合国は枢軸国の中心であったドイツに、戦争中に行われた一連の会議の結果に基づき、武装解除、共同占領、領土割譲、賠償取り立て、戦犯に対する裁判などを決定したが、第一次世界大戦終結期の講和条約としてのヴェルサイユ条約のような包括的な講和条約を結ぶことはなかった。米英ソモスクワ外相会議を踏まえたロンドン会議、ヤルタ会談、ポツダム会談、ベルリン会議でドイツ処理問題を徐々に明らかにしていったが、大戦終結に向かう過程で米英とソ連は国境線の変更や解放した国家の新たな政治体制をめぐり対立を深め、かつての合意を無視し合うようになった

地図24　四大国によるドイツの分割占領

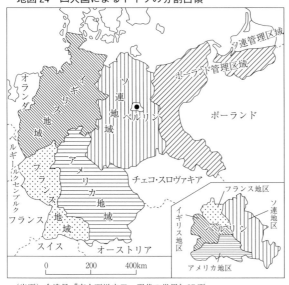

（出所）今津晃『京大西洋史III　現代の世界』87頁。

ため、包括的な講和条約を締結するには至らなかった。それはその後の米ソ冷戦の原因の一つとなっていった。

米英ソモスクワ外相会議（1943年10月19日～30日）でドイツ占領統治が初めて公式に議論され、ロンドン会議（44年9月12日）で締結された**ロンドン議定書**（The London Protocol Dividing Post-War Germany）では米英ソ3ヵ国によるドイツ占領統治が決定していた。**ヤルタ会談**ではドイツ処理問題に関して、(1)非ナチス化、(2)ドイツ軍の武装解除、(3)米英ソ仏4ヵ国によるドイツ共同占領方式、(4)賠償の取り立て、(5)ドイツ戦争犯罪人の処罰を明言していた。ロンドン会議では3ヵ国による占領が決められていたが、ヤルタ会談ではフランスを加え4ヵ国による共同占領となり、オーデル・ナイセ線以西のドイツ全体に関わる決定事項についてはこれら4ヵ国が共同参加する**連合国管理理事会**に委ねられた（地図24）。

　しかし連合国によるこれら一連の会議の結果、ソ連はドイツ東北部を、イギリスは北西部を、アメリカは南部を、南西部をフランスが分割占領することになった。東プロシア北部はソ連領となり、東プロシア南部とオーデル・ナイセ線以東はポーランド領となったため、ドイツが第一次世界大戦後も領有していた東プロシアやシュレジェン、ドイツが回復した旧ドイツ帝国領土であるダンツィヒやポーランド回廊を喪失することになった。また大戦直前ドイツが奪ったメーメルとドイツ人居住地区のズデーテン地方は、それぞれソ連領リトアニアとチェコ・スロヴァキアに返還された。ドイツ軍が侵攻して併合したフラン

図 5　連合国の敗戦国・日独への対応

ヨーロッパ大戦

ドイツ
- ロンドン会議（ロンドン議定書）・ヤルタ会談（ヤルタ会議議定書）・ポツダム会談（ポツダム協定）・ベルリン会議（ベルリン協定［宣言］）
- ニュルンベルク国際軍事裁判（1945年11月20日〜46年10月 1 日）
- ドイツ連邦共和国（西独）成立（1949年 5 月23日）・ボン協定（米英仏と西独の平和協定：52年 5 月26日）・パリ協定調印（西独の主権回復：54年10月23日）
- ドイツ民主共和国（東独）成立（1949年10月 7 日）・ソ連、東独の主権承認（54年 3 月25日）

オーストリア→オーストリア国家条約

パリ講和条約（1947年 2 月10日）
- フィンランド→フィンランド講和条約
- ハンガリー→ハンガリー講和条約
- ルーマニア→ルーマニア講和条約
- ブルガリア→ブルガリア講和条約
- イタリア→イタリア講和条約

アジア・太平洋戦争

日本
- 「ポツダム宣言」（1945年 7 月26日）・日本「ポツダム宣言受諾」（ 8 月14日）・「連合国軍最高司令官総司令部一般命令第 1 号」（45年 9 月 2 日）・日本、降伏文書に署名（同日）・「降伏後におけるアメリカの初期対日方針」（ 9 月 6 日）・極東委員会・対日理事会→サンフランシスコ講和条約（サンフランシスコ講和会議：51年 9 月 4 日〜 8 日）
- 極東国際軍事裁判（東京裁判：1946年 5 月〜48年11月）

スのアルサス・ロレーヌ地方やデンマークの北シュレースヴィヒ地方もそれぞれの国に返還された。ドイツ西部のザール地方は自由州として分離されフランス管理下に置かれたが、1957 年に住民投票により西ドイツ領となった。ドイツ処理をめぐり米英とソ連は日に日に対立を深めていったが、旧ナチス・ドイツに対する最大の懲罰的措置である**ニュルンベルク国際軍事裁判**（後述）では、基本的にほぼ歩調を合わせていった。

オーストリアへの対応

　かつてナチス・ドイツに搦めとられていったオーストリアは戦後 10 年も経た 1955 年 5 月 15 日、米英仏ソ 4 ヵ国と**オーストリア国家条約**を締結し永世中立を誓い、4 ヵ国の占領軍は撤退した。同月 5 日パリ協定が発効し、西ドイツは主権を回復し翌日 NATO に加盟し、14 日ソ連・東欧 8 ヵ国はワルシャワ条約に調印したことが如実に示すように米ソ冷戦が顕在化していた時期での遅すぎた講和条約であった。

イタリアへの対応

　イタリア（王国）は、1940 年 9 月 27 日の三国同盟条約調印により日本とともにドイツの同盟国となり、米英との戦争に入ったドイツからイギリス本土への攻撃を有利にするために北アフリカ（エジプト）駐留のイギリス軍への攻撃を要求された。この機会に乗じてイタリアのムッソリーニ首相は自国の東アフリカ植民地（イタリア領エチオピア・同ソマリランド・同エリトリア）の拡大、さらには油田地帯の中東への接近を目論み、イタリア領リビア（トリポリ・キレナイカ）からイギリス勢力圏のエジプトへ軍隊を進めた。イギリスの圧倒的な軍事力に敗北を続けたイタリア軍は、ドイツのロンメル将軍指揮下の部隊の支援を受けたが、1942 年 11 月英米軍が**北アフリカ上陸作戦**（トーチ作戦）でモロッコとアルジェリアに上陸したあと、独伊枢軸国軍は東西から挟撃されることになった。連合国軍が有利に戦闘を進めていた 1943 年 1 月、**カサブランカ会談**（モロッコ）でルーズヴェルトとチャーチルは、北アフリカ上陸作戦が成功したあと、シチリア島とイタリア本土に進攻すること、枢軸国に対しては無条件降伏を勝ち取ることを確認しあった。5 月 13 日枢軸国軍は降伏し 27 万人強が捕虜となり、独伊両国は北アフリカから駆逐された。イタリアの敗北は明らかになりつつあった。7 月下旬、国王ヴィクトル・エマニエル（ヴィットーリオ・イマヌエーレ）3 世はムッソリーニを逮捕させ、陸軍元帥であった**ピエトロ・バドリオ**を首相に任命した。バドリオが米英と秘密裏に休戦交渉を進めていた 8 月 17 日、連合軍はシチリア島、9 月 9 日にイタリア半島南端に上陸した。イタリア本土に上陸するに合わせ、連合軍総司令官ドワイト・アイゼンハワーは一方的に**イタリアの無条件降伏**を発表した。これに対しドイツは直ちに軍隊を派遣して首都ローマを占領し、ムッソリーニを奪還してイタリア中・北部にドイツの傀儡政権であるイタリア社会共和国（RSI）を樹立し、イタリアは南北両勢力間の内戦状態となった。内戦とはいえ「南」の主体は国王派とバドリオ政権ではなく連合国軍と各地の共産党系パルチザンであった。その後、連合国軍の主力は 1944 年 6 月のノルマンディー上陸作戦（コードネーム：オーバーロード作戦）に振り向けられていたが、これが成功すると 45 年 1 月以降、イタリア中・北部のドイツ軍への本格的攻撃を再開し、イタリア各地のパルチザンとも協力して 4 月末には RSI を最終的に敗北させドイツ軍を駆逐した。ムッソ

リーニは 4 月 26 日に逮捕され 28 日に人民裁判で銃殺されたが、その 2 日後にはベルリンでヒトラーが自殺した。

　枢軸国の一員であったイタリアは大戦末期に枢軸国から離脱し、枢軸国の中核であったドイツと敵対関係に入ったものの、連合国に無条件降伏した敗戦国であることに変わりはなかった。戦後政権を担ったキリスト教民主党（DC）の**デ・ガスペリ政権**にとって最大の外交課題は連合国との講和条約締結であったことはいうまでもなく、これが実現しなければマーシャル・プランに参加することも不可能であった。1947 年 2 月 10 日の**パリ講和条約**の中でもイタリアは他の 4ヵ国とは別個に条約を締結させられ、(1)領土の割譲・国境の変更、(2)賠償金支払い、(3)軍備制限、(4)戦犯の拘束と裁判の義務、を課せられた。

(1)　領土の割譲・国境の変更

　①イタリア領リビアとイタリア領東アフリカ（イタリア領エチオピア・イタリア領エリトリア・イタリア領ソマリア）の全ての植民地を放棄すること（しかしイタリア領ソマリランドは当初イギリスの統治下に置かれたが 1950 年からソマリア独立の 1960 年までイタリアの国連信託統治領）

　②アルバニアの独立を承認するとともにサセーノ島を同国領と認めること

　③天津租界を中国に返還すること

　④ロードス島を含むイタリア領エーゲ海諸島（ドデカネス諸島）をギリシャへ割譲すること

　⑤フィウメ（現リエカ）、ザラ地方およびゴリジアとポラの大部分はユーゴスラヴィアに割譲すること。イストリア半島の残りの部分とトリエステ地方は新しい主権国家トリエステ自由地域を形成し、国連安全保障理事会が管轄する暫定政府のもとで二つの行政区域に分割されること（1954 年にイタリアはトリエステ地域〈A ゾーン〉を編入し、ユーゴスラヴィアはイストリア半島の残りの部分〈B ゾーン〉を編入した）

　⑥テンド渓谷とラブリグ（La Brigue）にあるアルプス国境地域の全ての村はフランスに割譲すること

　⑦南チロル地方はオーストリアの要求にもかかわらずイタリアが維持した

(2)　賠償金

　イタリアは、総額 3 億 6,000 万ドルを以下の国家に支払うことを確約した。

①ユーゴスラヴィアに1億2,500万ドル、②ギリシャに1億500万ドル、③ソ連に1億ドル、④エチオピアに2,500万ドル、⑤アルバニアに500万ドル。

(3) 軍備制限

①艦船は連合国に譲渡するか解体する

②海軍は空母、戦艦、潜水艦の建造・保有は禁止される

③フランスおよびユーゴスラヴィアとの国境地帯に構築された全ての要塞は破壊する

(4) 戦犯の拘束と裁判の義務

　戦犯裁判に関しては日独両国で行われたような連合国＝戦勝国による国際軍事法廷は開かれなかったし、イタリア人自身に戦犯裁判は行われなかった。国際軍事法廷が開かれなかったのは、イタリアにおいてはイタリア共産党パルチザンを中心に、ナチス・ドイツとムッソリーニ指揮下のファシストに対するレジスタンス運動が戦争中から展開されていたこと、1943年夏には国王の命により陸軍元帥バドリオを首相に任命してムッソリーニを逮捕させ、バドリオ政権が秘密裏に米英と休戦交渉して形の上では無条件降伏をしたこと、イタリア北部にナチス・ドイツが作った傀儡政権RSIに対して連合国とパルチザンが戦ったこと、などが理由となっている。またイタリア人自身による戦犯裁判が行われなかったのは、バドリオ自身もムッソリーニ政権で軍の要職を占めていた人物であり、最高裁の判事や弁護士の大半が元ファシスト党員で、公務員はファシスト党員であることが義務づけられていたからである。その上、1947年中葉からは米ソ冷戦状況が生まれていたため、ファシストを裁判にかけるとイタリアの政権が内部崩壊する恐れがあったからである。日本でも同じような状況があったことを想起させる事実である。

フィンランド・ハンガリー・ルーマニア・ブルガリアへの対応：パリ講和条約

　ヨーロッパ大戦に関するパリ講和会議は、米英仏ソ4ヵ国をはじめ連合国21ヵ国が参加し1946年7月29日から10月15日まで開催されたが、調印は翌47年2月10日にずれ込んだ。旧枢軸国のうちドイツ・オーストリアを除く5ヵ国それぞれと21ヵ国が調印した講和条約の総称がパリ講和条約である。これら5ヵ国は原則的に1939年9月以前の国境線に戻すことになったが、フィ

ンランドやルーマニアがソ連との協定により割譲を余儀なくされた地域とムッ
ソリーニ政権時代のイタリアが獲得した地域の回収は認められなかった。

　ソ連軍は 1939 年 11 月 30 日宣戦布告することなく<u>フィンランド</u>に侵攻し両
国間の戦争（「冬戦争」）が始まった。国際連盟はこの侵攻を違法と判断して 39
年 12 月 14 日にソ連を連盟から除名した。40 年 2 月 25 日北欧 3 ヵ国外相会議
がフィンランドへの援軍派遣を否決したが、英仏が支援する姿勢を見せたため
ソ連は講和（**モスクワ講和条約**、1940 年 3 月 12 日）に応じたものの、それはフィ
ンランドにとってはきわめて過酷なものであり戦略的要衝の貸与や領土の割譲
を認めざるをえなかった。ソ連に割譲した領土は、ソ連との国境沿いのカレリ
ア、サッラ、ペッサモの 3 地域で当時のフィンランドの国土の 10%、フィン
ランドの全工業地帯の 20% に相当し、首都ヘルシンキに次ぐ第二の都市ヴィ
ボルグ（ヴィープリ）港と不凍港のリイナハマリ港—帝政ロシアの時代から冬
でも凍らない不凍港の確保は対外貿易に不可欠であった—のある地域であった。
この措置により全国民の 12% に相当する軍関係者を含め住民 42 万人強が短時
間で移動を余儀なくされた。さらにフィンランド湾入り口に位置するハンコ半
島を 30 年ソ連の海軍基地として貸与させられた（92 頁地図 21）。

　ドイツ降伏以前の 1944 年 9 月 19 日にソ連と**モスクワ休戦協定**に調印してい
たため、イタリアと同様に戦犯に対する国際軍事法廷は開かれなかったが、ソ
連に対して 3 億ドル（1938 年時点の米ドル換算）の賠償金を支払うことになった。

　<u>ハンガリー</u>は第一次世界大戦ではドイツとともに敗北して膨大な国土と人口
を失った上、世界恐慌による経済的混乱も加わってナショナリズムが高揚し、
1930 年代中葉からヴェルサイユ体制打倒を掲げるナチス・ドイツに接近しマ
ルク経済圏に組み込まれていった。第二次世界大戦が勃発するとドイツの圧力
もあり 1940 年 11 月枢軸国として参戦し、44 年 10 月末以降からソ連軍の攻撃
を受け 45 年 4 月 4 日にはドイツ軍が駆逐され、ハンガリー軍もソ連軍に降伏
した。パリ講和条約に基づきチェコ・スロヴァキアから奪った南スロヴァキア
を、ルーマニアから奪った北トランシルヴァニアをそれぞれの国に返還した。

　さらにソ連に 2 億ドル、チェコ・スロヴァキアとユーゴスラヴィアに合計 1
億ドルの賠償金を支払うことになった。

　<u>ルーマニア</u>は第二次世界大戦が始まると、ナチス・ドイツを後ろ盾としたハ

ンガリー軍にトランシルヴァニアを奪われ、ソ連軍にもベッサラビアとブコヴィナを占領された。この事態を受け王制が廃止され政権を握ったファシスト政権が1940年11月下旬ハンガリーとともに枢軸国側に加わるが、ハンガリー軍がすでに進駐していた北トランシルヴァニアの割譲を余儀なくされていた。44年初頭以降、ソ連赤軍の猛攻を受け国家民主連合がファシスト政権を打倒し、翌8月24日には対独宣戦してソ連と休戦し、11月には米英とも休戦した。

　最終的には形式上連合国側に立ったとはいえ、パリ講和条約を締結しハンガリーに奪われた北トランシルヴァニアを奪回できたが、ソ連が占領したベッサラビアとブコヴィナ、そしてブルガリアが占領していた南ドブロジャは現状が追認される結果となった。さらにルーマニアはソ連に3億ドルの賠償金を支払う義務を負わされた。

　ブルガリアは1941年3月2日ドイツ軍の侵入を受け、11月25日に枢軸国側に参加せざるをえなかった。ドイツ軍はブルガリアの通行権を得て41年4月初旬ユーゴスラヴィアとギリシャを攻略し、ブルガリアはギリシャ東部とユーゴスラヴィア南東部を一時的に取り戻すことができた。ドイツとは軍事協力はせず経済協力に留め、ソ連に対しては宣戦布告することもなく、独ソ戦が始まってもドイツによる対ソ戦への要求にも応えず、連合国と戦闘することもなかった。戦況が枢軸国側に不利になると連合国との講和の可能性を模索し始めたが、ブルガリアが領土保全に固執したため交渉は決裂し、米英の空爆が開始された。44年9月5日ブルガリアに宣戦布告したソ連がブルガリア軍の抵抗を受けることなく全土を制圧し、無血クーデターで成立した政権がドイツに宣戦布告した。ブルガリアも終戦時には連合国側という微妙な立場にあったが、戦後パリ講和条約の対象とされることになった。パリ講和条約では、(1)大戦中に一時占領した北マケドニア（ヴァルダル・マケドニア）と東マケドニア・西トラキアの西スレイスを、それぞれユーゴスラヴィアとギリシャに返還する、(2)大戦中にブルガリアが占領した南ドブルジャを領有することを認める―ブルガリは大戦中に占領した地域を維持できた旧枢軸国で唯一の国家である―、(3)ギリシャに4,500万ドル、ユーゴスラヴィアに2,500万ドルの賠償金を支払う、ことになった。

ニュルンベルク国際軍事裁判と極東国際軍事裁判

　ヨーロッパにおける国境線の変更や東欧諸国の新たな政体をめぐって米英とソ連は激しく対立していたが、ナチス・ドイツを激しく弾劾するニュルンベルク裁判においては基本的にほぼ歩調を合わせたといえる。しかし大日本帝国を裁く極東国際軍事裁判（**東京裁判**）は、すでにヨーロッパ問題をめぐって顕在化していた米英とソ連との対立を反映したため、ニュルンベルク裁判が1年で結審したのに対し2年半もの長い期間をかけることとなったのである。

　戦時国際法が十分カバーしきれない高度に機械化した現代戦争において、連合国・枢軸国の双方がしばしばその古い規範に抵触することになったのは当然といえば当然であった。しかし、閉鎖的・全体主義的国家体制のもとで開発独裁を行ってきたために人道や人権に対する観念が希薄な日独伊の側に、大量虐殺、虐待、国際法違反が数多く見られたのも事実であった。

　アメリカ大統領F・D・ルーズヴェルトやイギリス首相チャーチルは、繰り返し枢軸国側の虐殺・虐待行為を痛罵していた。それが連合国側の総意として具体化するのはドイツに関しては**モスクワ宣言**（1943年10月30日）であり、日本に関しては**ポツダム宣言**（45年7月26日）であった。前者は米英ソモスクワ外相会談終了に際して発表されたものであったが、その中で三国はドイツ将兵、ナチス党員が犯した残虐行為の責任を糾弾した。そして具体的には、「これらの者が罪を犯した地域の属する国の裁判所においてその国の法律により裁判を行い処罰する」ことを原則としつつ、「犯罪が特定の地域に限定されない**重大戦争犯罪人**については、連合国政府の共同決定に委ねられる」こととされた。ニュルンベルク裁判は、この重大戦争犯罪人を対象としていることはいうまでもない。

　対日戦争終結が時間の問題となっていた1945年7月に発表されたポツダム宣言は、その第10項において、「連合国の捕虜を虐待したものを含む一切の戦争犯罪人に対して厳重なる処罰を加えるべき」ことを明記していた。しかしいずれの場合も具体的な処罰の方式がなかなか決定せず、決着がつくのは対日戦終結直前の1945年8月8日のことであった。同日、米ソ英仏四大国はロンドンで、「欧州枢軸国の主要戦犯の訴追と処罰に関する協定」（ロンドン協定）と、その付属文書としての「国際軍事裁判所条例（憲章）」を締結し、ここに初めて、少なくとも連合国にとって枢軸国裁判の形式的条件を整え、ニュルンベル

ク裁判と東京での国際軍事裁判を開始することになったのである。

　ニュルンベルク裁判は、1945年11月20日から46年10月1日までの約1年間行われた。「犯罪が特定の地域に限定されない重大戦争犯罪人」、具体的には、ナチ政府、参謀本部、SA（ナチス突撃隊）、SS（ナチス親衛隊）、SD（秘密警察＝ゲシュタポ）の指導者24名が起訴された。本来ならば、その起訴の中心ともなるべきナチスの中心人物、アドルフ・ヒトラー、ヨーゼフ・ゲッペルス、ハインリッヒ・ヒムラーの3人はドイツ降伏直前に自殺してしまっていた。24名のうち第一級の被告22名に刑が宣告された。絞首刑12名、終身刑3名、禁固20年2名、同15年1名、同10年1名、無罪3名であった。当初、起訴された24名に対する訴因は、国際軍事裁判所条例（憲章）に規定された四つの訴因、即ち、(1)共同謀議、(2)平和に対する罪、(3)戦争法規・慣例違反による戦争犯罪、(4)人道に対する罪、の一つまたは複数に依拠するものとされた。しかし、この裁判の根幹ともいうべき四つの訴因そのものが大きな問題をはらむものであった。

　東京裁判はニュルンベルク裁判より約半年後の1946年5月3日に開始され、48年11月12日まで2年半もの時間を費やした。ポツダム宣言に示された連合国の、日本の戦争犯罪人に対する処罰方針（第10項）は、日本が45年8月14日同宣言を無条件に受け入れ9月2日に降伏文書に署名したため、日本が同項目も受け入れたものと見なされた。46年1月19日、連合国軍最高司令部は、ロンドン協定および同付属文書をベースに、「極東国際軍事裁判所設置の特別宣言」および「極東国際軍事裁判所条例（憲章）」を発しこれを基礎に東京裁判を開廷した。

　アジア・太平洋地域で日本軍と交戦した11ヵ国（米英ソ仏とインド、カナダ、オーストラリア、ニュージーランド、中国、フィリピン、オランダ）を代表する11人の裁判官によって構成された同法廷は、対日強硬派のW・ウェッブ（オーストラリア）が裁判長として訴訟指揮をとり、アメリカのJ・B・キーナンが首席検察官として重大戦争犯罪人28名を起訴した。その訴因はニュルンベルク裁判における四つの訴因のうち「共同謀議」を除いた、(a)平和に対する罪、(b)通例の戦争犯罪、(c)人道に対する罪とされた。

　1946年4月29日、検察側は三つの訴因に基づく起訴状を発表したが、キー

ナンは、「被告たちは文明に対して宣戦布告をしたもので、この裁判は全世界を破滅から救うための文明闘争の一部」との基本的認識の上に立って、満州事変（1931 年 9 月）から日本降伏（1945 年 8 月）に至る日本の対外行動のほとんど全てを審理対象とした。

　この裁判開始に先立つ半年前の 1945 年 9 月 11 日、重大戦争犯罪人（A 級戦犯）容疑者 38 名が逮捕されていた。当初逮捕リストには 39 名が載っていたが、元首相近衛文麿は逮捕直前、服毒自殺を遂げたため 38 名となった。このうち三つの訴因で起訴されたものは 28 名であり、2 年半の審理の結果下された刑は絞首刑 7 名、終身刑 16 名、禁固 20 年 1 名、同 7 年 1 名であった（48 年 11 月）。

　この判決に対し 11 名中 8 名の裁判官は全面的に同意し、ローリング（オランダ）とベルナール（フランス）が一部反対意見を表明したのに対し、インドのパール判事（カルカッタ大学副総長）は、裁判所の管轄権、司法手続き、事実認定の全てにわたる異議を唱え、全被告の無罪を主張した。パールの論拠は次の 4 点であった。(1)戦勝国に立法権はない、(2)平和に対する罪（侵略戦争）と人道に対する罪は国際法上の犯罪を構成しえない、(3)平和に対する罪の共同謀議はまったく立証されなかった、(4)通例の戦争犯罪についても国家行為と見なされるときは個人責任を追及できない。

　ニュルンベルク裁判同様、訴因そのものばかりでなく管轄権や司法手続きについても大きな疑義があったため連合国軍最高司令部に再審申し立てを行ったが、同司令部は対日理事会、極東委員会の意見を徴した上でこれを却下し、1948 年 12 月 23 日、7 人の絞首刑が執行された。しかし残りの A 級以下の戦犯は、米ソの冷戦が激化しつつあった 1950 年 3 月以降 56 年までに全員が釈放されていった。

　東京裁判におけるキーナン首席検察官の冒頭陳述にあったように、連合国とりわけ米英は、これら二つの裁判を勝者の敗者に対する報復的政治裁判ではなく、「文明の側」の文明破壊者に対する裁判と位置づけようとしていた。「文明の側」の裁判であるならば近代法の理念と手続きに則らねばならない。しかし現実には政治裁判としての性格が濃厚であった。いわば本音と建前の間の矛盾が不可避的に露呈した裁判だった。

　第一に、これら二つの裁判の根幹ともいうべき訴因自体が「文明の側」の手

続きに則ったとはいえない重大な疑義のあるものであった。二つの裁判に共通する三つの訴因のうち戦争犯罪以外の、平和に対する犯罪（侵略戦争）と人道に対する犯罪の二つは、戦争犯罪の概念の拡大であった。より明確にいえば、ニュルンベルク裁判の第一訴因たる共同謀議の罪を加えた三つの訴因とも事後法の疑いが強かった。平和に対する罪についていえば、確かに1924年10月10日のジュネーブ議定書（国際紛争平和的処理議定書）は侵略戦争を国際犯罪と規定していたが遂には発効しなかった。人道に対する罪もそれ以前の条約か慣習法に明確に根拠を求めることはできなかったし、共同謀議という形態も何ら根拠がないばかりかその概念が曖昧で立証不可能であった。すなわち、巨大化した近代国家においては政策決定者であっても政策の全体像を十分把握することは困難であるばかりか、結果として知らずに共同行為に加担したことになる場合もありえたからである。

　戦争そのものを違法とした1928年の**不戦条約**（ケロッグ＝ブリアン条約）と既存の戦争国際法に基づく戦争犯罪以外の訴因は、近代法の大原則である**不遡及の原則**と**罪刑法定主義**に抵触する恐れが強かったといわねばならない。

　第二に、複数の国家—全ての戦勝国—から構成される国際裁判所が特定国家—敗戦国—の個人を裁いたことも「文明の側」の法理念と矛盾するものであった。国家は国際法上の主体として国際法のもとで責任を負うが、個人が免責されるのは自明の理である。個人は国家の管轄権によって、自己に対する問責を裁かれうるのである。しかるに、これらの国際裁判においては、国家責任が個人責任にすり換えられ、領域的、属人的、普遍的いずれの管轄権も設定しえない国際裁判所が個人を裁いたのである。

　第三に、裁判官と検察官が実質的には一体という、「文明国」ではありえない形をとっていた。個人的には別個の人間であっても実際にはどちらの裁判でも同じ戦勝国出身者が裁判官と検察官を独占し、敗戦国はもちろん中立国の人間すら加えられなかった。もし戦勝国の敗戦国に対する報復的政治裁判ではないとするならば、そして文明—西欧文明を指すものであっても—防衛の裁判であるとするならば、まさにその西欧文明の近代的観念に則って、戦勝国が検察を構成しようとも裁判官は中立国によって構成されるべきであった。

　第四に、最も根本的な問題であるが、連合国、とりわけ米英ソ仏に三つ、な

いし四つの訴因によって敗戦国を裁く資格があったのであろうか。状況証拠から見てソ連に深い疑惑がかかっていた**カチンの森虐殺事件**をソ連はナチスの所業と主張したにもかかわらず、不思議なことにニュルンベルク裁判で審理するどころか強引に審理からはずしてしまった。イギリスも1940年段階でノルウェー侵入の準備をしており「共同謀議」の疑いがあった。さらに45年8月におけるアメリカの広島・長崎に対する原爆投下は、戦争犯罪、共同謀議、平和に対する罪、そしてなによりも人道に対する罪であったはずである。

　すでに指摘していたようにこれらの訴因そのものに疑義があったが、連合国が日独をそれによって裁いたまさにその訴因によって自らも裁かれなければならなかった。これらの裁判終結後、アメリカはヴェトナム戦争、イラク戦争はじめ多くの対外戦争、イギリスはスエズ動乱やフォークランド紛争、フランスはインドシナ戦争やアルジェリア戦争、ソ連はハンガリー動乱、チェコ侵攻、アフガニスタン侵攻などを行っており、三つないし四つの訴因に基づく二つの国際裁判は審判に耐えるものとはいえない。

　文明社会を防衛するために国際法に則って敗戦国を裁くはずの二つの国際裁判は、今まで見てきた通り当時の国際法の法理になじまない、明らかに戦勝国による報復的政治裁判であった。それはまた米ソの冷戦が激化しつつあった1950年代に、ドイツ10名、日本7名の絞首刑者という冷徹なる事実のみを残して、日独では終身刑のA級戦犯以下ほぼ全員の戦犯が釈放されたということにも示されている。

　では政治裁判であったのだから彼らは免責されうるのであろうか。また国家の責任はどうなるのであろうか、少なくとも当時、国際法上、責任を負うのは国家であった。根拠とする国際法が広く支持されうるものであるとするならば、公的法人としての国家が果たしうる責任の具体的形としては賠償、満足（陳謝）や有形・無形の援助ということになろう。しかし国家の責任はこれで終わらない。原則として国際法は個人を裁きえないが、国家は個人を裁くことができるのであるから、まさにその国家の名において侵略と残虐行為を指揮・指導した政策決定者を国家がそれまでの国内法ででも裁くべきであった。一口に第二次世界大戦といっても、すぐれて帝国主義（間）的戦争の性格が濃厚な部分もあったが、少なくとも、ドイツのユダヤ人虐殺・虐待、ポーランド以下東

欧・バルカンへの侵略、日本の中国をはじめとするアジア諸地域への侵略はその対象となるべきであった。しかし現実には、冷戦激化の中でアメリカが日独（西独）をアメリカ・ブロックに強固に組み込むためにその機会を与えず、そればかりか旧体制の中枢にいたＡ級戦犯にすら復権の機会を与えたのであった。

━━━【脱線講義14】戦時国際法と国家の管轄権 ━━━━━━━━━

　当時の戦時国際法には、交戦国間の関係を規律した交戦法規と、交戦国と中立国の関係を規律した中立法がある。このうち、無用な殺傷を避けるために作られた交戦法規には、最初の大規模な近代戦争たるクリミヤ戦争を契機としたパリ宣言（1858 年）をはじめ、赤十字条約（＝ジュネーブ条約、1864 年）、ハーグ平和条約（1899 年、1907 年）、ワシントン条約（1925 年）などがあり、気球からの爆発物投下、自動触発水雷の敷設、毒ガス・細菌の使用などを制限ないし禁止していた。

　個人に対する問題を裁判する国家の管轄権は基本的には領域的管轄権であり、これによって国家は自国領域内で発生した犯罪については犯人が自国民か外国人であるかを問わず法令を執行できる。さらに例外的原則として、属人的管轄権によって、国家はその領域外であっても自国の法秩序により保護された者に対し外国人または自国民が行った犯罪についても裁判することができる。すなわち、自国民は犯罪地の如何を問わず自国の刑法に属すのである。また、条約か慣習法に基づく国際法による普遍的管轄権によって、海賊行為やハイジャックのケースのように、事実、場所、犯人の何如を問わず国家はこれを訴追する権限を有している。

第3節　ヨーロッパと周辺地域の情勢

　本節では大戦終結期のヨーロッパおよびその周辺地域の情勢を中心に説明するが、戦後の国際政治を語る上で必要不可欠と判断した場合には、当該国の大戦中からの国際関係を詳述することにする。

戦勝国・イギリス

　第一次産業革命を牽引し大英帝国を築いたイギリスではあるが石炭を除いて重要な天然資源に欠け、食糧自給率も低く 5,000 万人以上の国民を養うためには、対外投資と対外輸出これらを支える海運業の三つが不可欠であった。しかし戦争はこれらに深刻な打撃を与えた上に、成人人口の大半は戦場か非生産的な軍需産業に動員されていた。ポツダム会談中に行われた総選挙でチャーチルの保守党から政権を奪ったアトリー労働党政権の課題は経済的破綻状態の中で

福祉国家の建設を目指すことであった。「ゆりかごからから墓場まで」のスローガンのもと、戦時中の経済統制政策は維持しつつ福祉国家政策と国有化政策（電気・ガス・石炭・鉄鋼業・鉄道・通信など）を推進していった。しかし現実には大戦中、アメリカの**武器貸与法**（レンドリース）により314億ドルの援助を得たものの大戦中の対外債務は35億ポンドに達しており、戦費調達のため膨大な海外資産を喪失した上、ナチス・ドイツの空爆による戦災で国内資産も巨額の損失を被っていた。対外支払い能力を喪失しポンドの兌換性は失われていた。財政的破綻状態の中で原材料や食料品などを輸入するためにも、国民皆保険制度をはじめとする社会福祉政策を進めるためにも金融的資源が絶対的に不足しており、アメリカからの巨額借款に頼らざるをえなかった。1945年12月**英米金融協定**を締結し（発効46年7月15日）、37億5,000万ドル（11億ポンド）の借款を得ることができた。それにもかかわらず労働争議が頻発し、依然として生産性は低く豊富であるはずの石炭すら不足するありさまであった。1946年12月から47年3月に発生した20世紀最悪といわれた寒波到来が追い打ちをかけた。石炭不足は電力不足を引き起こし、交通網も途絶したためロンドンをはじめ大都市では野菜など食料品不足が深刻化した。北極のようだといわれたイギリスの極寒状態はトルーマン・ドクトリン発表の背景の一つとなるとともに、イギリスが積極的にマーシャル・プランを受け入れる理由となった。

　対内的には「大きな政府」により社会的安定を目指し、対外的には長年にわたり維持してきた植民地の清算を進めていかざるをえなかった。1947年インドとパキスタンの独立を、48年にはセイロン（スリランカ）の独立を、48年にはビルマ（ミャンマー）の独立を承認した。51年1月6日には西側諸国として初めて香港の地位保全を条件に中華人民共和国を国家承認したが、同年6月に勃発した朝鮮戦争には日本占領の任務を負っていた英連邦占領軍を派遣した。また米ソに続いてが原爆開発を進めたが、51年10月の総選挙でチャーチルの保守党に敗北してチャーチル保守党政権が成立したため、初の原爆実験はチャーチル政権時代の52年10月、モンテベロ諸島と西オーストラリアの間のサンゴ礁で行われた。原爆保有は、戦勝国とはいえ大戦で国力を消耗したかつての大英帝国を国際政治における大国としての地位を保証することになった。

戦勝国・フランス

　1940年6月14日ドイツ軍のパリ侵入を受け16日にペタン親独政権が成立するや（7月2日、ヴィシーへ移転）、ドゴール将軍はロンドンに亡命政権を樹立し自由フランス軍を組織してナチス・ドイツに抵抗する姿勢を国際的にアピールした。現実には亡命政権とは認められず、「（反ナチス・ドイツの立場を明確にした）個々人の集合体としてしか受け取られなかった」（A・J・P・テイラー）。ロンドンでは冷たく扱われていたのである。44年8月15日米英連合軍が南仏に上陸し8月25日にパリを解放するとドゴールはパリ市民の熱狂に包まれて凱旋した。「一度も戦闘を指揮したこともなければ、一度も選挙に出たこともない」（テイラー）政治家は、「クレマンソー、あるいはほとんどナポレオンにさえ匹敵するほどの揺るぎない支配者としてフランスに帰還したのである」（テイラー）。ヴィシー政権関係者や親独派は逮捕されたり逃亡したりし、ドイツ軍将校たちとの関係を疑われたフランス女性たちは街のあちこちで迫害を受けた。

　ベルリンと異なりパリは破壊を免れたが、1945年から46年にかけての冬には寒さや飢餓からは逃れられなかった（タッド・シュルツ）。地方の農村部では食料不足はなかったがパリなどの都市と農村部を結ぶ交通網が麻痺していた（ウォルター・ラカー）。イギリスと異なり配給制がうまく機能せず、石炭生産は戦前に比べ微々たるもので、電力供給も半分に低下していた。インフレの悪化に対してドゴールを首班として45年11月成立した連立の民主戦線内閣は有効に対応しきれなかった。新政権は共産党や社会党を含む「新旧フランスの混合物」（ラカー）であり、パリを離れた地方ではかつてのパルチザン指導者や地方政治のボスがそれぞれの意向で行動し、フランスは無政府状態寸前であった（ラカー）。必ずしも権力基盤が強固でなかったドゴールは、国内情勢が混乱していたときにも大国としての地位に復帰することを熱望していた。フランスがヤルタ・ポツダム会談に招かれなかったことを無念に思い米英を批判した。インドシナ、シリア、レバノンなどの海外領土を喪失することは、大国としての地位に復帰する可能性を喪失することにつながるため危機感を募らせていた（ラカー）。パリで熱狂的に歓迎されたドゴールは、直接的には社会党が提出した軍事費を20%削減させる予算案に反対して、46年1月突如として暫定政権

首相の座を退き、彼の率いる臨時政府の短い時代が終わった。その背景には、国内情勢の混乱を収められなかったことや、インドシナ問題の密かな解決策に失敗したこともあった。

戦勝国・ベネルックス諸国

1940 年 5 月ドイツ軍はオランダばかりでなく永世中立国であったベルギーと非武装中立国の小国ルクセンブルクにも侵攻し、これら 3 ヵ国はドイツの占領下に置かれた。そのためオランダとベルギーはロンドンに、ルクセンブルクはカナダに亡命政府を樹立した。44 年 6 月ノルマンディーに上陸した連合軍はフランスとベルギーを解放し、障害であったライン川の渡河に成功した 45 年 3 月以降オランダを占領していたドイツ軍と激戦を繰り広げ、ドイツが降伏した直後の 5 月 8 日に首都アムステルダムにカナダ軍が入城した。この間の 44 年 9 月にアメリカ軍がルクセンブルクを一旦解放したが、ドイツ軍の反撃を受け、ドイツ軍を一掃するのは翌年春にずれ込んだ。

対独宥和の中立国スイス

永世中立国を国是とするスイスすら南北をドイツとイタリアに接しているため、特にドイツの脅威に備えなければならなかった。1939 年 9 月 1 日ドイツ軍がポーランド、翌 40 年 5 月にオランダさらに中立国ベルギーとルクセンブルクに次々と侵攻すると極度に警戒態勢を高めた。しかし同時に対独宥和政策をとって最終的には大きな代償を払いながら、ドイツの侵略を抑止することができた。戦争中もスイスの民間企業がドイツから原材料を輸入し、精密機械類や武器弾薬すら輸出することを黙認し、ユダヤ人の入国を拒否し国境を封鎖したのである。さらにドイツがオランダやベルギーから略奪したことを認識しながらスイス銀行は金塊を購入したのである。確かに中立を守ることはできたが、その現実的といえば現実的な対独宥和政策は戦後、国際的な非難の対象となり、永世中立国のイメージを大きく傷つけることになった。

中立国・ノルウェー

1940 年 4 月 9 日ドイツはデンマークに侵攻したあと、中立を宣言していた

ノルウェーにも侵攻した。ドイツは鉄鉱石や海産物など天然資源が豊かなノルウェーが連合国側につくことを恐れたからである。特にドイツにとってノルウェーの鉄鉱石は戦争遂行に不可欠の物質であったが、イギリスにとっても同様であった。一方、ノルウェーにとってはイギリスから輸入する石油は死活的に重要であった。ドイツに先んじて鉄鉱石を確保したいイギリスは、ドイツの軍事力を南北に分散させたいフランスとともにノルウェーに援軍を派遣しノルウェーはドイツと英仏の戦場となった。しかし6月ドイツ軍がフランスに侵攻したため英仏連合軍は撤退を余儀なくされ、ノルウェーはドイツ軍の占領下に置かれ、ノルウェー政府はロンドンに亡命政府を樹立した。ノルウェー軍は単独で、圧倒的な軍事力を有するドイツ軍に4月9日から6月10日まで2ヵ月間抵抗し続けた。第二次世界大戦中、ソ連軍以外にドイツ軍に2ヵ月間も抵抗しえたのはノルウェー軍だけであった。この戦争により戦前よりノルウェー経済の支柱であった貿易商船団は激減し、再建には多大の時間を要したもののオランダよりは戦時中の被害は少なく平時経済への転換は比較的短い期間で終わった。また第二次世界大戦の経験から中立政策を放棄して、国際連合の設立メンバーになるとともに、1952年には北大西洋条約機構（NATO）に加盟したが、現在に至るまで西欧中心に始まった経済共同体には国民投票により参加しなかった。

揺れ動いたデンマーク

　1939年9月1日ポーランドに侵攻したドイツは英仏との戦闘に入り、翌40年4月9日デンマークとノルウェーに侵攻した。鉄鉱石を確保するためノルウェーに侵攻するにはデンマークを占領することが不可欠であったからである。国王クリスチャン10世は直ちにドイツに降伏し、それ以降デンマークはドイツに占領されることになった。元々デンマークはドイツと地続きであるためドイツとの関係を重視せざるをえず、政府の存続は認められたためドイツ軍の駐留を受け入れ日独伊三国防共協定にすら加わり、共産主義者やレジスタンスへの取り締まりを強化した。ドイツの占領開始1年後の41年4月9日、駐米大使ヘンリック・カウフマン（Henrik Kauffmann）は、「デンマーク王の名において」としながらも自らのイニシアチブで、「デンマーク領のグリーンランドと

その周辺のフェロー諸島をドイツの侵略から防衛するためアメリカにその任を
与える」協定にアメリカ国務長官コーデル・ハル（Cordell Hull）とともに調印
した。同協定は6月7日ルーズヴェルト大統領の承認を受けた。この協定はグ
リーンランドの地方官憲やアメリカ駐在の総領事たちから支持されたが、デン
マーク政府は彼を反逆罪で処罰すると伝えた。彼は「敵対勢力に占領されてい
るデンマーク政府にはデンマークの国益を守ることはできない」といって政府
の方針を無視した。この協定を根拠として、連合国軍はグリーランド・フェロ
ー諸島ばかりかアイスランド（44年6月17日共和国として独立）にも進駐した。
この間、独ソ間のスターリングラードの攻防（42年8月23日～43年2月2日）
でドイツ軍が降伏するとドイツへのレジスタンス運動は激化していき、45年5
月デンマーク駐留ドイツ軍は降伏してデンマークは解放された。

揺れ動いたスウェーデン

　スウェーデンは戦時にはいかなる国家にも厳正中立を守る国家であるという
イメージが強い。しかし戦時に中立を宣言した他の国家同様、軍事力が強大な
国家が自国に圧力をかけてきた場合には宥和的な対応をせざるをえず、戦局の
変化・力関係の変化により妥協する相手を変えたというのが現実である。1940
年4月9日ドイツ軍がデンマーク・ノルウェーに侵攻し占領すると、スウェー
デンは実質的にナチス・ドイツに包囲される形となった。この状況の中で41
年6月独ソ戦が始まると、スウェーデンはノルウェー国境からフィンランドま
でドイツ武装兵約1万5,000人を列車で輸送することを余儀なくされた。一方
イギリスはドイツがノルウェー・スウェーデンの鉄鉱石にアクセスするのを阻
止するためにノルウェー沿岸に水雷を敷設したが、スウェーデンは経済封鎖状
態になりかねず、英独との必死の交渉の結果、当面、両国との貿易関係を維持
することができた。ドイツに比重を置き重要な戦略物資であるボールベアリン
グも輸出しながら、いわば二股をかけたのである。しかし44年秋から45年に
かけドイツ軍の劣勢が明らかになると、ドイツとの貿易関係を停止し連合国側
の意向を忖度するようになったため、戦後、米英側ではスウェーデンの中立政
策への不信感は残ったものの、戦時スウェーデンが枢軸国側であったという認
識は弱かった。これに対し、ソ連はスウェーデンのナチス・ドイツに対する宥

156

和的姿勢に厳しかった。ドイツ軍に従軍したバルト三国出身兵士やソ連がバルト三国占領期にスウェーデンに亡命したバルト出身者をスウェーデンが難民として保護していた事実を非難し引き渡しを迫り、スウェーデンはまたもや強国の圧力に負けてソ連に強制送還したのである。

右顧左眄の中立国・スペイン

　第一次世界大戦では局外中立の立場をとったスペインは、戦後ヨーロッパ経済の混乱を受け悪性インフレに悩まされ、それも原因の一つとなりカタルニア地方やバスク地方での独立運動が激化し左右対立が深まっていった。この混乱の中で国王アルフォンソ13世が退位に追い込まれ王政は廃止されたが、左右対立は沈静化せずソ連に支援を受けた人民戦線が1936年2月16日政権を掌握するや、同年7月フランコ将軍がクーデターを起こし、ここに**スペイン内戦**が始まった。ドイツのヒトラー、イタリアのムッソリーニ、隣国ポルトガルのサラザールの支援を受けたフランコ軍が人民戦線を圧倒し39年3月28日マドリードを占領し、ここに内戦は終結した。これに先立つ1ヵ月前の2月27日英仏はフランコ政権を承認していた。

　第二次世界大戦が勃発するとフランコ政権は中立を宣言した。宣言せざるをえなかった。人民戦線を圧倒して政権を掌握したとはいえ3年にわたる内戦で、経済的にも社会的にも国内は極度に疲弊し混乱を極めており、内戦で支援を受けた独伊枢軸国側から参戦できる状況ではなかった。大戦初期、スペインは中立を宣言していたもののドイツ軍の快進撃を見て枢軸国へ傾斜する姿勢を見せ、ドイツも大西洋・地中海・北アフリカに睨みを利かす戦略的要衝のイギリス領ジブラルタルを攻略するために、スペインを引き込むつもりであった。

　しかしフランコ政権は戦況の変化を見ながら連合国寄りの姿勢も見せ始め、その右顧左眄の姿勢が枢軸国の不信感を招く結果となった。その結果、戦争終結期のスペインは国際的に孤立し、米仏両国はフランコ政権を打倒する姿勢すら見せ、1946年12月には国際連合への加盟も拒否した。米英仏などがスペインとの関係を正常化するのは米ソ間の冷戦状況がはっきりしてきた48年以降のことであった。

連合国寄りの中立国・ポルトガル

　北欧のノルウェーが伝統的にイギリスと緊密な関係を維持したように、南欧のポルトガルもイギリスとの同盟関係を重視してきた。1936 年 7 月のスペイン内戦開始以降、ポルトガルの独裁者となっていた元大学教授アントニオ・サラザールはフランコ軍の勢いを見て早くも 38 年 4 月にフランコ政権を承認し、ほぼ内戦が終結しつつあった 39 年 3 月 17 日スペインと相互不可侵条約（イベリア条約）を締結した（批准 3 月 25 日）。因みに英仏がフランコ政権を承認したのは 39 年 2 月 27 日であった。39 年 9 月第二次世界大戦が勃発すると中立を宣言し、連合国にも枢軸国にも戦略物資であるタングステン（硬度が高いため戦車や艦船を攻撃する砲弾に利用される）を輸出し、連合国の優勢が明らかとなるやイギリスやアメリカなど連合国軍にポルトガル植民地である大西洋上のアゾレス諸島を基地として使用することを認めた。その結果、戦後はスペインとは異なり国際連合に加盟することができ、さらには NATO や欧州自由貿易連合（EFTA）への加入に成功した。そのため自由主義陣営諸国との関係を深め 1950 年代には経済が一時的に安定したものの、サラザール政権の独裁に対する反対運動が激化した上、海外植民地の独立運動を長期にわたり抑圧したため経済は衰退していった。1961 年にはインドのゴア、ディウ、ダマンのポルトガル植民地を失ったのをはじめとして、アフリカのポルトガル領西アフリカ（独立後、アンゴラ）、ポルトガル領東アフリカ（独立後、モザンビーク）、ポルトガル領ギニア（独立後、ギニアビサウ）が 60 年代初めからの独立戦争の結果 70 年代前半には独立していった。唯一の例外は、建国したばかりの中国と 1950 年に協定を結び準植民地として維持したマカオ（1999 年に中国に返還）であり、金融業とカジノで繁栄しポルトガル本国の財政に貢献した。

敗戦国・ドイツ

　国土の荒廃は凄まじく、社会は混乱・混沌の極致にあり人々は生き地獄の中で必死に生存を図っていた。エルベ川にかかる 22 の鉄橋は全て破壊され、鉄道・道路・送電線など社会インフラは壊滅的な被害を受けていた。この戦争によるドイツ人犠牲者は軍民合わせて 800 万人に及び、身体の一部を失った膨大な数の元傷病兵や民間人の負傷者、親を失った戦争孤児達が街をさ迷っていた。

ソ連領となった東プロシア北部、ポーランド領となった東プロシア南部および
オーデル・西ナイセ川以東の旧ドイツ領から追放されたドイツ人、さらにはチェコ・スロヴァキアやハンガリーから追い立てられたドイツ系住民が、最低限の生活すら保障されない荒廃したドイツに次々となだれ込んできた。その数は1,000万人以上といわれ祖国ドイツで難民として厳しい生活を余儀なくされた。

敗戦国・オーストリア

　ナチス・ドイツによる**アンシュルス**（独墺併合、1938年3月13日）により大戦中はドイツと同じ道を歩むことになったが、大戦終結後の連合軍軍政期の政治状況はドイツのそれとは異なるものであった。45年4月にソ連軍が進駐したあとの7月から米英ソ仏4ヵ国が分割占領を開始し、ソ連占領地区に包囲される形になったウィーンも4ヵ国の分割占領を受けた。すでにソ連軍進駐直後、元首相で社会民主党のカール・レンナーが中心となり臨時政府を樹立しドイツからの離脱を宣言していたため、ウィーンに置かれていた連合国管理理事会は同年10月これを承認した。12月に人民党と社会党の連立政権であるレオポルト・フィグル政権が成立し―実権はレンナーが握っていた―永世中立を最大の政策目標に掲げ、連合国との早期講和の実現を最優先にすべく努力せざるをえなかった。

敗戦国・イタリア

　イタリアにとり重要課題は、政治体制の安定化と経済復興であったことは他の敗戦国と同様であった。前者に関して王室（サボイ家）がファシズム体制に協力したため、1946年6月の国民投票により共和制が採用され君主制は廃止された。後者に関して当初は不安定な政治状況を反映して経済復興は進まなかった。戦争中パルチザンとしてレジスタンスを展開した共産党が**パルミーロ・トリアッチ**という強力な指導力を持った政治家により戦後イタリア政治で存在感を発揮していたが、米ソ関係が対立を深める中で、ソ連と緊密な関係を持っていた共産党は勢いを失っていき、**アルチーデ・デ・ガスペリ**が率いるキリスト教民主党（DC）が政治的安定勢力となり経済復興を進めることとなった。

ソ連に搦めとられた敗戦国

　フィンランド・ハンガリー・ルーマニア・ブルガリアは、戦争終結以降、ソ連の圧倒的な政治的・軍事的圧力のもとで戦後復興への道を探ることになる。ただしフィンランドはフィンランド化という言葉が象徴するようにきわめて微妙な立場に置かれ、隣国ソ連と米英仏などの西欧諸国と等距離外交を余儀なくされた。他の3ヵ国は最終的にソ連の衛星国として固定化されていった。ハンガリーでは1946年2月1日に王制が廃止され共和国が成立したものの、15〜16時間から24時間で物価が2倍に跳ね上がるというハイパーインフレーションが発生して政情が不安定化する中、ハンガリー共産党が勢力を拡大していった。パリ講和条約を受け入れたが、これとは別にソ連が44年10月にハンガリーに侵攻した際の侵入ルートとしたカルパチア・ルテニアをチェコ・スロヴァキアの抗議を無視して占領を続け、最終的にソ連領ウクライナに組み込んでしまった。講和条約を締結した後もソ連軍はハンガリーに駐留し続け、これを背景にした共産主義政党ハンガリー勤労者党独裁のもと、49年8月23日ハンガリー人民共和国が成立しソ連の衛星国家となり、スターリン化が進んでいった。ルーマニアもパリ講和条約を締結させられたものの、大戦中にソ連が占領したベッサラビアと北ブコヴィナ、ブルガリアが占領していた南ドブルジャは返還されなかった上にソ連に3億ドルの賠償金を払わされ、47年末には共産党主導の人民共和国が成立しソ連の衛星国に固定化されていった。44年10月の英ソ間のバルカン協定でブルガリアではソ連が圧倒的な支配権を有することになっていたため、ソ連はアメリカの反対を押し切り衛星国化を進めた。46年9月8日国民投票により王政を廃止し、人民共和国を建国し、ソ連に忠実なソ連邦16番目の共和国といわれるようになっていった。

独ソに侵略されソ連に搦めとられたポーランド

　ナチス・ドイツは独ソ不可侵条約を締結した約10日後の1939年9月1日午前4時45分、自らが分離独立させた実質的保護国スロヴァキアとともに宣戦布告なしにポーランドに侵入した。17日にはソ連がポーランドに侵攻し28日には独ソ国境友好条約という奇妙な名称の条約を結び、秘密議定書でリトアニアはドイツの勢力圏とされていたが、この奇妙な条約によりソ連は翌年40年

6月15日にポーランド北隣のリトアニアを占領し自国の勢力圏とした。ナチス・ドイツがポーランドに侵攻した2日後、イギリスはフランスとともにドイツに宣戦布告したが、ドイツ軍の圧倒的な戦力の前に本格的な攻撃を控えたため、否、準備不足で控えざるをえなかったため、ポーランド軍は激しい抵抗をしたものの敗退した。ポーランド東部はソ連が、西部はドイツが占領し、前者では資本家・地主など支配階層は反革命分子として強制連行され、後者では多数のポーランド人やユダヤ人が追放されたり強制収容所に送られた。中世ポーランドにはロシアをはじめヨーロッパ各地から多くのアシュケナジム系ユダヤ人が流入して、ヨーロッパ最大のユダヤ人・コミュニティが形成されていたこともあり、44年までにユダヤ人人口の90%にあたる270万人がアウシュヴィッツ強制収容所などで悲劇の死を遂げている。

　ハンガリーやルーマニアを経由しポーランドからの脱出に成功した政治家や軍関係者は、まずパリに亡命政府（自由ポーランド政府）を樹立し、1940年6月パリが陥落するとパリ南西200kmのアンジェに移転し、さらにロンドンに移動した。脱出した空軍将兵はイギリス空軍に参加し、海軍将兵はほとんどが脱出に成功し、イギリスやノルウェーなどの軍隊と行動をともにした。

　独ソ両国に分割占領されていたポーランド本国では二つの悲劇的虐殺が発生した。それらはポーランド国民や600万人ともいわれている在米ポーランド人コミュニティのソ連・ロシアに対する複雑な感情の理由となっている。「**カチンの森虐殺事件**」と「**ワルシャワ蜂起**」である。

　「カチンの森虐殺事件」は1943年<u>4月13日</u>に連合国の新聞各紙が報じたため、ドイツのベルリン放送がカチンの森における虐殺事件を報道した。モスクワの西南西360キロに位置するソ連領内スモレンスク（現ロシアのベラルーシ国境に近い都市）郊外で、ソ連領内に侵攻したドイツ軍が多数のポーランド人将校の遺体を発見したという内容であった。実際の場所はスモレンスク郊外のグニェズドヴォ村であったがゲッペルス宣伝相の判断で覚えやすい近くの森のカチン（原音はカティン Katyn）の名が冠せられた。ポーランド東部に侵攻し分割占領したソ連軍は、多くのポーランド軍将兵を捕虜として連行したが、41年6月独ソ戦が始まるとソ連とポーランド亡命政府は協定を結び、連行した将兵を釈放しドイツ軍と戦うためのポーランド人部隊を編成することになった。しか

し捕虜として強制連行された将兵の一部しか集まらず、亡命政府や米英に脱出したポーランド人社会では残りの捕虜はどうなったかとソ連に疑惑の目を向け始めていた。ソ連はナチス・ドイツの仕業としてドイツを非難し、調査に乗り出した米英はソ連の仕業との心証を持ちつつソ連との「奇妙な同盟関係」を維持するため調査結果の公表を控えた。ドイツの仕業であると声明するようソ連に迫られた亡命政府が拒否するや、ソ連は細い糸で何とか繋がれていた外交関係を 4 月 26 日断絶した。同年 7 月 4 日亡命政府首相ヴワディスワフ・シコルスキ将軍を含む政府・軍関係者 17 人を乗せたイギリス空軍機が英領ジブラルタルを離陸して数分後に海上に墜落してパイロット 1 人以外は死亡した。ソ連軍犯行説をとっていた亡命政府幹部を亡き者にすることにより、ソ連はカチンの森事件の風化を図ろうとしたという噂が広がった。

　時は移って米ソ冷戦が最終的なデタント過程に入りつつあった 1985 年 3 月、54 歳の若さでソ連共産党書記長に就任したミハイル・ゴルバチョフは、ペレストロイカ（改革）とグラスノスチ（情報公開）によりソ連社会の全面的改革を推し進めた。ゴルバチョフ政権による調査の結果、秘密警察であるソヴィエト内務人民委員会（NKVD）長官ラヴレンチー・ベリヤの提案をスターリン書記長が承認し、NKVD 隊員がカチンの森では約 4,400 人、その他 4 カ所の強制収容所・刑務所で約 1 万 7,500 人を銃殺したことが明らかになった。1990 年 4 月 13 日、ソ連国営タス通信は NKVD カチンの森虐殺事件に関してポーランドのヤルゼルスキー大統領と会談し「ソ連政府はスターリンの犯罪の一つであるカチンの森事件について深い遺憾の意を示す」と伝えた（朝日新聞、2010 年 4 月 11 日）。さらに 2010 年 4 月 7 日ロシア大統領プーチンはポーランドのトゥスク首相らをカチンに招き犠牲者慰霊の式典を催し、スターリン体制のもとで行われた犯罪を批判するとともに謝罪した。1999 年に NATO 加盟国になったポーランドのロシアに対する反感・警戒心を和らげる意図もあった。この事件との関連で、ポーランドでも 2008 年になりイギリス空軍機墜落事件の真相を調査する動きが始まった。

　「ワルシャワ蜂起」は 1944 年 8 月 1 日から 10 月 2 日までの 63 日間、ポーランド国内軍（地下軍）とワルシャワ市民がナチス・ドイツを駆逐するために戦った闘争であった。しかしソ連によって 唆 されたあげく、ドイツ軍に完膚な

きまでに殲滅させられ、結局は再びソ連の支配に服することになった。

　独ソ戦開始以来、ナチス・ドイツの精鋭部隊を東部戦線で一手に引き受ける形となったソ連は、米英にヨーロッパ西部、具体的にはフランス北部に第二戦線を開いてドイツを挟撃する態勢構築を要求していた。1943年11月のテヘラン会議で第二戦線を開くことが決定し、連合軍は44年6月6日にノルマンディー上陸作戦を敢行し北フランスに向け北上していった。予想以上の成功であった。東部戦線でソ連軍に集中していたドイツ軍の圧力を分散させることができたソ連は、6月22日まずベラルーシを占領していたドイツ軍主力の中央軍集団50万に壊滅的な打撃を与え、さらにポーランドまで押し戻しポーランド東部地域を占領するに至った。ソ連軍がポーランド東部奪回を目指して西進していた5月以降、亡命政権と戦後の領土確定問題で秘密交渉を続けていたが合意に達せず、7月20日以降、ソ連の意のままになる政権樹立を模索し、ワルシャワ東南160kmにあるルブリンに共産党をはじめ左翼系政党の連合政権としての**ルブリン委員会**（ポーランド国民解放委員会）を設置した。ほぼ同じ頃7月30日ワルシャワ東方10キロ地点まで迫ったソ連軍は、亡命政府系のポーランド国内軍（地下軍）にドイツ軍が手薄になったワルシャワで武装蜂起するよう提案した。8月1日国内軍5万は蜂起に立ち上がったが、ドイツ軍は手薄になったとはいえ国内軍を物量的に圧倒していたため猛反撃を行い、9月末には国内軍はほぼ殲滅させられワルシャワは廃墟と化した。ソ連軍は補給が滞ったことを理由に、結果的には国内軍を見殺しにし、10月2日国内軍はドイツ軍に降伏した。ワルシャワ市民と国内軍合わせて20万人強が死亡したと推定されている。この20万人強を含め、第二次世界大戦中のポーランド軍民の犠牲者は600万人に上ると推定されている。ソ連軍への補給が滞っていたことも事実のようであるが、亡命政府との関係を断絶し自国の意のままに動く傀儡政権を樹立していたことが国内軍を見捨てた最大の政治的理由であった。年が明け45年1月17日ソ連赤軍はワルシャワに到達した直後から、今や鋭く対立するに至った亡命政府の指示により蜂起した生き残りの国内軍指導部を逮捕する挙に出たこともそれを物語っている。ワルシャワ占領後、ソ連はルブリン委員会をソ連占領地域を統治するポーランド共和国臨時政府に「格上げ」し首都ワルシャワに移転させた。

民主化を奪われたチェコ・スロヴァキア

　1938 年 4 月ズデーテンのドイツ人諸政党の中心的存在であるズデーテン・ドイツ人党が、同地方における 300 万人強のドイツ人の自治を求め、この要求を英仏両国が支持した。ナチス・ドイツのチェコ・スロヴァキア侵攻が現実味を帯びてきた。**ズデーテン危機**の発生である。フランス首相エドゥワール・ダラディエの提案をイギリス首相チェンバレンが受け入れ、9 月 28・29 日ドイツのヒトラー、イタリアのベニート・ムッソリーニ、チェンバレン、ダラディエの 4 人が南ドイツで**ミュンヘン会談**を行い、ドイツの一方的な要求を認め、チェコ・スロヴァキアにズデーテンの放棄を迫った。初代大統領マサリクの息子ヤン・マサリク駐英大使は駐独大使とともに会談が行われた隣室に待機させられるという屈辱を受けた上、会談結果を受け入れなければドイツから侵略されても英仏は援助することはできないと迫られ、受け入れざるをえなかった。この会談ではチェコ・スロヴァキア領チェスキー・チェシンをポーランドに割譲することも合意され、人民投票を経て 12 月 1 日にチェシン全域がポーランド領となった。会談 2 日後の 10 月 1 日、ドイツ軍はズデーテンに進駐し、5 日チェコ・スロヴァキア大統領ベネッシュ（35 年 12 月 13 日マサリクの後任となる）はロンドンへ亡命した。

　この事態を受け、かつて新生チェコ・スロヴァキアが獲得したスロヴァキア・カルパチア・ルテニアは、ナチス・ドイツに煽られる形で 1939 年 3 月 14 日チェコ・スロヴァキアからの独立を宣言した。スロヴァキアはナチス・ドイツの保護国として、カルパチア・ルテニアはカルパート・ウクライナ共和国として。翌 3 月 15 日ヒトラーはチェコに軍事的圧力を掛けつつチェコのボヘミア（ベーメン）、モラビア（メーレン）にドイツ軍を進駐させ保護領として併合し、16 日にはスロヴァキアにも進駐させチェコ・スロヴァキアを最終的に解体した（73 頁地図 16）。かつて北ハンガリーと呼ばれていた地域の回収を国策としていたハンガリーは、3 月 17 日以降この地域に軍事介入し、カルパト・ウクライナ共和国を制圧し、スロヴァキアと戦闘の末に南スロヴァキアを獲得した。ドイツ軍が進駐していたスロヴァキアにハンガリー軍が侵攻した裏には、両国間に密約があったといわれている。南スロヴァキアを失ったスロヴァキアは枢軸国として 1939 年 9 月 1 日ドイツとともにポーランドに侵攻した。

ロンドンに亡命していたベネッシュはチェコ・スロヴァキア亡命政府樹立の
ため奔走するが、「ミュンヘンの平和」を維持したいイギリス政府は彼の政治
活動を制約していた。だが紆余曲折を経て、ベネッシュが中心となった亡命政
府はドイツ軍パリ入城後の1940年7月イギリス政府から承認された。その結
果、ベネッシュの亡命政府は連合国内で一定の地位を獲得し、1941年6月22
日の独ソ戦開始を「追い風」にベネッシュは戦後を見据え対ソ接近を図り、
1943年12月米英の反対を受けずにソ連・チェコ・スロヴァキア友好協力相互
援助条約を締結するに至った。ベネッシュたちのこの動きの背景には「ミュン
ヘンの平和」のために英仏に裏切られたという怨念もあった。1944年10月ソ
連赤軍はハンガリーに侵攻し、カルパチア・ルテニア（カルパート・ウクライ
ナ）を占領し、1946年にウクライナの一部としてソ連に併合した。カルパチ
ア・ルテニアに接するスロヴァキア地域では1944年8月29日、ドイツ傀儡政
権を打倒するスロヴァキア民衆蜂起が発生しドイツ軍に鎮圧されたものの、45
年4月4日にソ連赤軍が全土を解放するまでゲリラ戦を継続した。スロヴァキ
アのドイツ軍駆逐には、新たにドイツに宣戦布告したルーマニア軍も加わった。
一方、チェコ地域では5月7日にベルリンを陥落させたソ連赤軍がプラハへ急
派され、チェコ・スロヴァキア軍、ポーランド軍、ルーマニア軍とともに5月
5日以降起こっていたプラハ民衆蜂起を支援する形で、ドイツ軍約90万と戦
闘を展開し11日にはこれを敗北させた。

「モザイク国家」旧ユーゴスラヴィアの成功と失敗

　第二次世界大戦勃発後の独ソ戦争に対して、ユーゴスラヴィアはほかのバル
カン諸国同様に独ソ両国との距離の取り方に右往左往せざるをえなかった。最
終的には1941年4月6日ソ連と不可侵条約を締結したため、独伊・ハンガリ
ー・ブルガリアの同盟国軍に攻撃を受け17日には降伏に追い込まれ、王国政
府はロンドンに亡命政権を樹立した。ドイツ軍を主体とする同盟国軍に抵抗し
たのはヨシップ・チトー率いる共産党系パルチザンであり、山岳部の地形をは
じめ自然条件を熟知していたパルチザンは巧妙かつ粘り強くドイツ軍に抵抗し、
43年夏段階で15万人になっていたパルチザンが国土の半分を解放するという
成果を上げていた。同年秋以降、チャーチル首相の意向を反映してイギリス軍

はパルチザンに航空支援を開始し、ソ連軍もセルビア解放では協力した。44年 10 月 20 日パルチザンはソ連軍の支援も受けて首都ベオグラードを解放し、45 年には 80 万人に膨れ上がったパルチザンは 4〜5 月サライェヴォ、クロアチア、スロヴェニアを解放した。英ソの支援はあったがきわめて限定的であり、全体的に見ればソ連軍が主体になった解放ではなく、ユーゴスラヴィアは東欧・バルカン地域において唯一自力で解放した国家といわれている。

　1945 年 3 月 7 日亡命していた王国政府とチトーの臨時政府との連合政権が成立したが実質的にはチトーを首相とするチトー政権というべきものであり、11 月の総選挙ではチトーの人民戦線が大勝し、11 月 29 日チトーを大統領とするユーゴスラヴィア連邦人民共和国（以下、ユーゴ）の樹立を宣言した。46 年 1 月にスターリン憲法を模した憲法を制定し、ソ連型の「社会主義国」建設を目指したが、まもなく自主独立の立場を強化した。ソ連のスターリンはこれに激怒し、48 年 6 月 28 日コミンフォルム（共産党・労働者党情報局）からユーゴを追放し、その直後、隣国アルバニアもユーゴと断交した。ソ連型のいわゆる人民民主主義路線を放棄し、ユーゴ独自の自主管理社会主義を導入して制限つきながら自由市場経済を認め、47 年 6 月にアメリカが打ち出した戦後欧州経済復興計画としてのマーシャル・プランを受け入れ経済発展を遂げた。また対外的にはスターリン死去直前の 1953 年 2 月 28 日に近隣のトルコ、ギリシャと友好協力条約を結び、政治的・社会的・経済的協力を推進するとともに，国連憲章 51 条で保証された集団的自衛を目的とする**バルカン三国同盟**を成立させた。トルコ、ギリシャが NATO 加盟国であったため、ユーゴは間接的に NATO の同盟国となりそれはソ連への抑止力として機能した。55 年 5 月 26 日フルシチョフ第一書記らソ連首脳がベオグラードを訪問しユーゴとの和解を演出し、この同盟は形骸化した。さらに 1960 年代に入りインド、エジプト、インドネシアなどと米ソいずれの陣営にも与さない非同盟運動の中心的国家の一つとなるなど国際政治の舞台で存在感を発揮した。

独伊とイギリスの争奪の場・ギリシャ

　1924 年 3 月国民投票により王政を廃止し共和制を制定したが、共和制下のギリシャは 1929 年秋以降、世界恐慌の荒波に飲み込まれ対外債務が膨張して

いった。1939年9月に始まる第二次世界大戦に対してギリシャは中立的立場をとろうとしていたが、イタリアのムッソリーニ政権は連合国軍がイギリスとの関係の深いギリシャを利用してイタリア南部やイタリア植民地のアルバニアに侵入してくることを警戒していた。1940年10月28日イタリア軍はギリシャに侵入し、ギリシャは北部での戦闘に勝利したが、41年4月6日ドイツ軍がブルガリア経由でギリシャに侵入するとギリシャ軍は壊滅状態となり、ギリシャは独伊とブルガリアの3ヵ国軍により占領され、町は破壊され、男は強制的に徴発され、ユダヤ人は財産を強奪されたり虐殺された。国王と政府は最初はエジプト・カイロに、最終的にロンドンに亡命政府を樹立したが、ギリシャ現地でこれら3ヵ国の軍隊に抵抗したのはギリシャ共産党が幅広い支持を確保するため人民戦線戦術を採用して結成した抵抗組織「ギリシャ民族解放戦線（EAM）」とその軍事組織 ELAS であった。41年秋に王政下の政治家たちも軍事組織「民主ギリシャ国民連合（EDES）」を立ち上げたが、兵力は前者には到底及ばなかった。44年10月4日イギリス軍が上陸し、18日には亡命政府首相**ゲオルギオス・パパンドレウ**一行がイギリス軍小部隊に守られ帰国したあと、12月1日在ギリシャ連合国最高司令官**スコービー中将**が両組織に武装解除を命じたが、EAM/ELAS はこれを拒絶しイギリス軍と EAM/ELAS との本格的な戦闘が始まった。45年2月12日**「ヴァルキザ協定」**で停戦が実現したものの、イギリス軍やかつての対独協力者たちが EAM への圧力を強め、46年3月31日行われた総選挙で王党派連合が辛うじて勝利した勢いに乗り、9月1日の国民投票で王制が復活することになった。

中立政策を成功させたトルコ

　第一次世界大戦終結から第二次世界大戦発生までの戦間期、トルコ共和国（以下、トルコ）は建国の父ムスタファ・ケマル（ケマル・アタテュルク）の遺訓である**「内に平和を、外に平和を」**に従うかのように中立政策を維持していた。とはいえ現実の対外関係は微妙であった。ともに建国間もないトルコとソ連は相互にそれぞれの地政学的利点を利用して友好関係にあったが、オスマン帝国時代から同国を経済的に従属させセーヴル・ローザンヌ条約では同国解体の主役を務めたイギリスとは緊張関係にあった。しかし世界恐慌が深刻になりつつ

あった 1930 年代に入ると、ムッソリーニ統治下のイタリアが、そしてナチス・ドイツがトルコの安全を脅かし始めたため、英仏への接近を図らざるをえなくなった。これとともにギリシャ、ユーゴスラヴィア、ルーマニアと 1934 年に**バルカン協商**を、イラン、イラク、アフガニスタンと 37 年に**サーダーバード条約**を締結し周辺諸国との地域協力関係を強化した。

第二次世界大戦が勃発すると英仏と**英仏土相互援助条約**（1939 年 10 月 15 日）を締結しつつ、現実の脅威となるナチス・ドイツと**友好不可侵条約**（1941 年 6 月 18 日）を締結したため、まず連合国側の英仏が、次に枢軸国側のナチス・ドイツがトルコに参戦を迫ってきた。等距離外交、全方位外交とも概念的には重なる中立政策を維持することはそう容易なことではなく、現実の力関係の中で自国の安全を保障するために曖昧な態度をとらざるをえない現実的な政策であったのである。両陣営がトルコを引き込もうとしたのは、その地政学的理由であった。連合軍にとってトルコは枢軸国イタリアを攻略する上でも、独伊が占領していたギリシャを解放するためにも不可欠な位置にあるばかりでなく、戦後を見据えた場合、ソ連の南下にブレーキをかけるためにも中東における英仏勢力圏を維持するためにも死活的に重要な位置にあったからである。ドイツにとってはトルコから北方のソ連領コーカサスに進軍することができるようになり、かつイギリスが勢力圏に置いている中東の石油産出地帯を占領する可能性があった。1945 年 2 月ヤルタ会談が開かれたことに象徴されるように連合国側の勝利が確定的になると、トルコは連合国に参加し 2 月 23 日にドイツと日本に宣戦布告し、結果的に戦勝国となり国連の原加盟国となれたのである。しかし妙なことにトルコ軍は枢軸国軍と戦闘を行わずに戦勝国としての地位を得たのである。中立政策による現実主義の成果ともいうべきであろう。

連合国に「強制連行」されたイラン

第一次世界大戦では中立を宣言（1914 年 11 月 2 日）したにもかかわらず、オスマン帝国軍の侵入はともかく英露両軍がイランを占領した背景には同王朝が親独的であったこともあったが、より重要な理由は戦争遂行上のイランの地政学的重要性と石油の存在であった。さらにイギリスに関していえばイランにおける経済権益を保護しようという根本的理由があったといえる。オスマン軍と

英露両軍のイラン進駐・占領に対してカージャール朝最後の皇帝アフマド・シャーを戴くペルシャは無政府状態となり、イギリス軍の横暴や史上最悪といわれる飢饉に見舞われた上、イギリス軍の衛生観念の欠如によりインフルエンザやコレラが猛威を振るい数百万人が死亡したといわれている。17年10月のロシア革命によりロシア軍は撤退を余儀なくされたが、当初イランに保護領を設定しようとしたイギリスは、イラン・コサック軍団のレザー・ハーンを秘密裏に支援してクーデター（21年2月）を起こさせカージャール朝を打倒し（議会が同王朝の廃絶を決議、25年10月31日）パフラヴィー朝を興させた（議会がレザー・ハーンをシャーに推戴、同年12月12日）。

　権力を握ったレザー・シャーは、近代的産業を興したり、鉄道建設をはじめとするインフラ整備をしたり、全国的規模での公教育を整備したり（1935年国立テヘラン大学創設）、司法制度を改革したり、医療制度を充実させたりしてイランの近代化に努め、この近代化政策を担う人材を育成するため多くの若者をヨーロッパに留学させた。この近代化政策により、公教育は急速に進み、専門性を持った新しい中産階級や産業労働者が現れ、ペルシャは都市化の進んだ産業国家へと変貌した。1935年3月、国名をイランに改称した。しかしこの近代化政策を短期間で実現する過程でレザー・シャーは独裁的傾向を強めたため、国内では反発や政治不安が生まれた。対外的には、イギリス植民地インドとソ連という二大国に挟まれ、その上イギリスのアングロ・イラニアン石油会社に、イラン産原油に関わる権限を握られていた。そのためイランは英ソ両国との関係に距離を置き、イギリスが所有していたイラン原油生産に関わる資源・物資は、イギリスではなく独仏伊などのヨーロッパ諸国に援助を仰ぎ、イギリスが支配する原油生産施設は主にドイツ人技術者や作業員によって維持されていた。

　1939年9月第二次世界大戦が勃発しレザー・シャーが中立を宣言したとき（39年9月4日）、イギリスはドイツ人技術者や作業員はスパイなので追放すべきと迫ったがレザー・シャーはイランの発展計画を阻害するとして拒否した。イギリスの本音は、イランの油田がナチス・ドイツに握られるのを阻止することであった。41年6月22日、独ソ戦が開始されたときにもイランは中立を宣言した（6月26日）。独ソ戦開始により同盟国となった英ソ両国はペルシャ湾からソ連にアメリカのレンドリース法に基づく援助物資を運搬するルートとし

て新たに開通したイラン横断鉄道を利用しようとしていたばかりか、ソ連にとってイランは自国のコーカサス地方に隣接する戦略的に重要な場所であった。英ソ両国はシャーに鉄道利用を認めるよう圧力をかけたが拒否されたため、41年 8 月 25 日、英印両軍がイラクから、ソ連軍が北から南下しイラン侵攻後イラン西部を占領した。イラン軍の抵抗もむなしく 1 週間ももたず敗北し、英ソが狙っていた横断鉄道は両軍の手に落ち油田は略奪された。シャーはアメリカ大統領ルーズヴェルトに米英首脳が発表した大西洋憲章（41 年 8 月 14 日）の精神に反する行為であると訴えたが、ルーズヴェルトはナチス・ドイツの世界征服の野望を阻止するための行動であるとして訴えには応えなかった。英ソは 9 月 16 日レザー・シャーを追放し息子のモハメド・レザー・パフラヴィー（パーレヴィー）を帝位に就けた。ドイツ大使と館員は追放され、イタリア、ハンガリー、ルーマニアの大使館も閉鎖された。42 年 1 月 29 日イランは英ソと三国間条約を結び非軍事的援助を連合国に提供することを約束し、43 年 9 月 9 日対独宣戦を布告し連合国の一員となった。大戦中の 43 年 11 月 28 日から 12 月 1 日までイランの首都テヘランで米英ソ 3 ヵ国首脳のテヘラン会議が開催されたのは、米英首脳がその直前に開かれた米英中のカイロ会談に参加していたこと、スターリンにとってこの場所がモスクワから比較的近いこと、枢軸国関係者を一掃していたため安全となっていたことなどが理由であった。その上、今まで曖昧な態度をとっていたイランが、今や明確に連合国であることを世界にアピールする効果を持ったからである。テヘラン会談後に発表された「イランに関する米英ソ宣言（The Declaration of the three powers regarding Iran）」では、3 ヵ国が戦争終結後イランに援助を行うことを確認するとともに、イランの独立、主権、領土保全を保障した。

第 4 節　東アジアと周辺地域の情勢

国民党の中国から共産党の中国へ

　第二次世界大戦中アメリカのルーズヴェルト政権は、大日本帝国解体後、中国（国民党支配下の中華民国）をアジアの安定勢力に育成していくことを構想していた。その中国は民主的で統一された大国でなければならず、この 3 条件を

兼ね備えた中国こそがアメリカと友好的なアジアの安定勢力になれるはずであった。だが大戦の大戦略は**ヨーロッパ第一主義、アジア第二主義**であったため、アメリカを中心とする連合国はドイツ・イタリア打倒にまず全精力を傾注しなければならなかった。とはいえ戦後中国をアメリカのイメージに沿った国家にするために、中国戦線の崩壊は是が非でも防止しなければならなかった。アジア第二主義のため中国への兵力・軍需物資の補給は制約されたが、米英で対中不平等同条約を撤廃し（1943 年 1 月 11 日）、蒋介石総統を米英中首脳会談としての**カイロ会談**に 招 聘 し（43 年 11 月 22 日〜26 日）**カイロ宣言**（11 月 27 日）を発表し、ポツダム宣言への共同署名国にする（45 年 7 月 26 日）など一連の**中国大国化政策**をとって精神的支援（モラル・サポート）を行い中国戦線の崩壊を回避しようとした。対内的には国民党と、中国奥地の延安を拠点に次第に勢力を拡大しつつあった中国共産党を和解させるための**国共調停**工作を試みなければならなかった。この工作には三つの目的が込められていた。第一に中国各地で衝突を繰り返していた国民党軍と共産党赤軍の軍事行動を停止させること、第二にその上で国共両軍を統合して対日戦にあたらせること、第三に将来ソ連軍が対日参戦した場合にソ連の中国共産党への影響力を最小限にすること、であった。この工作が成功するためには、抗日戦という軍事的圧力が存在していることが不可欠であった。

　しかし 1945 年 8 月 6 日と 9 日にアメリカが広島・長崎に原爆を投下し、8 日にはソ連軍が対日参戦したことにより、アメリカ軍部の想定より 1 年半早く対日戦は終了した。44 年 10 月の対日戦略の変更により中国大陸に大規模なアメリカ軍部隊が存在していない状況下で 45 年 8 月対日戦は終了したのであった。ジョージ・マーシャル将軍の国共調停も実らず、国共両軍は 46 年 7 月 12 日以降、全面的な内戦に突入し、47 年 3 月国民党軍は延安を占領したものの共産党軍の巻き返しと全面攻勢の前に国民党・軍は台湾に逃れ、49 年 10 月共産党中心の中華人民共和国が成立した。

　国民党・軍が逃れてきた日本の植民地であった台湾は、1945 年 8 月日本の敗戦により解放されるどころか、過酷な現実に直面することになる。45 年 10 月 17 日に台湾に駐留していた日本軍の武装解除のため 1 万 2,000 人の将兵と 200 人の官僚がアメリカの艦船で台湾に乗り込み、25 日には台湾を中華民国の

領土に編入した上、統治機関を設置した。46年7月から本格化した国共内戦に敗れた国民党政府は49年12月7日台北に遷都を余儀なくされた。この間、数十万の将兵が台湾に逃れてきた。これら軍人の腐敗、強盗殺人事件や婦女子に対する婦女暴行などが多発し、47年2月28日、台湾人（本省人）が蜂起する二・二八事件が起こった。蔣介石総統はこの蜂起を徹底的に弾圧し、数万人を処刑したといわれている。

分断された朝鮮半島

　1910年日本による韓国併合以来、朝鮮半島では日本官憲の厳しい取り締まりにより国内での独立運動は不可能であった。第一次世界大戦後のパリ講和会議開催中の1919年3月1日朝鮮では朝鮮独立宣言が発せられ、三・一運動（万歳事件）が発生したが官憲により鎮圧された。三・一事件後、上海に逃れた独立運動家たちは4月10日、大韓民国臨時政府を樹立した。国務総理は李承晩、内務総長は安昌浩、外務総長は金奎植という陣容であった。

　第二次世界大戦中、海外には共産主義的傾向の強い二つのグループと、自由主義的傾向の強い二つのグループの四つのグループが存在していた。前者には満州を根拠地としたと言われている**金日成**のグループと延安に拠点を持つ**金科奉**の朝鮮義勇軍、後者には国民党政府臨時首都・重慶に依拠した**金九**の朝鮮民族戦線とアメリカに逃れ活動していた**李承晩**のグループが存在していた。これらのグループは日本軍の敗色が濃くなるにつれて独立に向けた運動を活発化させていき、国内では弾圧されていた地下運動もこれに呼応する動きを見せ始めた。8月8日ソ連が対日参戦し、ソ連軍が千島列島・樺太南部とともにその主力を満州に向け破竹の勢いで南下させ12日には朝鮮半島に侵入し始めた。ソ連軍が朝鮮半島全土を制圧することを恐れたディーン・ラスク（ケネディ政権で国務長官）らの進言に基づき、トルーマン大統領は北緯38度線を米ソ間の暫定的境界線にすることを提案し、スターリンも16日これを受け入れた。38度線は朝鮮半島の南北をおおよそ半分に分割する線で、北には平壌（ピョンヤン）、南には京城（ソウル）という半島の二大都市が位置していたことが暫定合意の理由であった。

　この合意にもかかわらず23日ソウル北方の38度線よりやや南の開城（ケソ

ン）に到達したソ連軍司令官チスチャコフは、「ソ連軍政治司令部ロマネンコ少将の指令により、日本統治時代の人と機構を一掃する」という布告文を発し、**曹晩植**を北朝鮮行政局長に任命すると発表した。こうしたソ連の動きに対して、アメリカは沖縄に進駐していた陸軍第24軍（司令官ジョン・ホッジ中将）を9月9日急遽朝鮮半島に向かわせ、仁川（インチョン）に上陸した同軍は翌日ソウルに到達した。北朝鮮におけるソ連の行動とは対照的に、ホッジ中将はアメリカ軍政のもとで旧日本の朝鮮総督府をはじめ行政機構を残存させる方針を打ち出した、否打ち出さざるをえなかった。

　戦争が終結しアメリカ軍が半島南部に進駐する段階で、海外にいた独立運動家が次々と帰国しソウルでは朝鮮建国準備委員会が設立された。しかしこの委員会では李承晩を主席、**呂運亨**を副主席とする朝鮮人民共和国を建国しようというグループと、金九を主席、金奎植を副主席とする大韓民国臨時政府を創設しようとするグループが対立を深めていった。それに対して駐留アメリカ軍は、旧日本の統治機構を利用しつつアメリカ主導の軍政を布くことによって当面二つのプランを葬り去った。

　大戦中の1943年11月のカイロ会談・カイロ宣言で米英は朝鮮を国連の信託統治のもとに置くことで合意しており、ベルリン陥落後の45年5月ハリー・ホプキンスと会談したスターリンも、朝鮮を四大国共同管理下で信託統治することを確認していた。余談になるがこのホプキンスは「生きているルーズヴェルト」とすら呼ばれ、ルーズヴェルトが全幅の信頼を寄せた補佐官で、この時ベルリンの廃墟を見て「第二のカルタゴ」と呼んだことで有名である。ブレトン・ウッズ会議でイギリスのケインズとやりあったホワイト財務次官とともにソ連のスパイであったという噂が流されたこともある。話を戻すとこうした事情を知ったハワイ在住の李承晩は、信託統治案を拒否して独自の政府を創設するため10月16日急遽帰国した。

　9月19日にはウラジオストックから金日成が北朝鮮に帰国していた。金日成は1932年頃、満州や中朝国境の長白山脈・松花江流域に拠点を築き34年には朝鮮人民革命軍を創設し、翌年以降、抗日民族統一戦線である祖国光復会を結成して、日本の関東軍や朝鮮・満州軍にゲリラ戦で戦いを挑んでいたというのが1990年前後の米ソ冷戦終結までの話であった。冷戦終結後、大戦終結後

に北朝鮮に入ったソ連軍将校だった人物たちの証言とは異なるものであったが、真実はいつか明らかになるであろう。はっきりしていることは、金日成は 45 年 10 月 14 日に平壌に現れ、曹晩植がソ連軍により逮捕されたあと、ソ連により有力指導者として演出されることになった。10 月 20 日、国務省のヴィンセント極東課長はホッジ中将に対して「米ソ占領による朝鮮分断状態は、将来、信託統治の実施をもって解消されるであろう」と楽観論を伝えていた。これに対して南朝鮮の混乱の中で占領行政に苦しんでいたホッジ中将は、11 月中旬ワシントンの陸軍省に次のような悲観論を伝えていた。「38 度線を境界として米ソが占領している状態は、健全な経済を樹立し朝鮮の独立を準備するという占領目的を達成することを不可能にするものである」。

　1945 年 12 月 16 日〜26 日米英ソモスクワ外相会議が開催され極東委員会と対日理事会の設置が決定され、続いて 27 日の 3ヵ国外相会議で米英ソ中 4ヵ国による朝鮮の信託統治が合意された。この朝鮮信託統治案に対して、南朝鮮の李承晩や金九、北朝鮮の曹晩植が強硬に反対し、曹は 46 年 1 月 5 日ソ連軍により逮捕され、朝鮮戦争で平壌の陥落直前の 50 年 10 月 18 日にソ連軍により処刑された。モスクワ外相会議の決定にもかかわらず、ソ連は 46 年 2 月北朝鮮臨時人民委員会を設立し金日成を委員長に据え、ソ連方式による占領行政と国有化を進めていった。ヨーロッパにおける戦後処理問題をめぐって深まっていった米英とソ連の対立を背景に、南朝鮮においても金奎植、呂運亨らの中道派を支持する現地のホッジ中将の反対を押し切って、トルーマン政権は李承晩の単独政権樹立に向け動き始めた。さらに 47 年 1 月にはソ連の反対を押し切って国連朝鮮委員会を設置し、南朝鮮において委員会の監視のもとで選挙を行いホッジ中将による軍政を終結していった。米ソ両国による南北朝鮮でも既成事実の積み重ねを背景に、南朝鮮では 48 年 8 月 15 日大韓民国が、北朝鮮では 9 月 9 日に朝鮮民主主義人民共和国が樹立され、38 度線は固定化されて朝鮮半島は分断されていき、朝鮮戦争（50 年 6 月 25 日〜53 年 7 月 27 日）はこの固定化をさらに強める結果となった。

日米戦争の戦場となったアメリカ植民地フィリピン

　1898 年の米西戦争の結果、フィリピンはスペインの植民地からアメリカの

実質的には植民地となった。1905年の桂・タフト覚書で日本の韓国における、アメリカのフィリピンにおける優越的地位を相互に認め、この地域に対する野心がないことを約束した。1934年3月23日ルーズヴェルト民主党政権下でアメリカ議会は、10年後にフィリピンが独立することを認める法案を可決した。10年後といえば結果的には、第二次世界大戦中ということになる。

日米戦争が始まると日本は1905年の約束を反故にし、軍隊を上陸させ42年1月2日首都マニラを占領した。続いてバターン半島とコレヒドール島のアメリカ・フィリピン軍を追い詰め、5月7日には駐留アメリカ陸軍とフィリピン陸軍の合同部隊であるアメリカ極東陸軍（U.S. Army Forces Far East：USAFE＝ユサッフェ）を降伏に追い込んだ。バターン半島で捕虜とした米比軍将兵を捕虜収容所に移動させる際、100kmの道を歩かせ多くの捕虜が死亡したため、この事実はフィリピンでは「**バターン死の行進**」として記憶されている。

ユサッフェが全面降伏する前の1942年3月11日、**ダグラス・マッカーサー**とマヌエル・ケソン大統領はオーストラリアに逃れ、その後アメリカに渡りケソン大統領はワシントンD.C.で亡命政府を樹立した。ユサッフェのフィリピン兵の中には降伏後も少人数で抗日活動を継続していったグループもおり、**ユサッフェ・ゲリラ**として名を広めた。ほぼ同じ頃、大土地所有制を否定する共産党系の農民運動を母体にした**フクバラハップ**（抗日武装組織）は、このユサッフェ・ゲリラと戦闘を展開していった。

軍政を布く日本軍、ユサッフェ・ゲリラ、フクバラハップの3者が対抗する構図の中で、日本は軍政を安定させるために傀儡政権としてのホセ・ラウレル政権を成立させたが、民衆の支持は広がらなかった。**アイランド・ホッピング作戦**（島づたい作戦）で南太平洋を進攻してきたアメリカ軍は、1944年10月20日フィリピンのレイテ島に上陸した後、レイテ沖海戦でも日本軍を大破し、3月3日には首都マニラを奪回した。日本本土でポツダム宣言を受諾したあともレイテ島北部を敗走していた日本軍も9月3日に全面降伏した。マニラ奪回後、マッカーサーは親米政権を樹立し、抗日戦争で活躍したフクバラハップを共産党勢力と見なして武装解除したあと、日本に向かった。46年4月の選挙で保守派を母体とする新政権が成立し、7月4日フィリピンは主権を回復した。47年3月14日に**米比軍事基地協定**を調印し、朝鮮戦争が展開していく51年8

月 30 日には**米比相互防衛条約**を調印して、フィリピンはソ連・共産中国・北
朝鮮を封じ込める反共防衛線の一環を、日本・韓国・台湾とともに担わされる
ことになった。

宗主国フランスへの対応が異なったインドシナ

　1887 年フランスはフランス領インドシナを完成させて以来、この地域を植
民地として支配していたが、フランス植民地支配に対抗する勢力として 1930
年 10 月、ホー・チミンを中心にヴェトナム共産党が結成された。これはコミ
ンテルンの指導によりインドシナ共産党に改名され、これが中心となって、41
年 5 月ヴェトナム独立同盟（ヴェトミン）を結成し、これ以降フランス植民地
政府と進駐してきた日本軍と戦うことになる。44 年 6 月連合軍がノルマンディ
ーに上陸し 8 月 25 日パリが解放されるや、ドゴールを中心とするフランス
臨時政府が成立し、日本軍の仏印進駐にあたって日本がヴィシー政府と結んだ
協定を無効であると宣言したため、今やドゴール派となった仏印政庁と日本と
の間で対立が深まっていった。45 年 1 月以降、米軍機が南シナ海からサイゴ
ンを空爆するに至り、米軍の上陸間近と見た日本軍は 3 月 9 日以降現地フラン
ス軍を攻撃し、日本軍、フランス軍、ヴェトミン相互の戦闘が拡大していった。
　ヴェトミンの軍事部隊たる解放軍（武装宣伝隊、ヴェトナム人民軍の母体となっ
ていく）は、日本降服後の 8 月 19 日ハノイ蜂起を指揮し、さらに 25 日にはサ
イゴンを制圧し、9 月 2 日にヴェトナム民主共和国の設立を宣言した。
　これに対し「一般命令第 1 号」によって、北緯 16 度以南の占領を認められ
ていた連合国東南アジア司令部（実質的にはイギリス軍）は、9 月 13 日サイゴン
に上陸して南部ヴェトナム（コーチシナ）を接収し、9 月 23 日遅れてサイゴン
に上陸したフランス軍は、フランス空挺部隊と旧インドシナ軍を中心として英
印軍に支援されつつ、サイゴン一帯を占領し、さらに 10 月にはルクレール将
軍指揮下のフランス軍増援部隊が全面攻勢をかけ、翌 1946 年 3 月に 16 度以南
の施政権はイギリスからフランスに引き渡されたのであった。
　これに合わせフランスはヴェトナム民主共和国をインドシナ連合の構成要素
としてのみ独立を認める方針を打ち出したが、同年 12 月には全面的戦争が勃
発した。第一次インドシナ戦争の勃発であった。そしてディエンビエンフーに

おけるフランス軍の潰滅的敗北により、第一次インドシナ戦争は終わるのである。

　同じ仏領インドシナでもラオス、カンボジアでは様相を異にしていた。ラオスでは大戦末期の1945年3月、日本軍がドゴール派の仏印総督府を解体し、ルアンプラバン王朝の独立を認めていた。しかし46年4月、フランス軍がラオス地域にまで進駐してくると、ルアンプラバン王朝内部が分裂し、親仏派のシサバンボン国王がフランスとの協調路線をとったため、副王のベッサラットは自由ラオ（フリー・ラオ）を結成して、フランスおよびシサバンボン国王と対立していった。

　カンボジアでも同じように、仏印総督府がヴィシー政権派からドゴール派に交代したため、日本はこのフランス植民地政府を解体し、シアヌーク国王によるカンボジアのフランスからの独立を一方的に宣言させた。しかし1945年10月、フランス軍がカンボジアに進駐するや、独立を主張するカンボジアとフランスとの対立が深まり、翌46年1月、両者の暫定協定によってフランスはカンボジアをフランス連合内の自治領として認めた。フランスのヴェトナムに対する対応と、ラオス、カンボジアに対する対応が対照的なのは、前者が天然資源に富むばかりでなく、戦略的にも地勢学的にもはるかに重要であったからにほかならない。

巧みな戦時外交を展開したタイ

　1939年9月にヨーロッパ大戦が発生した際には第一次世界大戦のときと同様にタイは中立を宣言したが、40年9月に日本軍が仏領インドシナ北部（以下、北部仏印、ベトナムのトンキン地方）に進駐するや、11月23日以降タイはかつて仏領インドシナに割譲を余儀なくされた領土回復を狙ってフランス現地軍と戦闘状態に入った。カンボジアのバッタンバンとシエムレアプ、ラオスのメコン川左岸、北マラヤの4州に関するバンコク条約（1909年）によりイギリスの意向に沿う形で割譲させられた領土を進駐してきた日本の仲介により、タイはほぼ回収した。1941年12月8日に日本が米英に宣戦した後の21日に**日泰同盟条約**を締結し、42年1月25日ピブン政権は米英に宣戦布告した。駐米大使セーニー・プラーモートが宣戦布告の通達を拒否した上、合衆国政府と協議し米英にいた外交官や留学生らを組織し抗日運動「**自由タイ**」運動を展開し、国内

でも閣僚を含む政治家たちがこれに呼応して米英などとの連絡体制を構築した。イギリスは「自由タイ」の志願者をイギリス兵として受け入れ訓練をした。アメリカでは留学生20数名が戦時戦略局OSS（後、紆余曲折を経てCIAとなる諜報機関）に入隊して訓練を受けたあと、タイ国内に潜入し、最終的には国内で5万人以上のタイ人が参加した。44年に入り連合国のタイ空爆が激しさを増してくると、「自由タイ」による日本軍への攻撃を含め抗日運動が活発となっていった。44年夏に成立した内閣には「自由タイ」の指導者3人が入閣し、連合国との距離を縮める努力を試みた。

　1945年8月14日日本がポツダム宣言を受諾するや、16日にタイ政府は「1941年12月のタイの連合国に対する宣戦布告は無効である」と宣言した。アメリカ政府は「タイは日本の占領国であった」との立場を表明したが、イギリス政府はこれを受け入れずタイに占領軍を派遣した。イギリス領インドに併合されていたビルマ東部のシャン州やマラヤの一部を、42年5月にタイが占領していたからである。日本が戦艦ミズーリ号上で降伏文書に調印した45年9月2日、インド兵中心のイギリス軍2万7,000人がタイに入り日本軍の武装解除を進めた。アメリカの説得に応じたイギリスは46年1月に、タイが41年12月に行った宣戦布告を無効とすることに合意し領土返還などを含む平和条約に調印した。46年3月に北緯16度線以南の施政権をイギリスから受け継いだフランスも、41年にタイが併合したタイと仏領カンボジア・ラオス国境の3地域の返還を求めタイ領に攻撃を加えたためタイは3地域を返還し、米英仏が重きをなす当時の国際社会へ恭順の意を示さざるをえなかったからである。かつては緩衝国家として辛うじて独立を維持し、第二次世界大戦でも柔軟かつ巧みに立ち回ることによりこれら大国の敵国というイメージを払拭することに成功したのである。しかし戦後は軍のクーデターが繰り返され、開発独裁体制が続いていった。

日英戦争の戦場となったビルマ（ミャンマー）

　19世紀前半から後半にかけて三度にわたりイギリスとの**英緬戦争**（ビルマ戦争）の結果、ビルマはイギリス直轄のインド帝国の一州として併合されイギリス植民地となった。1937年4月1日イギリス領インドから分離されイギリス

直轄領となり、段階的に自治権が付与されていったが完全独立とは程遠いものであった。

日本の南進政策が具体化するにつれて日本の対ビルマ諜報機関である「**南機関**」が独立派のネ・ウィンを含むビルマ人青年を海南島で訓練し、1941年12月に**アウン゠サン将軍**（アウン・サン・スーチーの父親）が率いるビルマ独立義勇軍を正式に発足させた（42年7月これを「ビルマ防衛軍」に改編）。42年3月8日に日本軍は首都ラングーンを、5月1日にはマンダレーを占領したが、その主目的は**ビルマルート**の遮断であった。ラングーン、マンダレー、ラシオ、昆明を経由し、蒋介石の中華民国（国民政府）が臨時首都を置く重慶に援助物資を輸送する「**援蒋ルート**」がビルマルートであった。ビルマ人との安定的な関係を樹立することが不可欠であり、対日協力派のバー゠モーを元首とする**ビルマ国**を成立させて、43年8月1日ビルマの独立を認めた。その上で、タイと同様に米英に対して宣戦を布告させた。

イギリス帝国最大の植民地インド帝国へ日本軍が侵入することを恐れたイギリスは、43年8月のケベック会議で「**連合国東南アジア司令部**」の設置を提案し合意された。これ以降1946年までイギリス人の**ルイス・マウントバッテン**が最高司令官となり、**ダグラス・マッカーサー**（アメリカ極東軍司令官→連合国西南太平洋方面軍司令官）と協力し対日反抗を指揮することになった。

日本の敗色が濃くなった1944年8月、アウン゠サン将軍らを軸に**ビルマ国民軍**や共産党・社会党が反ファシスト人民自由連盟を結成し、45年3月27日アウン゠サン将軍指揮下のビルマ国民軍が対日蜂起しビルマ国政府に対してクーデターを起こした。5月2〜3日にイギリス軍が首都ラングーンを奪回し、ビルマ国政府は日本に亡命した。しかしイギリスは独立を認めずイギリスに占領されたままであった。自由連盟が分裂に分裂を繰り返す混乱の中で、47年7月19日アウン゠サンが暗殺されたが、**ネ・ウィン将軍**らの活躍で混乱を乗り越え、イギリスとの交渉を経てビルマは英連邦を離脱した上で、48年1月4日ビルマ連邦共和国として成立した。

日英戦争の戦場となったマラヤ（マレーシア）

イギリスがこの地域に強い関心を寄せるようになったのは、第一次産業革命

の進展につれて市場の拡大を重視し、そのために地政学的重要性を認識したに他ならなかった。急速な工業化につれて重要になってきた多くの物質の中で、マラヤには**錫と天然ゴム**が存在していたこともイギリス人の関心を引き付けた。

　1941年12月8日パールハーバー奇襲に合わせ日本軍はマレー半島への上陸を開始し、42年2月15日シンガポールを陥落させここに軍政を布いたが、ここで日本軍は麻薬貿易に関わっているとの理由で反日的姿勢をとっていた中国系住民多数を殺害した。錫や天然ゴムを獲得することも進出の一つの目的であった。日本の軍政下でインドをイギリス支配から独立させるという約束により、マラヤで**インド国民軍**を創設し関係を強化していったが、マラヤ共産党が中心となった**マラヤ人民抗日軍**がイギリスの第136部隊と協力したため、日本軍は弾圧政策で臨んだ。インド国民軍の指導者となった**チャンドラ・ボース**は日本との関係を強めていったが、日本の敗色が濃くなる中で台湾での飛行機事故で無念の死を遂げた。

　日本降伏後、イギリス軍との関係を強めていたマラヤ人民抗日軍はイギリス軍により解体され、イギリス軍、マラヤ人民抗日軍、インド国民軍との間に軍事衝突が発生し、マラヤ連邦として独立するのは1957年になってからのことである。そして63年9月16日シンガポール自治領、イギリス保護国北ボルネオ（現サバ）、イギリス領サラワクがマラヤ連邦と統合してマレーシアが成立したが、2年後の65年8月9日シンガポールはマレーシアから離脱し独立した。

---**【脱線講義15】マラヤの錫と天然ゴム**

　錫は大昔から合金を作るために不可欠な金属であったが、1870年代以降は缶詰のメッキに利用されるようになった。長期保存のきく缶詰は軍隊の食糧としても重要な物資となっていた。ところが産業革命が急速に進展したヨーロッパで錫はこの1870年代にほぼ枯渇してしまったため、マラヤの錫への関心が高まったのである。

　ヨーロッパ人がゴムなる物質を知ったのは、コロンブスが第2回目の航海に出た際、カリブ海の島々であったといわれている。温度によってべとついたり固くなってしまう生ゴムの欠点を克服する加硫法が19世紀中葉発見されてから工業用に用途が広がったため、ゴム樹脂液を分泌する400種以上の植物のうち品質のいいパラゴムの原産地であるアマゾン川流域では乱伐が急速に進んだほか、採取作業には熱帯雨林特有のマラリアが伴った。そのためイギリス人がゴムの種子をイギリスで発芽させ、自然条件の似たマラヤでプランテーションを展開することになったのである。1880年代中葉以降、ガソリン車が実用化されたためタイヤへの需要が高まり、さらに航空機が出現するとタイヤは不可欠なものとなった。

日本軍と協力したインドネシア国民党

　17世紀初頭から20世紀初頭までの300年間オランダの植民地であったオランダ領東インド統治時代に、1万3,000以上の大小の島々に70以上の民族が居住する多様性を持った領域は強権的に一つの政治体制のもとに統一されていった。それはオランダによる香料などの**強制栽培**による過酷な収奪を伴っていた。20世紀に入りそれまでの植民地政策を改善する動きが出てきたものの、非情な搾取と「愚民化政策」に対する不満・反発は、第一次世界大戦後の社会主義思想の普及を背景に、インドネシア共産党の結成（1920年5月23日）につながった。それはアジア初の共産党であった。因みに中国共産党は21年7月1日、日本共産党は22年7月15日に結成された。しかし1920年代中葉に各地で散発的に武装蜂起したためオランダ植民地政府に弾圧され、運動は停滞していった。これに代わって民族主義運動を担ったのが、インドネシア国民党を立ち上げ党首に選出された**スカルノ**や、オランダ留学組から帰国してインドネシア国民教育協会を設立した**モハマッド・ハッタ**などであった。彼らは1930年代は植民地政府に逮捕・流刑されたが、1942年1月以降、日本軍がオランダ領東インドに侵攻して軍政を開始すると流刑地から解放され独立準備調査会（のち委員会）に依拠して独立運動の指導者になっていった。

　同党は1942年1月10日オランダ領東インドに上陸し植民地軍を大敗させた。40年5月本国オランダはベルギー・ルクセンブルクとともにナチス・ドイツに侵略され、オランダはロンドンに亡命政府を樹立していた。植民地軍は多数の武器ばかりか在留オランダ人も放置して隣国オーストラリアに逃亡した。日本は連合軍に降伏した45年8月までの約3年半にわたってここに軍政を布いたが、現地人からなるジャワ防衛義勇軍等に軍事訓練を施すとともに物資調達に協力させた。日本降伏直後の8月17日スカルノは独立宣言を行い、9月29日イギリス軍がジャカルタに上陸し日本軍の武装解除を行った。この間に広大なオランダ領東インドで政治的・軍事的権力を樹立したのはスカルノたちの勢力であったため、オランダはひとまずスカルノ政権を承認した。

　しかし1947年5月インドネシアに復帰したオランダが提案した暫定共同政府案をスカルノ政権が拒否したため、7月21日以降、オランダ軍はジャワ・スマトラの約半分を占領し国民党軍との戦闘に入った。8月5日に国連安保理

決議で停戦したものの断続的に戦闘は続き、両者間の戦闘が最終的に終結するのは 49 年末のことであった。両者の妥協の産物としてオランダと対等な立場でオランダ国王の統治下に置かれるインドネシア連邦共和国が成立（12 月 27 日）したが、スカルノらは完全独立を目指して 50 年 8 月 17 日インドネシア共和国の成立を宣言した。

第5節　南アジアの地域情勢

　イギリス最大の植民地であったインドでは、20 世紀に入ると**タタ鉄鋼**に象徴される民族資本が成長し、民族主義も高揚したためイギリスによる植民地統治への反発は強まっていったものの、第一次世界大戦では 100 万人以上のインド兵がヨーロッパの西部戦線に動員された。このこともインド人の意識を高める効果を持った上に、アメリカのウィルソン大統領が唱導した**民族自決理念**も影響を与えた。

　こうした社会情勢を背景として独立への動きが加速していったが、その動きを複雑にしたのが 20 世紀初頭以来イギリスが**全インド・ムスリム連盟**を発足させた分割統治の宗教版であった。この分断政策は第二次世界大戦後インドと**パキスタンの分離**につながり、現在に至る印パ対立の淵源となったともいえる。第二次世界大戦でも 250 万人以上のインド兵がビルマ戦線、北アフリカ戦線、イタリア戦線に動員された。

　第二次世界大戦後は、1947 年 8 月 15 日インドが独立するや**パキスタン**もインドを挟む形で東西に分かれ、インドから分離・独立した。48 年 12 月 27 日以降インド北西部のカシミール地方の領有権をめぐり軍事衝突し（第一次印パ戦争）、65 年 9 月 1 日以降、再び同地方をめぐり衝突した（第二次印パ戦争）。1971 年 3 月東パキスタンが独立宣言をすると西パキスタン軍がこれを制圧し、インド軍が東パキスタンの側に立ち西パキスタン軍と戦闘に入り勝利した（第三次印パ戦争）。これにより東パキスタンは**バングラデシュ**として 1971 年 12 月独立し、72 年 7 月西パキスタン（現パキスタン）もこれを承認せざるをえなかった。

　パキスタンはアメリカと中国との関係を強め、インドはソ連と準同盟関係を

182

維持したため、南アジアは大国を巻き込む複雑な国際政治の場となっていった。すなわちパキスタンを支援する米中は1970年前後まで鋭く対立していたし、インドは国境紛争を契機に中国と対立し、その中国は1960年前後から90年前後までソ連と鋭く対立していたからである。

インド亜大陸の南海上に浮かぶスリランカ（旧セイロン）も、16〜17世紀にはポルトガル、オランダに占領され、18世紀末以降はイギリスに植民地化されていった。1858年にインド帝国が成立したとき、これには含まれずイギリス直轄領とされた。第二次世界大戦中の1942年日本海軍がイギリス東洋艦隊の拠点であったコロンボを空爆して**セイロン沖海戦**が展開されたため、これを契機にイギリス帝国最大の植民地インド帝国へ日本軍が侵入することを恐れたイギリスは、43年8月のケベック会議で「**連合国東南アジア司令部**」の設置を提案し、本部をコロンボに置くことが合意された。戦後は48年2月4日イギリス連邦内の自治領という形で独立した。しかし人口の75%を占めるシンハラ人が政治・経済的に権力を握り、15%のタミル人には選挙権を与えず差別したため両者の関係は極度に悪化し、長期に渡り血みどろの内戦が続いた。

インド北方の**ネパール**も、19世紀初頭イギリスのインド進出と同じ頃（ヨーロッパではウィーン会議が開催されていた頃）、熾烈な**グルカ戦争**（ネパール・イギリス戦争、1814〜16年）に敗れ実質的な保護国となり、1923年保護国を脱して独立し、1951年には立憲君主国となった。

第6節　オセアニア地域情勢

第一次世界大戦ではオーストラリア・ニュージーランド軍団を編成して英仏軍とともに**ガリポリの戦い**（トルコのダーダネルス海峡西側のガリポリ島上陸作戦）に参加しオスマン帝国軍と激戦を展開した。第二次世界大戦では日本軍がビルマ、オランダ領東インドに次いで1942年2月シンガポールのイギリス軍を打破したことはオーストラリアに甚大な衝撃を与えた。

イギリス領シンガポールのイギリス軍基地では13万人が捕虜となったが、そのうち1万5,000人がオーストラリア兵で、大戦中、日本軍の捕虜となったのはこの1万5,000人を含め2万2,000人に上り、その三分の一が日本軍捕虜

収容所で死亡した。

　日本軍はダーウィンを含む北部地域を繰り返し爆撃し、海軍潜水艦によりシドニー港を攻撃し甚大な被害を与えた。当時のイギリス軍にはオーストラリアに援軍を送る余裕はなく、1942 年 3 月フィリピンからオーストラリアに逃れたダグラス・マッカーサーが西南太平洋連合軍最高司令官としてこの戦域の戦争を指揮し、マッカーサーの指揮のもと、オーストラリア軍はパプア・ニューギニアやボルネオ、沖縄上陸作戦で日本軍への攻撃に参加し、44 年 6 月以降ヨーロッパの西部戦線で米英軍とともに枢軸国との戦闘に参加した。この実体験は、ニュージーランドがイギリスよりもアメリカへの依存を高める契機となった。

　戦後、オーストラリア軍は英連邦占領軍の一員として日本占領に参加し、東京裁判では対日厳罰を主張するとともに日本軍捕虜となったオーストラリア兵への非人道的扱いを批判し続けた。同様にニュージーランド軍も英連邦占領軍の一員として日本占領に参加し、中国・四国地方を担当した。

第6章　アメリカ主導の対日占領政策

　対日参戦したソ連は、満州・北朝鮮で関東軍と、南樺太・千島列島で日本の第五方面軍との戦闘を繰り広げた。当初スターリンが対日参戦の日と米英に伝えていた 1945 年 8 月 15 日に、トルーマンはソ連を含む連合国にアジア・太平洋の広大な地域に展開していた日本軍各部隊を武装解除する連合国を指定したリストである「連合国軍最高司令官総司令部一般命令第 1 号（General Order No.1）」（以下、一般命令第 1 号）を送付した。日本に対しては降伏文書調印式に合わせて通告した。アメリカが連合国、とりわけ英ソ中との協議なしに一方的に日本軍を武装解除する国を決定したことは、アメリカが大日本帝国解体後の日本占領と東アジアの国際秩序創設に中心的役割を果たす強烈な意思を誇示したことになる。これに対しスターリンはヤルタ会談で合意した全千島列島に加えて北海道の北半分（東岸の釧路から西岸の留萌までを結ぶ線の北）の領有権を要求してきた。トルーマンは 18 日に拒否すると回答した。スターリンはすでに 8 月 15 日以前にソ連極東軍最高司令官ワシレフスキー元帥にサハリン南部から北海道に 3 個師団の上陸部隊を出動させる準備指令を出していたが、トルーマンからの回答後、具体的アクションはとらなかった。しかし日本が連合国に降伏した後、ソ連軍は 8 月 16 日には日本領南樺太に、さらに 18 日には千島列島最北端の占守島に侵攻し島伝いに南下を続け、日本がミズーリ号上で降伏文書に調印した後の 9 月 5 日北方四島を含む全千島列島を占領した。

------ 【脱線講義16】シベリア抑留 ------

　日本が連合国に対して降伏したあと、満州・朝鮮半島・南樺太・千島列島でソ連軍に投降した日本兵・日本人約 57 万 5,000 人が捕虜としてシベリアを中心にモンゴル、中央アジアに強制連行され、長期にわたり極寒の地で十分な食事や休養を与えられず強制労働させられた。そのため約 6 万人が死亡したといわれている。死者約 34 万人という推定をする研究者もいるが、ソ連・ロシアが公式資料を公開していないため連行・抑留者と死者数には幅があ

る。対日ポツダム宣言では第9条で「日本国軍隊は完全に武装を解除せられたる後、各自の家庭に復帰し平和的且つ生産的な生活を営む機会を得しめらるべし」と明記していたため、1993年10月訪日したロシアのエリツィン大統領はシベリア抑留について「非人間的な行為」との認識を示し「全体主義が犯した罪」を謝罪した。しかし2016年6月訪日したロシア下院議長のナルイシキンはアメリカによる広島・長崎への原爆投下について「人道に反する罪であり、国際裁判で裁かれるべき」としながらも、シベリア抑留については「戦争捕虜に対するソ連の行動は国際法に違反していなかった」と述べていた。

　日本がポツダム宣言受諾を連合国に伝達した8月14日、アメリカ陸軍に属する太平洋陸軍総司令官のダグラス・マッカーサーは連合国軍最高司令官（Supreme Commander of the Allied Powers：SCAP）に任命され、2週間後の8月30日マニラ経由で神奈川県の海軍厚木飛行場に到着した。ほどなくして横浜に移動し、横浜港に面するニューグランド・ホテルに宿泊しながら、すでに28日に一時的に横浜税関に設置されていた連合国軍総司令部（General Headquarters：以下GHQ）で指揮を執った。その後GHQは10月2日に東京の丸の内にある第一生命ビルに移った。

　この間の9月2日、東京湾の横須賀沖に停泊していたアメリカ海軍の戦艦ミズーリ号上で降伏文書の調印式が行われた。因みに戦艦ミズーリの名前は時の大統領ハリー・トルーマンの出身州ミズーリ州に由来し、日本軍の奇襲により海底に沈む戦艦アリゾナ号の上に建つ記念館とこの降伏文書調印式の写真などを陳列したミズーリ号が歴史遺産として今でもパールハーバーに保存されている。日本政府代表として重光葵外相が降伏文書に署名した。続いて日本軍を代表して（大本営全権として）参謀総長の梅津美治郎大将が署名し、連合国軍最高司令官としてダグラス・マッカーサー元帥、アメリカ政府代表としてチェスター・ニミッツ海軍元帥が署名し、連合国軍の各国代表の署名が続いた。

　同日、日本が降伏文書に調印した後、すでに8月15日にトルーマン大統領が連合国に伝達していた「一般命令第1号」をマッカーサーが日本政府に通達し、日本の大本営が国内外に展開している日本軍部隊にこれを伝達した。この一般命令第1号は、その後SCAPが次々に発令することになる連合国軍最高司令官指令（Supreme Commander for the Allied Powers Directives to the Japanese Government: SCAP Index Number：SCAPIN）の第1号となった（SCAPIN-1）。因

みに SCAPIN は 1952 年 4 月 28 日に対日講和条約が発効するまでに 2,204 回（SCAPIN-2204）出された。一般命令第 1 号は国外に展開している日本軍部隊が連合国のどの国に武装解除されるべきかを次のように規定していた。

(1)　満州を除く中国、台湾、北緯 16 度以北の仏領インドシナに展開している部隊は蒋介石総統に降伏すること。

(2)　満州、北緯 38 度以北の朝鮮、樺太および千島諸島に展開している部隊は、極東ソ連軍最高司令官に降伏すること。

(3)　アンダマン諸島、ニコバル諸島、ビルマ、タイ、北緯 16 度以南の仏領インドシナ、マレーシア、スマトラ、ジャワ、小スンダ諸島、ブル、セラム、アンボン、アラフラ海のカイ、アル、タンニバルおよびアラフラ海の諸島、セレベス諸島、ハルマヘラ島、オランダ領ニューギニアに展開している部隊は、連合国東南アジア司令部最高司令官に降伏すること。

(4)　ボルネオ、英領ニューギニア、ビスマルク諸島、ソロモン諸島はオーストラリア陸軍最高司令官に降伏すること。

(5)　日本委任統治領、小笠原諸島、その他の太平洋の島々に展開する日本軍はアメリカ太平洋艦隊最高司令官に降伏すること。

(6)　日本国大本営ならびに日本本土とこれに隣接する諸小島、北緯 38 度以南の朝鮮、琉球諸島ならびにフィリピン諸島に展開する日本軍はアメリカ太平洋陸軍最高司令官に降伏すること。

【脱線講義17】SCAPIN -677（連合軍最高司令部指令第677号）

　1946 年 1 月 29 日 GHQ が出した SCAPIN 第 677 号は、日本の範囲に含まれる地域と含まれない地域、さらに政治上・行政上の権力を行使してはいけない地域を指定した。含まれる地域は、日本の四つの主要島嶼（本州・北海道・四国・九州）、対馬諸島、北緯 30 度以北の琉球（南西）諸島（口之島を除く）を含む約 1,000 の隣接小島嶼。日本の範囲から除かれる地域は、(1)ウルルン島、竹島、済州島、(2)北緯 30 度以南の琉球（南西）諸島（口之島を含む）、伊豆諸島、小笠原諸島、硫黄群島、大東群島、沖ノ鳥島、南鳥島、中ノ鳥島を含むその他の外郭太平洋全諸島、(3)千島列島、歯舞群島、色丹島。さらに政治行政的管轄権を行使できない地域として、(1) 1914 年の世界大戦以後、日本が委任統治やその他の方法で奪取または占領した全太平洋諸島、(2)満州・台湾・澎湖島、(3)朝鮮、(4)樺太、を指定した。

　しかし第 677 号の第 6 項では「この指令のいかなる条項も、ポツダム宣言第 8 条にある小

島嶼の最終的決定に関する連合国の政策を示すものと解釈してはならない」と注意を喚起していた。

　1951 年 9 月 8 日に締結されたサンフランシスコ講和条約第 2 条で、南樺太と千島列島は日本が放棄するべき地域とされたが帰属先は明記されなかった。また現在でも日韓で論争になっている竹島も第 677 号指令では日本の範囲から除外すべき地域とされたがサンフランシスコ講和条約第 2 条では帰属先は明記されなかった。奄美諸島、琉球列島、小笠原諸島は同条約第 3 条でアメリカの施政権下に置かれることが明記されたが、日本が主権を放棄することは規定されなかった。

　仏領インドシナ（現ヴェトナム）を南北に分断した北緯 16 度線は、第一次インドシナ戦争を終結させたジュネーブ休戦協定（1954 年 7 月 20 日）により北緯 17 度線に変更された。またアメリカが主導して朝鮮半島に設定した 38 度線が朝鮮戦争の結果、軍事境界線（MDL）と幅 2km の非武装地帯（DMZ）として若干北に移動したものの現在に至るまで南北朝鮮の分断を固定している。東アジアでは長らく朝鮮半島の 38 度線と称される分断線とインドシナ半島の 17 度線が、第二次世界大戦の遺構として残っていた。17 度線は 1976 年の南北ヴェトナム統一によって消滅したが、38 度線は今も東アジアのホットスポットとなっている。朝鮮半島を南部（アメリカ勢力圏）と北部（ソ連勢力圏）に分割するために設定した 38 度線は、アメリカが短時間で設定したものであった。ソ連が当初 8 月 15 日に約束していた対日参戦を 1 週間早めて 9 日に敢行し、満州に急侵攻したあと朝鮮半島を南下する姿勢を見せたため、トルーマン政権は急遽、北緯 38 度線で朝鮮半島を米ソで分割占領とし、ソ連軍のさらなる進攻を阻止しようとしたのである。ソ連軍の朝鮮半島単独占領を阻止することが至上命令となった。「米英中三国は、朝鮮人民の隷属状態に留意し、やがて朝鮮を自由独立のものにする決意である」とのカイロ宣言を前提に、戦後朝鮮では米英ソ中 4 ヵ国の信託統治を行うという口頭での合意がなされていただけであったため、ソ連の行動はアメリカの虚を突くものであった。8 月 10 日から 11 日にかけトルーマン政権内では**国務・陸軍・海軍三省調整委員会**（SWNCC：State-War-Navy Coordinating Committee）が緊急に開催され、それぞれの省からジェームズ・C・ダン国務次官補、ジェームズ・J・マックロイ陸軍次官補、ラルフ・バード海軍次官補が参加し、デーヴィッド・ディーン・ラスク大佐

188

（ケネディ・ジョンソン政権で国務長官）とチャールズ・H・ボーンスティール大佐に米ソ双方が合意できる境界線の設定を委任した。2人が提案した境界線が38度線であり、朝鮮半島をほぼ半分に分割し、北には平壌、南にはソウルを含むものであった。38度線はラスク、ボーンスティールとジョージ・A・リンカーン陸軍大将（ノルマンディー上陸作戦の中心的策定者）が中心となった一般命令第1号策定過程で急遽打ち出さざるをえないものであった。上述したように8月15日にトルーマン大統領がソ連に通達したところ、意外にもソ連は38度線を受け入れたのであった。

　9月3日の降伏文書調印式から約3週間後の9月22日、アメリカ国務省が発表した「**降伏後に於ける米国の初期対日方針**（United States Initial Post-Surender Policy for Japan）」は、アメリカが主導する対日占領政策の目的と概要を示したものであった。日本では24日に各報道機関が発表した。この対日方針はあくまで概要を示した包括的なものであり、これに基づいて実行される具体的政策は連合国軍最高司令官たるマッカーサーに委ねられた。

「降伏後に於ける米国の初期対日方針」の構成

本文書の目的
第一部　究極の目的
第二部　連合国の権限：1．軍事占領、2．日本国政府との関係、3．政策の周知
第三部　政治：1．武装解除及び非軍事化、2．戦争犯罪人、3．個人の自由及び民主主義過程への欲求の奨励
第四部　経済：1．経済上の非軍事化、2．民主主義勢力の助長、3．平和的経済活動の再開、4．賠償及び返還、5．財政、貨幣及び銀行政策、6．国際通商及び金融関係、7．在外日本国資産、8．日本国内に於ける外国企業に対する機会均等、9．皇室の財産
　（出所）細谷千博ほか編『日米関係資料集　1945-97』22-27頁。

　1945年12月22日開かれた**米英ソモスクワ外相会議**（アメリカ：J・F・バーンズ、イギリス：アーネスト・ベビン、ソ連：モロトフ）では、東アジアに関し次の諸点が確認された。(1)連合国として国民政府を中国の正統政府として承認し、米ソが華北・満洲地域から撤退すること、(2)朝鮮は米英中ソ4ヵ国が5年間信託統治すること、(3)日本占領の具体的方式については、占領行政を実行するための**極東委員会**と**対日理事会**を設立すること。このモスクワ外相会議ではこれ以外に、(1)イタリア、ルーマニア、ハンガリー、ブルガリア、フィンランドな

図 6　連合軍の日本占領機構・命令系統

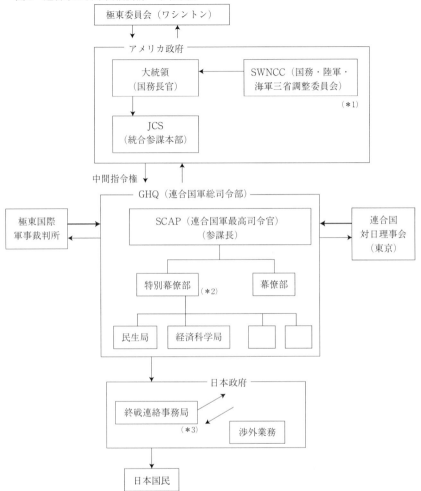

* 1）　1944 年 12 月設置され、国務・陸軍・海軍の 3 省の次官補によって構成され独墺および極東に関する戦後政策を調整したが、極東政策についてはさらに下部機構として極東問題小委員会が設けられた。
* 2）　1945 年 10 月 2 日、特別幕僚部が設置され、上記 2 局以外にも天然資源局、民間情報教育局、民間運輸局など日本政府の各省に対応する部局を含んだ。
* 3）　1945 年 8 月 26 日、GHQ と日本政府との連絡機関（＝外務省の外局）として設置された。その中央事務局は GHQ との連絡にあたったが、横浜、福岡など連合軍の進駐地には地方事務局が置かれ、地方軍政部との連絡業務を行った。GHQ の日本政府への指令はここを通じて行われ、日本政府の要望・文書もここから伝達された。この「渉外業務」は占領期、日本政府にとって最も重要な任務となった。

ど旧枢軸国との平和条約作成方式が協議されるとともに、(2)米英はルーマニア、ブルガリアの親ソ政権を承認する条件として両国における多数党の存在とその政党の閣内参加を要求した。さらに、(3)国連原子力管理委員会の設立についても合意された。

極東委員会（Far Eastern Commission：FEC）は対日占領政策の最高決定を行うものとされ、その最高決定政策をアメリカ政府が連合国軍総司令部（General Head Quarter：GHQ）に指令し、GHQ が日本政府に遂行させるとされた。極東委員会の決定は過半数の同意を必要とするものとされたが、米英ソ中の4ヵ国は拒否権を認められた。拒否権が行使されて決定が認められない場合や、緊急事態が発生し直ちに対応しなければならない場合、アメリカ政府は（具体的にはアメリカ大統領は）GHQ（具体的には SCAP ＝最高司令官）に対し、「**中間指令**」を発して政策を実施することができるものとされた。極東委員会は本部をワシントンに置き、アメリカ、イギリス、ソ連、中国、フランス、オランダ、カナダ、オーストラリア、ニュージーランド、インド、フィリピンの11ヵ国で構成されたが、1949 年 11 月 11 日にはビルマ、パキスタンが加盟して 13ヵ国になり、その討議は非公開とされた。

占領初期にはアメリカはソ連との協調を重視して、独走する GHQ/SCAP を抑制しようとしたが、ドイツ問題・ポーランド問題等に見られるヨーロッパ戦後処理問題をめぐり米英とソ連との間の亀裂が深まるにつれて、その対立が極東委員会にも持ち込まれ、極東委員会は次第に機能しなくなっていった。そこでアメリカはすでに認められていた「中間指令権」を行使し、極東委員会が同意しない政策を GHQ/SCAP に指令することがしばしば起こった（第一回会議は 1946 年 2 月 26 日に開催）。

対日理事会（Allied Council for Japan：ACJ）は東京に本部が置かれ、アメリカ、英連邦、ソ連、中国の4ヵ国によって構成された。英連邦は、オーストラリア、ニュージーランド、インドを代表して実際にはオーストラリア代表が出席していた。この対日理事会の議長は SCAP またはその代理が務めたことに象徴されるように SCAP の諮問機関であり、極東委員会あるいはアメリカ政府の決定・指令・執行に関し、SCAP と協議する場であった。1946 年 4 月 5 日に第一回会議が開かれたが、当初から SCAP は対日理事会の存在を無視する態度

に出、当初から形骸化したものであったといわざるをえない。52 年 4 月 28 日、
対日講和条約が発効したのに伴い存在そのものが自然消滅した。米英ソモスク
ワ外相会議で設立が決まり、実際に設立された極東委員会と対日理事会は、対
日打倒プロセスにおけるアメリカの圧倒的な軍事力と 46 年を通じて次第に進
行していった米英とソ連との相互不信を背景に実質的には形骸化していった。
そして連合国という枠組みによってよりも、アメリカ政府そのものの意思が日
本占領を規定していったといえる。

　すでに見たように、ヨーロッパにおいて対独戦が終結しソ連の対日参戦が時
間の問題となるに及んで対日厳罰方針は後退し、対日宥和的な占領政策が現実
味を持つようになっていた。さらにアメリカの予想よりも 1 年も早く対日戦が
終結したことにより、きわめて流動的な状況の中で対日宥和的な政策が打ち出
されていった。その一つは図 6 に見られるように日本政府の存在を媒介とした、
間接統治方式の実施と天皇制存置への動きであった。

　前者の間接統治に関しては、GHQ/SCAP と日本政府との間の渉外業務が間
接統治の本質・核で日本政府にとっては最も重要な任務となり、日本に対する
SCAP 指令は日本政府にとっても超法規的事項と認識された。

　後者に関してはワシントンでは容易に結論が出せず、GHQ/SCAP に委ねら
れた。GHQ とりわけ民生局が中心となって、1946 年 2 月段階で象徴天皇制と
戦争放棄を基礎とする憲法草案が作られていった。それはヨーロッパでの東西
対立を背景に、チャーチルが「**鉄のカーテン演説**」を行った時期とほぼ符合す
る（46 年 3 月）。そしてギリシャ・トルコ問題を契機に**トルーマン・ドクトリ
ン**が発表された頃、ダグラス・マッカーサーは 1 年以内の対日講和を提唱し始
めた。憲法草案作成と、対日講和はヨーロッパでの緊張と密接に結びつく形で
提起・具体化されていったといえる。

───**【脱線講義18】アメリカにおける日本占領政策の策定** ──────

　ヨーロッパ第一主義、軍事第一主義に導かれていたアメリカの戦時政策であったが、日米
開戦とともに国務省内では戦後政策についての研究が開始されていた。それは第一に戦時外
交の主導権がホワイトハウスに握られていたこと、第二に戦争中であったため軍部が中心に
軍事政策を立案していたからであり、国務省は戦後外交政策の研究に自らの存在意義を見出
さざるをえなかったからである。

　戦後政策全体の検討はまずハル国務長官の指示により、レオ・パスボルスキー国務長官付

特別補佐官を中心に開始された。その中でも戦後東アジア政策の立案は、1942年8月特別調査課にジョージ・H・ブレイクスリーを責任者とする極東班ができて開始された。ここが組織的に作業を開始するようになるのはカイロ会談・テヘラン会談直前の43年10月、ブレイクスリーを委員長、ヒュー・ボートンを局長とする部局間極東地域委員会が省内に設置されてからである。さらに44年1月には国務省トップレベルによる戦後計画委員会が設置されて、部局間極東地域委員会案を検討し、国務省としての統一見解を打ち出していった。

しかしアメリカ政府としての最終見解として決定するためには軍部の意向を無視するわけにはいかず、戦争末期には新国務長官ステッチニアスの提案により、国務省、陸軍省、海軍省の三省間の意見調整のために、SWNCC（国務・陸軍・海軍三省調整委員会）が1944年12月に設置された。SWNCCは三省の次官補によって構成され、ルーズヴェルト大統領の側近ともいえるジョン・J・マックロイ陸軍次官補が事務局を統括した。ドイツ・オーストリア・極東に関する戦後政策を調整したが、戦後東アジア政策はその下部機関である極東委員会（委員長ドウマン）によって立案・調整され、SWNCCがこれを検討し、大統領直属の統合参謀本部の同意を得て最終決定された。

この戦後政策案の中でも日本占領政策について見ると、ルーズヴェルト民主党政権内部には二つの路線対立が存在していた。日本占領政策立案過程でリーダーシップをとったのが、ジョセフ・グルー、ユージン・H・ドウマン、ボートンらの国務省内のいわゆる日本派であって、44年3月から5月の段階では「間接統治＝日本政府の存置」「天皇制の存続」を骨子とする対日占領基本方針を打ち出していった。

しかしこうした日本派の対日宥和方針は、ホワイトハウスのニューディーラーや国務省中国派の激しい反発を引き起こした。ヘンリー・モーゲンソー財務長官、ヘンリー・ウォーレス副大統領らは対日厳罰方針によってドイツ占領形態と同じく「直接統治＝中央政府解体」と「大日本帝国の徹底的解体」を主張したのであった。それはまさにナチス・ドイツを徹底的に解体し「農業と牧畜」の国家にしようとしたモーゲンソー・プランの日本への適用を主張したものであった。1944年初頭の段階でモーゲンソーの進言に基づいてドイツ政策はSWNCCの管轄から除外され、ルーズヴェルト大統領の指示のもとにモーゲンソーの主導により、分割占領＝直接統治、中央政府解体＝地方分権化、軍国主義と重工業の破壊を骨子とする対独政策が正式決定していたのであり、その基本方針を対日政策へも適用すべきであるとするモーゲンソーの主張をルーズヴェルトも支持していたのである。要するに1944年初頭から45年2月のヤルタ会談前後までの1年間は、グルーを中心とする対日宥和方針とモーゲンソーを中心とする対日厳罰方針という二つの路線対立が存在し、両者の調整が試みられつつもルーズヴェルトの強力な支持のもとに、後者の方針が優勢になっていたのである。

大日本帝国崩壊後における中国を中心とした戦後東アジア政策に関してルーズヴェルト政権は、対日政策に比べて明確な展望を持ちかねていた。それは第一に対日占領政策の策定に時間とエネルギーを割かざるをえなかったこと、第二に中国情勢には不確定要素が多かったことによる。とはいえ対日厳罰方針に基づく大日本帝国の解体は、ルーズヴェルトが抱いていた強固な反植民地主義の政治的立場の延長に位置するものであり、その論理的帰結は中国を大日本帝国にとって代えて東アジアの大国としての安定勢力に育て上げていこうとするも

のであった。中国大国化政策はルーズヴェルト政権として構想されたものでもなく、米英ソ3ヵ国で共有されたものでもないルーズヴェルト個人とその周辺で抱かれていたものであった。

　しかし中国情勢の現実は、ルーズヴェルトが期待した中国大国化政策への道とは程遠いものであった。1944年4月以降、日本軍が開始した大規模な大陸打通作戦により国民党軍の弱体化は激しく、国民党に対抗していた中国共産党は政治的・軍事的に勢力を急拡大しつつあった。共産党は37年の支配面積10万k㎡、人口100万人から面積85万k㎡、人口9,000万人へと急速に党勢を拡大し、44年から45年の段階で万里の長城と揚子江の間の地域でも支配地域を急増しつつあった。そこで国民党政府の臨時首都・重慶に駐在していたアメリカの外交官たちは、「中国共産党を政治的にアメリカの側に取り込む」含みを持たせたきわめて実際的で柔軟な政策を採用することをワシントンに進言していた。すなわち両党を仲介して国民党軍と共産党軍を統合して日本軍に対抗させ、さらにこのプロセスを通じて中国共産党とも協力関係を構築して中国大陸の一部にアメリカ軍を駐留させることにより、ソ連の影響力を減殺することがアメリカの戦後東アジア政策にとって有益であると主張するようになった。

　テヘラン・ヤルタ会談でスターリンはドイツ打倒後に対日参戦する意思を示していたため、ソ連が対日参戦すれば勢力を拡大しつつある中国共産党と関係を強化していくことが予想された。その場合、国民党政府を中心とした民主的で統一された中国を創出しようとしていたルーズヴェルトの構想は絵にかいた餅となることは必至であった。ソ連の対日参戦による戦後東アジア国際関係への影響力を極力減少させるためにも、対日宥和政策を打ち出していかなければならなくなった。ルーズヴェルトの死去（1945年4月12日）と対独戦の終結（5月7日）からポツダム会談（7月17日〜8月2日）までの3ヵ月間、アメリカ政府は、一方で東欧地域を軍事制圧したソ連に対し不信感を強め対ソ警戒論を抱きつつも、他方で日本打倒のためソ連の対日参戦を期待せざるをえなかった。

　対ソ警戒論の高まりを背景に対日宥和占領政策への支持が高まっていったものの、7月16日の原爆実験成功まではソ連の対日参戦に期待せざるをえない理由もあった。その理由は、速やかに日本の無条件降伏を勝ち取るためには長い時間と将兵の犠牲数であった。1945年4月段階でアメリカ軍部は、日本打倒までに1年半の時間を要し（46年末）、それまでの人的被害は死者50万人、負傷・行方不明者を含めると100万人と推定していた。それは逆にいえば日本軍への高い評価であり、7月段階でもスチムソン陸軍長官は日本の軍事力を将兵500万人、特攻機5,000機と推定していた。ステッチニアス国務長官もアメリカ軍部の日本軍、特に中国大陸に展開している関東軍への過大評価がソ連への対日参戦要請の原動力であったと指摘していた。太平洋戦域においてすでに制海権と制空権を握っていたアメリカが、ソ連の対日参戦に期待したのは単に日本本土攻略までに想定される時間と犠牲者数ばかりでなく中国大陸の日本軍が降伏しなければ対日戦争は終結しないと判断していたからである。

第7章　現代国際政治と冷戦

第1節　冷戦

冷戦概念をめぐる議論

　第二次世界大戦終結後の国際政治の特徴を表す冷戦（Cold War）という言葉
は今日では広く知られているように、1946年から47年にかけアメリカのジャ
ーナリストH・B・スウォーブやウォルター・リップマンが「米ソが相互不信
を高め鋭く対立している状態」として広めた言葉である。1930年代のフラン
スで「冷戦（la guerre froide）とは諜報活動、第五列による心理戦争という公然
たる実力行使を伴わない敵対行動を漠然と指すもの」として使用されていた言
葉を借用したのだという説もある。あらゆる「戦い」は「熱い」のが常態であ
るので「冷たい戦い」＝「冷戦」は明らかに自己矛盾する。米ソ間の緊張が高
まってきたにもかかわらず第二次世界大戦終結後で米ソ間に戦争が勃発する可
能性が低かった状況を、この自己矛盾する「冷戦」という言葉で感覚的に表現
することによってジャーナリスティックなインパクトを狙ったものといえる。
この自己矛盾性によるインパクトによって「冷戦」という言葉は、ジャーナリ
ズムばかりか政治の世界や学界でも頻用されるようになっていった。しかしそ
の概念は曖昧なままであった。それには三つの理由が考えられる。

　第一に、米ソ間の緊張が激化する渦中にあったため、その緊張状況を表そう
とする冷戦という言葉はイメージ的・印象論的なものとならざるをえなかった
からである。そのため、事象を分析・認識するための「道具」たりえず、冷戦
概念の一人歩きを許し概念を混乱させることとなった。「アジアの冷戦」「アジ
アの冷戦は熱い」「国内冷戦」などはその典型である。レトリックとしては一
見「面白味」がありそれゆえメディアの論説・解説でも学術論文でも頻用され

てきたが、いわば言葉に酔って概念の混乱に拍車をかけることになった。

　第二に、米ソ関係そのものと国際政治状況が刻一刻と変化していったからである。1946〜47 年段階のそれらを前提に乱用されるようになった冷戦という言葉の意味内容が、状況の変化とともに変化してゆくのは不可避であったからであり、そのために論者、論者により意味内容が異なったからである。⑴イデオロギー対立を背景とした米ソ間の対立であるとともに同盟国を巻き込んだグローバルな対立であったこと、⑵その対立は政治・経済・軍事・思想分野に及ぶ全面的なものであったこと、⑶ソ連が核保有したことが明らかになった1949 年 9 月以降は、核兵器による全人類絶滅の脅威が高まったために米ソが直接的軍事衝突を回避しようとしていたこと、を共通の理解としていれば曖昧さはある程度回避できるものであった。

　第三に、米ソ対立が激化してゆく過程で、一方の当事者であるアメリカでの議論の中心がこの対立をめぐる起源論・責任論であったため、当時の現実を分析するツールとして冷戦概念そのものを冷静に定義することができなかったからである。

　とはいえ国際政治学者のハンス・モーゲンソーやレイモン・アロンは「平和は不可能であるのに戦争も起こりえない状況」、これにヒントを得たのかフレデリック（フレッド）・ハリディは「熱い戦争と最大限の和解という両極端の中間段階」とそれなりに意味ある定義を下していた。また「原爆の父」といわれたＪ・Ｒ・オッペンハイマーは核兵器の存在を前提に「（2 匹の）サソリが一つの瓶の中に入れられた状態」と喝破し、ルイス・Ｊ・ハレーもこれをコピーするかのように「サソリと毒グモが瓶に閉じ込められた状態」と定義した。一方が恐怖に駆られて他方を攻撃するや、自分も瞬時に相手に攻撃されて双方とも猛毒で即死状態になるという相互核攻撃による全人類絶滅を強く意識した概念である。日本では永井陽之助が彼独特の表現で「（米ソ間の）交渉不可能性の相互認識に立った非軍事的単独行動の応酬（状態）」と、米ソ間に相互コミュニケーションが欠如した関係の中で双方が直接的軍事手段以外の諜報活動や相互非難を繰り返していた状況を強調した。武者小路公秀は「米ソをリーダーとする二つの国家群の間で全面戦争を回避する形をとった慢性的な紛争」と、二つの国家群の間の対立を強調した。筆者はこれら先人の定義を踏まえて講義では、

「(1)イデオロギー対立と核兵器による人類絶滅の恐怖を背景にしつつ、(2)米ソ間の政治的コミュニケーションの欠如により発生した、(3)米ソをリーダーとする二つの国家群の間で直接軍事衝突を回避した政治的・経済的・軍事的・文化的レベルにおける全面的緊張状態」としてきた。

モーゲンソー、アロンやハリディの定義は、過去の歴史において数多く見られた事象を説明する政治学的概念ともいえ、現在マスメディアはもちろん研究者の間でも使われることの多い「米中冷戦」という場合の冷戦に適用されうる冷戦定義である。一方、核兵器出現により人類絶滅の脅威を意識したオッペンハイマーやハレーの定義と永井、武者小路の定義は、核兵器を保有する米ソ両超大国を主体とした「歴史としての冷戦」という歴史学的定義といえよう。

政治学的概念ではなく「歴史としての冷戦」という歴史学的概念を前提として、冷戦の特徴を確認すると以下の諸点が指摘できるであろう。

第一に、基本的には米ソ間の対立である。朝鮮戦争、第一次インドシナ戦争を意識して「アジアの冷戦は熱かった」という表現や、数度にわたる台湾海峡危機に象徴される米中対立を「アジアの冷戦」とする表現、あるいは左右対立の激化を強調して日本国内の政治状況を「国内冷戦」とする表現も不適切ということになる。冷戦終結後明らかにされたことだが朝鮮戦争ではソ連空軍機は形ばかり参加したといわれるが、アメリカ軍と直接かつ本格的に戦闘したことはないので米ソは冷戦状態にあったというべきである。第一次インドシナ戦争でも第二次インドシナ戦争（アメリカの戦争としてのヴェトナム戦争）でも、ソ連は中国とともに北ヴェトナムに軍事援助はしたが米ソは直接戦火を交えたことはないので米ソは冷戦状態にあった。「アジアの冷戦」と「国内冷戦」は、より正確には「米ソ冷戦のアジア戦線」と「米ソ冷戦の国内戦線」というべきである。

第二に、政治的・軍事的対立であったばかりでなく、経済的・思想的対立をも含めたトータルな対立であった。すなわち米ソ冷戦とは自由主義と共産主義という基本的イデオロギーの優越性をめぐる思想戦であると同時に、少なくとも建前としてはこれらのイデオロギーを基礎とする資本主義的生産様式と社会主義的生産様式の生産力をめぐる経済戦でもあったのである。

第三に、単に米ソ二国間の対立であったばかりでなく、米ソ両国がリーダー

となったブロック対立であり、両リーダーはブロック構成国と軍事同盟条約を締結して軍事基地を設置し、軍事援助（武器の譲渡・売却、軍事訓練の提供、軍事技術の移転など）と引き換えにブロック構成国（同盟国）を統制した。このブロック対立は、第二次世界大戦を契機とした航空機・船舶の大型化・高速化、通信手段の多角化・高性能化、核兵器の開発・「発展」によりグローバルな規模になっていかざるをえなかったのである。しかし米ソいずれにも距離を置く非同盟諸国が現れることになった。植民地から脱して独立したばかりの国家は自国の安全・安定を確保するために両ブロックに対して等距離外交を実践せざるをえなかったからである。アメリカ・ブロックを第一世界、ソ連ブロックを第二世界と呼ぶこともあったが、この非同盟諸国の多くは**第三世界**と呼ばれるようになった。

　第四に、対立がエスカレートするにつれ、自由主義か共産主義かというきわめて単純化された二元論的思考（＝冷戦思考）が優勢となり、両国ばかりか各ブロック構成国においても思想統制が強化された。個人間においても社会集団間においても、緊張が高まれば高まるほどその精神的プレッシャーによって思考が硬直化・単純化し、これがさらにまた対立をエスカレートさせるという悪循環を生むのである。また、思考の硬直化・単純化は寛容さを奪って疑心暗鬼を生み、CIA（アメリカ中央情報局）と KGB（ソ連国家保安委員会）に象徴される陰湿なスパイ合戦を激化させたのである。

　第五に、アメリカは軍事援助ばかりでなく自国市場を開放した上に経済援助を行い、経済発展を支援することによりブロック構成国からの自発的支持を調達したが、やがて経済発展したブロック構成国との経済摩擦を引き起こした（西西対立の発生）。

　第六に、アメリカはソ連とその同盟国に対して、長期にわたり軍事的封じ込めばかりか、通商・技術的封じ込め、金融的封じ込めという「三重の封じ込め」政策を行った。その際、アメリカは同盟諸国にも協力を強制した。軍事的封じ込めは、ヨーロッパ方面では NATO を、アジア・太平洋方面では日米、米韓、米台、米比二国間の同盟関係と SEATO（東南アジア条約機構）・ANZUS 条約（太平洋安全保障条約）という多国間同盟、さらには有効に機能したかは疑問があるものの中東方面における METO・CENTO などの同盟網を動員して

行われた。通商・技術的封じ込めはココム（COCOM：対共産圏輸出統制委員会）により戦略物資や高度技術を輸出することを禁止し制限した。またソ連の通貨であるルーブルを国際決済通貨であるアメリカ・ドルをはじめイギリス・ポンド、フランス・フランなどの主要通貨と交換できないソフト・カレンシーに固定する金融的封じ込めの措置をとったため、ソ連やその同盟国は小麦などの農産物や金・石油・天然ガスなどの天然資源を売却することによりドルを獲得せざるをえなかった。

　第七に、冷戦は**常態化**していったとはいえ冷戦終結までその状態が一様であったわけではなく、様々な理由で米ソ間の政治的コミュニケーションが進展すると米ソ間で**デタント**が生まれ冷戦状況は変化した。特に1960年10月の**キューバ危機**以後に生まれた米ソ・デタントを契機に南北対立（「南北問題」の発見）や、中ソ対立に象徴される「東東対立」あるいはアメリカとその同盟国の間の経済摩擦を中心とする「西西対立」が顕在化し、国際政治構造は「米ソ二極」ではなく「**多極化**」したという認識が広がった。

　第八に、熱戦は開始と終結が特定の一時点で明確であるが、冷戦はそれらに幅があり不明確である。この不明確であるという事実が、冷戦をめぐる議論を混乱させる一因にもなっている。

━━━━**【脱線講義19】デタント**━━━━━━━━━━━━━━━━━━━━━━━━━━━
　デタントはフランス語の détendre（張った綱・弓などを緩める）から派生した détente であり、極度に緊張した関係が緩んでいくプロセスを指す。

冷戦モデル

　社会科学分野におけるモデルとは複雑な事象をよりよく理解するために、事象を構成する中心的諸要素とこれら諸要素間の関係を定式化して図表やチャートにより視覚に訴えるものである。その結果、中心的要素以外の要素は排除されることもあるため単純化してしまう傾向があることも否めず、筆者の冷戦モデルもその例外ではない。常態化した米ソ冷戦ではあるが数度の米ソ・デタントにより冷戦発生時の米ソ二極構造（東西対立）が、南北対立、西西対立、東東対立により多極化し、冷戦の変容を示そうとしたものである。

　第二次世界大戦終結後、顕在化した米ソ対立（東西対立）は1962年10月の

図7　冷戦モデル

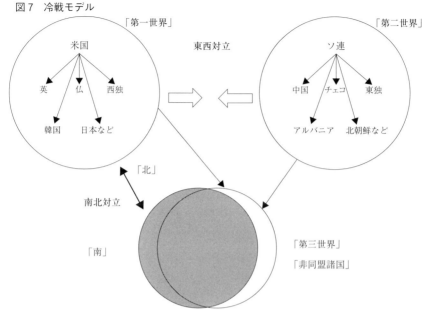

「第三世界」≒「非同盟諸国」≒「南北対立」の「南」　　「南北対立」の「北」＝「東西対立」の「西」

キューバ危機を契機に緩和したため、現実には存在していたにもかかわらずそれまで意識されていなかった**南北対立**が浮上してきた。高速道路を時速100km で運転しているときには緊張から前方だけに神経が集中し左右の景色を見る余裕がないが、一般道に降りて50km になったときには周りの景色が視界に入ってくるのに似て、米ソ対立が極度に緊張していた時には米ソ双方は相手（とそのブロック構成国）の行動に神経を集中させ周りの状況が見えないが、緊張が緩和すると今まで見えなかった問題が視野に入ってくるのである。

　アメリカ・ブロックを第一世界、ソ連・ブロックを第二世界とした場合、大戦後、脱植民地化していずれのブロックにも属さない**非同盟諸国**を中心とした国々を**第三世界**と表現したが、これらの国々はほぼ南北対立の「南」と重なっていた。言い換えれば南北対立の「北」は、東西対立の「西」であるアメリカ・ブロックに属する国々であった。米ソは「南」の国々との関係を強化するため、**戦略援助**を開始した。

　アメリカ・ブロックではアメリカの一方的な指示・統制に従っていたブロッ

ク構成国がアメリカの経済援助も要因として経済成長し、そのアメリカと経済摩擦を引き起こし緊張・対立する事例が多発するようになった（**西西対立**）。ソ連・ブロックではキューバ危機に際してソ連がアメリカに譲歩したことも一因となって中ソ対立やソ連・アルバニア対立が激化していった（**東東対立**）。西西対立の場合は経済問題が中心であったため同盟関係は維持されたが、東東対立の場合はイデオロギー対立を内包していたため、その対立は深刻なものとなっていった。また南北対立は、1970年代初頭、多くが「南」に属する産油国グループである OPEC が石油価格値上げをしたために、同じく「南」に属する非産油国は経済危機に見舞われ「**南の南**」あるいは「**第四世界**」とか「**破綻国家**」とすら認識されるようになった。

　1970年代初頭までアメリカの経済力と軍事力は総体的に見ればソ連を凌駕していたことを論拠に、ソ連はあくまでも東欧・バルカンの**リージョナル・パワー**でしかなかったのでありアメリカのような**グローバル・パワー**ではなかったという見方もでき、ソ連・ブロックをアメリカ・ブロックと同等に扱うべきでないという見方もある。

時期区分

　冷戦は常態化していったとはいえ、様々な要因、特に米ソ・デタントによって冷戦状況は変化していった。この変化を受けて国際関係も変化し様々な事象が発生したが、これら事象全てが冷戦の変化によって発生したとは限らないことはいうまでもない。またある年、ある月以降、必ずしも国際政治状況が劇的に変化したわけではないことに留意しつつ、冷戦期の特徴により一応時期区分をしてみると次のようになるであろう。次章以降、第二次世界大戦後の国際政治史を概観していくが、以上の認識を踏まえ必ずしもこの時期区分に厳密に従うものではない。

(1)　冷戦の発生と激化：相互不信の連鎖　1946年3月〜55年6月

(2)　冷戦の中の一時的「雪解け」：ムード的デタント　1955年7月〜62年9月

(3)　熱戦への危機：キューバ危機とデタントの模索　1962年10月〜69年1

月

(4)　冷戦安定化への試み：本格的デタントの制度化　1969 年 2 月〜78 年 12
　月

(5)　新冷戦の発生：デタントへの反動　1979 年 1 月〜85 年 2 月

(6)　冷戦終結への道　1985 年 3 月〜91 年 12 月

(1)　冷戦の発生と激化

　冷戦の発生はある日突然起こったものではない。第一次・第二次世界大戦が
遠因、近因を背景にした直接的原因（引き金＝trigger）によって勃発したよう
に、冷戦も第 2 節・第 3 節で詳述する遠因、近因を背景にした引き金によって
発生したというべきである。しかし熱戦である戦争は開始時点と終結時点がは
っきりしているのに対して、冷戦のそれは時間的に幅があり、非難合戦が繰り
返され具体的行動に変化していった。そのためあとになって初めて「あの一連
の言葉や行動が冷戦発生の引き金だった」と認識できるのである。

　第二次世界大戦で「大連合」を組んだ米ソ双方がお互いに深い不信感を表明
し始めたのは、**スターリンの第四次五か年計画に関する演説**（1946 年 2 月 9 日）
とジダーノフによる十月革命第 29 回記念式典での演説と、チャーチルがアメ
リカで行った「**鉄のカーテン**」演説（46 年 3 月）や**トルーマン・ドクトリン**
（47 年 3 月）などであった。これ以降、米ソは相互不信を高め冷戦を戦うため
の態勢を整備していった。冷戦の激化を象徴する事態は、49 年 8 月ソ連が原
爆実験を成功させたことであった。それまでの言葉による非難合戦から核戦争
の可能性が高まったのである。詳しくは第 8 章第 1 節で検討する。

(2)　冷戦の中の一時的「雪解け」

　米ソが原爆開発に続いて遥かに殺傷能力の高い水爆を保有したばかりかイギ
リスも原爆を保有したことが国際世論を動かしたことも一因となり、1950 年
代中葉には「雪解け」というムード的な緊張緩和が生まれた。スターリン死後
の 1954 年ソ連の作家イリヤ・エレンブルグが社会が自由化しつつある雰囲気
を小説『雪解け』で表現したことが契機となって広まった言葉といわれている。
あくまでもムード的なもので文化交流や経済交流が短期間続けられたが、軍事
的緊張は維持されたままであった。いわば非軍事的レベルの緊張緩和であった。

(3)　熱戦への危機

ムード的緊張緩和状態の中で 1962 年 10 月突如キューバ危機が発生し、世界は「全人類絶滅の深淵を覗く」ことになった。米ソ首脳の交渉でソ連が譲歩したことにより辛うじて悲劇は回避され、軍事的レベルでデタントを推進する試みが行われたものの具体的な成果を生み出すことはなく総論的なものであった。しかしソ連がアメリカに譲歩したと認識した中国の反発を招き、東東対立を引き起こすことになる。またデタントは「南北問題」を発見させ（南北対立）、西側内部の経済的対立関係を浮き上がらせることになった（西西対立）。

(4)　冷戦安定化への試み

1969 年 1 月成立したアメリカのニクソン政権は、H・キッシンジャーが描いた壮大な三位一体の外交プランを具体化していった。国内世論を分断し国力を衰退させているヴェトナム戦争を終結させ、国際的地位を上昇させてきた中国との関係を改善し、長期にわたり軍事対立をしてきたソ連と精緻な軍事的レベルでのデタントを推進することであった。しかしこのデタント政策は、ソ連の軍事力強化のための時間稼ぎに使われたという批判がアメリカ議会で強まっている中、77 年ソ連が中距離ミサイル SS-20 をヨーロッパに配備し米ソ関係を再び緊張させることになった。

(5)　新冷戦の発生

1977 年 1 月成立したカーター政権は人権外交によりソ連を批判し、79 年 1 月に中ソ対立の一方の中国と国交を樹立したため米ソ関係は再び緊張した中で、12 月にソ連はアフガニスタンに侵攻した。81 年 1 月大統領に就任したレーガンはソ連を「**悪の帝国**」と呼び捨て、SS-20 に対抗して 83 年末からは NATO 防衛を目的に INF（パーシング II や巡航ミサイル・トマホーク）を配備したために再び核戦争の可能性が高まった。

(6)　冷戦終結への道

1985 年 1 月に二期目の大統領となったレーガンは一転して「歴史に名を残す」大統領への野望を抱き、3 月ソ連共産党書記長に就任したゴルバチョフが「ペレストロイカ・グラスノスチ」を中心とするゴルバチョフ革命を推進する決意を固めたため、米ソ冷戦は終結過程に入っていった。87 年 12 月米ソは **INF 全廃条約**に調印し、88 年 7 月には相互査察を開始するとともに、相互に

向けていた核照準を外した。軍縮（arms reduction）と信頼醸成措置（CBM: Confidence Building Measures）を含む軍備管理（arms control）が進展し、米欧とソ連との緊張が緩和しつつあった 89 年 11 月 9 日、「ベルリンの壁」の崩壊を契機に 91 年 12 月 25 日ソ連は消滅し、米ソ冷戦はここに終結した。

第 2 節　冷戦の遠因——大戦中の潜在的米ソ対立

　米ソ冷戦は 1947 年 3 月 12 日アメリカ大統領ハリー・トルーマンが、議会でトルーマン・ドクトリンを発表したことによって開始されたものではない。あくまでもこのドクトリンはアメリカが、戦争中「大連合」を組み武器貸与法（レンドリース）の対象としていたソ連を、今やアメリカの価値観や生活様式と相いれない存在と認識するに至ったことを明らかにしたものであった。この結論に至るまでの戦争中と戦争終結期の様々な出来事の積み重ねこそが冷戦の原因というべきである。

　戦争中、米英とソ連の間には互いに不信感を抱く事例が多々発生したが、ナチス・ドイツを打倒するという共通の大目的のためにその不信感を抑制せざるをえなかった。そしてナチス・ドイツを崩壊させるとヨーロッパにおける国境線の画定や政治体制を中心とした戦後秩序問題をめぐり、かつての潜在的対立を背景にして米英とソ連の対立は顕在化していったのである。この潜在的対立を引き起こした戦争中の問題は枚挙にいとまがないが、重要な問題として、(1)第二戦線問題、(2)カチンの森事件、(3)イタリア占領方式、(4)バルカン協定、(5)ベルン事件、(6)ヤルタ秘密協定、をあげることができる。

(1)　第二戦線問題

　1942 年夏から翌 43 年にかけてナチス・ドイツはその精鋭部隊 30 万をソ連東南に位置する工業生産の中心地スターリングラードに結集させ、独ソ間で激しい市街戦が展開された。そこでスターリンはドイツからの軍事的圧力を軽減するため、米英に対し第二戦線を構築するよう必死になって要請したのであった。F・D・ルーズヴェルトはチャーチルの主張に引きずられ、結果的には第二戦線を地中海・北アフリカに設定することになったが、スターリンはこうした米英の姿勢をナチス・ドイツと共産主義国家ソ連をいわば相討ちにさせよう

とする意図の現れであるとして、米英に対する不信感をあらわにしたのである。

(2) カチンの森虐殺事件

カチンの森事件は逆に米英のソ連に対する不信感を引き起こした事件であった。1943年4月13日ドイツのラジオ放送は「4月12日スモレンスク近郊のカチンの森で、大量処刑場とおぼしき地下壕の中から3,000人のポーランド将校の遺体が発見された。引き続き発掘中であり、ソ連のボリシェヴィキ内務人民委員会が1万人のポーランド将校を殺害した一部である」と報道した。4月15日、ソ連のタス通信は「1940年春、ドイツ軍の侵攻によってドイツ・ゲシュタポ（秘密警察）の手に落ちたポーランド将校の捕虜虐殺遺体である」と反論し、独ソ間での報道合戦が始まった。1940年春以降、ソ連に抑留中のポーランド将校1万5,000人が行方不明になっていたことは事実であり、翌4月16日ロンドンに亡命しているミコワイチク・ポーランド亡命政権が「国際赤十字のような有力国際機関による事実確認を要請する」という声明を出したために、ソ連のスターリンはミコワイチク亡命政権との関係を絶った。状況証拠から見て圧倒的にソ連のほうに分が悪く、アメリカにいた600万ともいわれるポーランド系アメリカ人は、ソ連に対する反感を強めていったのであった。戦後四十数年経って、ゴルバチョフ書記長はグラスノスチ（情報公開）・ペレストロイカ（改革）を進める中でこの事件はソ連軍が行った虐殺であると認め、ポーランド国民に対して謝罪した。

(3) イタリア占領方式

1943年1月15日、イタリアでは宮廷クーデターによってムッソリーニが失脚し同月末にはファシズム体制が崩壊し、ヴィクトル・エマニエル3世のもとでバドリオ元帥が内閣を組織し戦争を継続したが9月3日、米英連合軍に無条件降伏して休戦協定を締結した。しかしこの間ナチス・ドイツは北部イタリア・中部イタリアを占領したため、米英両軍はイタリア南部を占領しソ連を排除してイタリア占領を開始した。この決定にソ連は激しく反発し、先の第二戦線問題とともに米英に対する不信感を募らせていくと同時に、このイタリア占領方式は逆に東欧・バルカンでソ連が単独で解放した地域はソ連が単独で占領できるという言質を与える結果となった。

⑷　バルカン協定

　1944 年 10 月チャーチルがスターリンとの間に結んだ「バルカン協定」はルーズヴェルト大統領のソ連およびイギリスに対する不信感を引き起こしたものであるが、彼の死去後トルーマン政権の不信感は同盟国イギリスではなくソ連に向かった。

⑸　ベルン事件

　1945 年 3 月に発覚したベルン事件は、ソ連の米英に対する不信感を引き起こしたものであった。OSS（戦時戦略局：CIA の前身）のアレン・ダレス（戦後国務長官となったジョン・F・ダレスの弟で、後 CIA 長官）は、連合国の対独最終総攻撃直前の 45 年 2 月から 3 月にかけて、ナチス・ドイツのイタリア方面将校たちにドイツが米英と単独講和するように働きかけ、このことが発覚した事件であった。ヨーロッパ大戦直前の 38 年 9 月、英仏伊はソ連を排除してヒトラーとミュンヘン会談を開きヒトラーのズデーテン侵攻を認めたために、ソ連は孤立感を抱くとともに資本主義陣営の反ソ・ブロック形成を恐れた経験を持ったが、今また反ソ十字軍が結成されるのではないかという恐れを抱いたのである。

⑹　ヤルタ秘密協定

　1945 年 2 月のヤルタ秘密協定は、アメリカのソ連に対する不信感を高めたものであった。この協定はソ連の対日参戦の代償として日本領の千島列島や樺太南部および満州における諸権益をソ連に認めることを規定したものであり当時は秘密協定とされたが、締結直後からこの秘密協定の存在が噂されていた。そして締結から 1 年後の 46 年 2 月トルーマン政権によってその存在が明らかにされ、トルーマン政権内部では対ソ警戒論がこれまで以上に高まっていくことになったのである。

第 3 節　冷戦の近因——米ソ対立の顕在化

　大戦中の相互不信感を背景に戦後処理問題が引き金となって米ソ対立は顕在化していった。特に、⑴ドイツ問題、⑵ポーランド問題、⑶ギリシャ問題、⑷トルコ問題、⑸イラン問題は、米ソ関係を緊張させていった。

ドイツ問題

　ドイツ打倒後の政治的真空を誰がどのように埋めるかというドイツ処理問題に関しては、大戦中アメリカのモーゲンソー財務長官がドイツを「農業と牧畜の国家」にしようとする**モーゲンソー・プラン**を提起していた。当初これを支持していたルーズヴェルト大統領は、次第にモーゲンソー・プランに消極的態度をとり始めた。

　第一にソ連は戦後ドイツの経常生産からの賠償取り立てを希望していて、モーゲンソーの考えるようなドイツの構造変化には興味を持っていないという情報を持っていた。

　第二にドイツ工業の徹底的な破壊を骨子とする同プランは、大量の政府資金による対外援助によって海外市場を再建・確保せよというアメリカ経済界の主張と対立していた。経済開発委員会、国家計画協会、20世紀基金等のビッグビジネスの利益を代表する諸団体は、国内的には戦後も引き続き政府による大規模なスペンディング政策を行い、対外的には大量の政府資金による海外輸出・投資市場を確保していくことを強力に主張していた。1944年7月ブレトン・ウッズ会議において、戦後においてドル市場を世界的に拡大することを保証したIMF体制の確立決定は、まさにこのビッグビジネスの希望に沿ったものであった。

　第三に完全に破壊されたドイツは全ヨーロッパを覆う混沌の蔓延源となるであろうとの理由からイギリスが強く反発していたことである。対ソ協調を重視したルーズヴェルト大統領が死去し（1945年4月12日）、対独戦が終結するとモーゲンソー・プランは現実性を持たなくなった。体調不良のルーズヴェルトが参加した2月のヤルタ会談では、ドイツの非ナチス化・非武装化・連合国の共同管理という原則は決定していたが、具体的な方式は未決定のままであった。米英ソそれぞれの条件や思惑がドイツ占領問題に投影していたからである。

　ソ連は、第一に対独安全保障の強化を重視した。第二に米英との資本関係からあまり打撃を受けなかったドイツ西部のルール地方から賠償を取り立てることを欲した。しかしここで矛盾が生じた。すなわち対独安全保障を強化するためには、ポーランドと国境を接するドイツ東部地域をソ連占領地域としなければならなかったが、この地域は工業よりもむしろ農業が中心であった。

　アメリカは急速に戦時体制を解除しつつあり、ヨーロッパ問題の処理はイギリスに任せて早期にヨーロッパから撤退することを考えていた。軍事的・経済的に大打撃を受けたイギリスは一国でドイツ西部を占領する力はなかった。具体的なドイツ占領方式が決定していなかったため対独戦終了後ポツダム会談前の 1945 年 6 月 5 日、米英ソ仏はベルリンで会談し**ベルリン協定**を結んだ。(1)減価していても**ライヒスマルク**が共通通貨単位として四国の占領地域を結びつけているという現状を基礎に、オーデル・ナイセ川以西のドイツを一体として、米英ソ仏連合国の共同管理下に置く。共同管理のために**連合国管理理事会**（Allied Control Council）を設置し決定は全会一致とする。すなわち各国に拒否権（veto）を認め全会一致によって決定されない場合には、各国が自らの占領地域で単独行動できる。(2)東プロシア地域の北半分はソ連領とする。東プロシア地域の南半分とオーデル・ナイセ川以東のドイツ領はポーランドに譲渡される（ソ連がカーゾン線まで拡大した代償としてこの措置がとられた）。(3)ザール地方はフランスへ割譲される（1925 年 4 月 25 日）。

　ヤルタ協定とこのベルリン協定に基づいて、連合国はドイツを四つの占領地区に分け、さらにベルリンにも同じ分割統治方式を採用して占領を始めた（第5章地図 24 参照）。しかし実際にそれぞれの占領地域を管理し始めたとき、連合国間の不一致が鮮明になっていった。特に賠償問題をめぐって、米英仏とソ連との東西対立が先鋭化していった。

　ソ連はポツダム協定に従って 1945 年 8 月以降ソ連占領地域内の多くの工場から機械類等の生産設備を撤去しソ連国内に持ち去ると同時に、この地区での工業生産を増強し始めた。米英はソ連のこの措置をポツダム協定違反であるとして激しく非難し、両者の相互不信と対立は深まっていき、1946 年 12 月米英両国占領地域を一つの経済地区としてソ連に対抗していこうとした。

ポーランド問題

　ヤルタ会談が開催された 1945 年 2 月には、ロンドンのミコワイチク亡命政権とソ連影響下のルブリン政権の二つが存在していた。ヤルタ会談では、亡命政権も含めたより広範な基礎のもとに立つ民主的政府を樹立することが米英ソの三大国の間で合意された。そして帰国したミコワイチクは 1945 年 7 月ルブ

リン政府を基礎としたポーランド新政府の副首相兼農相に就任したが、この政府自体がソ連の圧倒的な影響下にあったために同政府は9月には土地改革を実施、さらに12月には主要産業の国有化を推し進めるなど社会主義化を進めていった。ソ連指導のもとでポーランドを社会主義化することはヤルタでの合意に反するものであるとして、ドイツ問題と並んで米英はソ連に激しく反発し、ポーランド問題をめぐっても亀裂が深まっていった。

1947年1月の総選挙では亡命政権派は完敗し、ミコワイチクの基盤であった農民党（亡命前は農民党党首で39年にロンドンに亡命）も二つに分裂したため、ミコワイチクは再び海外に亡命しなければならなかった。

ギリシャ問題

東欧バルカン地域ではハンガリー、ルーマニア、ブルガリアが自発的に枢軸国側に立っていたため大戦末期にソ連赤軍の侵攻を受け、ソ連軍の軍事的圧力のもとで社会主義化を余儀なくされていった。これに対しバルカン半島南部のユーゴスラヴィア、アルバニア、ギリシャは枢軸国によって軍事侵略され、パルチザン部隊の抵抗運動によって自らの解放を目指した。ユーゴスラヴィア、アルバニアは自らを解放することに成功したが、ギリシャは**バルカン協定**（1944年10月）を根拠とするイギリス軍によって革命を阻止されることになった。

1941年6月独ソ戦闘開始直後ナチス・ドイツが全ギリシャを制圧した状況の中で、ギリシャ共産党は組織を再建し9月末には同党が中心となって**ギリシャ民族解放戦線（EAM）**を結成した。そして42年4月にはEAMの軍事組織として**ギリシャ人民解放軍（ELAS）**を組織した。44年4月イギリスはエジプトのカイロに**パパンドレウ**を首班とするギリシャ亡命政府を設立させた上で、EAMと亡命政府からなる統一政権づくりに乗り出した。さらに9月にはギリシャの全軍事勢力を在ギリシャ連合軍最高司令部のイギリス人**スコービー中将**の指揮下へ置いた。その上でバルカン協定締結のため、チャーチルはモスクワに飛び44年10月**バルカン協定**を結んだ。

バルカン協定を盾にイギリス軍を中心とする連合軍はギリシャ国内のドイツ軍を撃退し、11月初旬ドイツ軍はギリシャから撤退した。イギリスを後ろ盾

とする統一政権が存在していたが、現実に軍事力を有するのは今や 14 万と膨れ上がった ELAS であり、その軍事的強大化を恐れたスコービー中将はこれを解体しようとした。1944 年 12 月初旬 EAM 系勢力は数十万のデモを組織しイギリス軍・警察と衝突して多数の死者を出した。さらに EAM はゼネストを打ってこれに対抗したためイギリスはアテネに軍隊を集結させ、圧倒的な軍事力によってその武装蜂起を鎮圧した。

12 月 30 日、ソ連はギリシャ共産党がまさに打倒しようとしているギリシャ政府に対しギリシャ駐在ソ連大使を任命したのであった。動揺した EAM はヤルタ会談直後の 45 年 2 月 12 日イギリスと**ヴァルキザ協定**に調印せざるをえなかった。この協定によって EAM は ELAS を 2 週間以内に武装解除することになり、かつてパパンドレウ亡命政権とともにエジプトなど中東に避難していた右派軍を中心に国軍が形成されることになった。これ以降イギリス軍を後ろ盾にした国軍による EAM に対する無差別テロが頻発し、国内の行政は麻痺してギリシャを二分する内戦が勃発した。バルカン協定を遵守したかのようなソ連の対応であったが、米英は EAM の動きの背景にはソ連の指示があると確信して、危機感を強めていった。

こうした状況の中でチャーチルは「**鉄のカーテン演説**」（フルトン演説、1946年 3 月 5 日）を行うが同年末に行われた総選挙では共産党がボイコットし、秋以降、北部・中部山岳地帯で 1 万人近い共産党系ゲリラがイギリス軍・政府軍との戦闘を拡大していった。しかし翌 47 年 2 月イギリス自体が未曾有の厳寒と石炭危機でその経済は破局寸前にあり、47 年 2 月 24 日、3 月末でイギリスは対ギリシャ支援を打ち切らざるをえず、代わってアメリカの対ギリシャ援助を要請したいとアメリカ国務省へ通告したのである。3 月 12 日に発表されたトルーマン・ドクトリンは、イギリスのこの要請に対応するものであった。

トルコ問題

第二次世界大戦発生後、ドイツ軍がルーマニアやブルガリアなどのバルカン地域に侵攻してきたために英仏の働きかけを受け、トルコは国家安全保障のために両国と 1939 年 10 月**アンカラ協定**を結んだ。しかしすでにバルカン半島の大半を支配していたナチス・ドイツに宣戦することは当時のトルコの軍事力で

は不可能であったために、41年6月ドイツとの間にも不可侵条約を結び、第二次世界大戦中のほとんどの時期を通じ中立を守ることができたのであった（44年8月ドイツと断交し、45年2月23日に日独に対し宣戦布告をした）。ヤルタ会談終結約2週間後、トルコは連合国の側に立って日独に対し宣戦したが、その直後ソ連はトルコとの友好関係の維持を理由に三つの要求を行ってきた。

　第一にモントリオール条約の条件を変更し、両海峡にソ連の戦略的基地の設定を認めること、第二に東部アナトリアのカルス、アルダハン、アルトヴィンの三地域をグルジアに返還すること、第三にブルガリアにトラキア地方の一部を割譲すること、の三点であった。戦争末期におけるソ連のこうした態度の豹変は、トルコの伝統的な反ロシア感情を呼び起こしこれ以降両国の関係は緊張していくことになった。ソ連の東地中海進出への野心を警戒したアメリカは、トルーマン・ドクトリン発表によりギリシャとトルコへの対外援助を行うことに関して議会の承認を得ることに成功した。

イラン問題
　第二次世界大戦中、英ソとイランとの同盟によって、連合国はペルシャ湾軍司令部を設置するとともに、アメリカ軍の輸送部隊がペルシャ湾に面する諸港湾から武器貸与法（レンドリース）によるソ連向け軍事物資を陸揚げし、イランの鉄道・道路を使いソ連に多量の物資を運びソ連の対独戦勝利に貢献することとなった。

　大戦中の英ソとイラン三国同盟条約では、戦争終結後6ヵ月以内に英ソ両軍は撤兵することを規定していたがソ連軍は撤兵せずイラン北部に駐留する状況の中で、アゼルバイジャン自治共和国とクルド人主体のマハーバード自治共和国が樹立された（1945年末〜46年初頭）。

　アメリカは両自治共和国をソ連の傀儡と見なしソ連を非難し始め、イラン政府はこの問題をソ連による内政干渉であるとして国連安保理に提訴した。この問題をめぐって米ソ対が激化する中で、イランはアメリカの支持を得て1946年12月両国に対し軍事攻撃を行い両国は壊滅した。

　第二次大戦中の第二戦線問題やカチンの森事件のような米英とソ連の間の相

互不信を引き起こした問題を背景にしつつ、大戦終結期には戦後処理という具
体的問題をめぐって相互不信ばかりでなく相互の警戒心を高めることになった
のである。のちに冷戦と呼ばれるようになる状況が生まれてくるのである。

第8章　戦後秩序形成と米ソ冷戦の発生

第1節　米ソ冷戦の構造化——四つの段階

　米ソ冷戦の発生には、すでに指摘したように遠因、近因が存在していたといえるが、直接の原因あるいは引き金となった要因にも四つの段階が指摘できる。第一段階は、米（英）ソの間の言葉による非難合戦でありその極めつけがトルーマン・ドクトリンであり、第二段階はトルーマン・ドクトリンを前提としてアメリカが打ち出したマーシャル・プラン、第三段階はドイツの西側管理地区における通貨改革をきっかけに発生したソ連によるベルリン封鎖と米英のベルリン大空輸作戦、第四段階がアメリカ主導の NATO 結成とココムの設置、ソ連主導のコメコンの設置とソ連の原爆保有である。

第一段階

　ソ連は大戦中からどの程度まで対ソ借款が可能かをアメリカに打診していたが、アメリカは明確な態度を打ち出さないまま、対ソ協調的姿勢をとっていたルーズヴェルト大統領はヤルタ会談後の 1945 年 4 月 12 日死去した。副大統領のハリー・トルーマンが「偶然時の大統領」となった。トルーマン政権は就任早々、対ソ武器貸与（レンドリース）を 5 月に打ち切り、ソ連の経済復興に大きく貢献してきた UNRRA（連合国難民復興救済機関）も 46 年 8 月末に解散に追い込んだ。この組織は大戦中の 43 年 11 月 9 日アメリカが主導して設立したが、援助物資横流しの疑念を抱いたアメリカが報告書の提出を求めたのに対しソ連がこれを拒否したため解散する決断をしたのである。45 年 5 月にレンドリースが打ち切られ 46 年 8 月には UNRRA 物資も停止されることになるソ連のスターリンは、46 年 2 月 9 日に第四次 5 ヵ年計画を発表して他国の援助に頼らず、

	アメリカ・ブロック	ソ連・ブロック
1944年	7月　IMF協定成立	
1945年	4月25日　サンフランシスコ連合国全体会議（～6月26日）50ヵ国、国連憲章調印　6月26日　51ヵ国が憲章に調印	
	5月　　　トルーマン、対ソ武器貸与法打ち切り	
	8月　　　トルーマン、UNRRAを廃止	
	10月24日　国連憲章発効→国際連合発足	
	12月7日　ブレトン・ウッズ協定発効→世銀・IMF設立	
1946年	1月10日　国連第1回総会（ロンドン）　1月12日　安保理成立	
	2月22日　G・ケナン、モスクワからの長電	2月9日　　スターリン、第四次5ヵ年計画に関する演説
	3月5日　　チャーチル「鉄のカーテン」演説	2月27日　ソ連・モンゴル相互援助条約締結
	6月25日　世界銀行開業	11月7日　ジダーノフ、十月革命第29回記念式典での演説
1947年	3月1日　　IMF開業	
	3月12日　トルーマン・ドクトリン発表	
	5月　　　赤狩り激化	
	6月5日　　マーシャル・プラン発表	
	7月　　　ケナンのX論文「ソ連邦の行動の起源」*Foreign Affairs*7月号	7月2日　ソ連、マーシャル・プラン不参加表明→東欧諸国これに続く
	7月12日　欧州経済復興協力委員会設立←マーシャル・プラン	
	7月26日　国家安全保障法成立→NSC、CIA、国防総省　設置	9月22日～27日　コミンフォルム第1回大会　ジダーノフ報告
	10月30日　GATT調印	10月5日　コミンフォルム（共産党情報局）設置
1948年	1月　　　GATT発足→ハバナ憲章3月採択	2月24日　チェコ・スロヴァキアで共産党のクーデター
	3月17日　英仏・ベネルックス3国ブリュッセル条約→西欧連合	3月20日　ソ連代表、ベルリン管理理事会退場→機能停止
	4月3日　　マーシャル・プランによる対外援助法成立	4月1日　ソ連、西ベルリンへの陸上輸送規制強化
	4月30日　米州機構（OAS）成立	
	6月18日　米英仏、ドイツ西側管理地域で通貨改革	6月22日　ソ連、これに対抗し管理地域で通貨改革
	6月26日　西ベルリンへ大空輸作戦開始（～49年5月12日）	6月24日　ソ連、ベルリン管理委員会消滅を宣言→ベルリン完全封鎖
	8月15日　大韓民国成立	9月9日　朝鮮民主主義人民共和国成立
1949年	1月20日　トルーマン、ポイント・フォア発表	1月25日　ソ連主導のコメコン（東欧経済相互援助会議）成立
	4月4日　　NATO（北大西洋条約機構）成立→条約発効8月24日	3月17日　ソ連・北朝鮮、経済・通商・文化協定締結
	5月23日　ドイツ連邦共和国（西独）成立	10月1日　中華人民共和国成立
	9月23日　トルーマン、ソ連の原爆実験（8月23日）を発表	10月7日　ドイツ民主共和国（東独）成立
	11月30日　ココム（対共産圏輸出統制委員会）設置	
1950年		2月14日　中ソ友好同盟相互援助条約締結
	6月25日　朝鮮戦争勃発（～53年7月27日）	
1951年	8月30日　米比相互防衛条約締結	
	9月1日　　米・豪・ニュージーランド、ANZUS条約締結	
	9月8日　　サンフランシスコ講和条約・日米安全保障条約締結	
	12月13日　米州機構（OAS）設立	
	12月30日　マーシャル・プラン終了（総額120億ドル）	
1953年	7月27日　朝鮮戦争休戦協定調印	
	10月1日　米韓相互防衛条約締結	
1954年	4月26日～7月21日　ジュネーブ極東平和会議　7月20日　インドシナ休戦協定調印	
	9月8日　　東南アジア集団防衛条約締結→SEATO結成	ソ連、国家保安委員会（KGB）結成
	10月23日　パリ協定→西ドイツの主権回復・再軍備承認	
	12月2日　米台相互防衛条約締結	
1955年	5月5日　　パリ協定発効→西ドイツの主権回復、6日　NATO加盟	5月14日　ソ連・東欧8ヵ国、ワルシャワ条約機構（WTO）設置

単独で重化学工業を中心に経済復興を進めていく決意を内外に示しつつ、「偶発時」に備えて生産増強を訴えた。「偶発時」がアメリカとの戦争であることは明らかであった。

こうした中で駐ソ代理大使ジョージ・ケナンは、その後トルーマン政権の対ソ政策に大きな影響を及ぼすことになる**「モスクワからの長電」**をアメリカ国務省に送った。「ソビエト権力は……理性の論理には鈍感なくせに、力の論理にはきわめて敏感である。それゆえどんな場合でも、強力な抵抗に出合えば容易に後退することができる……国際共産主義は病気の細胞組織の上にのみ繁殖する悪性の寄生菌のようなものだ。……」とソ連の対外行動を歴史的・論理的に分析した上で、ソ連には毅然たる態度をとることが不可欠であると主張した。その1ヵ月後の3月5日前イギリス首相チャーチル（ポツダム会談途中で行われた総選挙で労働党に敗北して辞職し、1951年10月の総選挙で77歳で首相に返り咲く）はトルーマン大統領と打ち合わせた上で、トルーマンの出身州であるミズーリ州フルトンで**「鉄のカーテン演説」**を行った。「バルト海のステティンからアドリア海のトリエステまでヨーロッパ大陸を横切る鉄のカーテンが降ろされた。このカーテンの裏側には、中欧・東欧の古くからの首都がある。……」と、今やヨーロッパは完全に分断されカーテンの向こうはソ連の支配下にあるばかりか、世界中の多くの国々では共産主義の第五列が結成され、ソ連の指令に絶対服従していると警告を鳴らした。ケナンの長電とチャーチル演説は、トルーマン政権で広まりつつあった対ソ不信感に理論的裏づけを与え、ロシアの伝統的な南下政策とソヴィエト・ロシアの世界革命路線が復活したと同政権に認識させる効果を持った。

こうした米英側の対ソ認識に対してソ連側からの対応が、スターリンに次ぐNo.2の地位（ソ連邦最高会議議長、1946年3月12日～47年2月25日）にあるアンドレイ・ジダーノフが行った11月7日「十月革命第29回記念式典での演説」であり、それはチャーチルの演説を100％反転させたような世界情勢観を示していた。46年8月にUNRRA物資の支給が停止されたソ連は、この年、未曽有の大寒波に苦しんでいる中でアメリカへの反発を強めていたのである。

米ソ双方が互いに警戒心を剥き出しにしつつあった1947年3月12日、その後米ソ冷戦開始を告げるファンファーレともいえる**トルーマン・ドクトリン**が

発表された。その直接的な契機はギリシャ情勢であった。46 年秋から 47 年初頭にかけてイギリスの伝統的な地中海政策の基礎であるギリシャにおいて、ソ連がバルカン協定を遵守していたにもかかわらずイギリス軍とギリシャ民族解放戦線（EAM）との間の軍事衝突が激化し、未曾有の厳寒と石炭危機で経済的に破局を迎えつつあったイギリスはギリシャ放棄を覚悟せざるをえなかった。イギリス外務省からギリシャ援助打ち切り通告されたアメリカ国務省は（47 年 2 月 24 日）、ディーン・アチソン国務次官が中心になって議会指導者に対しイギリスに代わってアメリカが援助することに同意するよう説得工作を開始したのであった。大戦中の 1,400 万人の兵力を 120 万へと急速に戦時体制を解除しつつあったアメリカにおいて、対外的関与を再開するためには議会内外を十分に説得しうる論理が不可欠であった。

　ギリシャ援助を正当化する論理を総括的にまとめたものが、トルーマン・ドクトリンであった。トルーマン・ドクトリンは、第一にアメリカ国民は生活様式の二者択一を迫られていると訴えた。すなわち、多数の者の意思に基づく自由主義的な生活様式であり、それは具体的には代議制、自由選挙、言論宗教の自由によって表現されている。もう一つは多数者の意思が少数者の意思に強制的に従属させられた全体主義的生活様式であり、それは恐怖と弾圧、出版・放送の統制、個人的自由の抑圧に表現されるものである。このように世界情勢を白黒二元論的に認識した上で、第二に武装した少数者と国外からの圧力によって計画された破壊活動にいまや必死になって抵抗している自由な諸国民を援助することが合衆国の政策でなければならないと訴えた。第三にギリシャがこの具体的なケースであって、ギリシャが少数者の支配に屈するなら隣接するトルコへの影響ははかり知れず、混乱・無秩序は中東全体に拡大し、それはやがてヨーロッパ全体を覆うであろうとギリシャ問題をグローバルな問題として位置づけようとしたのであった。議会に対するこの訴えかけは功を奏し、**ギリシャ・トルコ援助法案**は可決したのであった（1947 年 5 月 22 日）。これによってアメリカはギリシャに 3 億ドルの援助を供与し、ギリシャ政府も 47 年末から 48 年まで 5 個師団を投入したため最終的にゲリラ側は敗北し、アメリカの援助は結果的に機能したことになった。以上が第一段階である。

第二段階

　6月5日マーシャル国務長官が、西ヨーロッパ全体の共産主義化を阻止することを目的とした**マーシャル・プラン**を発表したことにより、ソ連はアメリカがソ連・東欧を経済的に封鎖しようとしていると警戒を強めた。欧州経済復興計画としてのマーシャル・プランは、ヨーロッパの経済的混乱は世界的混乱を引き起こし、その結果アメリカ資本主義にとって大きな打撃となるという認識に立ち、自由な経済組織が存在しうる政治的・社会的条件を生み出すことを目的にしていた。同時に他国の経済復興を妨害するような政府に対しては援助を行わないと忠告を発したものであった。トルーマン・ドクトリンがギリシャ復興援助法案を念頭に置きながらも自由主義・民主主義という基本的価値観の選択を訴えたのに対し、マーシャル・プランはその上に立って自由なる経済活動が保障される条件を生み出すことを求めたものであり、両者はワンセットでとらえられるべき存在である。

　大戦中の軍需生産によってアメリカ経済は恐慌から立ち直り、完全雇用状態を実現するほどの好況を享受することができたが、戦後においてもこの状態を維持していくことがアメリカの指導者に課された最大の課題であった。経済的繁栄こそがアメリカ的生活様式を保障するものであったからである。大戦中、経済開発委員会、国家計画協会、20世紀基金などのビッグビジネス諸団体は、政府と密接な関係を維持しつつ具体的には戦後も引き続き政府による大規模なケインズ流の**スペンディング政策**を行い、対外的には大量の対外援助による海外輸出投資市場を確保していくことを強力に主張していたのである。戦争に代わって経済的繁栄を可能にするものは、いまや海外輸出市場の拡大強化であった。

　大戦中にIMF体制の確立が決定したことは、このドルの世界的拡大を保障したものであった。IMF体制はドルを基軸通貨とする国際通貨体制であり、財・サービスの自由な移動を保障する自由貿易体制の構築が急がれたが、そのためのGATT（関税と貿易に関する一般協定）は1947年10月紆余曲折を経て成立した。IMF体制とGATT体制を二つの支柱とする戦後国際自由経済体制が、アメリカに有利に機能する前にまず資本主義諸国の経済復興のために経済援助を行うことが必要不可欠であった。マーシャル・プランはその象徴であり、ほ

ほトルーマン政権期にあた
る 1946 年〜52 会計年度の
対外経済援助総額は約 220
億ドルに上った（1 ドル 360
円で計算して 220 億ドルは 7
兆 9,200 億円）。

　1947 年当時アメリカ以
外の主要な多くの国家は経
済的に極度に疲弊し、購買
力はきわめて乏しかった。

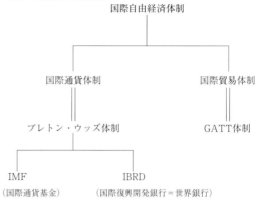

図 8　国際自由経済体制

これら二つの経済体制が機
能してアメリカにとって対外市場が拡大してゆくためには、この「購買力はな
いが膨大な潜在的需要」が存在する地域を経済復興させねばならなかった。ア
メリカ自体が鉱工業部門・農業部門ともに第二次世界大戦を通じて過剰生産力
を抱えていたため、自らの恐慌を回避するためにもこうした購買力のない海外
の膨大な潜在需要を有効需要に転換させねばならなかったのである。海外市場
の開拓・拡大よりも前に自国の過剰生産力の捌け口を確保せねばならなかった
のである。マーシャル・プランはいわば一石二鳥的効果を狙ったものであった。
　マーシャル・プラン発表（6 月 5 日）に対し 6 月末、英仏とソ連の外相が受
け入れについて協議したが、ソ連外相はソ連の計画経済と矛盾するという理由
で消極的態度を示し 7 月 2 日正式に受入れを拒否した。そしてポーランド、チ
ェコ・スロヴァキア、ハンガリーもソ連の圧力を受け拒否を通告してきた（7
月 9 日から 7 月 10 日）。それはソ連外相が述べたように計画経済と矛盾するばか
りでなく、すでに 1946 年から 47 年にかけて顕在化してきた米英とソ連との政
治的対立があったことは明らかである。こうしてヨーロッパは、すでに政治的
に分断されつつあったが経済的にも分断されていくことになったのである。米
ソ両ブロック間の経済的亀裂は、1 年半後の 49 年 1 月 25 日にソ連がコメコン
（東欧経済相互援助会議）を設置したことにより決定的となっていく。
　マーシャル・プラン発表の翌月発行の *Foreign Affairs*（『フォーリン・アフェ
アーズ』）7 月号に発表された「ソ連邦の行動の淵源」と題するジョージ・ケナ

ンのいわゆる「X論文」は、ソ連の膨張傾向に対し「長期の、辛抱強く、し
かも確固として注意深い」「**封じ込め政策**」を採用すべきであると主張して、
これらの政策を公的に正当化したのであった。アメリカのこうした二元論的認
識に基づく対ソ封じ込め政策の具体化に対し、1947年9月22日〜27日に開催
されたコミンフォルム（共産党中央情報局）第1回大会でその結成を主導したソ
連代表ジダーノフは「世界は反民主的帝国主義陣営と民主的反帝国主義陣営の
二つに分裂しつつある」との認識を示し政治的亀裂もいっそう深まっていった。

第三段階

　米英仏3ヵ国がドイツ西側管理地区で実行した通貨改革とこの改革を契機と
して発生したソ連による**ベルリン完全封鎖**は米ソ間の亀裂・対立を決定づけた。
この改革の目的はドイツ経済の再建であったが、1948年3月20日にソ連代表
がベルリン管理理事会を退場して理事会が機能不全に陥っていた上に、4月1
日にソ連が西ベルリンへの陸上輸送を制限し始めていたという事情も背景にあ
った。

　荒廃を極めていたドイツの状況を改善するには経済復興が不可欠であり、
1946年末に米英は各自の占領地区の経済統合を図る方針を打ち出した。48年
にはフランスもこれに合流し、参加国は同年3月に中央銀行を設立した上で、
経済統合の基本である通貨改革を6月18日米英仏の西側占領地区で断行した。
戦中から戦後にかけドイツ全域で流通していた**ライヒスマルク**（帝国マルク）
は戦時経済を支えるため異常に膨張（通貨の乱発）して価値が下落していた。
経済復興のためには経済統合＝市場の統合と新通貨の発行が不可欠であった。
米英は連携してアメリカで新通貨**ドイツ・マルク**（マルクB）を印刷し、秘密
裏に西側地区に輸送し（暗号名「バード・ドッグ作戦」）新通貨を発行すると同時
に統制経済を廃止し自由価格制度を導入したのである。ドイツ・マルクとライ
ヒスマルクとの交換比率は1：6.5であった。

　ポツダム宣言では「ドイツを経済的に一体と見なす」としていたが、ソ連は
自らの占領地域でいち早くユンカー的大土地所有を一掃する土地改革や独占資
本の廃止など急速に社会主義化を進めたため、米英仏はソ連に対して不信感を
強めていたこともこれら3ヵ国占領地区での経済統合を急ぐ引き金になった。

しかし西側地区での通貨改革をポツダム宣言違反であると猛反発したソ連は、自国占領地区で新通貨**オストマルク**を発行せざるをえなかった。米英仏に対抗するという理由以上に、西側で無効になったレンテンマルクが東側に大量に密輸されたために、48 年 6 月 22 日には 1 : 1 の通貨改革をせざるをえなかったのである。新通貨を発行したものの統制経済は維持されたため、その後も経済活動は活性化しなかった。マーシャル・プランで保証されることになった新通貨（マルク B、ドイツ・マルク）は広く受け入れられ、同プランの受け取り機関として成立した OEEC（欧州経済協力機構）に西ドイツも 49 年に参加したため、新通貨は急速に普及していき「ドイツ経済の奇跡」を生むことになった。これとは対照的にソ連側の通貨改革は失敗することになった。ソ連は、6 月 24 日には米英仏ソ 4 ヵ国によるベルリン管理委員会の消滅を一方的に宣言し、電力や交通を完全に遮断するベルリン封鎖の挙に出た。トルーマン・ドクトリンが米ソ冷戦の開始を告げるファンファーレであったとすれば、ソ連によるベルリン封鎖は実際の行動による冷戦の宣戦布告といえ、第三次世界大戦を世界に警告する危機となった。

　これに対して米英は空軍機による大空輸作戦を 1948 年 6 月 26 日から 49 年 5 月 12 日まで敢行し、220 万人の西ベルリン市民と 3 ヵ国の占領軍を守った。ベルリンを封鎖すれば西ベルリン市民の生活が困窮し社会主義への動きが生まれると期待したソ連の思惑は外れ、さらに封鎖を継続すれば米英との軍事紛争に発展しかねないとの恐れからソ連が譲歩し封鎖は解除された。しかしベルリン封鎖は第三次世界大戦を引き起こしかねない深刻な事態であったため米ソ双方の相互不信は決定的となり、米英仏とソ連はそれぞれの占領地域で別々のドイツ国家樹立を目指すことになった。

第四段階

　第三次世界大戦勃発の瀬戸際を経験した米ソが、緊急時への備えを具体化していったのが 1949 年以降の第四段階であった。49 年 1 月 25 日ソ連はマーシャル・プランに対抗してコメコン（東欧経済相互援助会議）を設立し、8 月 29 日に**原爆実験**に成功した。オホーツク海周辺をパトロール中の偵察機がソ連の原爆実験を探知したアメリカは予想外の速さにショックを受け、原爆を凌ぐ破壊

表6 アメリカが主導した軍事同盟条約

名　　　　称	調印
米州相互援助条約（リオ条約）[1]	1947 年 9 月 2 日
北大西洋条約[2]	1949 年 4 月 4 日
米比相互防衛条約	1951 年 8 月 30 日
日米安全保障条約[3]	1951 年 9 月 8 日
ANZUS 条約[4]	1951 年 9 月 1 日
米韓相互防衛条約	1953 年 10 月 1 日
東南アジア集団防衛条約（SEATO）[5]	1954 年 9 月 8 日
米華相互防衛条約	1954 年 12 月 3 日
バグダッド条約（中東条約）[6]	1955 年 11 月 21 日
中央条約[7]	1959 年 8 月 20 日

（注）(1)　米州 19 ヵ国が参加。これをもとに 48 年 4 月 30 日米州機構（OAS）を結成。

(2)　米、加、ベネルックス 3 ヵ国、英、仏、伊、ポルトガル、デンマーク、ノルウェー、アイスランドの 12 ヵ国がワシントン D.C. で調印。これに基づき NATO を結成。民主主義国とはいえなかったポルトガルが参加したのは、アメリカにとってポルトガルの軍事基地は重要であったからであり、スペインが参加できなかったのは、大戦中の親独的姿勢のためであった。

(3)　対日サンフランシスコ講和会議で対日講和条約に続き調印（52 年 4 月 28 日発効）。

(4)　アメリカ、オーストラリア、ニュージーランド 3 ヵ国の条約。太平洋安全保障条約ともいわれる。

(5)　米、英、仏、豪、ニュージーランド、フィリピン、タイ、パキスタンの 8 ヵ国が参加。これをもとに SEATO（東南アジア条約機構）を結成。

(6)　55 年 2 月締結のトルコ・イラン相互防衛条約に英、イラン、パキスタンが加わり成立。これをもとに中東条約機構（METO：バグダッド条約機構）を結成。アメリカは参加してないが、アメリカが背後で動き結成。

(7)　イラク革命により METO が崩壊したため、英、イラン、パキスタン、トルコの 4 ヵ国が参加し、これに基づき CENTO（中央条約機構）を結成。

力を持つ水爆開発を急いだ。すでにアメリカは 1949 年 4 月 4 日北大西洋条約機構（NATO）を締結していたが、54 年までに二国間・多国間の同盟条約を締結し（表6）世界各地に軍事基地を設置し（地図25）、49 年 11 月 30 日にはココム（対共産圏輸出統制委員会）を設置してソ連とその衛星国に対する軍事的・通商技術的封じ込めを強化していった。ソ連はアメリカによる軍事的封じ込めに対して 1955 年 5 月 14 日東欧 8 ヵ国とともにワルシャワ条約機構（WTO）を結成して NATO に対抗しようとした。言葉による非難の応酬からベルリン封鎖のような行動へレベルアップした米ソ冷戦は、さらに熱戦の危険をはらみながら構造化していった。

第 2 節　アメリカにおける冷戦体制の強化

第一次世界大戦後のアメリカで共産主義者と見られた市民は迫害の対象とな

地図 25　アメリカの海外主要基地（1960 年現在）

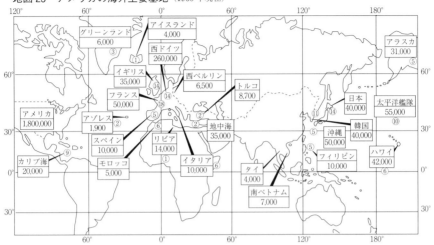

□の数字はアメリカ軍兵力　○の数字はアメリカ基地の数

（出所）シーモア・J・ダイチマン、牛田佳夫等訳『アメリカの限定戦略』106 頁

った。それはロシア革命でボリシェヴィキからアメリカに逃れてきた白系ロシ
ア人たちが口々にロシア革命の恐ろしさや残酷さを広めたために、革命に同調
する市民を「あれは赤だ」「共産主義者だ」といって社会から排除しようとす
る風潮が蔓延した。Red Scare という言葉が人々を恐怖させた。映画「死刑台
のメロディ」に描かれたイタリア系移民のサッコとバンゼッティはアナーキス
トで徴兵を拒否していた経歴も影響して、この風潮の中で逮捕され死刑台の露
と消えた（サッコ・バンゼッティ事件）。第二次世界大戦後のアメリカでも同じよ
うな風潮が蔓延し、赤＝共産主義（者）に対する恐怖や憎悪が増幅され、ベル
リン完全封鎖が行われた頃から朝鮮戦争が休戦する頃までマッカーシズムとい
う「赤狩り」が行われた。1949 年 10 月に中華人民共和国が成立したことによ
り、1912 年に成立して以来アメリカが国家承認してきた中華民国が台湾に逃
れたことも「赤狩り」を加速した。中国共産党に同情的であった外交官たちも
その対象となり自殺する者すら現れた。こうした雰囲気の中で展開していた米
ソ冷戦に対して、トルーマン政権は対内的には 1947 年 7 月に成立させた**国家
安全保障法**に基づき、**国家安全保障会議（NSC）、CIA（アメリカ中央情報局）、
国防総省（ペンタゴン）**等を設置するとともに（図 9）、対外的には軍事援助と

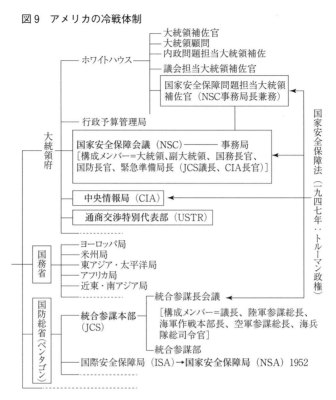

図9　アメリカの冷戦体制

軍事同盟条約締結を推進していった。

　1948年11月「偶然時の大統領」トルーマンは大統領選挙に勝利し大統領となった。49年1月20日の就任式でトルーマンは**フェア・ディール政策**発表したが、その第4項として**ポイント・フォア計画**を発表し、⑴アメリカの科学技術を途上国に移転し、⑵アメリカの民間投資を促進する、という目的のもとに新たな対外援助政策を発表した。しかし規模自体が小さく（49年6月、トルーマンが議会に要請したのはわずか4,500万ドルであった）、ヨーロッパ復興計画を補完する程度のものであり、人道的側面が強調されたがイラン援助に見るようにソ連への抑止力という側面を持っていたのも事実である。ポイント・フォア計画は50年6月に成立した国際開発法に基づいて開始され、51年10月**MSA援助**に吸収されていくことになるが、冷戦の明らかな発生によって技術援助という側面よりも、軍事援助という性格が濃厚であった。MSAに基づいて相互

安全保安庁（MSA）が設立され、53 年には海外活動庁（FOA）となり、さらに 55 年には国際協力庁（ICA）へと改編され、61 年対外援助法にとって代わられるまで約 180 億ドルの対外援助を行った。

NATO（北大西洋条約機構）

1948 年 3 月 17 日に調印された**ブリュッセル条約**を原型とした 49 年 4 月 4 日締結の**北大西洋条約**により NATO は成立した。前者は英仏とベネルックス 3 ヵ国が参加し、ドイツを仮想敵国と規定してドイツの再軍備に対応するために 48 年 9 月には軍事機構化した。ソ連との緊張が高まったため「アメリカを引き込み、ソ連を締め出し、ドイツを抑え込む」ことを目的としてこれら 5 ヵ国に米加伊、デンマーク、ノルウェー、アイスランド、ポルトガルの 7 ヵ国を加え 12 ヵ国が原加盟国として参加し、ワシントン D.C. で北大西洋条約に調印した。52 年 2 月にはギリシャ、トルコが、55 年 5 月には西ドイツが参加した。最初からフランスやベネルックス 3 ヵ国は西ドイツの再軍備と NATO への参加を拒否していたが、ソ連の原爆保有も契機となってソ連・東欧諸国への脅威が高まったため、1954 年 10 月 23 日**パリ協定**により西ドイツの主権回復と再軍備を認め、55 年 5 月 5 日に同協定が発効したのに伴い 6 日 NATO への加盟を認めた。この条約に基づき集団防衛体制を支える **NATO 軍**を創設し、加盟国のいずれかの国が攻撃された際には共同して応戦する**集団的自衛権を発動**する義務を負うことになった。この機構は加盟国の閣僚級の代表で構成される理事会が最高機関で、その下に各国の参謀総長級の軍人によって構成される軍事委員会が置かれた。

通信傍受・情報収集

米英が中心となって 1948 年頃に軍事目的の通信傍受システムとしてのエシュロンが構築されたといわれているが、現在でもその全体像は明らかになっていない。しかし断片的な情報や状況証拠から存在していることは確かである。米英に続いてカナダ、オーストラリア、ニュージーランドが加わりアングロ・サクソン系国家の**ファイブ・アイズ**とも呼称されており、アメリカの**国家安全保障局**（NSA）が無線通信、有線電話、ファックス、電子メールなどあらゆる

情報を一元的に管理しているといわれている。もちろん冷戦初期には無線通信と有線電話の傍受が中心であり、ソ連や共産主義国ばかりでなく日本を含めた同盟国の情報や自国内の組織・人物などの情報も傍受していた。アメリカは対ソ冷戦を戦うために、軍事力を強化し、海外基地を設置し、同盟国への軍事援助・軍事教育協力を行いつつ、CIA（アメリカ中央情報局）などの組織が世界的規模で展開した人間対象のヒューミント（HUMINT：human intelligence）やこの通信傍受により、対ソ冷戦を戦うための情報を日夜 24 時間収集した。これら 5 ヵ国ばかりか同盟国に確保した海外基地に巨大なパラボラ・アンテナを設置し広範囲に収集していた。また CIA 資金でロッキード社が開発した U-2 型偵察機は 55 年 8 月以降、旅客機の飛行高度より 2 倍高い 7 万フィート（約 2 万 1,000m）以上の成層圏を飛行できたため、56 年 6 月以降はソ連や東欧諸国、さらには中国の領空を飛行し軍事情報を収集していた。しかし 60 年 5 月ソ連が実用化した地対空ミサイルに領空侵犯で撃墜された。また 62 年 10 月 14 日にはキューバ上空で偵察飛行を行っていた U-2 型偵察機はソ連がミサイル発射基地を建設しているのを発見し、キューバ危機のきっかけをつくった。

ココム（COCOM：対共産圏輸出統制委員会）

　ソ連とその同盟国・友好国（ソ連・ブロック）に対する軍事的封じ込めを強化するために構築したのがココムであった。英語名では Coordinating Committee for Multilateral Export Controls で日本語に訳せば「多国間輸出統制調整委員会」であり、どこにも共産圏という言葉は出てこないが、実際にはソ連を中心に共産主義国やその友好国を対象としていることは明らかであった。当初は、米英仏 3 ヵ国が非公式かつ秘密裏に共産圏に対する禁輸政策を調整するために構築しようとしていたが、1948 年のベルリン危機、49 年 8 月のソ連の核保有と 10 月の中華人民共和国の成立に刺激されて本格的な組織となっていった。その主たる目的は、共産圏への戦略物資と高度軍事技術の輸出を規制または禁止することであった。49 年 11 月 30 日、アイスランドを除く NATO 加盟国である米英仏伊とベネルックス 3 ヵ国の 7 ヵ国によりフランスのパリで結成され、翌 50 年 1 月 1 日から活動を開始した。活動開始後、ノルウェー、デンマーク、カナダ、西独、ポルトガル、日本、ギリシャ、トルコ、スペイン、オーストラ

リアが加わり 17ヵ国に拡大した。本部をパリに置き戦略物資を中心とする禁輸リスト（パリ・リスト）を作成した。このリストは、完全禁輸リスト、数量規制リスト、数量監視リストの 3 種類に分類して規制品目を指定していた。これに基づきアメリカ商務省が中心となり加盟国に輸出規制や禁止の勧告を行った。50 年 6 月に始まった朝鮮戦争で米中両国が衝突したことをきっかけに、アメリカが主導して 51 年にココムの下部組織として対中輸出統制委員会（Chincom：チンコム）を設置し、ココム・リスト品目数の 2 倍以上の厳しい禁輸リストを作成した。しかし英仏など西欧諸国が例外措置を利用して対中貿易を拡大したため、廃止されココムに一本化された。

ブレトン・ウッズ体制と GATT 体制

　ブレトン・ウッズ体制・GATT 体制は米ソ冷戦を戦うためのものではなく、第二次世界大戦発生の原因に対する反省から米英が中心となって構築されたものであった。しかしひとたび冷戦が開始するとソ連と同盟国への経済的制約となっていった。第二次世界大戦の発生原因をめぐり米英では 1930 年代の世界経済のブロック化に焦点が当てられていた。普遍的な国際決済通貨が存在することと、この通貨によって財とサービスが自由に交換される国際貿易体制の存在が不可欠であるとの認識が深まっていった。その結果、IMF 体制の構築が急がれ成立したが、後者の体制作りは戦争終結を待たねばならなかった。

　ブレトン・ウッズ協定は、IMF 協定と国際復興開発銀行協定からなり、ともに 1945 年 12 月 27 日に発効した。前者に基づいて設立された国連専門機関である IMF は、各国からの通貨提供により国際金融を調整する目的を持っていた。すなわち為替相場の安定（金またはドルを基準とした幣貨を設定すること）によって国際金融秩序を維持し、さらに国際金融取引に支障をきたす為替制限を撤廃することにより、国際貿易の拡大を図り、結果的に各加盟国の経済成長を促そうとするものである。そしてこのために、各国から提供された資金を国際収支の悪化した加盟国に対し一時的に貸し付ける国際金融決済機関となった。

　二度の世界大戦によって世界の公的金保有の大半がアメリカに保有されるに至った現実の前に、ブレトン・ウッズ体制は IMF 協定には明文化されてはいなかったものの、金 1 オンス 35 米ドルを前提とした金・ドル本位制に基づい

226

ていた（1948年段階でアメリカの公的金準備は史上最高の約244億ドルで、世界全体のほぼ74％を占めていた）。事実、IMFの当初出資金60億ドルのうち最も多かったのが金であり、二番目がドルであった。戦争終結後ドルに対する需要は大きくIMFは47年3月に開業したものの、これを十分に賄いきることができず、IMFの枠外での「援助」という形で大量のドルが供給されたのであった。すなわちアメリカ政府そのものが世界銀行であったのである。

　IMFは具体的には各国の財務省（大蔵省）・中央銀行と取引をし、加盟国の要請によってその国が必要とする他の加盟国の通貨を要請国の国内通貨と交換に供給したのであった。ここでいう他の加盟国の通貨とは圧倒的にアメリカ・ドルであった。IMFの貸付対象が中央銀行や財務省であるのに対し、1946年6月25日に業務を開始した国際復興開発銀行（IBRD：世界銀行）は加盟国自体やその国の州・市、国内の商工業団体・農業団体などであり、中央銀行や財務省を通じて貸し出すことになっている。59年に世界銀行を補完する目的で国際開発協会（IDA：第二世界銀行）が設立された。

　こうしたIMF体制には次第に欠陥が露呈した。第一に、ドルを基軸通貨とする金為替本位制＝金・ドル本位制であったが、金に代わるはずのドルもアメリカの保有する金準備の額によって制約を受けることであった。すなわちドルの信任を維持する直接的要件は、アメリカの金準備が外国の公的保有ドルに対し100％以上あることであった。1940年代・50年代には、アメリカが対外的に供給したドル（短期ドル債務）の累積額はアメリカの金保有準備額の範囲内であったが、60年代以降アメリカは国際収支赤字によって短期ドル債務の累積額が自ら保有する金準備額を超え、ドル不安が発生していった（それは最終的には1971年8月ニクソン大統領による金・ドル交換停止発表に至る）。第二に、調整可能な釘づけ相場といわれる固定相場制であったが、赤字や黒字が定着すると実勢を反映せず矛盾が増大することになった。

　国際貿易体制としてのGATTは当初その設立が目指されたITO（国際貿易機構）が不成立に終わったために、当初はITO発足までに暫定的に適用されることになっていたGATTだけが残ることになった。すでに1944年ブレトン・ウッズ体制の構築にこぎ着けていたアメリカは、戦後の45年12月に関税を相互に引き下げるための多国間協定を締結させる交渉を開始するように各国に要

請した。これを受け、国連の下部組織である経済社会理事会（ECOSOC）は、ITO 設立に際し憲章を起草するための会議を招聘する決議を行った（46 年 2 月）。その結果 ITO 憲章の起草作業と、より実務的な関税引き下げのための多国間条約の作成および国税上の業務に関する一般的条項の作成が行われた。1947 年 10 月 30 日に「関税と貿易に関する一般協定」（1947 年の GATT）が採択された。いわば GATT は ITO の下部機構として、主として関税の相互引き下げの交渉体として形成されたのであった。これを受け、48 年 2 月から 3 月にかけてキューバのハバナで ITO 憲章の草案が起草され採択された。そして 48 年 3 月、自由・無差別・多角的な通商の拡大によって戦後世界経済の再建を実現すべきであるとした ITO 憲章（国際貿易憲章＝ハバナ憲章）が採択され、これに基づいて国際貿易機構 ITO が設立されることになった。しかしアメリカ議会が ITO の批准に反対したため、ITO 憲章は最終的に成立せず、当初暫定的性格を与えられていた GATT が多国間協議と交渉の場を提供することになったのであった。

第 3 節　ソ連の冷戦対応

　戦後ソ連にとっての最大の課題は、ソ連周辺に安全保障のための衛星圏をつくるとともに、荒廃した国内経済を再建することであった。第二次世界大戦によってソ連は戦闘要員約 800 万を含め全体で 2,000 万人の死者を出し、モスクワ、スターリングラード、レニングラード等主要都市を含め 1,700 の都市、3 万 2,000 以上の工業施設がナチス・ドイツ軍によって破壊しつくされていた。しかも急速に戦時体制を解体していったアメリカとは対照的に、ソ連は安全保障のために戦時体制を解体せず第二次世界大戦中の軍事力を維持していたために財政負担が増大し経済的苦境に苦しんでいる中で、1946 年には大旱魃が加わった。ポツダム会談中にアメリカが原爆実験に成功したことを知ったスターリンは、ドイツから連行した科学者たちも動員して原爆開発に邁進したためこれも財政に負担をかけた。ソ連は第二次世界大戦中ルーズヴェルト大統領が対ソ協調的な姿勢をとっていたこともあり、戦後においても米英との協調を継続していくつもりであったが、「偶然時の大統領」トルーマンが大統領に昇格し

たこともあり、事態は急激に反対方向に進んでいった。急ピッチで対ソ冷戦態勢・体制を固めていくアメリカに対して、ソ連のそれは経済的制約がある中で後手に回ったといえる。47年10月のコミンテルン、49年1月のコメコン（東欧経済相互援助委員会）、55年5月のワルシャワ条約機構（WTO）の結成はあくまでも受動的な対応であった。特にWTOの結成は、西ドイツが主権を回復し再軍備を認められNATOに加盟したことにソ連が刺激された結果でもあった。49年8月の原爆実験成功をステップとして進めた核軍拡が、辛うじてアメリカとの軍事的均衡を担保した。しかしアメリカとすれば4月に結成したNATOの戦力強化は進んでおらず、ソ連の原爆保有は大きな脅威と認識せざるをえなかった。

ワルシャワ条約機構（WTO：Warsaw Treaty Organization）

　ロシア語での正式名称の訳語は「友好協力相互援助条約機構」であるが、広く標記のような名称が使われていた。1949年4月にアメリカ主導で成立したNATOに対抗する組織として55年5月に結成されたが、直接的には同月西ドイツが米英仏など西側諸国によって主権の回復と再軍備を認められ、さらにNATO加盟を許されたことを契機としていた。既述のように大戦では軍民合わせ約2,000万人のソ連人が犠牲になり、多くの都市が破壊されたソ連は、米英仏の影響下にあり急激に経済復興を遂げた西ドイツの再軍備に極度の警戒をせざるをえなかった。ソ連が中心となり、ポーランド、チェコ・スロヴァキア、ハンガリー、ルーマニア、ブルガリア、アルバニアの7ヵ国で結成し、9月20日にソ連が東ドイツの主権回復を承認した後の56年に東ドイツが加わり8ヵ国となった。1960年代に入り激化した中ソ対立で中国寄りの立場を取ったアルバニアは1962年に実質的に脱退し、1968年にWTO軍がチェコ・スロヴァキアに侵入してプラハの春を弾圧したことに抗議し正式に脱退した。WTOはNATOに対抗するはずの組織であったが、56年10月のハンガリー動乱や上記のプラハの春を圧殺するためにソ連はWTO軍を出動させた。

第9章　冷戦発生・激化期の世界情勢

第1節　西欧地域──経済復興と植民地の喪失

　ウォルター・ラカーが指摘するように、第二次世界大戦末期から終戦直後の西欧情勢には共通の政治的傾向が見られた。分割統治を受けたドイツは別として共産党をはじめとする左翼勢力が勢力を伸ばし右派勢力はどこでも後退していったが、2〜3年のうちに中道・保守勢力が支配的地位を占め共産党など左翼勢力は勢いを失っていった。その背景には冷戦の発生・激化とマーシャル・プラン参加による経済の回復という事情があった。

　1945年7月行われたイギリスの総選挙では保守党が敗北して労働党が史上初めて政権の座に就き、ポツダム会談出席中のチャーチル首相は労働党のアトリーにあとを託した。政権を握った労働党は**福祉国家政策**と**国有化政策**を進め、大戦で痛手を被った経済の立て直しに貢献した。しかし米ソ冷戦が激しさを増していた51年10月25日の総選挙で保守党が政権を奪回して77歳のチャーチルが再び首相の座に就いた。

　フランスでは戦後直後の1945年11月に成立した臨時政府の首相にドゴールが就任していたが、社会党や共産党も含む連立内閣であり閣内不統一のため不安定であった。翌46年1月20日ドゴールは突如辞任した。46年10月13日に成立していた「第四共和政」のもとで47年1月22日ラマディエ挙国一致内閣が成立したが、5月5日には共産党閣僚を解任したものの、共産党主導のゼネストのため11月19日には総辞職した。反共・反ソで大国志向のドゴールが自ら創設した**フランス国民戦線**（47年4月14日）を足掛かりに挙国一致のドゴール内閣を組閣したのは58年6月1日で、翌日には国民議会から全権承認を受けた。

　イタリアでは 1945 年 12 月に共産党（トリアッチは副首相）・社会党と連立を組みデ・ガスペリは首相（45〜53 年）となったが、連合国との講和条約の条件とマーシャル・プラン参加問題をめぐる対立から 47 年 5 月 30 日社会党、共産党を排除した。ベルギーやルクセンブルクでもマーシャル・プランへの参加を決定した連立内閣が共産党所属閣僚を更迭したし、47 年 10 月のデンマークの選挙でも共産党が大敗し、49 年のドイツ総選挙ではアデナウアー首相のキリスト教民主同盟（CDU、中道右派）が社会民主党（SPD、中道左派）に勝利した。

　米ソ冷戦が激化する中でカンフル剤としてのマーシャル・プランにより中道・保守政権に担われた西欧諸国は徐々に安定していったが、対外的には世界的なナショナリズムの高まりを受け植民地の独立を認めていかざるをえなかったし、冷戦という新しい国際環境の中での難しい外交舵取りをしなければならなかった。

　1947 年インドとパキスタン、48 年セイロン（スリランカ）とビルマ（ミャンマー）の独立を承認していたイギリスは、長い軍事紛争の末、エジプトから 56 年 6 月 13 日に最終的に軍事撤退し、マラヤの独立を承認したのは 57 年 8 月 31 日のことであった。51 年 1 月 6 日には西側諸国として初めて香港の地位保全を条件に中華人民共和国を国家承認したが、同年 6 月に勃発した朝鮮戦争には日本占領の任務を負っていた英連邦占領軍を派遣した。

　フランスはアジア・アフリカに「所有」していた植民地の中でもインドシナとアルジェリアの維持に固執していた。第一次インドシナ戦争（1946 年 12 月 19 日〜54 年 7 月 8 日）とアルジェリア戦争（54 年 11 月 1 日〜62 年 3 月 18 日）の泥沼化した二つの戦争はフランスの国内世論を分裂させるとともに国力を消耗させた。第五共和政で大統領となったドゴール（59 年 1 月 8 日〜64 年 4 月 28 日）は、植民地は大国としての特権であると認識し特にアルジェリアの「所有」に執着していたが、皮肉なことに自らが在任中の 62 年 3 月エビアン協定を結びアルジェリアの独立を認めざるをえなかった。これに先立つ 60 年 2 月 13 日サハラ砂漠で原爆実験に成功し、大国としての証明を植民地保有から核兵器所有へと発想を転換したのである。

　ドイツ軍による生産設備への破壊が少なかったベルギーでは戦後復興が進んだが、解放が遅れたオランダは生産設備への打撃が大きく復興に時間がかかっ

た。その上、オランダはベルギー、ルクセンブルクにはない外交課題を抱えていた。それはかつてオランダの繁栄を支えたオランダ領東インド諸島（後のインドネシア）で独立運動が激化していたからである。戦後オランダは経済復興にはこの植民地を維持することが不可欠と判断して独立を認めず、4 年間に及ぶ独立戦争に対処しなければならなかった。本国は戦争で荒廃し国力が低下しており、共産化を恐れるアメリカの圧力もあり 1949 年 12 月に独立を認めることになった。苦渋の選択をしたオランダは、マーシャル・プランに参加するとともに、フランス外相シューマンが 50 年 5 月に発表したシューマン・プランに基づく欧州石炭鉄鋼共同体（ECSC）、さらには欧州経済共同体（EEC）に参加することにより経済復興に向かうことになった。

　ドイツの西側管理地区では 1949 年 5 月 23 日ドイツ連邦共和国（西ドイツ）が成立し、9 月 15 日にキリスト教民主同盟（CDU）のアデナウアーが首相に選出された。52 年 5 月 26 日、米英仏は西ドイツと平和協定（ボン協定）を締結し占領体制にピリオドを打ったが、連合国の駐留権は保持した。54 年 10 月 23 日、ソ連を除く連合国は西ドイツの再軍備と NATO 加盟を認めるパリ協定に調印し、同協定が発効した 55 年 5 月 5 日に西ドイツは完全な主権と独立を回復した。

　一方、東側管理地区ではソ連の圧倒的な影響力のもと、1949 年 10 月 7 日にドイツ民主共和国（東ドイツ）が成立した。53 年 3 月 5 日スターリンの死去を契機に 6 月中旬、東ベルリンで反ソ・反政府暴動が発生したがソ連軍により鎮圧され、翌 54 年 3 月にはソ連は自国軍隊の駐兵権を保持しながらも東ドイツの主権回復と再軍備を承認した。この変化はスターリン死去後、53 年 9 月 12 日ソ連共産党第一書記に就任したニキータ・フルシチョフの国際政治認識が反映していた。東ドイツの国際関係にとって最も重要だったのは、主権は形式上回復したものの実質的には「宗主国」であるソ連との関係、厳しく対立する西ドイツとの関係以外に、東の隣国ポーランドとの国境問題であった。ポツダム宣言ではドイツ国境に関して、オーデル・ナイセ線と暫定的に決められていたが、1950 年 6 月 6 日東ドイツとポーランドは同線を国境線と認める協定に調印し、7 月 6 日に両国は同線を画定するゲルリッツ条約に調印した。東ドイツを承認していなかった米英と西ドイツはこの条約を認めなかった。

232

　1948 年 4 月のイタリア総選挙では、同年 2 月チェコ・スロヴァキアにおける共産党のクーデターがソ連の指示のもとに行われたと認識したアメリカが有形・無形の支援をしたキリスト教民主党が圧勝し、政治的安定を背景に経済復興を進めた。デ・ガスペリ政権にとって最大の外交課題は連合国との講和条約締結であったことはいうまでもなく、これが実現しなければマーシャル・プランに参加することも不可能であった。

　米ソ冷戦が日に日に激化していく中で疲弊していた西欧諸国の経済を回復軌道に乗せるためのマーシャル・プランは、実施のための枠組みを構築していった。1948 年 4 月アメリカ議会は超党派で「1948 年対外援助法」を成立・発効させマーシャル・プランは具体化されていった。ヨーロッパ 16 ヵ国（英、仏、伊、ベルギー、ルクセンブルク、オランダ、オーストリア、スイス、デンマーク、スウェーデン、ノルウェー、アイスランド、アイルランド、ギリシャ、ポルトガル、トルコ）は同プランを受け入れる組織として同月欧州経済協力機構（OEEC）を発足させた。欧州経済協力機構は 61 年 9 月経済協力開発機構（OECD）に改組された。マーシャル・プランは 51 年 10 月、MSA 援助（相互安全保障法援助）に吸収されることになるが、それまでに 102 億ドルとも 120 億ドルともあるいは 131 億ドルともいわれる額が援助されたのであった。マーシャル・プランによって、購買力はないものの存在した膨大な潜在需要が解消され（物資不足が解消され）、国際的な規模で自由経済体制と欧州統合への動きが始動することになった。米ソ冷戦が激化している時期に、西ヨーロッパ諸国は経済復興により対内的には安定化に向かっていった。

第 2 節　中近東地域——英仏の撤退とアメリカの台頭

　中東とその周辺地域は 19 世紀中葉以降、英仏の植民地あるいは保護国という名の勢力圏に組み込まれた。さらに第一次世界大戦後は形式的に独立を認められたものの、国際連盟の委任統治領という名目のもと、英仏の勢力圏に置き留められた。第二次世界大戦後、世界的なナショナリズムの高揚を背景に英仏は伝統的な「負の遺産」の処分を迫られたのである。1946 年 5 月 25 日トランスヨルダンが独立し、4 月 17 日シリアが独立を果たし、それぞれの地域から

イギリス軍とフランス軍が撤兵したが、それ以外の地域では軍事紛争を含め複雑な過程を経ながら両国はこの地域から撤収を余儀なくされた。これとは対照的に新たにアメリカがこの地域へのプレゼンスを高めていった。それは対ソ冷戦を戦うためばかりでなく、ますます重要性が高まってきた石油を確保するためであった。

第一次中東戦争とスエズ動乱そしてイギリスの撤退
第一次中東戦争

　イギリスが「歴史的シリア」南部のパレスチナを委任統治することが 1922 年 7 月 24 日に国際連盟理事会で承認され 23 年 9 月 26 日に発効したが、実際には 18 年頃からパレスチナを占領統治し始めており、20 年にはイギリス人高等弁務官が統治を開始していた。同時に国際連盟はバルフォア宣言に沿い「**ユダヤ人の民族的郷土**（a national home for the Jewish people）」の設立も承認した。第二次世界大戦後の 1947 年 11 月 29 日国連はこの地にアラブ人の国家とユダヤ人の国家を建設するという「**パレスチナ分割決議**」案を可決した。しかし古くからパレスチナに住む多くのアラブ人には土地面積の 43％ しか与えず、より少数の新住民であるユダヤ人には 57％ を与えるという分割案にアラブ諸国、アラブ人が猛反発した。アメリカとイギリスがこの決議案を主導したのは明らかであった。ナチス・ドイツがユダヤ人に行ったホロコーストを阻止できなかったという贖罪感もユダヤ人国家建設を支援する動機となった。イギリスによるパレスチナ委任統治最終日当日の 48 年 5 月 14 日、米英の支援を受けイスラエルが共和国として独立を宣言した。イラク、エジプトはじめアラブ諸国はこれを認めず、5 月 15 日軍隊をパレスチナに侵入させイスラエル軍と戦ったが（パレスチナ戦争〈第一次中東戦争〉）、イスラエルの勝利に終わり 49 年 2 月エジプトと休戦協定に調印したのをはじめ 7 月までには他のアラブ諸国と休戦し、結果的にはイスラエルの建国を確実にした。これを含め四度にわたる熾烈な中東戦争を引き起こし、一度一度の戦争の結果がさらにアラブ人とユダヤ人の対立を先鋭化させてきた（地図 26）。

234

地図26　中東戦争

① 1947年の国連決議による分割案

凡例：
- アラブ人国家
- ユダヤ人国家
- 国際管理地域

レバノン　シリア　ヨルダン川　死海　トランス・ヨルダン　テルアビブ　エルサレム　スエズ運河　シナイ半島　エジプト　サウジアラビア

② 第一次中東戦争(1948-49年)後

第一次戦後の支配地域

エルサレム　ガザ地区(エジプトの支配)　ヨルダン川西岸[ヨルダンの支配]　ヨルダン　シナイ半島　エジプト　サウジアラビア　レバノン　シリア

③ 第三次中東戦争(1967年)後

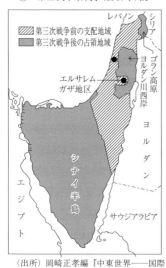

第三次戦争前の支配地域
第三次戦争後の占領地域

レバノン　シリア　ゴラン高原　ヨルダン川西岸　エルサレム　ガザ地区　ヨルダン　シナイ半島　エジプト　サウジアラビア

(出所)岡崎正孝編『中東世界——国際関係と民族関係』222頁。

スエズ動乱とイギリスの「スエズ以東からの撤退」

パレスチナ戦争の敗戦によりエジプトは以前にもましてイギリスへの反感を募らせた。1951年10月8日に1899年と1936年の両国間の条約の破棄を宣言してエジプト・スーダンからイギリス軍を撤退させるよう要求し反英行動が拡大した。この戦争で敗戦してムハンマド・アリ朝は権威を失墜させていた上に、国王ファールーク1世は自国政府とイギリスを仲介してイギリス軍の駐留を認める姿勢を示したため、52年7月23日**自由将校団**によるクーデターによりファールークは追放され、翌年53年6月18日には王制が廃止され共和制に移行した(エジプト革命)。新政権内で**ナギーブ大統領**との対立を乗り越え56年6月25日大統領に就任した**ガマール・アブドゥル＝ナーセル**は、7月26日**スエズ運河の国有化**を宣言した。10月29日イスラエル軍が陸上からエジプトに侵入すると、31日には54年10月19日の協定に基づき55年6月13日までにエジプトか

ら撤兵していたイギリス軍がフランス軍とともにエジプト空爆を開始し、ここ
に**スエズ動乱**（第二次中東戦争）が始まった。ソ連が武力介入を示唆する中、カ
ナダ・アメリカの仲介・圧力により56年12月22日に英仏両軍は完全撤退し
た。52年にエジプト政府がイギリス主導のもとに建設を予定し、エジプト革
命により延期されていた**アスワン・ハイダム**建設の費用を獲得するために行っ
たのがスエズ運河国有化であった。英仏イスラエル軍を退けて国内外での威信
を高め、ソ連、チェコ・スロヴァキアなど東欧諸国などの援助により約10年
半をかけ70年7月21日ダムは完成した。しかしこのとき、3年前の67年イ
スラエルとの**第三次中東戦争**（六日間戦争）で惨敗しエジプト東部のシナイ半
島をイスラエルに占領されていたのである。非同盟諸国運動のリーダーの一人
となっていたが、イスラエルに惨敗したことでナーセルは権威を失っていった。
アスワン・ハイダムの完成を自らの目で確認した2ヵ月後9月28日52歳の若
さで心臓発作で急死した。しかしナーセル存命中の68年1月13日イギリスは
スエズ以東からの撤退政策を発表していた。実質的なイギリス保護領となって
いたペルシャ湾岸の7地域はイギリスの撤退宣言を契機に、それまで国防を委
任していたイギリス代わり1971年12月**アラブ首長国連邦**を結成した。ほぼ同
じ時期、バーレーン、オマーン、クウェートも独立した。これを見届けるかの
ようにイギリス軍は同月スエズ以東から撤退を完了させた。

　イラクも第一次中東戦争に参加したがその後も米英の同盟国としてソ連封じ
込めの**中東条約機構**（METO、バグダッド条約機構、1955年2月）に参加し、その
本部を自国の首都に置くことを認めた。しかし1958年7月14日**アブド・アル
カリーム・カースィム**を中心とするアラブ民族主義を奉ずる青年将校団（自由
将校団）がイラク革命を起こし、王制を廃止し共和国となったため、イギリス
の影響力は低下した。イラクは従来からクウェートが自国の一部であると主張
していたが、イギリスが主導して1921年イラク王国を創設した際、隣接する
クウェートを分離したのは、イギリスが「国際石油カルテル」の制約を受けず
にフリーハンドを握るためであった。イギリスは戦後の1961年6月独立を認
めた。アラブ連盟が独立を認め、63年5月には国連にも加盟を果たした。こ
うしてイギリスはクウェートを除き中東とその周辺地域での伝統的な影響力を
喪失していった。

アルジェリア戦争とフランスの撤退

　地中海対岸に位置するマグリブ諸国のアルジェリア、チュニジア、モロッコの中でもアルジェリアはフランスがその維持に最も固執する地域であった。<u>アルジェリア</u>は 1830 年フランスに侵略され現地人は抵抗を繰り返したが、47 年全アルジェリアが制圧された。長期にわたり多くのフランス人が入植していった。翌 48 年 2 月にはフランス本国でフランス市民が蜂起しルイ・フィリップを退位に追い込んだ二月革命が起こって共和制に移行したころである。フランスによるアルジェリア植民地化は、マグリブ諸国の連鎖的植民地化につながった。

　1942 年 11 月米英両軍が上陸するとアルジェリア駐留のヴィシー政権下のフランス軍は直ちに武装解除に応じ、フランス領アルジェリアはロンドンに亡命政権を作っていたシャルル・ドゴール指揮下の**自由フランス**の統治下に置かれた。この頃、約 100 万人のフランス人入植者（コロン）が約 900 万人のアルジェリア人を支配し、「フランス人のアルジェリア」を叫び特権を享受していた。日本人による「満州国」を想起させる事例である。45 年 5 月 8 日の戦勝記念日を祝うセフティの集会は暴動に発展し、現地のフランス国家憲兵隊との衝突により多くのアルジェリア人が殺害され、多くの女性がレイプされたといわれている（**セフティ暴動**）。それまでの長い差別と搾取の歴史を背景に、この悲劇をきっかけに**アフマド゠ベン゠ベラ**を指導者とする**民族解放戦線**（FLN）が結成され 54 年 11 月 1 日、**アルジェリア戦争**が発生することになる。第一次インドシナ戦争（46 年 12 月 19 日〜54 年 7 月 8 日）で屈辱的な大敗を喫していたフランスは、その大敗の汚名を雪ごうとする軍部の野心もあり、54 年 11 月 1 日から 7 年半このアルジェリア戦争の泥沼にはまることになった。フランスの植民地、とりわけアルジェリアを維持していくことに固執していたドゴールが第五共和政のもとで大統領となっていた 62 年 3 月 18 日に、アルジェリアの独立を認めざるをえなかった。この過程でコロンたちの執拗な抵抗と現地フランス軍の激しい反発によりドゴールは何度も暗殺の危機に遭遇した。56 年にモロッコ、チュニジアが独立して 6 年もしてアルジェリアが独立したのは、この地域がフランスにとっていかに大きな利益の源泉であったかを示している。

　<u>チュニジア</u>は 19 世紀、西欧諸国の圧力を前に近代化を進めたが、そのため

の資金を英仏に依存し財政破綻に追い込まれた。その結果チュニジアは英仏伊3ヵ国による共同管理体制を受け入れ、1878年のベルリン会議でフランスのチュニジア保護領化が認められた。これに反発する民衆の暴動が全国各地で発生したが、フランス軍により鎮圧され、完全にフランスの植民地となり、第二次世界大戦中、連合国と枢軸国の戦場となり前者が後者を敗退させた。戦前より独立運動のリーダーの一人であった**ハビーブ・ブルギーバ**は、1949年拘留されていたフランスから帰国し52年には対仏武装闘争を再開したため再逮捕され、2年間拘留されながらも再び亡命し国外から独立運動を指揮した。モロッコに続いて56年3月20日フランスとの独立協定に調印し、チュニジアの太守（ベイ）を君主とする立憲王国として独立した。3月25日の選挙でブルギーバが中心となった民族戦線が圧勝して初代首相に就任した翌57年7月25日王制を廃止し共和国への移行を果たし、自ら初代大統領に就任した。

　モロッコは西欧諸国からの援助で近代化し独立を守ろうとしたチュニジアとは逆に、鎖国政策により独立を維持しようとした。しかし19世紀中葉より、イギリス、スペイン、フランスが相次いで侵入し、20世紀に入るとモロッコの大部分がフランス保護領となり、地中海沿岸の北部リーフ地域はスペイン領モロッコとなった。大戦中の1943年、西欧諸国の植民地領有を批判していたアメリカ大統領F・D・ルーズヴェルトとモロッコのスルタンであったムハンマド5世が会談して、戦後におけるモロッコ独立への協力を取り付けた。しかし戦争終結後直ちに独立は実現せず、インドシナ戦争とアルジェリア戦争で苦しんでいた第四共和政（46年10月13日～58年10月4日）下のフランスとモロッコ独立派との戦闘が40年代後半から50年代前半まで続いた。56年3月2日になって独立を果たしムハンマド5世を戴く立憲君主国家となった。同月20日にチュニジアも独立したが隣国アルジェリアが独立を果たすのはその6年後であった。

石油利権とアメリカの台頭

　第一次世界大戦前の1912年、アングロ・ペルシャン石油（1935年アングロ・イラニアン石油）はペルシャ（イラン）で当時としては世界最大規模の製油所を持つアバダーン油田を発見していた。アメリカもこの油田には注目していたが、

アメリカが現実に中東地域における新興勢力として登場するのは第一次世界大戦後であった。進出の最大の動機は石油であったことはいうまでもない。第一次世界大戦後の中近東の戦後処理を話し合うための**サン・レモ会議**で締結されたサン・レモ協定では、英仏で旧オスマン帝国のトルコ石油利権を独占することを認めたため、アメリカが門戸開放・機会均等を掲げて反発した。そこで、(1)ロスチャイルド系の英蘭のロイヤル・ダッチシェル、(2)フランス石油、(3)アメリカのスタンダート・オイル・オブ・ニュージャージー（後の**エクソン**）(4)アメリカのソコニー・ヴァキューム（ヴァキューム・オイル・カンパニーとスタンダード・オイル・オブ・ニューヨークが合併した会社、後**モービル**。1999年エクソンと合併しエクソンモービルとなる）、(5)オスマン帝国のトルコ石油を受け継いだイラク石油の5社で、旧オスマン帝国領で抜け駆け的に石油利権を獲得することを禁じた一種のカルテルとしての**赤線協定**を結んだ。この赤線協定の赤線は、アルメニア人実業家で1912年にアングロ・ペルシャン石油会社などからの出資でトルコ石油会社を立ち上げたカルースト・グルベンキアンが、中東の地図に赤線を引き赤線内部では抜け駆け無用としたという説が有力である。逆にいえば英仏米3ヵ国以外の国家が、イラク周辺の石油にアクセスできなくする帝国主義諸国の独占体制だったともいえる。

　これ以降アメリカは、湾岸地域とサウジアラビアの石油へのアクセスを本格化させていった。バーレーンでは1931年アメリカの国際石油資本スタンダード・オイル・オブ・カリフォルニアの子会社であるバーレーン石油会社が石油を発見したこともあり、アメリカとの関係が強まっていった。

　サウジアラビアでは1933年5月29日アメリカの国際石油資本スタンダード・オイル・オブ・カリフォルニアの子会社カルフォルニア・アラビアン・スタンダード・オイル・カンパニー（CASOC：カソック）がイブン・サウード国王と合意して石油利権を得た。36年にカソックはダハラーン（ダーラン）で石油採掘を開始し、38年3月3日に**ダンマン油田**を発見することに成功した。44年1月には社名をアラビアン・アメリカン石油会社（アラムコ）に変更した。第二次世界大戦中から石油をめぐりアメリカとサウジアラビアの関係は深まっていった。45年2月ヤルタ会談から帰国途中、アメリカのルーズヴェルト大統領はアメリカ軍艦上でイブン・サウード国王と会談し、大戦終結直前の45

年8月5日アメリカ空軍基地をダハラーン（ダーラン）に建設することに合意していた。因みにダハラーンにはアラムコ（現サウジアラムコ）の本拠地が置かれた。48年5月に始まった**第一次中東戦争（パレスチナ戦争）**では米英との関係を重視し、イラク同様あまり積極的ではなかったといわれた。34年、アングロ・ペルシャン石油はアメリカのメロン財閥のガルフ石油と共同出資してクウェート石油を設立し、38年**ブルガン油田**を発見した。3年後には第二次世界大戦が始まったため開発が遅れ、戦争終結とともに45年に操業が本格化し46年から商業生産が始まった。

　第二次世界大戦後アメリカは石油を媒介として中近東へのプレゼンスを加速化したが、同時にこの地域へのソ連の南下を阻止しようという意図があった。冷戦初期にアメリカがトルコ、イランとの関係を強化した背景には石油の確保とソ連の抑止という二重の目的があった。

　戦後トルコはトルーマン・ドクトリンに基づくギリシャ・トルコ援助法（1947年5月22日）によりアメリカから経済・軍事援助を受けてアメリカの対ソ封じ込め政策に組み込まれ、マーシャル・プランの適用を受け経済援助により戦後復興を進めた。50年7月に勃発した朝鮮戦争にも中東の国家として唯一軍隊を派遣した。52年2月15日にはギリシャとともに北大西洋条約機構（NATO）に加盟し、55年2月イラク、イギリス、イラン、パキスタンと中東条約機構（METO）を結成したが、57年7月イラクが革命で脱退したため本部をトルコ・アンカラに移転して中央条約機構（CENTO）と改称したが、いずれもオブザーバーとして参加していたアメリカ主導の対ソ包囲網となることを目的としていた。トルコはこうして冷戦初期には中東・西アジアにおける対ソ封じ込め政策の要衝となったのである。

　イランでは大戦中に駐留していた英ソ両軍が撤兵したあとの1947年10月6日、**アメリカ・イラン軍事協定**が結ばれアメリカが影響力を強めていた。51年4月29日首相に就任したモハンマド・モサデッグが5月1日アングロ・イラニアン石油会社の国有化を宣言し、同社が1912年完成させた世界有数の規模の製油所を持つ**アバダーン油田**を6月20日接収した。イギリスを中心に欧米諸国の経済制裁が行われモサデッグは辞任を余儀なくされた。しかし選挙で圧勝し首相に再任されたモサデッグはシャーを追放したものの、アメリカのジ

ョン・F・ダレス国務長官が、弟アレンが長官を務めていた CIA やイギリス諜報機関 MI 6 とアジャックス作戦を展開してモサデッグを逮捕し、53 年 8 月 19 日シャーは帰国した。54 年 8 月 5 日シャーは米英蘭仏からなる国際コンソーシアムと石油生産再開協定を締結し、イラン原油利権を米英蘭仏それぞれに 40%、40%、14%、6% を割り振った。イランには原油生産の果実は与えられなかった。ギリシャ、トルコと同様に、今やアメリカがイランの政治経済に影響力を及ぼし始めたのである。それは 79 年イラン革命まで続くことになる。

第 3 節　アジア地域——植民地の独立と朝鮮戦争・インドシナ戦争

　欧米の植民地あるいは半植民地であったアジア地域では、新たな国家形成を目指し宗主国から独立するために展開された運動や独立戦争が起こったばかりか、伝統的な領域内でも主導権をめぐる勢力間の内戦が勃発した。前者の事例は英仏蘭からの独立を目指した南アジアや東南アジア地域での運動や戦争であり、後者の事例は中国における国共内戦であった。いずれの戦争も 1940 年代後半に展開され新たな国家が形成されたが、マラヤ地域でマラヤ連邦としてイギリスから独立するのは 1957 年 8 月 5 日であり、イギリス自治領シンガポールやサバ、サラワクが連邦に加わるのは 1963 年 9 月であった。

　NATO が結成され、ソ連が原爆を保有し、国共内戦の結果として中華人民共和国が成立して米ソ冷戦が激化していった 1950 年以降、朝鮮戦争、インドシナ戦争、台湾海峡危機は、**米ソ冷戦の東アジア戦線**形成の具体化であった。もちろん、東アジア戦線が形成された背景は、ヨーロッパ戦線のそれと異なることは明らかである。冷戦を第一義的に米ソ間で発生した現象と把握すれば、これらの事象を「アジアの冷戦」とする見方も、「アジアの冷戦は熱かった」といういかにももっともらしい表現も不適切となる。

朝鮮戦争

　大戦終結期に米ソ間で一時的な境界線とされた北緯 38 度線の南北に、1947 年夏アメリカが支援する大韓民国（韓国）とソ連の支援する朝鮮民主主義人民共和国（以下、北朝鮮）が成立していた。1950 年 6 月 25 日未明、朝鮮人民軍

（以下、北朝鮮軍）が38度線を越え韓国領域に侵入し朝鮮戦争が始まったというのが日米欧諸国で広く理解されている解釈である。冷戦終結後明らかになったところによると、戦争開始に伴い北朝鮮の金日成は南進についてソ連のスターリンに理解を求めた際、スターリンは中国の毛沢東主席の了解を前提に黙認する立場をとったといわれている。この南進を受けニューヨークにある国連安保理は現地時間25日直ちに緊急会合を開き、ソ連代表がモスクワ帰任中で不在であったため拒否権は発動されないまま「北朝鮮は平和の破壊者」とする非難決議を採択するとともに、加盟国に韓国支援を勧告し、7月7日日本占領アメリカ軍司令官かつ連合国軍最高司令官であったマッカーサー元帥を司令官とする国連軍（正式には国連派遣軍）総司令部の設置を決定した。この動きと並行してアメリカのトルーマン大統領は議会の同意を得ることなく6月27日宣戦を布告し、韓国駐留アメリカ軍に国連の警察活動として韓国軍を支援するよう命令した。このアメリカ軍を中心に、イギリス、フランス、カナダ、オーストラリア、ニュージーランド、オランダ、ベルギー、ルクセンブルク、ギリシャ、トルコ、タイ、フィリピン、コロンビア、エチオピア、南アフリカ連邦の国連加盟国16ヵ国が国連軍の名のもとに参戦した。イタリア、デンマーク、ノルウェー、スウェーデン、インドの5ヵ国は医療分野で国連軍に協力した。

　当初、入念な計画を練っていた北朝鮮軍は韓国軍とアメリカ陸軍部隊を朝鮮半島南端の釜山（プサン）にまで追い詰めたが、大規模な援助を得たアメリカ軍主体の国連軍は9月15日仁川（インチョン）に上陸後、10月7日～8日には北緯38度線を越えて北朝鮮に侵入し19日には北朝鮮の首都である平壌を占領した。脅威を感じた中国は10月25日、彭徳懐（ポンドーファイ）を司令官とする中国人民義勇軍（抗美援朝義勇軍）を中朝国境の鴨緑江を渡河させて朝鮮戦線に出動させた。11月30日トルーマンが原爆使用の可能性に言及する中、12月5日義勇軍と北朝鮮軍は平壌を奪回し、50万の兵力で24日には再度38度線を越えたが、国連軍による波状空爆で戦線は38度線で膠着状態に陥った。マッカーサーは中国沿岸部の封鎖と東北地域の軍事基地への空爆に加え、すでに台湾に逃れていた国民政府の軍隊の投入や原爆の使用まで主張したが、ソ連の参戦を招く危険性があったためトルーマンは要求を却下し、1951年4月11日マッカーサーを解任し、マシュー・リッジウェー将軍を後任に任命した。再度6月には戦線が膠着状態に陥ったた

242

地図27 朝鮮戦争の展開

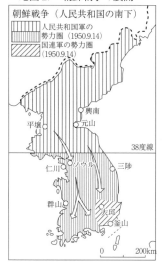

朝鮮戦争（人民共和国の南下）
- 人民共和国軍の勢力圏（1950.9.14）
- 国連軍の勢力圏（1950.9.14）

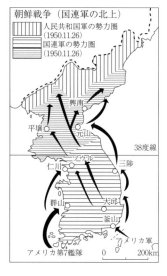

朝鮮戦争（国連軍の北上）
- 人民共和国軍の勢力圏（1950.11.26）
- 国連軍の勢力圏（1950.11.26）

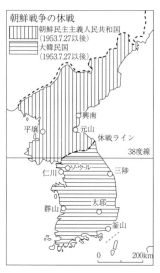

朝鮮戦争の休戦
- 朝鮮民主主義人民共和国（1953.7.27以後）
- 大韓民国（1953.7.27以後）

（出所）荒井信一『世界の歴史19 第二次世界大戦』195頁。

め、中国は停戦交渉に傾いた（地図27）。

　この段階でソ連のスターリンは休戦には消極的であったが、6月13日金日成はモスクワでスターリンと会談し休戦交渉に同意を得たため、6月23日ソ連のマリク国連代表は休戦交渉を提案し、1週間後にリッジウェー国連軍総司令官が金日成と彭徳懐に交渉を呼びかけ開始された。

　1951年7月10日開城（ケソン）で始まった休戦会談は両陣営間の激戦が続く中、2年間にわたり断続的に続いたが具体的成果は出なかった。52年11月4日の大統領選挙で勝利した共和党のドワイト・アイゼンハワーは12月初旬朝鮮戦線を視察したあと、中国・北朝鮮と秘密裏に連絡を取り合い、和平合意に達しない場合、原爆使用と対中戦争も厭わないと通告した。大統領に就任したアイゼンハワーは53年2月2日の初の一般教書演説で中国への原爆投下の可能性に言及した。アメリカが日本に原爆を投下したことに強い関心を抱き続けていた毛沢東は、アイゼンハワーの脅迫

めいた発言を利用してスターリンに原爆技術の提供を要求する口実ができたが、スターリンは中国からの核開発協力の全ての要求を拒絶し、中国に核開発の機会を与えないために朝鮮戦争の終結を決断したといわれている。

　1953年7月27日板門店で北朝鮮（署名者：金日成・朝鮮人民軍最高司令官）、中国（署名者：彭徳懐・中国人民義勇軍司令員）と国連軍（署名者：マーク・クラーク国連軍総司令官）との間で休戦協定調印が行われた。休戦に反対していた韓国は調印を拒否したため署名しなかった。国連軍側は約7万7,000人、北朝鮮・中国側は約1万2,000人の捕虜を釈放した。

　ソ連は北朝鮮・中国に武器弾薬や支援物資を供給したり、軍事訓練で協力したり、軍事顧問・医療部隊を派遣するとともに、中国義勇軍航空部隊の最後尾の戦闘機数機をソ連軍パイロットに操縦させていた。アメリカ軍中心の国連軍とソ連軍部隊が直接的に戦闘する状況は回避しつつ休戦交渉に消極的であったスターリンも、ソ連国連代表ヤコブ・マリクが休戦提案するのを許可した。アメリカもトルーマンがマッカーサーの原爆使用も含めた強硬策を否定し、アイゼンハワーも結局のところ原爆使用は見送った。原爆を所有していた米ソが現実の熱戦に関わっていたために、朝鮮戦争はベルリン危機以上に第三次世界大戦発生の危険をはらんだものであった。

　この戦争による犠牲者数は研究書や報道にかなりの差があるが、朝日新聞（2020年6月29日朝刊）が韓国側資料を引用して報道したところによると、韓国・国連軍の死者は約18万人、中朝両軍の死者は65万人超で、民間の死者・行方不明者は数百万人に及んだという。『20世紀の戦争』によると、韓国軍戦死者数41万5,000人、捕虜・行方不明者42万9,000人（韓国軍発表）、米軍戦死者数3万4,000人、捕虜・行方不明者5,200人（米軍発表）、北朝鮮軍死傷者数53万人、捕虜11万人（国連軍発表）、中国軍戦死者数13万3,000人（中国軍発表）となっている。彭徳懐のロシア語通訳として従軍していた毛沢東の長男・毛岸英は米軍のナパーム弾による爆撃で死亡している。

中国によるチベット侵略

　中国軍も参戦して朝鮮戦争が戦われ国際社会の目が朝鮮半島に向けられている中、中国は建国の翌年1950年10月7日～8日にかけ鄧小平指揮下の部隊が

244

チベットへの侵攻を開始し、25 日には人民解放軍がチベットに進駐したことを宣言した。チベットのラサ政府は国連に中国による侵略を提訴したが、台湾に逃れていた国連常任理事国の中華民国政府がチベットを独立国として認めていなかった上、朝鮮戦争への対応に忙殺されておりトルーマン政権が国連軍を組織してまで援助する余裕はなかった。

第一次台湾海峡危機

　同じ時期、金門島と馬祖島の攻防をめぐり台湾海峡でも緊張が高まっていた。台湾に逃れた蒋介石の中華民国政府（国民党政府）は大陸反抗の足掛かりとして、中国大陸に近い両島の防衛に固執していた。アメリカのトルーマン大統領は 1950 年 1 月 5 日「台湾不干渉声明」を発表していたが、6 月 25 日に朝鮮戦争が勃発するや、「台湾海峡はアメリカにとって最大の関心事である」と表明して米海軍第 7 艦隊を派遣した。この 2 日後の 27 日、蒋介石政権による大陸反抗を認めない立場をとりつつ、共産主義勢力による韓国侵略と（中国）共産党軍による台湾攻撃を阻止すると声明した。トルーマン政権が朝鮮戦争と台湾海峡危機を一体のものとして認識し、今や東アジアにおいて共産主義勢力が武力により拡大・膨張しようとしていると判断したのであった。この判断の背景には、大戦末期から終結後にかけて東ヨーロッパでソ連が強行した勢力圏形成の連想があったはずである。

　1954 年 8 月国民政府軍が中国大陸の福建省の東にある金門島に 5 万 8,000 人、馬祖島に 1 万 5,000 人の軍隊を派遣したため、中国も 8 月 11 日には両島への砲撃を開始した。朝鮮戦争における熾烈な体験と、54 年 5 月インドシナ戦争中のフランス軍がディエンビエンフーの戦いでホー・チミンの北ヴェトナムに大敗した事実が、アイゼンハワー政権にアジアにおける共産主義の脅威をいっそう強烈に認識させた。アメリカが主導して 54 年 9 月 8 日に反共軍事同盟としての**東南アジア条約機構**（SEATO：米英仏豪・ニュージーランド・フィリピン・タイ・パキスタン）を結成し、12 月 2 日には米華相互防衛条約に調印したのは、この認識の具体化であった。

第一次インドシナ戦争

　1946年3月イギリスから北緯16度以南の施政権が引き渡されたフランスは、3月26日にコーチシナのフランス人入植者が経営するプランテーションを保護するために傀儡政権・コーチシナ共和国を創設し、ホー・チミンの北ヴェトナムとともにインドシナ連邦に包摂しようとした。北ヴェトナムは自国の地位をめぐりフランスと交渉を行ったが決裂し、両者は46年12月以降、軍事衝突を繰り返していくことになる。**第一次インドシナ戦争**の発生である。当初フランス軍は近代兵器を駆使し、北ヴェトナムのヴェトミンは内陸部農村地帯や北部山岳地帯を拠点にゲリラ戦を展開するという、まさに**非対称戦争**であった。この戦争は次第に泥沼化し、フランス軍による一般市民への大量虐殺事件も発生した。この間、フランスはコーチシナ共和国を廃止して49年6月バオダイを国家主席とする傀儡政権・ヴェトナム国（以下、南ヴェトナム）を創設するとともに、旧インドシナ連邦のラオスを7月に、カンボジアを11月に独立させ、新設したヴェトナム国の国際的承認を目指した。49年8月ソ連が原爆実験に成功しアメリカによる核の独占が破れ、10月には国境の北側に中華人民共和国が成立した。50年1月に入り中ソ両国が北ヴェトナムを承認し軍事援助を開始したため、ヴェトミン軍は質量ともに軍事力を増強し、アメリカもフランスと南ヴェトナムに加えてタイ・カンボジアへの軍事援助を開始した。50年6月には朝鮮戦争が勃発したため、東アジアは米ソが直接交戦を回避していた冷戦状態の中で二つの熱戦の舞台となったのである。最終的に第一次インドシナ戦争は54年3月13日から5月7日までの**ディエンビエンフーの戦い**でフランス軍が壊滅的敗北を喫して終わった。ジュネーブ会談（54年4月26日～7月20日）で締結された**インドシナ休戦協定**（ジュネーブ協定）では、**北緯17度線**を境に両軍を分離し、56年中にヴェトナム全土で統一選挙を行うことで暫定合意したが、アメリカは選挙実施に反対しヴェトナム国の存続に動き、55年10月26日ゴ・ジン・ジエムを大統領とする南ヴェトナム共和国の成立を演出した。これ以降、フランスに代わってアメリカがインドシナ半島への影響力を増大させていった。ヨーロッパ方面でイギリスに代わってアメリカがギリシャ、トルコでのプレゼンスを強めたことを想起させる事実である。

イギリス植民地の解体と独立

　大英帝国がアジアに「所有」していた植民地であったインド・パキスタン・ビルマ（ミャンマー）・バングラデシュ・ネパール・セイロン（スリランカ）を含む広大なインド帝国領域とマレー半島・北カリマンタン島（ボルネオ島東北部）のほとんどは、大戦後の1940年代後半から50年代初頭には独立を達成した。

　対内的には安定化に向かっていたとはいえ財政難に苦しむイギリスは、植民地独立の動きに抗することはできず、インド帝国の解体は不可避となった。石炭以外に天然資源に恵まれなかった島国イギリスが、大帝国を築けた最大の「栄養源」インドの放棄を覚悟せざるをえなかった。独立の過程で多数派のヒンドゥー教徒と少数派のイスラム教徒の対立が激化し、宗主国イギリスはその調停に苦慮した。両派の対立は虐殺や報復の悪循環を生み、パンジャブ地方での衝突では約100万人もの死者を出したといわれる。こうした混乱の中、ヒンドゥー派で非暴力主義者のマハトマ・ガンジーは、イスラム教徒に融和的との理由でヒンドゥー過激派によって暗殺された。両派を統合しインドを一体として独立する構想を持っていた最後の総督ルイス・マウントバッテンは、最終的にインド帝国を二つに分割することに同意し、1947年8月14日パキスタンが、翌15日にインドが独立した。この分離独立により新たな国境線に近い藩王国はいずれの側に帰属するかの判断を迫られた。カシミール藩王ハリ・シング自身はヒンドゥーであったが、住民の80％がイスラム教徒であったため、印パいずれにも属さず独立の意向を固めていた。そのときパキスタン軍が侵入してきたためインド軍に支援を求め47年12月カシミール紛争（第一次印パ戦争）が勃発し、現在に至る印パ紛争につながっている。

　英連邦を離脱したビルマは1948年1月4日ビルマ連邦共和国として、2月4日にセイロンが英連邦内の自治領という形で、ネパールも51年2月18日に独立を果たした。しかしマラヤは、日本との関係を強めたチャンドラ・ボースが死去したあとのインド国民軍、日本軍と戦ったマラヤ人民軍の二つの勢力とイギリス軍が長期にわたり戦闘を繰り返したためにマラヤ連邦として独立するのは57年8月5日であった。しかしこの地域の情勢はこれで安定したわけではなく、その後もいくつかの地域では分離・独立が行われた。63年9月16日シンガポール自治領、イギリス保護国北ボルネオ（現サバ）、イギリス領サラワク

がマラヤ連邦と統合してマレーシアが成立したものの、2年後の65年8月9日シンガポールが離脱・独立した。軍事紛争が常態化していた印パ関係を緊張させたのが東パキスタンの独立宣言であり、東パキスタンを支援したインドは西パキスタンとの戦争で勝利したため東パキスタンはバングラデシュとして71年12月独立し、西パキスタンも72年7月これを認めざるをえなかった。

第4節　日本——対日講和条約と冷戦の最前線へ

　1947年3月トルーマン・ドクトリン発表後、マッカーサーは1年以内に対日講和をするべきであるという**早期講和論**を主張してきた。48年3月国務省政策企画室長ジョージ・ケナンがマッカーサーと会談し対日占領政策の具体的変更が始まった。48年9月6日、ケネス・ロイヤル陸軍長官は日本を「東アジアにおいて起こりうるいかなる全体主義的脅威に対しても防壁として役立つようにする」と演説し「日本を反共の防波堤にする」方針を明らかにし、非軍事化と民主化を柱とするそれまでの日本占領政策からの転換を示唆した。ジョージ・ケナンの報告に基づき、10月7日NSC（国家安全保障会議）は、NSC 13/2を採択し、アメリカの対日占領政策の転換が明確に決定された。その結果、公職追放の中止、経済再建優先、賠償の大幅減額、治安維持のための警察力の強化、が決定した。「逆コース」の流れが現実のものとなった。ただ、対日講和に関してはソ連との了解に基づいて行うことが確認されていた。

　日本の自立化はアメリカの占領コストを削減するばかりか東アジアの安定に貢献するとの理由から国務省は早期講和を唱えたが、国防総省は軍事占領の必要性を強調していた。朝鮮戦争が始まって約2ヵ月後の1950年9月7日、対日講和について国務・国防長官の間で妥協が成立し、トルーマン大統領が承認し「対日講和交渉の基本原則」（NSC 60/1）となったが、すでにこの段階で「単独講和（片面講和）」を決めていた。9月14日トルーマンは「対日講和7原則」を極東委員会に提出するとともに、国務省に対して対日講和と日米安保条約締結に関して予備交渉に入ることを認めた。対日講和に関して関係国との交渉のため国務省顧問に任命されていたジョン・F・ダレス（国務省顧問→アイゼンハワー政権で国務長官）は、翌15日ワシントンD.C.で日本再軍備に制限を加

えないと演説していた。

　7原則は概略、次のような内容であった。(1)講和の当事国は日本と交戦し、かつ合意できた基礎に基づき講和を結ぶ意思を持つ国、(2)日本の国際連合への加盟を検討すること、(3)朝鮮の独立を承認し、琉球・小笠原はアメリカを施政権者として国連信託統治領とすること、台湾・澎湖諸島、南樺太・千島列島の地位は米英ソ中で今後決定すること、(4)アメリカ等と安全保障上の協力関係を存続させること、(5)政治的・通商的な取り決めを交わすこと、(6)1945年9月2日以前の戦争行為から生ずる請求権を放棄すること、(7)他国との係争は外交的解決か国際司法裁判所に委ねること。中国人民義勇軍が朝鮮戦争に参戦して1ヵ月後の1950年11月24日、アメリカ国務省はこの対日講和の7原則を発表した。

　朝鮮戦争中の1951年9月4日〜8日、**対日講和条約**（サンフランシスコ講和条約）締結のための**サンフランシスコ会議**が当事国の日本を含め52ヵ国が参加し市内のオペラハウスで開催された。ソ連、チェコ・スロヴァキア、ポーランド3ヵ国は参加したものの条約には調印しなかった。ソ連首席代表のアンドレイ・グロムイコは、満州・台湾を含め中国全土に北京政府（以下、中国）の主権が及ぶこと、樺太・千島の主権はソ連に属すこと、小笠原・琉球は日本の主権のもとに置かれるべきことと主張したが、議長を務めたアメリカのディーン・アチソン国務長官に却下されたためであった。中国と台湾に逃れた中華民国政府（以下、台湾）の双方も会議主催者のアメリカが招待しなかったため、不参加となった。インド、ビルマ、ユーゴスラヴィアは招請されたが、中国代表権問題などに対する不満から不参加となった。特にインドは冷戦が激化する中、米ソ両国に対し非同盟の立場を示す必要があった。日本は台湾と1952年4月28日日華平和条約を、インドとは52年6月9日日印平和条約を、ビルマ（現、ミャンマー）とは54年11月5日平和条約および賠償経済協力協定に調印した。

　1951年9月8日に日本と48ヵ国の間で締結され翌52年4月28日に発効した対日講和条約（Treaty of Peace with Japan）は、前文と27ヵ条からなり、(1)領域（領有権問題）、(2)安全（安全保障問題）、(3)請求権・財産（賠償問題）の3分野を中心に規定していた。これら3分野の具体的内容は以下の通りである。

(1)朝鮮の独立を承認すること、台湾、澎湖諸島、千島列島、南樺太、新南群島、西沙諸島に対する一切の権利、権原および請求権を放棄すること、南太平洋における旧日本の委任統治諸島と琉球、小笠原諸島はアメリカを唯一の施政権者とする信託統治のもとに置くこと、などを規定していた。(2)日本が国連憲章第51条の個別的・集団的自衛権を有するとともに、集団的安全保障の取り決めを自発的に締結することを承認することを認めた。(3)日本に債務履行能力に限界があることを認め、連合国は日本国政府と日本国民の在外資産を差し押さえ、留置し、清算し、役務賠償を含むその他何らかの方法で処分する権利を有することを確認し、締約国に対する日本の一切の請求権を放棄すること、などを規定していた。しかしこれら3分野の規定には背景や問題点が絡んでいた。

(1)については、沖縄と小笠原に関してアメリカを施政権者とする国連信託統治領とすることに日本は同意したが、これら地域に対するアメリカの施政権は無制限となっていった。千島列島と南樺太に関してヤルタ協定で米英はソ連に引き渡すことを約束し、講和条約で日本もこれら地域の権利・権原・請求権の放棄を受け入れたものの、ソ連が条約に参加せず条約では日本が放棄する相手国を明記しなかったため、日ソ間に北方領土問題が残されることになった。

(2)については、第6条では、日本占領軍は条約が発効後90日以内に撤退することを定めていたが、1または複数の連合国と日本との間で締結される条約に基づき外国軍隊に日本領域に駐屯または駐留することができると規定していた。この条項に基づき講和条約と同じ日に**日米安全保障条約**が締結されたことから、両者は密接不離な関係にあることが自明である。そもそも対日講和の議論が出始めたころ、吉田首相はダレス特使に経済復興していくには軍隊の保持は足枷（あしかせ）になるので再軍備には反対したため、アメリカは講和発効後もアメリカ軍の駐留継続を決断し第6条にいわば「但し書き」を入れたのである。この日米安保条約第3条に基づき**日米行政協定**が1952年2月28日に調印され、4月28日講和条約と同時に発効した。日本駐留アメリカ軍の権利を定めたものであったが、刑事裁判権については時代遅れの治外法権的規定で、将兵、軍属とその家族の裁判権はアメリカ側に握られていた。国会承認を経ない行政府間取り決めであったため、60年改定の新安保条約のもとでは**日米地位協定**と改称された。

(3)については、戦後まもなくアメリカで対日賠償について議論が始まっていた。最初に出た**ポーレー報告**（1946年11月）では、日本の再軍備が不可能になるほど厳しく賠償を取り立てることを求めていたが、**ストライク報告**（48年2月）は賠償を軽減することは対日占領のコストを軽減して納税者の負担を減らすばかりか、極東地域の安定につながると主張していた。**ジョンストン報告**（48年4月）は、日本の生産能力に関して今までの報告は過剰評価であり日本の在外資産を賠償に充てるべきであるとさらに踏み込んで賠償負担の軽減を求めていた。48年5月の**マッコイ声明**は賠償取り立てを中断すべきであると言明した。トルーマン政権はこの線に沿って全ての連合国が賠償を放棄する方向でまとめるつもりであったが、フィリピンなどの強硬な反対があり賠償問題についての規定が入れられることになった。賠償要求をしたラオス、カンボジアを含め46ヵ国が賠償を放棄し、フィリピン、インドネシア、南ヴェトナムはのちに日本と賠償協定を結び、非参加国のビルマも日本と協定を結んだ。香港とマラヤはイギリス植民地であったために、賠償権を放棄させられた。その後日本は、1969年マレーシア、シンガポールと「血債」協定を締結し準賠償を行った。

　ソ連の支援を受けた北朝鮮と中国がアメリカ主体の国連軍と熾烈な朝鮮戦争を戦っている最中に締結された対日講和条約と日米安全保障条約は、国内の左右勢力の対立を生みつつ、その後の日本外交の方向を決定づけていった。左右対立は、日本が交戦した全ての国家を相手とすべきという**全面講和論**と、朝鮮戦争という現状を踏まえソ連・中国を排除してでも締結すべきという**単独講和論（片面講和論）**の間で激化していった。しかし朝鮮戦争勃発を受け1950年8月10日GHQはポツダム政令を根拠に、日本政府に**警察予備隊**の設置を命令した。それは日本駐留米陸軍部隊第8軍が7月上旬朝鮮半島に派遣されることになり、その結果、日本には防衛・治安部隊が存在しないことになるからであった。陸上部隊であった警察予備隊は独立後の52年10月15日に**保安隊**に改組されるとともに、海上保安庁所属の海上部隊は**警備隊**となり、両組織が日本の陸海の防衛・治安を担うことになった。54年7月に保安隊は陸上自衛隊に、警備隊は海上自衛隊にそれぞれ再改編された。

　膨大な数の戦死者・戦傷者と家族離散を含むありとあらゆる悲劇・不幸を生

み出した朝鮮戦争であったが、**朝鮮特需**（特別需要：special procurement）により日本が経済復興する足掛かりを与えた。米陸軍第8軍司令部が置かれた横浜税関本庁舎に併設された在日兵站司令部が、繊維製品（軍服・毛布・テント・土嚢などの材料）、食料品、鉄鋼材（鉄条網・鋼管などの材料）、コンクリート材料（セメント・砂利など）あるいは車両修理（戦車・トラックなど）を日本企業から直接調達し、各種物品・軍事物資や修理された車両は兵員とともに横浜港から送られた。1950年から55年までの特需総額は間接特需を含め46〜47億ドルで、アメリカによる対日占領総経費もほぼ同額といわれている。しかしこの占領経費は「終戦処理費」という費目で政府会計から支払われていたので、三菱重工、富士重工（旧中島飛行機、現SUBARU）、小松製作所などの特需利益は国民の税金で賄われていたともいえる。

第10章　冷戦の中の「雪解け」と核軍拡

　多様な地理的・歴史的背景を持った国家・地域が第二次世界大戦期における国際政治的力学（力関係）によって米ソいずれか一方のブロックに組み込まれ、相互不信・相互恐怖を共有させられ強制的にブロック構成国に組み込まれたのであって、自ら求めて構成国となったのではなかった。したがってブロック・リーダー国の米ソ関係が国内・国際環境の変化により改善・緩和し、相互不信・相互恐怖そのものも緩和しデタントのプロセスが始動すれば、「自主外交」が顕在化しブロックそのものも弛緩することになる。

　米ソ冷戦が激化した時期に冷戦緩和の兆候が現れていた。第一に反核平和運動が世界的に高揚したこと、第二に米ソ両ブロック（第一・二世界）に属さない独立したばかりの新興国家群（第三世界）を中心に紛争の平和的解決を求めて結集し始めたこと—朝鮮戦争やインドシナ戦争の熾烈さと悲劇を背景にしていたことは明らかであるが—、第三にソ連の独裁者スターリンが死去したこと、第四にこれら世界情勢の変化も背景としスターリン死去を直接の要因としてフルシチョフがスターリン批判を行ったこと、が主な要因と考えられる。

　その結果、国際政治には大きな変化が現れた。第一に東欧諸国が自立化の動きを見せ始めたこと。もちろん直接的にはスターリンの死去とこれを契機とするスターリン批判が原因であることは自明である、第二に第三世界の国家が非同盟諸国として国際政治への発言力を高め始めたこと、その結果、米ソは非同盟諸国への戦略援助を通じて影響力を行使し始めた、第三に西欧諸国が統合への動きを具体化し始めたこと、第四に直接的にはスターリン批判が原因であったが、中ソ対立を引き起こしたばかりか、各国の社会主義・労働運動や核廃絶運動を分裂させたこと。

　しかしここで注意すべきことは、この段階における米ソ間の緊張の緩和は

「雪解け」というムード的なレベルのものであり、米英とソ連との間の核開発
競争は加速し軍事的レベルでの緊張緩和は進んでいなかったということである。

「雪解け」の背景と米ソ関係

　冷戦が激化した時期に急速な核軍拡が「進展」し世界的規模で恐怖心を引き
起こし、世界的規模での反戦平和運動が高揚した。1949 年ストックホルムで
開かれた世界平和擁護大会が世界的規模で初めて核兵器禁止と核の国際管理を
訴える**ストックホルム・アピール**（50 年 3 月 15 日）を発表して 5 億人の賛同を
集めたのをはじめ、朝鮮戦争休戦と原爆実験禁止を訴えた**プラハ・アピール**
（50 年 8 月 14 日）、五大国に平和条約を要請した**ベルリン・アピール**（51 年 2 月
26 日、6 億人）、核戦争準備反対を表明した**ウィーン・アピール**（55 年 1 月）が
出され、ついには世界的な**原水爆禁止運動**という具体的かつ継続的な成果とし
て結実していった。55 年 7 月 9 日哲学者・数学者のバートランド・ラッセル
と物理学者のアインシュタインが核戦争勃発の危機性を各国首脳に警告した**ラ
ッセル・アインシュタイン宣言**を出したことも大きな影響を与え、同年 8 月第
1 回原水爆禁止世界大会が広島で開催されることになった。57 年 7 月 11 日カ
ナダのパグウォッシュで世界的な科学者が集まって開かれた会議（**パグウォッ
シュ会議**）が、核兵器の脅威と科学者の社会的責任を強調したことも核廃絶の
機運を高めることになった。

　市民運動としての反核平和運動と並んで、米ソ両ブロックに属さない新興国
家群による平和運動の流れが生まれていた。米ソいずれのブロックにも組み込
まれることを拒否したか、強固に組み込まれなかった国家は植民地主義を否定
して、幾多の困難の末、独立を勝ち得て国家建設（ネイション・ビルディング）
を開始しつつあった。これらの国々は例外なく政治・経済・社会的に不安定で
あり、軍事・経済援助（**戦略援助**）を通じて勢力拡大を図ろうとしている米ソ
間の冷戦の戦場となりかねなかったのである。こうした諸国家が最初に結集し
たのが 1955 年 4 月 18 日 29 ヵ国からの参加を得てインドネシアのバンドンで
開催された**アジア・アフリカ会議**（バンドン会議）であった。ここでは基本的
人権と国連憲章の尊重、主権と領土の保全、人種と国家間の平等、国際紛争の
平和的解決などの平和十原則の理念が打ち出された。

　非同盟諸国を含む**第三世界**の台頭と反核平和運動の世界的高まりは、米ソ間の政治的コミュニケーションを促進することになった。1954 年 4 月 26 日から 7 月 21 日まで朝鮮とインドシナ問題を協議する**ジュネーブ極東平和会議**が開催され、7 月 20 日にはインドシナ休戦協定、7 月 27 日には朝鮮休戦協定が締結された。

　スターリン死後クレムリンの激しい政争を生き抜き 1953 年 9 月 12 日ソ連共産党第一書記に就任したニキータ・フルシチョフは首相に腹心のニコライ・ブルガーニンを据えた。48 年 6 月 28 日にスターリンが独自路線を歩むチトーのユーゴスラヴィアをコミンフォルムから追放し国交を断絶していたが、まず手始めにフルシチョフ自身がベオグラードを訪問して 55 年 6 月 2 日に和解の共同宣言を発表した。翌月にはブルガーニンを**米英仏ソ四巨頭会談**（55 年 7 月 18 日～23 日、ジュネーブ：アイゼンハワー大統領〈米〉、イーデン首相〈英〉、フォール首相〈仏〉）に参加させた。ここで米ソは戦後初めての首脳会談を行い「雪解け」の象徴となった。その直後の 9 月 13 日ソ連は西ドイツと国交を樹立するとともに、20 日には東ドイツの主権回復を承認した。56 年 2 月 14 日～25 日に開催されたソ連共産党第 20 回大会の秘密報告「個人崇拝とその結果について」で、フルシチョフは**スターリン批判**を行い世界を驚愕させた。この中でフルシチョフはアメリカを中心とする資本主義諸国との戦争が不可避であるとするソ連共産党の公式見解を否定し、米英仏などの西側諸国との平和共存の可能性を求める姿勢を示すとともに、暴力革命ではなく選挙によって平和裏に社会主義へ移行する可能性を認めた。同時に個人崇拝の強要や大戦期における戦争指導の誤謬も批判した。このスターリン批判は 1960 年代以降、中ソ対立の原因の一つとなるとともに、ソ連ブロック内の自由化・民主化の動きを刺激し、核廃絶運動を分裂させることになった。

------**【脱線講義20】クレムリン内の政争**------

　スターリン死去後、ソ連共産党は集団指導体制に移行しマレンコフ首相のもとでフルシチョフは筆頭書記となった。1953 年 6 月 16 日～17 日東ベルリンで反ソ暴動が起こった原因を副首相兼内相のラヴレンチー・ベリヤの政策のためであったとして、スターリン統治下のソ連で多くの指導者や研究者を逮捕・粛清してきたベリヤを逮捕（7 月 10 日）し 12 月には粛清した。その後、9 月 12 日に共産党中央委員会第一書記という最高指導者の地位を獲得したフルシチョフは、マレンコフを解任して腹心のニコライ・ブルガーニンを首相に据えた。し

かし 57 年 6 月、西側への宥和的姿勢とスターリン批判などを理由に前首相マレンコフ、外相モロトフなどがフルシチョフの解任を要求し、腹心のブルガーニンもこれに反対しなかったため 6 月 22 日彼らを解任するとともに、58 年 3 月 27 日ブルガーニンを辞任させて自らが首相も兼務することになった。

　スターリン批判の結果として、各国共産党の活動の調整や情報の共有を目的にソ連が主導して 1947 年 9 月 22 日結成したコミンフォルムを 56 年 4 月 17 日解散し、10 月 9 日には講和条約を締結していないまま日本と国交を樹立した。さらに 58 年 1 月 27 日、米ソ文化交流協定に調印し、59 年 9 月 25 日〜27 日フルシチョフはソ連最高指導者として史上初めてアメリカを訪問し、アイゼンハワー大統領と会談した。ベルリン問題をめぐっては主張が対立したものの、対話を継続していくことで合意した。その後、U-2 型偵察機撃墜事件（60 年 5 月）で米ソ関係は一時緊張した。その後明らかになったことであるが、57 年 9 月 29 日ソ連ウラル地方チェリャビンスクの核施設で原子炉が爆発し大量の放射能が放出された「**ウラル核惨事**」の情報を得たアメリカが、偵察機をソ連領内に侵入させたといわれている。61 年 6 月 3 日〜4 日にはアメリカの新大統領ジョン・F・ケネディとフルシチョフ首相とのウィーン会談が実現し、政治的コミュニケーション機能は改善に向かった。

「雪解け」の結果
東欧諸国の自立化への動き
　スターリンの死去とスターリン批判、さらにコミンフォルムの解散により、ソ連共産党の東欧諸国に対する統制が緩んだと認識したこれらの国々で自由化を求める市民の反ソ暴動が発生した。スターリン死去直後の東ベルリンにおける反ソ暴動（1953 年 6 月 16 日〜17 日）、ポーランドでのポズナニ暴動（56 年 6 月 28 日〜30 日）、ハンガリー事件（同年 10 月 23 日）などである。

　ポズナニ暴動　　ポズナニ暴動はポーランド西部の工業都市ポズナニの工場で待遇改善を要求するデモ隊に一般市民も合流し、これが反ソ暴動に発展した。ソ連共産党第 20 回大会に参加していたポーランド大統領が死去したため、ポーランド政府と統一労働者党がソ連と協議せずに戦前からの共産党指導者**ゴムウカ**（ゴムルカ）を第一書記に任命した。ゴムウカはすでに 1920 年代から労働

256

運動を指導し、1942年ナチス・ドイツ軍占領下のポーランドでポーランド労働者党を創立し、ソ連が米英の反対を押し切ってルブリン委員会を基礎に共産党政権を創設した際にはこれに協力し副首相となった。しかしその後スターリンから民族主義的であると批判され49年には失脚し51年から投獄されていたが、スターリン批判に伴い解放され名誉回復した人物である。

スターリン批判を展開したフルシチョフであったがこの暴動を反ソ的と見なしてワルシャワに乗り込み、党・政府幹部に圧力をかけつつソ連軍を国境地帯に移動させた。ゴムウカはフルシチョフに対して反ソ的対応は回避することを約束して軍事介入を阻止したものの、スターリン主義との決別路線は堅持した。反ソ的対応を回避する具体的な証左はワルシャワ条約機構に留まることでもあったが、同時にそれは西ドイツと国境を接しているための安全保障でもあった。

ハンガリー動乱　　第一次世界大戦後オーストリアから分離したハンガリーは経済的にはドイツへの依存度が高く、第二次世界大戦では枢軸国側に立ったため1945年4月4日にはソ連軍により全土が解放されソ連の占領下に置かれた。大戦直後の11月4日に行われた総選挙では小農業者党が大勝し46年2月1日王制を廃止し共和国宣言した。同党の**ナジ・イムレ**首相は、ソ連の政治的影響力を背景に46年3月5日以降、共産党や社会民主党などの左翼勢力が結集する中、47年5月31日亡命を余儀なくされた。同年8月31日の総選挙ではたった22％の得票率で共産党（ハンガリー勤労者党）が第一党になり、ソ連軍を後ろ盾にクーデター的に権力を握った。49年1月結成のコメコンに加入し、スターリン型恐怖政治のもとで国家建設に乗り出した。

1953年3月スターリンの死去を契機に東欧諸国で非スターリン化を求める動きが広がっていった。勤労者党内部でも改革派が台頭する中53年7月4日ナジ・イムレが再び首相に就任し、穏健な国内政策を打ち出した。農業集団化や宗教に対する規制を緩め、強制収容所を廃止した。こうした自由化路線が党内のスターリン主義者から資本主義的政策と批判され、55年4月18日首相を解任された。しかし56年2月のスターリン批判は自由化路線を否定する政権への反発を生み、市民による大規模な集会やデモが頻発するようになった。そのため勤労者党指導部は大衆的人気のあったナジ・イムレを56年10月24日に首相に復職させたが、首都ブダペストではすでにソ連軍と市民との市街戦が

始まっていた。ソ連共産党幹部会からブタペストに派遣されたアナスタス・ミコヤンが 27 日ナジと会談して、ソ連軍を撤退させる宣言が出された。しかし事態は逆方向に動いた。

　11 月 4 日ソ連軍が 15 万人の歩兵部隊と 2,500 両の戦車でブタペストに侵攻してきた。アメリカをはじめ西側諸国からの支援はなかった。時あたかも**スエズ動乱**の最中であり、10 月 29 日イスラエル軍がエジプトに侵攻したのに続き、31 日には英仏軍がエジプト攻撃を開始していた。11 月 5 日にはフルシチョフが介入する意向を示唆した。アメリカのアイゼンハワー政権は元々英仏の参戦には否定的であり、仮にアメリカがハンガリー動乱に何らかの形で関与すれば、すでにナーセル政権との関係を強化していたソ連のスエズ動乱への介入を許すのは必至であるばかりか核戦争の可能性を高めると判断したのである。12 月末、カーダール・ヤーノシュがソ連軍を背景に新政権を成立させた。ナジはユーゴスラヴィア大使館に亡命したが自由を保証されて大使館を出たところでソ連軍に逮捕され、ルーマニアに移送された後 KGB による秘密裁判で 58 年 6 月 16 日絞首刑にされた。政権の閣僚や多数の市民も新政権により処刑され 20 万人近いハンガリー人が亡命していった。

　ポーランドのゴムウカは東部国境がソ連と接しているため同国との同盟関係を維持しワルシャワ条約機構に留まったのに対して、ハンガリーのナジ・イムレは同機構から離脱しソ連からの自立を目指したことが明暗を分けることになった。

　同時に明らかになったことは、スターリン批判を展開したフルシチョフが目指したのは核保有国の米英仏との一定程度の妥協・和解であって、東欧諸国がソ連から離脱することではなかったということである。いったん、一国でも同条約機構から離脱することを認めれば歯止めがかからなくなり、ソ連自体の安全保障でもある衛星国圏が崩壊しかねなかったからである。

非同盟の形成

　非同盟主義という言葉は、朝鮮・インドシナで激しい戦争が続いていた 1953 年 2 月 16 日、ジャワハルラル・ネルー首相がインド連邦議会演説の中で「戦争に反対し，平和維持に努力する諸国によって第三地域の結成」を提唱し，非同盟という概念を用いてインド外交の基本的理念について説明したことに始

まる。国際社会の耳目が朝鮮戦争に向けられていた 50 年 10 月 11 日中国は人民解放軍をチベットに侵攻させ、インドとの関係が緊張しつつあった。54 年 4 月 29 日中印はチベットに関して、(1)領土・主権の相互尊重、(2)相互不可侵、(3)相互内政不干渉、(4)平等互恵、(5)平和共存の五原則を内容とする協定に調印した。6 月 28 日ネルー首相と中国の周恩来首相が会談して、この**平和五原則**を確認した。さらにこの原則が中印 2 ヵ国ばかりでなく他国間でも尊重されれば平和の確立に貢献するとの認識を共有した。

　すでに第二次世界大戦中の 41 年 8 月 14 日イギリスのチャーチル首相と植民地主義に反対していたアメリカのルーズヴェルト大統領は、「大西洋宣言」の中で、「(米英は) 全ての国民に対して、彼らが自らの政体を選択する権利を尊重する。また主権および自治を強奪された者がそれを回復することを希望する」と宣言していた。国連総会は 60 年 12 月 14 日「**植民地独立付与宣言**」を発出した。こうした流れを背景に 1961 年 9 月 1 日〜6 日 25 ヵ国と 3 オブザーバー国首脳が参加して、**第 1 回非同盟諸国首脳会議**がユーゴスラヴィアの首都ベオグラードで開催されベオグラード宣言が採択された。スターリンと対立したユーゴのヨシップ・ブロズ・チトーが主導し、インドのネルー、エジプトのナーセル、インドネシアのスカルノ、ガーナのエンクルマなどの協力を得て開催にこぎ着けたものであった。この宣言の中では中国に国連代表権を認めること、59 年 1 月 1 日のキューバ革命で成立したカストロ政権の尊重などに言及していた。反植民地主義、反帝国主義の色彩を強く打ち出したものと評価されるが、前者は明確であったが、後者は欧米諸国を意識したものであるばかりかソ連衛星国の自立化も支持していたと読み取るべきである。1960 年にはアフリカの 17 ヵ国とキプロスの 18 ヵ国が独立を果たし、40 年代後半に独立したアジア諸国とともにアジア・アフリカの非同盟諸国は国際社会で発言権を高めた。60 年 12 月 14 日国連総会は**植民地独立付与宣言**を発表した。とはいえ現実には英仏が植民地を最終的に清算するのは 60 年代以降にずれ込んだ。

ヨーロッパ統合への動き

　米ソ冷戦が激化の頂点を迎えつつあった 1950 年前後から、西欧では統合の動きが活発化し、50 年代中葉以降の冷戦「雪解け」を背景に具体化していった。それは第一に二度の大戦の戦場となった欧州の人々が、戦間期から打ち出

されていた統合理念に影響を受けたこと。第二にマーシャル・プランや
NATO 結成に象徴されるアメリカの影響力増大への懸念と、西欧が米ソ冷戦
の「戦場」となっていくことへの危機感があったこと。第三にあまり明示的に
指摘されることは少ないが、西欧諸国の繁栄を支えていたアジア・アフリカの
植民地を喪失していくことへの対応として欧州単一市場を形成しようとする側
面もあった。

　「欧州統合の父」といわれることになるフランスのジャン・モネは第一次世
界大戦中から欧州連邦建設の必要性を強調し、「欧州各国が繁栄を享受するに
は小さ過ぎ、各国を単一の経済単位にまとめなければならない」と主張してい
た。また第一次世界大戦後、オーストリアの外交官リヒャルト・クーデンホー
フ＝カレルギー（母親は日本人の青山みつ、のちクーデンホーフ・光子）は欧州諸国
が合衆国となるべきことを主張し始めた。欧州の過去の歴史、とりわけ直近の
第一次世界大戦の悲劇を意識した主張であったが、同時に戦争を契機に非欧州
のアメリカとソ連が新興勢力として台頭してきたことへの危機感もあった。第
二次世界大戦がもたらしたより大きな惨害を経験した欧州の人々にこれらの
人々が主張した欧州合衆国の理念を想起させた。イギリス首相を務めたチャー
チルは、欧州が分断されたことを強調した「鉄のカーテン演説」のちょうど半
年後の 1946 年 9 月 19 日、チューリッヒ大学で欧州合衆国を建設すべきである
とする格調高い演説を行い欧州各国で大きな反響を呼んだ。この建設の前提と
してまず独仏の協調関係を構築することが不可欠であることを強調しつつ、自
らのイギリスはこれには加盟しないことも付け加えていた。47 年 2 月にはチ
ャーチル自身が会長に就任した「欧州連合運動」が結成され、大戦中アメリカ
に亡命していたカレルギーも汎欧州運動を復活させた。

　こうした運動の広がりを背景に、欧州統合論者のロベール・シューマン仏外
相（後、首相）がジャン・モネの主張に共鳴し、1950 年 5 月 9 日西ドイツとフ
ランスの間のルール・ザール地方にある石炭と鉄鋼を共同管理するシューマ
ン・プランを発表した。普仏戦争以来三度にわたり戦争を繰り返してきた独仏
間対立の根源を除去するために兵器製造に不可欠なこれら二つの天然資源を超
国家機関の管理のもとに置き、この機関に他の欧州諸国も参加する欧州石炭鉄
鋼共同体（ECSC）を設立するというプランであった。1951 年 4 月 18 日仏伊ベ

ネルックス諸国・西独の6ヵ国が**欧州石炭鉄鋼共同体条約**（パリ条約）に調印した。しかしECSCが対象としていた石炭は石油に取って代わられていったため、石炭産業は衰退していった。共同体には最高機関と共同総会が設置され前者の委員長にはジャン・モネが、後者の議長には**ポール＝アンリ・スパーク**（ベルギーの外相・首相を歴任、国連総会初代議長）が就任した。これら二つの組織はその後、欧州委員会と欧州議会となっていく。

　その後、防衛と政治2分野での共同体構築が模索されたが失敗に終わり、1957年3月25日に調印された**ローマ条約**により、**欧州経済共同体（EEC）**と**欧州原子力共同体（EURATOM）**を設立した。イギリスはチャーチルの予言通り、単一市場と外交政策の共通化を目指したEECに参加せず、デンマーク、ノルウェー、スウェーデン、オーストリア、スイス、ポルトガルの6ヵ国（その後、アイスランドとフィンランドが参加）と経済・貿易の自由化に限定した**欧州自由貿易連合（EFTA）**を発足させた。

　大戦後アメリカがヨーロッパに影響力を増大させることを警戒したことも共同体形成の要因であったが、同時にアメリカのマーシャル・プランによる1948〜51年の総額約131億ドルに上る低金利または無償の援助による戦後復興が共同体形成の背景にあったことも事実である。

「雪解け」の中の核軍拡

　冷戦が具体的な形をとって激化したあとのこの緊張緩和は「雪解け」と呼ばれることが如実に象徴するように、多分にムード的なものであった。いくつもの要因が複合的に重なったことによって相互不信・相互恐怖が緩和し実現したものであって、「核軍拡」を含む軍拡が抑制された結果ではなかった。事実イギリスが最初の水爆実験を行い（1957年5月15日）、ソ連はICBM（大陸間弾道弾）の実験成功（8月26日）に続いて人工衛星スプートニク1号の打ち上げにも成功（10月4日）しアメリカに**スプートニク・ショック**を与えていた。人工衛星打ち上げ技術は大陸間弾道ミサイル打ち上げ技術につながるため、これによってアメリカ本土がソ連から攻撃される可能性が高まり、アメリカばかりか西側諸国は衝撃を受けた。これに対抗してアメリカは最初の地下核実験を行い（57年9月10日）、ソ連のあとを追うようにICBMの実験を成功させた（57年

年表 5　核軍拡と制約の歴史

1945 年	7 月 16 日	アメリカ初の原爆実験（ニューメキシコ州）
1949 年	8 月 29 日	ソ連原爆実験（セミパラチンスク）←9 月 23 日
		トルーマン発表→25 日タス通信、発表
1952 年	10 月 3 日	イギリス原爆実験（モンテベロ島）
	11 月 1 日	アメリカ初の水爆実験（エニウェトク）
1953 年	8 月 8 日	ソ連水爆保有発表
1954 年	3 月 1 日	アメリカ水爆実験（ビキニ環礁）→第 5 福竜丸被災
1957 年	5 月 15 日	イギリス水爆実験（クリスマス島）
	8 月 26 日	ソ連 ICBM 実験成功発表
	9 月	アメリカ初の地下核実験（ラスベガス）
	10 月 4 日	ソ連人工衛星スプートニク 1 号打上げ
1958 年	1 月 31 日	アメリカ人工衛星エクスプローラ 1 号打上げ
1960 年	2 月 13 日	フランス初の原爆実験（サハラ砂漠）
1962 年	10 月 14 日	キューバ核危機（〜28 日）
1963 年	8 月 5 日	米英ソ、部分的核実験停止条約（PTBT）調印
1964 年	10 月 16 日	中国、原爆実験（新疆ウイグル地区のロプノール）
1967 年	6 月 17 日	中国、水爆実験
1968 年	7 月 1 日	核拡散防止条約（NPT）62 ヵ国が調印
	8 月 24 日	フランス初の水爆実験（南太平洋）
1970 年	4 月 24 日	中国、人工衛星打上げ

12 月 17 日）。緊張緩和ムードの進展に逆行するかのように核開発競争が加速していたのである。

第11章　キューバ危機と世界の多極化

キューバ革命の歴史的背景

　キューバ革命の歴史的背景を確認しておかなければ、キューバ危機を理解することはできない。1898年キューバでのスペインに対する反乱をきっかけに米西戦争が発生し、パリ条約でアメリカはスペイン植民地のフィリピン、グァム、プエルトリコを獲得し、キューバは独立を認められた。ほぼ同じ頃アメリカはカメハメハ王朝のハワイも併合した。アメリカが帝国主義化し始めたことを示す事例である。20世紀初頭、棍棒外交、ドル外交と批判された帝国主義的外交政策は積極化し、1903年にはパナマをコロンビアから独立させた。1914年8月15日パナマ運河を開通させ、アメリカは大西洋・カリブ海と太平洋を結ぶシーレーンを確保し、アメリカの新海軍が両洋を行き来できるようになった。

　話を元に戻すと、キューバの独立にはキューバ憲法に**プラット修正**という付帯事項を加えることを条件としたのである。1901年アメリカはこのプラット修正条項に基づきキューバを保護国化した。この条項によりアメリカはキューバへの介入権と海軍基地建設を認めさせることができるようになった。キューバ南端のグアンタナモに海軍基地を置き（2021年現在もアメリカが「租借」する形となっている）、砂糖・タバコのみのモノカルチャー経済と大土地所有制を固定化してしまった。戦後1952年3月10日のクーデターで権力を握ったバチスタ政権はアメリカとの関係を強化して独裁政治を展開し、民衆は貧困に苦しんでいた。53年7月26日若干25歳の弁護士であったフィデル・カストロを中心とした集団がゲリラ戦を開始し、一時は逮捕・拘留されたが農民層の支持を受け、反バチスタ運動としての「**7月26日運動**」が広がりを見せていった。大衆的支持を見たバチスタ政権の恩赦により釈放されたカストロはメキシコに

渡り革命軍設立の準備を始めた。ここでアルゼンチン出身で医師でもあったエルンスト・ゲバラ（チェ〈＝やあ同志よ！〉・ゲバラ）も革命軍に加わった。紆余曲折を経ながらも59年1月1日カストロを指導者とする「7月26日運動」がキューバ革命を成就し、バチスタは亡命した。2月16日カストロは革命政権の首相に就任し、大土地所有制の廃止、教育改革などの方針を次々と打ち出した。革命政権は必ずしもアメリカと敵対するつもりはなかったが、キューバにおけるアメリカ資本の利権を確保するとともに革命の中南米への波及を恐れたアメリカは革命政権の政策を社会主義的と断定して61年1月4日国交断絶した。

　1月20日大統領に就任したJ・F・ケネディは、前アイゼンハワー政権期にCIAを中心に密かに練られていたキューバ侵攻計画を承認してしまった。4月15日以降、亡命キューバ人部隊がピッグズ湾に上陸したがソ連の援助を受けたキューバ革命軍は、この反革命計画を頓挫させた（ピッグズ湾事件）。大統領就任の「最初の100日（First One Hundred Days）」は政権の基盤が整っていないため不安定だといわれていたが、ケネディ政権もその悪しき前例を作ってしまった。この事件後の5月1日メーデーの日に、カストロ政権はキューバ社会主義共和国を宣言し、先の革命が社会主義革命であることを認め、ソ連との関係を強化していった。これに対してアメリカは62年2月3日キューバに対して全面禁輸措置をとり、キューバとの関係ばかりかソ連との関係も緊張していった。

　ところでカストロの戦友であったチェ・ゲバラは、1965年キューバを離れ、国際的革命運動に身をささげると称してコンゴ動乱などに参加し、66年変装してボリビア（ラテン・アメリカ独立運動の指導者シモン・ボリバルから名づけられた）に入るも、67年10月8日アメリカCIAと連携していた政府軍レンジャー大隊に逮捕され9日酷い形で銃殺された。

キューバ危機

　米ソばかりか英仏も核を保有し核開発競争が「進展」しムード的な「雪解け」ではあったが米ソ間の緊張緩和も進み、米ソ間にコミュニケーションが復活して核戦争の脅威は遠のいたと思われていた。そうした中で突如発生したのがキューバ危機であった。第三次世界大戦の引き金になると恐れられたベルリン封鎖や朝鮮戦争をはるかにしのぐ、核・ミサイルそのものをめぐる米ソの直

接対決となったため、キューバ危機は人類社会を破滅（human annihilation）さ
せる核戦争を引き起こすのではないかとの恐怖と悲観論が世界中に広がった。

　「雪解け」中でも核開発を中止することのなかったソ連は、1962年6月カス
トロの要請に応じキューバを防衛するために60基のミサイルと60発の核弾頭
を配備する計画を立てた。当時アメリカはイタリアやトルコに中距離ミサイル
のジュピターを配備してソ連のモスクワを射程内に収めていたが、ソ連は領土
内からアメリカ本土に到達する長距離ミサイルの開発に成功していなかった。
キューバがアメリカと対立関係に入ったことはソ連にとって千載一遇のチャン
スであった。翌7月ソ連は農業技術者を装った4万人超の軍人・軍関係者とミ
サイル・核弾頭を貨物船でキューバに送り込んでミサイル基地を建設した。10
月14日アメリカのU-2型偵察機がこのミサイル基地を撮影し、CIAの解析で
核弾頭搭載可能な中距離ミサイル14基が設置されていることが明らかになった。

　16日ケネディ大統領は偵察機が撮影した写真を見て、直ちに国家安全保障
会議（NSC）緊急執行会議（ExCom：Executive Committee of the National Security
Council）を招集した。エクスコムのメンバーはNSCの9人と急遽招集された
4人の13人で、そのほか十数人が顧問格で参加していた。アメリカの目と鼻
の先にソ連のミサイル基地が建設されたことに参加者たちは驚愕し、当初の議
論は強硬論が中心となった。キューバ北東部の海岸からフロリダ半島の海岸ま
で一番短い所で90マイル（≒144km）、日本で例えれば伊豆大島から港区の竹
芝桟橋までの距離である。マイアミまでは234マイル（≒374km）、ワシント
ンD.C.までは1,139マイル（≒1822km）、ニューヨークまでは1,317マイル
（≒2,100km）、西海岸のロスアンゼルスまでは2,299マイル（≒3,670km）、シ
アトルまでは2,843マイル（≒4,500km）であった（地図28）。マクナマラ国防
長官はケネディに三つの選択肢を示した。カストロおよびフルシチョフと外交
交渉を行うこと、米海軍によりキューバを海上封鎖すること、ミサイル基地を
空爆することの三つであった。しかし第三の選択肢は数千人のソ連軍関係者を
殺害することになり、ソ連にベルリンを攻撃させる引き金となることも付け加
えた。ケネディは空爆には反対しミサイル撤去交渉を行う時間稼ぎのために海
上封鎖に傾いたが、それは戦争行為と判断されかねないので慎重さが不可欠で
あるとも判断した。

　22 日夜ケネディは
テレビ演説で核ミサイ
ルによる脅威が存在し
ている紛れもない証拠
があることを明らかに
して国民に衝撃を与え、
ソ連にミサイル撤去を
要求しながら、核・ミ
サイルを運搬する船舶
がキューバに向かうの
を阻止する決意を伝え
た。22 日から 23 日に
かけケネディとフルシ

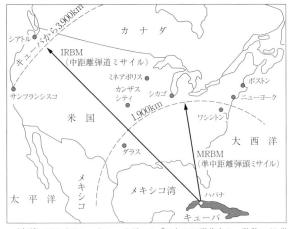

地図 28　キューバ危機

（出所）ブライアン・キャッチポール『アトラス現代史 1　激動の 20 世
紀』127 頁。

チョフの間で直接・間接に書簡のやり取りが行われた。ケネディは現在の脅威
はソ連がキューバにミサイルを持ち込んだことにより発生したのだと非難し、
フルシチョフは核ミサイルはあくまでキューバ防衛のものであるとして反論し
た。このやり取りの間、ソ連はアメリカの海上封鎖を突破しようとして潜水艦
をカリブ海域に侵入させた。

　24 日フルシチョフはケネディに憤慨の感情を露わにした書簡を送り、ケネ
ディが理性に訴えるのではなくソ連を脅しているのだと非難したが、25 日に
は兵器を運搬していたソ連の貨物船はヨーロッパに戻っていった。その代わり
石油タンカーがアメリカの封鎖海域に接近したため、アメリカの 2 隻の軍艦が
これを差し押さえる態勢に入ったが、それは戦争に繋がりかねないと判断した
ケネディはタンカーが禁制品を運搬しているわけではないので通過を認める決
定を下した。

　26 日タンカーの通航が認められたことが影響したのか、フルシチョフは緊
張を徐々に緩和して世界を核戦争による悲劇に追い込まないようにしようとケ
ネディに呼びかける感情を込めた書簡を送った。緊張が和らぐかなと期待が高
まっていた翌日 27 日に、U-2 型偵察機がキューバ上空で撃墜されたため今度
こそ戦争は必至かと思われた。国防次官補ポール・ニッツは最初にやったのは

奴らだと憤ったが、Ｊ・Ｆ・ケネディはフルシチョフが撃墜命令を出したはず
はないと冷静に判断した。建設資材や兵器などを運搬する多数のソ連の貨物船
がキューバ海域に向かい、封鎖ライン周辺にはソ連の潜水艦が集結していた。
アメリカは約100隻の軍艦で封鎖ラインを構築して警戒を強化し、潜水艦をア
メリカ海軍の駆逐艦が追尾し、核搭載の爆撃機が周辺海域で旋回し示威活動を
続けていた。

　この事件によって両首脳は、事態が徐々に制御不能になることを認識するに
至った。同日フルシチョフはトルコに配備しているアメリカの核ミサイルを撤
去することを要求するもう一通の書簡を送った。これに対しケネディはソ連が
キューバからミサイルを撤去したならキューバを攻撃しないと確約した。27
日の晩、ケネディの弟であるロバート・ケネディ司法長官はソ連のドブルイニ
ン駐米大使と会談し、ケネディ政権はトルコからミサイルを撤去する計画であ
る旨伝えた。これは密約とされた。米ソばかりか世界が覗かされた核戦争によ
る全人類破滅の深淵から後ずさりできたのはこの会談のためであった。翌28
日フルシチョフはミサイルを解体してキューバから撤去するとの公開書簡をケ
ネディに送った。

　極度の緊張から解放された世界は、(1)米ソを中心に核軍備管理へ動き始め、
(2)緊張緩和により以前は注目されなかった「南北問題」が発見されるとともに
（南北対立の顕在化）、アフリカを中心に**脱植民地化**が進み、(3)米ソの妥協も一因
となって以前からくすぶっていた中ソ対立が激化し（東東対立の顕在化）、(4)ア
メリカとフランス、アメリカと西独・日本との摩擦が顕在化した（西西対立の
顕在化）。

核軍備管理への動き

　人類史上最大の危機といってもいいキューバ危機をギリギリのところで回避
した米ソは、非軍事的レベルでのムード的な「雪解け」から核軍事レベルの軍
備管理（arms control）へ具体的に動き始めた。軍備管理は軍事的安定化を目指
す措置であり、軍事力の削減・撤廃を図る軍縮（arms reduction）と軍事的透明
性・予測可能性を確保することにより相互不信を軽減する信頼醸成措置
（CBM：Confidence Building Measures）の二つの措置を基礎とし、関係国間の勢

力が相対的に安定している（と政策決定者たちが認識している）状況下で相互の
軍事力状況を理解しつつ軍拡を抑制し（中止ではなく）、さらなる安定的均衡を
生み出そうとするプロセスといえる。

　キューバ危機を回避した米ソがとった軍備管理体制の具体例は、ケネディ・
ジョンソン民主党政権期の(1)**ホットライン（米ソ間直通通信）協定**（1963 年 6 月
9 日調印、8 月 30 日開通）、(2)**部分的核実験停止条約**（PTBT、8 月 5 日調印、10 月
10 日発効）、(3)**核拡散防止条約**（NPT、68 年 7 月 1 日 62 ヵ国が調印、70 年 3 月 5 日
発効）と、ニクソン共和党政権期の**第一次戦略兵器制限条約**（SALT・I、72 年
5 月 26 日調印）である。

　米ソ間のホットラインはキューバ危機からの教訓としてコミュニケーション
不足と誤解により偶発核戦争が勃発するのを回避するために設置されたもので
ある。北大西洋の海底ケーブルと北欧諸国の陸上ケーブルを利用したテレタイ
プを使用する米ソ首脳間の専用回線で、バックアップ用の予備回線が準備され
るとともに盗聴と偽情報が侵入するのを回避するため暗号化がされていた。し
たがって電話回線とは違い音声ではなく母語による文字と数字のみを使用する
テレタイプ端末による文字通信である。テレタイプは電動タイプライターを使
い有線・無線通信により特定 2 点地間の印字電文による電気通信であった。テ
レタイプ端末についてソ連側はクレムリン内に設置されていたことは明らかだ
が、具体的にどのような場所に設置されどのように対応しようとしていたかは
明らかにされていない。アメリカ側では端末は国防総省内に置かれ、専門技術
者と翻訳官が常時待機しており、月 1 回程度は回線が正常かどうかをチェック
するための試験通信が行われ、大統領が移動中であっても通信できる態勢がと
られているといわれていた。

　部分的核実験停止条約（PTBT）は正式には「大気圏内、宇宙空間及び水中
における核兵器実験を禁止する条約」であり 1963 年 8 月 5 日米ソ英 3 ヵ国で
調印されたが、地下核実験や臨界前核実験は除外された。そのため核保有国は
高額な費用と高い技術が要求される地下核実験や臨界前核実験を繰り返し行い
核開発は「進展」していったが、中仏はこれを米ソが核開発後発国の核保有を
阻止するものと批判した。同年 10 月 10 日に発効するまでに原調印 3 ヵ国以外
に 108 ヵ国が調印したが、中仏を含む十数ヵ国は調印しなかった。地下実験も

含む包括的核実験禁止条約（CTBT）は 96 年 9 月 10 日国連総会によって採択されたが、核保有国が批准していないため 2021 年夏現在未発効である。

　PTBT は問題点もある条約であったが、米ソはさらに踏み込んで 1964 年 4 月 20 日核兵器用の核分裂物質の生産を削減することで合意した。しかしその後、核兵器製造に不可欠な高濃縮ウランとプルトニウムの生産、他国への技術供与と輸出を禁止することを目的とした兵器用核分裂性物質生産禁止条約（カットオフ条約）を成立させようとする努力が国連とジュネーブ軍縮会議で行われたが、米ソの合意は多国間条約として結実しなかった。

　PTBT は核兵器を米ソで独占し他の国家の核保有を認めない米ソによる核不戦体制（パクス・ルッソ・アメリカーナ）を構築するものだとフランスや中国が異議申し立てをし、これに参加せず 1964 年 1 月 27 日中仏は国交を樹立し、中国は同年 10 月 16 日に最初の原爆実験に成功し、67 年 6 月に水爆実験を行い、フランスも 1960 年 2 月の原爆実験に続いて 68 年 8 月に水爆実験を行った。中国が最初の原爆実験に成功したその翌日の 17 日に、周恩来首相は各国に核禁止会議の開催を提案したが、アメリカは即時拒否した。2021 年現在、核実験とミサイル打ち上げに成功している北朝鮮が、アメリカに対して自国を核保有国として認めるように執拗に要求している事実を連想させるものである。

　米ソに異議申し立てをしていた中仏も 68 年 7 月に核拡散防止条約（核不拡散条約：NPT）に調印した 62 ヵ国に入っていた。この条約はすでに核兵器を保有している米ソ英仏中の 5 ヵ国以外の加盟国は核兵器の製造・取得を禁止され、国際原子力機関（IAEA）の査察を受け入れることが義務づけられた。そして加盟国の義務が履行されているかどうかを検証する再検討会議が 5 年に 1 回開催されることになった。こうした核の不拡散を担保する枠組みは **NPT 体制**と呼ばれている。しかしこの NPT 体制はきわめて矛盾に満ちた問題点の多い枠組みであることも事実である。第一に PTBT を激しく批判していた中仏が核開発に成功するや NPT を守る側に回り、加盟国ばかりか非加盟国の核開発を批判したり制裁に加わったりすることに象徴されるように、力の論理が NPT 体制を支えていること。第二に核保有を背景に軍事力の行使によって国家目標を達成しようとする国家が存在していること。第三に非加盟国であったインドとパキスタンが相次いて核兵器を保有したが、国際社会は制裁を科さなかった

にもかかわらず、北朝鮮の保有が明らかになった際には経済制裁を科すという矛盾があること。第四にイスラエルが核保有していることは明らかになっているが、イスラエルの曖昧戦略が奏功しているためか同盟国アメリカをはじめ国際社会からの具体的圧力は見られないこと。

脱植民地化と「南北問題の発見」

　1950 年代中頃から進展した「雪解け」を背景に独立したばかりの新興国諸国が結集し始めていたが、キューバ危機以降の緊張緩和はこの動きを加速する効果を持った。米ソ冷戦が発生し激化していた時期にはあまり意識されていなかったが、1960 年にアフリカ諸国 16ヵ国が独立を果たしたことも影響して、これらの地域の現状に西側先進国が関心を持たざるをえなかったのである。イギリスのロイズ銀行頭取のオリバー・フランクスが 59 年末アメリカのニューヨークで行った「新しい国際均衡─西欧世界への挑戦」と題する講演の中で、「南北問題」という概念を提起した。彼は「北の先進工業国と南の低開発地域との関係は、南北問題として東西問題とともに現代世界が当面する二大問題の一つである」と指摘した。この前年の 58 年アメリカ経済学会でアルゼンチンの経済学者ラウル・プレビッシュが「低開発地域の通商政策」と題する講演で「歴史的に技術進歩の波及は不均等であるため、これが世界経済を工業中心地域と一次産品生産を行う周辺国とに分断し、その結果、両地域で所得成長に格差が生じた」という「C-P 理論」（中心─周辺理論）を展開していた。南北間格差についての理論的裏づけや問題提起が契機となり、キューバ危機以後の緊張緩和を背景に南半球に多くが存在する開発途上国の現状とその原因を探求する潮流が世界的に拡大していった。

　1964 年 3 月国連貿易開発会議（UNCTAD、本部ジュネーブ）が設立されてプレビッシュが初代事務局長に就任し、3 月 23 日から 6 月 16 日まで第 1 回総会がジュネーブで開催され 121ヵ国が参加した。ここでプレビッシュは「新しい貿易政策を求めて」と題する基調報告を行い、「一次産品の値下がりと工業製品の値上がりによって、途上国が深刻な経済的困難になってきた」と現状認識を述べたあと、「IMF・GATT 体制は先進資本主義の利益にはなっても途上国の利益にはならない」と断じ、一次産品価格の値上げ、先進国市場の開放、特

恵関税の供与、交易条件の悪化による途上国が損失した分を補填するための補償融資を実施することを訴えた。

西西対立の顕在化——フランスと米英の対立

　第二次世界大戦後、連合国の占領を解かれた西独と日本は、アメリカとの同盟関係を結びアメリカ軍基地を受け入れた反対給付として様々な経済援助を受けるとともに巨大なアメリカ市場への参入を認められた。その結果、キューバ危機後の緊張緩和を背景に1960年代中葉以降、両国はアメリカとの貿易収支が逆転してアメリカが恒常的に赤字になり経済摩擦が生まれ、西側諸国間の対立が顕在化した。米ソ対立が激しかった時代には考えられなかった現象である。しかし緩和したとはいえ米ソ冷戦は常態化しており、冷戦の構図の中での対立であり安全保障分野での協力関係は維持されていた。しかしドゴール大統領が強権を振るっていたフランスと米英との対立は、米ソ冷戦の中での自主外交の結果であった。フランスは1960年2月アルジェリアのサハラ砂漠で原爆実験に成功し米ソ英に次ぐ核保有国になり63年8月のPTBTには加盟せず、その後も独立を認めたアルジェリアや南太平洋で核実験を繰り返した。64年1月27日には50年1月6日のイギリスに次いで中国と国交を樹立し、5月にはアメリカと緊張関係にあったキューバにフランス製機関車を輸出し、9月2日〜10月16日の長期間にわたり南米10ヵ国を歴訪して対米依存政策の脱却と「第三勢力」結集論を強調した。さらに65年仏ソ原子力平和利用協定を締結したのを手始めに、66年6月20日〜30日ソ連を訪問して、ヨーロッパからアメリカの勢力を排除し、アメリカ軍をヴェトナムから撤退させ、ソ仏両国の協力を強化するべきであるという共同声明を発表した。この間、63年6月21日にNATOに対してフランス大西洋軍の引き揚げを通告し、64年4月28日NATO本部より海軍将校を引き揚げ、最終的には66年7月1日NATO軍事機構から離脱してNATO本部をパリからブリュッセルに移転させた。

　またアメリカと同一歩調をとるイギリスに対しても一貫して否定的姿勢を取り続けた。米英の影響力を排除して仏独2ヵ国で西欧を「運営」したいという強烈な意思の反映であったが、大戦中、ロンドンに設立した亡命政権自由フランスがイギリス政府から正当な待遇を受けなかったこともその姿勢の底流にあ

ったかもしれない。当初、英連邦諸国との経済関係を重視していたイギリスが1963 年に成長が早い EEC への加盟を申請したがドゴールが反対し、67 年にも強硬に反対しイギリスの参加を拒否した。さらにイギリスの植民地であったナイジェリアからビアフラが独立しようとして**ビアフラ戦争**（67 年 7 月 6 日〜70 年 1 月）が勃発すると、ドゴールはこの地域の石油利権を目当てにビアフラを支援したが、米英ソの支援を受けたナイジェリア政府軍の勝利に終わりフランスの野望は潰えた。68 年の 5 月革命の危機を乗り越えたドゴールではあったが、翌 69 年 4 月経済危機によるゼネストにより辞任を余儀なくされた。

東東対立——中ソ対立の激化

フルシチョフによるスターリン批判は共産主義国と世界中の共産党に衝撃を与え、国境を接する共産中国はこれを激しく批判したが、この段階で批判はまだ抑制的なものであった。1956 年 10 月のハンガリー動乱に対して中国はソ連の立場を支持し、翌 57 年 11 月に毛沢東主席がモスクワを訪問し「東風は西風を圧する」「アメリカ帝国主義は張子の虎」との有名な演説を行いソ連の「平和移行論」に疑義を呈し、58 年 10 月にはフルシチョフが北京を訪問しこの問題をめぐり議論を続けていた。すでに毛沢東のモスクワ訪問 1 週間前に中国共産党（以下、中共）中央委員会がソ連の「平和移行論」を批判して以来、中共内部では批判が強まっていった。59 年 6 月 20 日ソ連は中ソ間の国防用新技術協定を破棄した。9 月 30 日〜10 月 3 日フルシチョフは再び北京を訪問したが、資本主義国と社会主義国の間での「戦争不可避論」をとる中国指導部との意見対立はかえって激化していった。60 年 4 月 22 日中共の理論雑誌『紅旗』は「レーニン主義万歳」を発表しソ連を痛烈に批判したため中ソ論争は表面化していった。7 月 16 日ソ連は中国に派遣していた原子力技術者を中心にした専門家 1,390 人を 1 ヵ月以内に引き揚げるとともにプラント建設の契約破棄を通告した。9 月 19 日訪米したフルシチョフは米ソ関係改善を印象づけ中国を牽制し、62 年 10 月に発生した中印国境紛争ではインドに武器援助を行い、中国と敵対している米印との関係強化を狙い中国に圧力をかけた。

その直後に発生したのがキューバ危機であった。最終的に米ソは妥協し世界は核戦争の脅威から解放されたが、中国はキューバ危機へのソ連の態度を「冒

険主義」とか「敗北主義」と罵るかのような非難を浴びせ、毛沢東はフルシチョフを修正主義者ですらない似非共産主義者というレッテルを貼り痛罵した。核兵器所有に異常な執念を燃やしていた毛沢東にとりキューバ危機後のPTBT は、米ソが核を独占して二国で国際政治を仕切るものと映ったのである。それはその後の NPT 体制と合わせてパクス・ルッソ・アメリカーナ（「米ソによる核不戦体制」）と呼ばれることになる。中ソはもはやイデオロギーレベルの中ソ論争の域を超えた全面的な対立関係に入っていった。1964 年 1 月 27日、自主外交を強めていたドゴールのフランスは、ソ連と全面的対立関係に突入しつつあった中国と国交を樹立した。フランスとの協力関係も利用しつつ、中国は 64 年 10 月 16 日に第 1 回原爆実験に成功した。運搬技術に関してはソ連の技術者たちが 60 年 8 月下旬に中国を離れたあとの 11 月 5 日に、短距離弾道ミサイル東風 1 号が打ち上げに成功していた。中長距離ミサイルの開発とミサイルに搭載可能な核の小型化が課題として残った。

　中国が原爆実験に成功した日とほぼ同じ日に、フルシチョフは党第一書記と首相を解任され失脚し、党第一書記にはブレジネフ、首相にはコスイギンが就任した。時あたかも日本では東京オリンピックが開催されている最中であり、新聞各紙の号外では「フルシチョフ、年金生活に入る」という文字が躍っていた。スターリン時代であれば恣意的に罪名を付けられ死刑となるかシベリアのラーゲリ（強制収容所）送りであったはずだが、時代の変化を感じさせるエピソードである。では平和共存論を掲げてアメリカとの関係を緩和させたフルシチョフがなぜ失脚したのであろうか。お気に入りの専門家の助言を受け入れ農業政策に失敗しアメリカから穀物を輸入する羽目になったこと、キューバ危機に際してアメリカ側に大幅に譲歩したこと、スターリン批判により国際共産主義運動を混乱させたことなどがあげられるが、激情家で数々の粗暴な振る舞いも指導部内での反発・恨みを買っていた理由の一つのようである。

　話を戻すと、フルシチョフ失脚を中国は大歓迎し、ソ連の新指導部と関係改善を試みたが成功せず両国関係は断絶状態に陥った。1968 年 8 月 20 日以降チェコ・スロヴァキアで民主化を求める民主化運動「プラハの春」をソ連軍中心のワルシャワ条約機構軍が鎮圧し、第一書記ドプチェクなどを逮捕したチェコ事件に対して、周恩来はソ連を強盗集団と口を極めて非難した。この際、ソ連

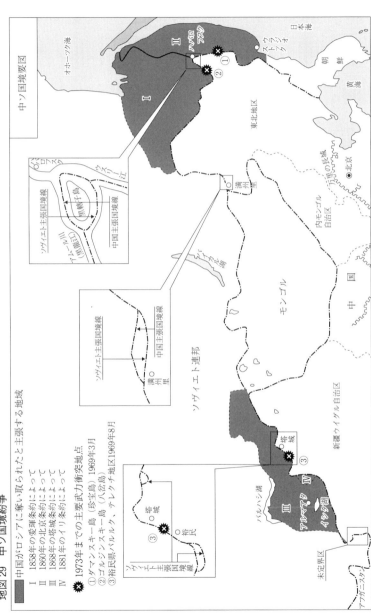

地図 29　中ソ国境紛争

中国がロシアに奪い取られたと主張する地域

I　1858年の愛琿条約によって
II　1860年の北京条約によって
III　1868年の塔城条約によって
IV　1881年のイリ条約によって

1973年までの主要武力衝突地点。

①ダマンスキー島（珍宝島）1969年3月
②ゴルジンスキー島（八岔島）
③裕民県バルルク、テレクチ地区1969年8月

274

のブレジネフは軍事介入を正当化するために「社会主義陣営全体の利益のためには、そのうち一国の主権を制限しても構わない」という**制限主権論**（ブレジネフ・ドクトリン）を持ち出していた。周恩来が非難したのは、このドクトリンを援用して中国にソ連が介入する可能性を極度に警戒したからであった。

スターリン批判、キューバ問題、核開発問題などで徐々に対立を深めた中ソは、歴史問題や国境問題で抜き差しならぬ危機を迎えることになる。6,000kmの国境を接する核超大国のソ連と、日本・韓国・台湾・フィリピン・タイなどの同盟国や米海軍第7艦隊により対峙する核超大国アメリカに包囲され敵対するに至った中国は、対内的には66年春頃から毛沢東の奪権闘争としての**文化大革命**の混乱に見舞われ、対外的には中ソ対立ばかりかアメリカが介入し始めた**ヴェトナム戦争**に直面しなければならなかった。

こうした状況の中で発生したのが**ダマンスキー島事件**（珍宝島事件）であった。アムール川（黒龍江）支流のウスリー川中洲のダマンスキー島の領有権をめぐり1969年3月2日、ソ連の国境警備隊と人民解放軍が軍事衝突し、8月13日には新疆ウィグル自治区でも中ソ両軍が軍事衝突した。9月3日に北ヴェトナムのホー・チミン国家主席の葬儀に参列したコスイギン首相はハノイからの帰路、北京で周恩来首相と会談して政治的に解決する道を探ることで一致し、一時的に危機は回避された。しかしこの国境紛争は中ソの核戦争に発展する可能性を秘めていたため、中ソ関係は緊張したままであった。事実、ウィグル地区での軍事衝突の直後、ソ連共産党機関紙『プラウダ』（ロシア語で「真理」）は中国を痛烈に批判しつつ、今後の展開によっては中国への核攻撃も辞さない可能性を示唆していた。そのため毛沢東は全土で核シェルターを早急に建設するよう命令するとともに、党・政府の指導的立場の人間は地方に分散・逃避するよう指示していた（地図29）。

中国の文化大革命──四面楚歌の中で

長い国境を接したソ連との核戦争の可能性、太平洋方面でのアメリカとその同盟国による軍事的圧力、中印国境紛争再発の可能性、そしてアメリカが介入し始めたヴェトナム戦争の激化というまさに四面楚歌の状態で、文化大革命（文革）が進行していた。文革が激化しつつあった1969年に起こった中ソ国境

図 10　米中ソ（露）三角関係の変化

(1)　1945〜1963年

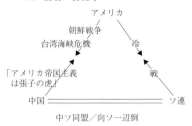

(2)　1963〜1972年

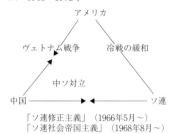

(3)　1972〜1978年

(4)　1979〜1985年

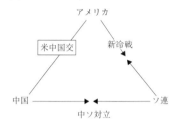

(5)　1985〜1991年

(6)　1991〜2001年

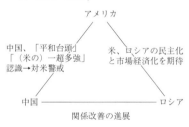

(7)　2001〜2016年

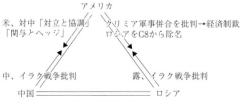

（出所）拙稿「国際政治における米中関係の位相——現代米中関係の軌跡・現状・展望」『法学新報』123 巻 5・6 号、中央大学法学会、2016 年 11 月、575 頁。

紛争をきっかけに、中国は水面下で同年1月成立したアメリカのニクソン政権に接近を図っていたが、それはアメリカの思惑とも合致し70年代に入り米中接近として具体化していった。

　1965年11月10日姚文元が発表した「新編歴史劇『海瑞の免官』を評す」が文化大革命の発端といわれている。しかしこれをきっかけに「封建的文化や資本主義文化を批判し、社会主義文化を創造しよう」を名目とした文化改革運動の体裁をとりながら、実質的には毛沢東主導の共産党内部の奪権闘争であった。大躍進政策の失敗の責任を取らされ共産党主席の地位を副主席の**劉少奇**に譲らされた毛沢東が復権を目指し、若い紅衛兵や大衆を扇動したある種の暴動であった。主席の劉少奇や総書記の**鄧小平**は部分的に市場経済を導入したため、毛沢東は彼らを走資派（資本主義に走る集団）と批判し紅衛兵たちは反革命分子の烙印を押し失脚に追い込んでいった。劉・鄧らを支持した党幹部や知識人ばかりかその家族までも物理的・精神的に追い詰められ、殺害されたり自殺に追い込まれた。中国共産党は犠牲者数について「死者40万人、被害者1億人」と推定したが、いまだ客観的で正確な犠牲者数は発表されないどころか、習近平政権はメディアや教育現場で天安門事件とともに文化大革命について言及することを厳しく統制している。過激化した紅衛兵の動きを毛沢東すら統制することができなくなり、農業現場を体験させるという名目のもとに都市部の紅衛兵たちを地方各地の農村に送り出した（下放）。1976年1月8日周恩来の死去に続いて、9月9日毛沢東も死去し、実権を握った毛沢東の妻・江青を含む「4人組」が逮捕され失脚するに及び文化大革命は収束していった。

ヴェトナム戦争──戦争前史と戦争のアメリカ化、そして国力の衰退

　キューバ危機を契機に米ソは核兵器を管理するための大枠をつくり上げ、1950年代後半のムード的な緊張緩和としての「雪解け」から一歩進んだ両国間の軍事的安定均衡を目指した。しかし大統領を含めアメリカのパワーエリートたちが共産主義と認識した勢力の拡大阻止を放棄したわけではなかった。朝鮮戦争終盤の1953年1月に成立したアイゼンハワー政権の国務長官に就任したジョン・F・ダレスは、ドミノ理論を前提とした**「巻き返し政策」**を提唱して政権内で一定の支持を得ていた。

　成立したばかりの中国は 1950 年 1 月 18 日北ヴェトナム（ヴェトナム民主共和国）を国家承認したのに続きソ連も 30 日承認した。これに対して米英は南ヴェトナム（バオダイ政権）を承認し、5 月 2 日以降トルーマン政権は第一次インドシナ戦争を戦っていたフランスに 2,100 万ドルの援助を供与し、この地域の戦争に徐々に関与していった。インドシナ休戦協定（ジュネーブ協定、1954 年 7 月 20 日）直前に、アイゼンハワー政権は北緯 16 度線の南にカトリック教徒で反共主義者のゴ・ジン・ジエムを中心とする政権を成立させていた。

　1945 年 9 月 2 日に発出された「**連合国軍最高司令官総司令部一般命令第 1 号**」は、「北緯 16 度以北に展開している日本軍部隊と司令官は蔣介石元帥に降伏すること。……北緯 16 度以南のフランス領インドシナ……に展開している日本軍部隊と司令官は東南アジア軍司令部最高司令官に降伏すること。」と北緯 16 度が南北の暫定的境界線となっていた。ジュネーブ協定では 1 度北に上がって北緯 17 度が暫定的な軍事境界線（DMZ：非武装中立地帯）となった。17 度線が境界線となることによって、ヴェトナム中部のアンナンの首都であったフエは境界線の南に組み込まれた。因みにヴェトナムは 1862 年以降フランス領とされ、北からトンキン、アンナン、コーチシナと呼ばれた。トンキンとアンナンは保護領、コーチシナは直轄植民地としてフランスの帝国主義支配に最も強固に組み込まれた。トンキンの首都はハノイ、コーチシナの首都はサイゴン（現、ホー・チミン市）であった。

　話を元に戻すと、ジュネーブ協定の約 2 ヵ月後にアメリカはフランスと協議して現地フランス軍への援助を中止し、1955 年 1 月からこの地域に対して直接援助を行うことにした。朝鮮戦争発生後 4 ヵ月後の 50 年 10 月にトルーマン政権がサイゴンに設置したインドシナ米軍軍事援助顧問団（MAAG）を、アイゼンハワー政権は 55 年 11 月南ヴェトナム米軍事顧問団に改組し南ヴェトナム政府軍兵士への軍事訓練を開始した。これと前後してアメリカの関与を背景にゴ・ジン・ジエム政権は国民投票により 10 月 26 日ヴェトナム共和国（南ヴェトナム）樹立を宣言してバオダイ帝を追放し、ここにヴェトナム王朝は消滅した。

　南ヴェトナムで権力を掌握したジエム大統領はジュネーブ協定で規定された南北統一選挙の実施を拒否したのに対し、北ヴェトナムのホー・チミン大統領はこれに激しく反発し、南北関係は険悪になっていった。これ以降アイゼンハ

ワー政権は南ヴェトナム軍へ軍事装備や航空機を提供するばかりか経済援助も積極化させ、南ヴェトナムを防共の防波堤にしていった。ジュネーブ協定調印後の 1954 年 9 月 8 日にアメリカが主導して結成していた東南アジア条約機構（SEATO：米英仏豪・ニュージーランド・フィリピン・タイ・パキスタン）に公式に加盟させることはなかったが、実質的には反共軍事機構に組み込んでいった。

　アメリカの軍事・経済援助を得たジエム政権は政治腐敗が進み、強権的となっていった。このため反政府勢力が増大していったが、これに対しても暴行・虐殺・死刑を含む野蛮かつ非人道的な弾圧を繰り返し、国民の信任を失っていった。こうした中で 1960 年 12 月 20 日南ヴェトナム民族解放戦線（アメリカはヴェトナムのコミュニストという意味でヴェトコンという蔑称を使った）が結成され、ジエム政権とその後ろ盾であるアメリカを敵と規定しゲリラ活動を活発化させていった。北ヴェトナムがその後ホーチミン・ルートと呼ばれる補給路を建設・伸長させながら解放戦線に物資を提供していった。両者の戦闘が激化するにつれ南ヴェトナム国内では学生や一般市民も解放戦線に参加していくとともに、中国、ソ連、北朝鮮からも武器や資金が提供されるようになった。

　こうした状況の中で、1961 年 1 月 20 日 J・F・ケネディが大統領に就任した。その最大の課題は南ヴェトナム情勢への対応であった。国務省はジュネーブ協定を履行するため北ヴェトナムと交渉を行うべきであると進言したが、参謀本部やマクナマラ国防長官らは南ヴェトナムへの関与継続を主張した。ケネディは後者の主張を受け入れつつも正規軍の派遣はベルリン危機やキューバ危機を再来させると判断し、軍事顧問団という名称の実質的には正規軍であるゲリラ掃討特殊部隊約 600 人を派遣する決定を下した。それ以降、解放戦線を全滅させるという名目で残虐な効果を持つナパーム弾、クラスター弾、枯葉剤などを使用し始めた。62 年 2 月 8 日南ヴェトナム軍事援助司令部（MACV）を設置した。1960 年段階で約 700 人弱の顧問団は 61 年末には 4.5 倍の約 3,200 人へ、ケネディが暗殺された 63 年 11 月にはその 5 倍の 1 万 6,000 人と増強されていた。人員の拡大・増強ばかりでなく爆撃機をはじめとする多様な航空機、戦車、重火器なども南ヴェトナム軍に提供するとともに、実質的に正規軍と化した MACV も重武装化して戦闘に加わっていった。

　ケネディ暗殺直後、大統領に昇格したリンドン・B・ジョンソン（LBJ）は

1964 年 8 月上旬に発生した**トンキン湾事件**に対して北ヴェトナム軍魚雷艇基地を攻撃し、議会から北ヴェトナムに対しあらゆる行動をとる権限を与えられた。のちに明らかになったことだが、8 月 2 日の最初の攻撃はアメリカ海軍の駆逐艦マドックスを南ヴェトナム艦艇と見間違えて攻撃したことを北ヴェトナムは認めたが、2 回目の攻撃はヴェトナム戦争への本格的介入を狙ったアメリカ政府・軍による捏造であることが明らかになっている。しかしこの事件の真相が明らかになっていなかった事件直後では議会内外の世論はジョンソン民主党政権のヴェトナム対応を支持し、64 年 11 月 3 日の大統領選挙で民主党は大勝した。

　この世論の支持を背景にジョンソン政権はヴェトナム戦争への関与を強めていったが、これに対してソ連と中国が北ヴェトナムへの援助を本格化させた。特にソ連は軍事顧問団を派遣したあと、1965 年 2 月コスイギン首相がハノイを訪問し最新鋭の MiG 迎撃戦闘機、対戦車砲などの重火器を提供したため北ヴェトナムと解放戦線の軍事力は格段に向上し、解放戦線は南ヴェトナム軍ばかりでなく「軍事顧問団」という名のアメリカ軍も標的にし始めた。コスイギン首相のハノイ訪問中の 2 月 7 日、解放戦線はアメリカ軍事顧問団基地を攻撃したため、軍事顧問団のウェストモーランド将軍は大統領の了承を得ることなく直ちに海軍爆撃機で北ヴェトナムのドンホイを爆撃した。これが北爆開始の先触れとなった。

　3 月 26 日米海軍第 7 艦隊の艦載機を中心に編成した爆撃機で首都ハノイをはじめハイフォン、ドンホイへの大規模かつ本格的な北爆を開始した。30 日にはサイゴンのアメリカ大使館が爆破された。6 月 19 日アメリカ海兵隊は解放戦線と交戦し、この時点でヴェトナム戦争はアメリカの戦争となった。続いて 11 月 14 日～22 日北ヴェトナム正規軍とアメリカ第 1 騎兵師団が激戦を展開した直後、原子力空母エンタープライズがヴェトナム作戦に参加した。1966 年に入ると南ヴェトナム各地で反政府・反米デモが頻発するようになり、11 月 1 日に解放戦線は初めてサイゴンを砲撃した。解放戦線の勢力が南ヴェトナム内部の協力者を得てじわじわと南ヴェトナム中心部に浸透してきていることは自明であった。アメリカ軍と解放戦線軍・北ヴェトナム正規軍との戦闘が激化の度を増してきたが、67 年 1 月 25 日米参謀本部はハノイ中心部から 8km

以内の爆撃を厳禁した。ソ連軍事顧問団が飛行場、港湾施設、軍需工場、空軍基地などの施設に駐留していることが確認されており、万一これらの施設に爆撃すれば即ソ連軍との戦闘になる可能性が高かったからであった。冷戦ではなくキューバ危機を想起させる米ソ熱戦の危険性が高まってきた。南ヴェトナムでの反政府・反米デモが多発し激化していった。アメリカ国内での反戦運動も激しさを増し、キング牧師が主導する**公民権運動**と連動し国内世論を分断し始めていた。67年10月16日〜23日のヴェトナム反戦週間ではアメリカ各地で大規模集会が開かれ、21日ワシントンD. C.には5万人が集結した。世界各地でもヴェトナム戦争反対の動きが拡大・激化し、アメリカのジョンソン政権への批判も日に日に高まっていった。11月29日マクナマラ国防長官は辞任を表明し、68年2月29日に辞任したが、この時点で南ヴェトナム派遣アメリカ軍は約48万人に膨れ上がっていた。

　1968年に入ると解放戦線と北ヴェトナムの軍事攻勢は激しさを増していった。1月29日深夜から30日早朝にかけ南ヴェトナム政府軍とアメリカ軍に大規模な**テト攻勢**（旧正月攻勢）をかけ、31日にはサイゴンのアメリカ大使館や官庁街を襲撃した。これ以降、南ヴェトナム各地で同時多発的に攻撃を加えた。テト攻勢が行われていた1月末から2月中旬までの2週間、解放戦線が支配していたフエで政府職員、軍人、警察官ばかりか神父や学生が虐殺された**フエ事件**も発生した。一連の戦闘で南ヴェトナム軍とアメリカ軍はそれぞれ約5,000人、約4,000人が犠牲となったが、解放戦線側も6万人近い犠牲を払った。このテト攻勢とフエ事件はジョンソン政権に打撃を与えるとともに、アメリカ世論の厭戦気分をいっそう高める効果を持った。

　アメリカ側の和平会談提案を拒否していた北ヴェトナムは、5月3日軍事的優位を背景に和平会談を提案しジョンソン政権もこれを受諾した。5月13日ヴェトナム和平のためのパリ会談が始まったが、前途多難を予期させるものであった。事実、6月11日解放戦線はサイゴン中心部を砲撃し、8月18日には北ヴェトナム軍と南ヴェトナム18ヵ所を攻撃した。9月5日アメリカは8月末段階の戦死者は2万7,500人、負傷者・行方不明者約20万人と発表した。10月31日ジョンソン大統領は北爆全面停止を発表した。11月5日大統領選挙で共和党のニクソンが勝利した。

第12章　大変動する国際関係
―――米中接近、ヴェトナム戦争の終結、ブレトン・ウッズ体制の崩壊、米ソ・デタント

　1968年11月のアメリカ大統領選挙に際しリチャード・ニクソン共和党候補が掲げた最大の政策目標は「ヴェトナムからの撤退」であった。この戦争に投入した兵力は同年末段階で53万6,000人、戦死者は3万人強、負傷者・行方不明者は20万人にも達し、ここに投入された軍事費は国家予算の30〜40％に上っていた。アメリカ経済の軍事化により日欧諸国に対して国際競争力を失いつつあったばかりか、国内世論の深刻な分裂を招いていた。「ボスのニクソンは内戦状態のアメリカの大統領になった」というキッシンジャーの言葉が象徴的である。

　1968年5月から始まっていたヴェトナム和平のパリ会談は難航していたが、アメリカ軍が背後から撃たれず撤退する保証を得ることが不可欠であった。ニクソン政権にとって中国との一定の和解、米中接近が不可欠となっていた。ニクソン大統領とヘンリー・キッシンジャー補佐官にとって米中接近は、一方で「ヴェトナムからの撤退」を実現するための重要な手段であり、他方でソ連の対中攻撃を抑止するとともにさらなるデタント交渉に引き込む効果を持った手段であった。「一石三鳥」の効果を持つ外交手段であったのである。すなわち第一に米中接近は北ヴェトナムを孤立化させる圧力となり、アメリカ軍が安全に撤退するために中国の協力を得ることが期待されたこと。第二に核戦争になりかねない中ソ対立を阻止する効果があると認識されたこと。第三にソ連をより具体的なデタント交渉に引き込むことが期待できたこと。

　アメリカは中国の北ヴェトナムに対する影響力に期待し、中国もアメリカの対ソ抑止力に期待したのであった。確かに文化大革命を展開していた毛沢東に

とって戦火を交え憎悪の対象でしかなかったアメリカと和解することには大きなリスクを伴ったが、核攻撃も受けかねないソ連を抑止するために背に腹は代えられなかった。この米中接近が一定程度成功し、これを梃に米ソ・デタントを進めることができれば、アジアにおける軍事的緊張を低下させるばかりでなくこの地域におけるアメリカの外交的選択の幅を広げることは明らかであった。

　こうした三つの理由からアメリカは対中接近を図っていったが、それは同時に国連代表権をめぐり中国を支持する国家が増大してきたことに対応する効果を持つものであった。辛亥革命以来アメリカ政府が国家承認し、国連安保理の常任理事国でもあった台湾の中華民国政府を追放し、中華人民共和国を招請することを支持する国家が過半数に近づいてきたため、アメリカは国連総会で過半数でなく三分の二の賛成を得る必要がある**重要事項指定方式**を総会に採用させた。しかしこのアメリカの主張の限界が明らかになってきていた。事実1970年度の総会では北京政府支持国が過半数を制し、同年10月25日、賛成76、反対35、棄権17で、中華民国政府の代表権を否認し中華人民共和国政府を唯一の合法的代表と認める決議が採択されていていたのである。

米中接近

　多くの国民のヴェトナム戦争終結への期待感を掻き立て、アメリカ合衆国第37代大統領として1969年1月20日政治的復権を果たしたニクソンは、その10日後の2月1日にキッシンジャー国家安全保障担当補佐官に秘密裏に対中和解工作を推進するよう初めて指示を与えた。このとき、国際関係を大変動させる米中ソ三国間のパワー・ゲームが始まったのである。ニクソン政権が最終的に対中接近を決断したのは69年3月2日と15日に発生した**ダマンスキー島事件**（珍宝島事件）であった。ここで中ソ国境守備隊が大規模に武力衝突し多数の死者を出した。U-2型偵察機の空中撮影によると、ソ連は中ソ国境2マイル以内に核武装部隊を移動させ、そこには何百という核弾頭がうず高く積まれていた。ソ連は百万、中国は70〜80万の軍隊を国境地帯に集結させていた。この事件と前後してアムール川や新疆地方でも国境紛争が多発していた。ニクソンもキッシンジャーもこの時点までは中国のほうが侵略的であると認識していたが、これら一連の事件は2人の認識を180度転換させたのである。「普通

なら、弱いほうが挑戦も受けないのに敢えて攻撃を加えて自ら敗北を招くようなことはしないものだ」し、新疆での事件が起こった地点をキッシンジャーが調べたところ、ソ連側の鉄道末端駅からわずか数 km 以内であるのに、中国側の末端駅からは数百 km も離れていて中国の軍部が不利な地点を選んで攻撃に出るはずがないとの結論に達したのであった。8 月に入るや本格的な中ソ戦争勃発の可能性が高まってきた。駐米ソ連大使館員が国務省のソ連専門家に、ソ連が中国の核施設を攻撃した場合のアメリカの反応について尋ね（8 月 18 日）、ソ連共産党機関紙「プラウダ」が中ソ戦争勃発の結果としての世界核戦争の可能性を不気味に警告し（8 月 28 日）、アメリカ政府がソ連政府の代弁人と見なしていたフリー・ジャーナリストはソ連が新疆地方のロプノールにある中国の核実験場に対して空爆を加える可能性をほのめかしていた（9 月 16 日）。中国も都市の地下壕建設など臨戦態勢を国民に指示し、アメリカは 8 月下旬ソ連極東空軍が地上待機態勢に入ったことを探知した。

　すでに 8 月 14 日の段階で開催されていた国家安全保障会議（NSC）の席上、ニクソンは、今や相対的に見ればソ連のほうが侵略的であり、中ソ戦争で中国が「壊滅」するのを座視することはアメリカの利益に反すると発言して出席者の度肝を抜いた。「（アメリカの対中接近が）遅すぎれば、中国が米ソ結託への疑念を強め、さしあたりできる範囲でモスクワと取引する恐れ」を心配した。ニクソン政権は米中関係正常化の意思を表すシグナルを積極的に送りつつ、キッシンジャーが中心となり中国側の意向を打診するための秘密外交を展開したのである。11 月 3 日発表したグアム・ドクトリンの中で、「アメリカと同盟関係にある国家、またはアメリカがその存続をアメリカの安全にとって決定的に重要と見なす国家の自由を核保有国が脅かす場合、アメリカは保護を与える」意思を表明した。11 月 21 日の沖縄返還に関する日米共同声明では沖縄からの「核抜き」を明記し、年末には台湾海峡での米海軍第 7 艦隊のパトロールを中止した。翌 1970 年 1 月 20 日ワルシャワで 2 年ぶりの米中大使級会談が再開された。「……中国人は偉大かつ重要な民族であり、国際社会から孤立したまま放置しておくべきでない。……われわれが北京との間の実際的な関係改善のために可能な限りの措置をとることはわれわれの利益であるのみならず、アジアと世界の平和と安定にとっての利益であることは間違いない」と、2 月 18 日

ニクソンが上下両院に提出した外交教書は公式かつ明確にシグナルを送った。

　2日後、中国は散発的に開かれていた大使級会談を北京に移し、アメリカ側首席代表には政府高官が就任することを希望してきた。これに対しニクソン政権は、中国への旅行制限緩和（1970年3月）、対中貿易制限緩和（4月）、中華人民共和国という呼称の開始（10月）の措置をとっていった。この70年10月頃から71年7月9日〜11日のキッシンジャー北京秘密訪問まで、中国との関係の深いパキスタンのヤヒア・カーン大統領のルートを使いながら**秘密外交**を展開していった。これに対して中国も、58年以来12年間にわたり拘留していたアメリカのカトリック神父のジェームズ・エドワード・ウォルシュを釈放し、12月初旬には毛沢東自身が旧知のエドガー・スノーの訪中を歓迎する旨を表明した。連鎖反応のようにアメリカは対中旅行制限を全面撤廃（71年3月15日）したが、これが4月のピンポン外交実現の引き金となり、さらに71年5月1日〜12月1日の期間にヴェトナムから米軍兵力10万人を第五次追加撤兵させるというニクソン発表をもたらした（4月7日）。

　問題は文化大革命中の中国で対米接近が明らかになれば、特に軍部が反発する恐れがあり、アメリカでも官僚機構の中に米ソ関係改善を最優先すべきとする勢力やアジアの同盟国との関係を重視する勢力が存在していた。中国では林彪によって代表される軍部、特に空軍が米中接近に反対し、これを破綻させようとしているとキッシンジャーは観察していた。事実、キッシンジャーの北京訪問後、多くの軍首脳が更迭され、1972年2月北京訪問したニクソンに毛沢東は官僚組織の抵抗があったこと、**林彪事件**（71年9月12日）は中国の対米政策が急転換したことに誘発されたことを暴露した。

----- 【脱線講義21】林彪事件 -----

　日中戦争と国共内戦で実績をあげた林彪は、新中国建国後は党中央委員会副主席や党中央軍事委員会副主席となり、中国を大混乱に陥れることになる文化大革命発生後の第9回党大会（9全大会：1969年4月）では毛沢東の後継者と認められていた。しかし9全大会直前の3月に発生していた珍宝島事件（ダマンスキー島事件）を契機に、ソ連の脅威を痛感した毛沢東が米中接近を模索するようになると両者は対立を深め、林彪グループによる毛沢東暗殺事件が未遂に終わると林彪は飛行機でソ連への亡命を図るが、この飛行機はモンゴルで墜落し林彪は死亡した。以上が一応の定説となっている。しかし中国の一党独裁的政治体制のため、現在でもこの事件をめぐり様々な解釈が出されている。毛沢東暗殺未遂事件に関しては、

実績のある優れた軍事戦略家である林彪が失敗するような暗殺事件を企図するはずがないという見解や、そもそも軍部が対米接近政策に反対していた事実はないという見解もある。

　1971 年 7 月 15 日ニクソン大統領は翌 72 年 2 月に北京で毛沢東主席と会談すると発表し世界を驚愕させた。第一のニクソン・ショックであった。ニクソン訪中の際発表する共同コミュニケ作成を中心とする下準備のため、キッシンジャーは再び北京に飛んだ（71 年 10 月 20 日～26 日）。最大の難問が台湾の扱いであることは明らかであった。1913 年以来、国民政府を中国の唯一合法政権と認め大戦中は同政府を大国として扱い、戦後は米華相互防衛条約をはじめ 59 の条約・協定を締結し、長年「自由世界の砦」と内外に宣伝してきた「自由中国（Free China）」を見捨てることは信義を失墜させるものであった。中国にとってもソ連の攻撃を抑止するために対米和解は不可欠であったが、建国以来一貫して台湾は中国の不可分の領土であると繰り返し強調してきたため妥協はできなかった。「台湾海峡両岸の全ての中国人が皆中国はただ一つであり、台湾は中国の一部であると考えていることを認識した」が、「中国人自身による台湾問題の平和的解決に対する関心を重ねて明らかにする」というアメリカ側の主張と、「アメリカの全ての武装力と軍事施設は台湾から撤去されねばならない」という中国側の主張を併記するコミュニケとしては異例の形式をとったのである。

　今や世界中が注目している米中接近が頓挫することは絶対に回避しなければならなかった。頓挫した場合に予想される反動があまりにも大きすぎた。両国の接近反対勢力の巻き返しにより政治権力の維持が危うくなることは必至であった。アメリカの「名誉ある撤退」は不可能となり、中国は米ソ両国から今までよりも強い圧力を受けることは明らかであった。米中とも「ルビコンを渡っていた」のである。残された唯一の手段が併記方式であった。周恩来が提案したこの方式にキッシンジャーは「肝をつぶした」という。しかし対立点が併記されることは同盟国や友好国にこれら諸国の利益が守られたことを保証することになるばかりか、米中関係正常化が確実のものと認識させる効果があると判断した。1972 年 2 月 21 日ニクソン大統領は訪中を敢行し毛沢東主席と会談したあと、2 月 28 日対立点を併記した上海コミュニケを発表した。「不同意の同

意（agree to disagree）」という世界の外交史上異例のコミュニケは世界を再び
驚愕させた。1年後の翌73年2月22日米中は双方の首都に連絡事務所を開設
したが、実質的には国交樹立ともいえる関係になっていった。

　米中接近は国際関係を大きく変動させることになった。第一にヴェトナム和
平会談が進展し、ヴェトナム戦争が終結に向かった。第二にアメリカはソ連に
対して「チャイナ・カード」を手にした。キッシンジャーは対中接近がソ連に
対する「チャイナ・カード」を切ることではないといっていたが現実には機能
し、それは米ソ・デタントへつながることになった。第三に中国に対ソ抑止力
を与え中ソ核戦争の可能性が大幅に低下した。第四にソ連はヨーロッパ方面で
は NATO に、太平洋方面では在日・在韓米軍とアメリカ太平洋艦隊に加えて
約6,000km の国境を接する中国に包囲される形になった。このこともソ連が
アメリカとのデタントを進める動機となった。第五に北ヴェトナムは相対的に
孤立化し、今や三方を包囲されたソ連との関係を強化し始め、ソ連海軍がヴェ
トナムのカムラン湾をはじめ東アジアから西太平洋のキリバス・バヌアツなど
に進出する契機となった。第六に「冷戦の東アジア戦線」が解体に向かい、結
果的に1980年代から東アジア地域の経済発展を引き起こした。

　韓国の提唱により、アジア・太平洋地域に自由諸国の連帯強化を目的として
1966年設置された ASPAC（アジア・太平洋協議会）は、73年6月以降、事実上
機能を停止した。また54年9月アメリカが主導して結成した**東南アジア条約
機構**（SEATO）も、75年9月の閣僚理事会で段階的解消方針を打ち出した。
日本をはじめ東アジア諸国が中国と国交を樹立し始めた。東アジアにおけるア
メリカの最大の同盟国を自負していたにもかかわらず頭越しの米中接近をされ
た日本は、ニクソン政権の警戒心を引き起こすほどのテンポで対中接近し、72
年9月29日中国と国交を樹立した。これと前後して72年2月19日にはモン
ゴルと、73年5月15日には東ドイツと、9月21日には北ヴェトナムなど共産
主義国と国交を樹立し、自主外交を展開し始めた。マレーシア、フィリピン、
タイもそれぞれ74年5月、75年6月、75年7月中国と国交を樹立した。

ヴェトナム戦争終結とその余波

　上海コミュニケ発表約1年後の1973年1月27日、アメリカと北ヴェトナム

はヴェトナム和平協定を締結した。ジョンソン民主党政権末期、パリ和平予備
会談を開始（68 年 5 月 6 日）したにもかかわらず、双方の主張が対立したまま
4 年間も見るべき成果を上げなかったが、ニクソン訪中後、交渉は急速に煮詰
まり 1 年足らずのうちに正式調印に達したのである。しかし北ヴェトナムはア
メリカ軍の撤兵を保証する以外は和平協定を無視し、アメリカ軍撤退の隙を突
いて南ヴェトナム解放戦線は 75 年 4 月 26 日南ヴェトナムの首都サイゴン（現
ホー・チミン市）に総攻撃をかけ、30 日までに南ヴェトナム全土を制圧した。
これと前後してカンボジアとラオスもそれぞれ 4 月 17 日と 12 月 5 日に共産化
した。74 年 8 月 8 日ニクソン大統領がウォーターゲート事件で辞任したあと
を継いでいたフォード大統領は、75 年 4 月 23 日ヴェトナム戦争の終結を宣言
した。

　1961 年から 73 年までに総額約 1,500 億ドルの戦費（因みに 65 会計年度の国家
予算は 285 億ドル）と 50 数万人の兵力（ロジスティックスを含む後方支援などの全
要員を含めると約 260 万人）を投入し、核兵器以外の最新鋭の近代兵器を駆使し、
死者約 5 万 8,000 人、負傷者・行方不明者 20 数万人以上という多大の犠牲を
払った。しかし正義の戦争という確信を抱けぬまま、自主的撤退という形をと
りながらも実質的には敗退したことは、対内的には自信喪失と国内世論の分裂
を引き起こすとともに、被差別マイノリティーの覚醒をもたらした。共産主義
の脅威から自由を守るという錦の御旗のもとに戦われたヴェトナム戦争に貧困
層の多くの黒人兵が参加し犠牲になったことも、この覚醒の広がりに繋がった。
無事帰国できた帰還兵の中には、自殺者 7 万〜30 万人、長い間 PTSD（心的外
傷後ストレス障害）に苦しみ社会復帰できない患者約 70 万人もいた。

　一方、南北ヴェトナムではアメリカ軍によるナパーム弾やクラスター弾を含
む非人道的爆弾（第二次世界大戦で投下した爆弾の 2.7 倍に相当する）755 万トンが
投下されたため、1972 年までの段階で死傷者は北ヴェトナム軍・南ヴェトナ
ム解放戦線で 227 万人、民間人 440 万人で、難民は 950 万人に上った。それば
かりかアメリカ軍による枯葉剤の大量散布はヴェトナムの自然環境を広範囲に
汚染し、ベトちゃん・ドクちゃんのような悲惨な障害児を多数生み出した。

ヴェトナム戦争が引き起こしたカンボジア内戦

　アメリカがヴェトナムから完全撤退しヴェトナムが統一され、インドシナ情勢は安定化に向かうはずであったが事態は逆方向に向かっていった。数次にわたるカンボジア内戦の発生である。ヴェトナム戦争の結果であるとともに、ヴェトナムを支援した中ソ間の対立が激化した結果でもあった。(1)アメリカの撤退による政治的空白が生じたこと、(2)米中関係が緊密化しつつあったこと、(3)これをも一因として中ソ対立が深まったこと、(4)統一を実現したホー・チミン指導部が対米接近した中国への不信感を強め、ソ連との関係を強化したこと、である。

　その前兆はヴェトナム戦争中の 1970 年段階に発生していた。ヴェトナム戦争終結を第一の課題に掲げていたアメリカのニクソン政権は、カンボジアを経由して北ヴェトナムから南ヴェトナム民族解放戦線に支援物資が送られていると見ていた支援ルートを遮断しようとした。しかしカンボジアのシアヌーク政権は反米姿勢を強めていたため、アメリカはシアヌーク外遊中にカンボジア軍親米派ロン＝ノル将軍に 70 年 3 月 18 日クーデターを起こさせた上でアメリカ軍をカンボジアに侵攻させた。ロン＝ノルは「クメール共和国」を発足させ大統領に就任した。しかしロン＝ノルは独裁色を強め、ヴェトナム系住民を憎悪して強制収容所に送り込むばかりか集団虐殺事件すら起こした。

　一方、亡命したシアヌークは北京を拠点に指令を出し、協力関係を築いたクメール・ルージュ（≒ポルポト派）はロン＝ノル政権と**内戦**を展開し、1975 年 4 月 17 日プノンペンを武力制圧した。この武力制圧の前にロン＝ノル政権は崩壊し、ロン＝ノルはインドネシアに亡命した。76 年 1 月 5 日ポルポトは、シアヌークを国家元首としながらも幽閉して反ヴェトナム・親中の共産政権「民主カンプチア」を成立させ、独裁的統治を行った。原始共産制社会の実現を目指し、これに批判的であった都市出身の知識人、宗教家、教師などを反革命的との理由で、75 年から 78 年にかけ約 170 万人から 200 万人を殺害したといわれている。各地で行われた殺害の場所はキリング・フィールドと呼ばれている。

　ヴェトナム戦争中、北ヴェトナムが南ヴェトナム民族解放戦線に物資を補給するルートとしてカンボジアとともに利用していたラオスでは、1975 年 12 月

1 日ヴェトナムとソ連の影響下に置かれたラオス人民民主共和国が成立した。

　他方 1977 年 9 月 20 日国連に加盟したヴェトナムは 10 月 10 日以降、カンボジアと国境紛争を引き起こし 12 月 31 日「民主カンプチア」はこれを激しく非難し両国関係は緊張した。78 年 11 月 3 日ソ連と友好協力条約を締結したヴェトナムは 12 月 25 日、軍部隊をカンボジアに侵攻させプノンペンを占領し、79 年 1 月 7 日ヴェトナム軍が軍事占領する中で親ヴェトナム路線をとるヘン・サムリン政権の「カンボジア人民共和国」を成立させ、ポルポト派主体の「民主カンプチア」との内戦が再発した。この新政権はヴェトナムとともにインドシナ共産党の流れを汲む兄弟関係にあった。この数日前、米中は国交を樹立したが、ラオスは中国と断交した。

　1979 年 2 月 17 日中国軍は突如、中国雲南・広西省からヴェトナム北部国境地帯に侵攻し、中越戦争が勃発した。アメリカの了解のもと、ヴェトナムに対して中国が行った「懲罰戦争」といわれた。中国にしてみれば、(1)ヴェトナム戦争で支援したのに、ソ連との関係を強化し、(2)カンボジアで親ヴェトナム政権を成立させ、(3)ヴェトナムの華僑を強制帰国させている、というのが懲罰の理由であった。ヴェトナムから見れば、(1)過酷な戦争をアメリカと戦っている最中、対米接近したことへの憤りがあり、(2)ソ連との関係緊密化は米中接近への意趣返しでもあった。戦争自体は中国が動員した人民解放軍が、民兵、公安部隊、国境警備隊中心のヴェトナム側に敗北する結果になったが、社会主義を奉ずる国家同士の戦争は、世界の社会主義国に衝撃を与えた。

　ソ連との関係を強化したヴェトナムの庇護下にあるヘン・サムリン政権に対抗して、中国や ASEAN 諸国は、国際的には正統政府と認められ国連に代表を送ってきたものの、タイ国境に追いやられたポルポト派主導の「民主カンプチア」の復権を図っていった。中国はシアヌーク派（フンシンペック）を仲立ちとしながら、共産勢力のポルポト派とアメリカやタイの支援を受けた右派のソン・サン派の三勢力を連合させようとした。ソン・サンは、シアヌーク時代首相を務めロン＝ノルのクーデターでパリに亡命し、1980 年前後に帰国して反ヴェトナム、反ヘン・サムリン政権の立場をとっていたが、内部対立もあり政治勢力としては弱点を抱えていた。中国などの努力で 82 年 6 月 22 日三派連合政府「民主カンボジア連合政府」が成立したが、その実態は国境地帯を支配す

るゲリラ組織に近いものであった。反ヴェトナム三勢力と親ヴェトナムのヘン・サムリン政権によりカンボジアが分裂した状態が解消されたわけではなかった。ASEAN や米中日などはヘン・サムリン政権を承認することなく、支配領域の限られていた三派連合政府の国連代表権を認めていた。1984 年に入るとこれらの国々はヴェトナム軍のカンボジア駐留に対して批判を強めたが、逆にヴェトナムは三派連合政府の拠点を攻略しその軍事力を壊滅させた。

　カンボジア和平への動きが出てくる背景には、国際的・国内的要因があった。国際的にはヴェトナムを支持していたソ連が崩壊過程にあったこと、ポルポト派のジェノサイドが国際的批判にさらされていたため中国が支援するのが困難になったことがあり、国内的にはヴェトナム指導部が交代するという事情があった。1986 年 7 月ヴェトナム共産党のレ・ズアン書記長死去を受け、書記長に就任したチュオン・チンはソ連ゴルバチョフのペレストロイカ政策にも影響されて「ドイモイ（刷新）」政策を打ち出すとともに、カンボジア駐留ヴェトナム軍の撤退を打ち出し 89 年 9 月完全撤退を実現した。19 ヵ国が参加したパリにおける和平交渉は、91 年 10 月 23 日「カンボジア和平協定」に結実した。これに基づき 93 年 4 月〜5 月総選挙が行われ、立憲君主制の「カンボジア王国」が成立しシアヌークが国王に復位した。

ブレトン・ウッズ体制の崩壊

　ヴェトナム戦争は、アメリカの国際的地位にも打撃を与えることになった。資本主義ブロックのリーダーとしてのアメリカの地位を保証していた、金 1 オンス＝ 35 米ドルに基礎を置く固定為替相場制であるブレトン・ウッズ体制そのものを揺さぶり始めたのである。このレートで米ドルと各国の通貨の交換比率（為替相場）を一定に保つことにより自由貿易を発展させ世界経済を安定させる仕組みであったが、この体制は各国の生産性にバラつきが生まれると対応できない欠点を内包していた。

　第一にヴェトナム戦争介入に伴う「ドルの散布（ドルの垂れ流し）」はアメリカ・ドルに対する不信感を増幅させ金価格の急上昇を招き、金の流失を防ぐためニクソン大統領は突如 1971 年 8 月 15 日金・ドル交換停止を発表した。ちょうど 1 ヵ月前の訪中発表（7 月 15 日）に続く第二のニクソン・ショックであっ

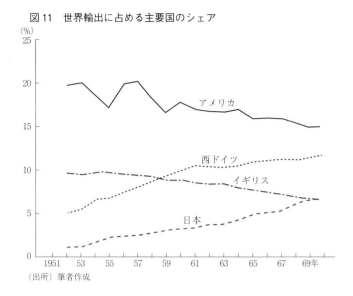

図 11　世界輸出に占める主要国のシェア
(%)

アメリカ

西ドイツ

イギリス

日本

1951　53　　55　　57　　59　　61　　63　　65　　67　　69 年

（出所）筆者作成

た。12 月 12 日から 18 日までワシントン D.C. で 10 ヵ国蔵相会議が開催され、多国間調整により金に対して米ドルを切り下げ、金 1 オンス＝ 38 米ドルとする固定相場制を維持する**スミソニアン体制**を構築することで合意した。これにより日本円は 1 米ドル＝ 360 円が 308 円になり、ドルを切り下げ円を切り上げる結果になった。しかし 73 年 2 月 12 日欧州各国でドル売りが激化したため外為市場を一斉封鎖する事態となり、ニクソン政権は米ドルを 10％切り下げたためブレトン・ウッズ体制は最終的に崩壊した。これ以降、各国は変動相場制へ移行していったため、国際金融は「海図なき航海」を強いられることになった。

　第二に長期にわたるヴェトナム戦争はアメリカの国際競争力を低下させ（図 11）、1971 年と 72 年に続けて史上初めて貿易赤字を記録した。第二次世界大戦後、アメリカはブレトン・ウッズ体制のもとで毎年数十億ドルの貿易黒字を出していたが、70 年代後半には毎年赤字になり次第に額が膨張していった。その結果、アメリカの繁栄と国力の基礎であった自由貿易に消極的態度を示すようになった。

米ソ・デタントの展開

　米ソが激しい冷戦を展開していたとき、アメリカがブロック・リーダーとして の地位を維持するために軍事・経済援助を与えていたヨーロッパ諸国や日本・カナダなどのブロック構成国は、冷戦が緩和していくにつれて徐々に経済力をつけていき、史上類を見ないほどの高度経済成長を遂げ、日本も 1950 年代中葉から 70 年代中葉にかけ「東洋の奇跡」といわれるほどに高度経済成長を遂げた。これに対しアメリカはヴェトナム戦争で途方もない軍事費（国家予算の 30〜40%）を浪費し、経済力を衰退させたばかりか国内的分裂を深めていたのである。

　ヴェトナム戦争の終結とともに核大国ソ連との相対的緊張緩和としてのデタントを推進し、相互に核兵器の開発・生産競争に歯止めをかけ、アメリカは軍事支出の抑制によって国際競争力を回復することが不可欠となっていた。キューバ危機後の米ソ・デタントはいわば核軍備管理を推進するものであったが、ニクソン政権は米中接近とヴェトナムからの撤退交渉と並行して、より高度な対ソ・デタントを目指したのである。

　これに先立ち 1970 年 12 月 15 日国連総会本会議が支持決議を採択したことを背景に、71 年 2 月 11 日海底に大量破壊兵器を配備することを禁止する**海底軍事利用禁止条約**（海底非核化条約）を米ソを含む 40 数ヵ国が調印していた。こうした核使用制限の国際世論も背景にして、70 年 4 月から第一次戦略兵器制限交渉（SALT・I）を進めニクソン大統領は 72 年 5 月 22 日モスクワを訪問し、26 日に**第一次戦略兵器制限条約**（SALT・I）と**弾道ミサイル迎撃ミサイル制限条約**（ABM 条約）に調印した。

　SALT・I は米ソが現有する弾道ミサイルの数量を相互に追認し今後は追加しない軍備管理を規定したもので、核弾頭の MIRV 化（多頭化）やその数量に対する制限は課さなかった。アメリカは ICBM - 1,000 基、SLBM - 710 基に対して、ソ連は ICBM - 1,410 基、SLBM - 950 基と、ミサイル数はソ連のほうが多いままであった。米ソのミサイル保有数から見ると許される上限が非常に高く実質的な制限とはいえないものであった。ABM 条約は弾道ミサイルの有効性を低下させる迎撃ミサイルの数量を制限しようとするものであった。このミサイル技術が実用化したため、**相互確証破壊**（MAD）と核抑止論が無効に

なったとの立場から、迎撃ミサイルを減少さらには廃止することにより先制攻撃（first strike）の誘惑を抑えようとするものであった。当初、米ソはそれぞれABM 配備基地を首都と 1 ミサイル基地の 2 ヵ所に制限していたが、74 年 7 月3 日米ソ首脳会談で ABM 条約付属議定書を結び配備基地を 1 ヵ所に削減した。またニクソン訪ソ中に米ソは、米ソ宇宙開発協力協定と海上事故防止協定にも調印した。

　1972 年 10 月 18 日には米ソ貿易協定（期間 3 年）とソ連の戦時対米債務返済協定に調印した。さらに 73 年 6 月にはニクソン大統領はソ連のブレジネフ書記長と会談し、海洋・文化・農業・運輸 4 協定に調印するとともに、原子力協力協定と核戦争防止協定にも調印した。73 年春に発覚したウォーターゲート事件で窮地に立っていたニクソンは、74 年 6 月再度訪ソして米ソ長期貿易協定、地下核実験制限条約、前述の ABM 条約付属議定書に調印した。ニクソンはキッシンジャーの手腕に助けられながら、米ソ関係の緊張緩和からさらに一歩進んで両国関係の改善に努力したことは事実であるが、8 月ウォーターゲート事件に関連して辞職した。

沖縄返還──中ソ対立・米中接近の中で

　中ソが核戦争を始めかねない国際的緊張の中で急速に対中接近を図っていったニクソン政権は、極東・西太平洋における最大の戦略的拠点・沖縄への対応にも迫られていた。以前から沖縄では爆撃機の騒音、軍関係者による殺人・窃盗・レイプ・交通違反事故など犯罪への治外法権的状況への反発・憎悪が蓄積しており、1960 年代から祖国復帰運動が始まっていた。佐藤首相はケネディのあとを継いだ民主党のジョンソン大統領と 65 年 1 月会談し、沖縄返還について打診したが 13 日の共同声明では「沖縄住民の安寧向上のため日米で協力する」という抽象的表現で留まっていた。留まらざるをえない状況があった。なぜなら沖縄には B-52 が常駐するようになり、沖縄は南北ヴェトナムへの出撃基地となっていたからである。67 年 11 月 15 日の両者の共同声明では「3 年以内に復帰の目途をつける」とやや具体的な表現をしていた。

　しかし 1969 年 1 月ニクソン共和党政権が発足すると、返還問題は急展開することになった。3 月の珍宝島事件（ダマンスキー島事件）以降、中ソ国境で軍

事衝突が頻発し同政権は中ソ核戦争を危惧しなければならない状況の中で、11月19日発表された佐藤・ニクソン両首脳による共同声明は「1972年中に、核抜き・本土並みで沖縄の施政権を日本に返還する」こと謳っていた。近い将来、米中接近を実現させつつヴェトナム戦争を終結させることを視野に入れていたニクソン政権は、アメリカで問題となっていた日本製繊維製品の対米輸出を規制する見返りとして沖縄返還を認める立場であったといわれ、日本は「糸で縄を買った（繊維問題で譲歩する代償として沖縄返還を実現した）」と揶揄された。返還交渉が水面下での秘密交渉も含め徐々に進んでいた70年12月20日、コザ市（現、沖縄市）で米兵が起こした交通事故の処理をめぐり、怒った住民たちが米軍関係車両を焼き討ちにした**コザ暴動**が発生した。この暴動は日本本土に沖縄の厳しい現実を改めて認識させる契機となった。71年6月17日、日米両国は**沖縄返還協定**に調印し、翌72年5月15日沖縄の施政権が返還され沖縄県が誕生した。アメリカ軍がヴェトナムから撤退したのは沖縄返還後の73年3月29日であった。

　しかし施政権は日本に返還されたものの、日本全土にあるアメリカ軍基地と関連施設の総面積の75％が沖縄に残され、軍事訓練や戦闘機の離発着に伴う爆音と事故、米兵・米軍関係者による犯罪は今なお沖縄住民を不安がらせている。また1969年の佐藤・ニクソン会談で「核抜き・本土並み」返還で合意した際、有事には事前協議のみで核兵器を持ち込む密約や、米軍用地をアメリカ側が自発的支払いによって原状回復することになっていたが実際には日本側が肩代わりするという密約があったことが明らかになった。

第三世界の成長

　1950年代後半以降のムード的緊張緩和としての「雪解け」からキューバ危機後の60年代における核軍備管理構築を中心としたデタントを経て、ニクソン・キッシンジャーが始動させた70年代デタントの進展により、第一世界と第二世界の間の東西対立が緩和するのに合わせるかのように、第三世界が結束して自己主張を始めた。この第三世界は非同盟諸国首脳会議に参加した諸国と、「国連貿易開発会議（UNCTAD）」参加国のうち発展途上国が結集した**77ヵ国グループ**からなる勢力といえる。第三世界が国際政治の場で存在感を発揮し始

めた背景には、東西対立が政治・経済・軍事レベルにおいて大きく緩和したこと以外に、1960 年代以降の脱植民地化により独立国家が増大し、彼らが国連の場で結束し始めたという現実があった。

　非同盟諸国首脳会議は、1961 年 25 ヵ国が参加しベオグラードで第 1 回会議を開催し、70 年にルサカで開催された第 3 回会議では 2 倍の 54 ヵ国が参加した。単に加盟国が倍増したというばかりか、政治的に非同盟の立場に加えて、北の先進資本主義諸国による貿易政策への異議申し立てを行う発展途上国の立場を支持する場になっていった。73 年 9 月に 75 ヵ国が参加しアルジェで開催された第 4 回会議では南北経済格差に焦点が当てられ、先進国優位の戦後経済体制が厳しく批判され。この動きを受け 73 年 10 月 17 日 OAPEC（アラブ石油輸出国機構）は石油戦略を発動し、親イスラエル諸国に対して石油禁輸措置をとり、これに連動して石油輸出国機構（OPEC）は原油価格を引き上げ**第一次オイルショック**を引き起こし、欧米諸国や日本は経済的打撃を受け長期にわたって政治経済的混乱に巻き込まれた。一方、石油戦略を発動した産油国は 70 年代のオイルショックを通じて膨大な石油収入を蓄積して豊かになっていったが、同じ南に位置づけられたいわば「南の南」の非産油国はこれら先進国以上に打撃を受け MSAC（Most Seriously Affected Countries）といわれ、ラテンアメリカ諸国でも累積債務問題が深刻化した。南北問題に加え**南南対立**が認識されるようになった。この石油戦略発動の直接のきっかけはエジプト・シリアがイスラエル軍に奇襲をかけ始まった第四次中東戦争（73 年 10 月 6 日～22 日）であったが、これ以降、**資源ナショナリズム**が高揚していった。

　一方 77 ヵ国グループ結成の基盤となった国連貿易開発会議（UNCTAD）第 1 回総会は 1964 年ジュネーブで開催されたが、発展途上国は先進国に対して単に経済援助だけではなく、南北間の貿易不均衡を是正するための措置による市場開放や貿易拡大を要求するばかりか不均衡の原因となっているブレトン・ウッズ体制と GATT 体制などの戦後国際経済体制そのものを変革するよう要求し始めた。77 ヵ国グループに参加した途上国は、第 3 回総会では 96 ヵ国、第 4 回総会では 110 ヵ国に増大していた。

　こうして非同盟諸国と 77 ヵ国グループは重なり合いながら、国連での圧倒的な数の票決権を利用し経済援助や貿易拡大要求ばかりでなく、天然資源を保

有していることを強力な手段として第三世界諸国の経済的利益が保証される仕組みとして**新国際経済秩序**（NIEO：New International Economic Order）を構築していこうとする動きが活発化していった。1974 年 4 月に開催された「国連資源特別総会」は「天然資源恒久主権」を認めたこの新国際経済秩序樹立に関する宣言を採択した。これを契機に OPEC を手本とした「一次産品生産国同盟」が次々に結成された。ボーキサイト、銅、鉄鉱石、タングステンなどの鉱物ばかりか天然ゴム、木材、ココア、コーヒー、紅茶、バナナなど多分野の枠組みがつくられるとともに、外国勢力が所有していた企業を国有化する国も現れた。戦後、第三世界と認識されることになる諸地域を植民地化して、軍事力・経済力・技術力で天然資源を獲得し自国の繁栄を享受してきた北の工業国は、第三世界の自己主張によりその繁栄の基礎を失うことになった。すでに触れたように欧州統合の背景にはいくつもの歴史的・政治的・経済的理由が存在していたが、成長と繁栄の「栄養源」であった植民地を喪失したことも統合の「隠れた理由」であった。また南の新興国に天然資源の恒久主権が認められたからといって、それが直ちに経済成長を保証したわけではなく、軍部中心の独裁政権による長期にわたる統治が腐敗を招く原因にもなったことを忘れてはならない。

第 13 章　新冷戦の発生

　1970 年代に米ソが相互に協力し推進した軍備管理措置は「相互不信」を除去し「相互恐怖」を大幅に低下させたものの、同時に両国政府内部とりわけ軍部内に激しい反発を生んだ。特にアメリカ国内にはデタント政策はソ連の軍備増強の「時間稼ぎ」に利用されたという対ソ強硬論も形成されつつあった。事実ソ連は、1977 年に射程距離 3,000km で複数の核弾頭搭載可能な**中距離ミサイル SS-20** を東欧に配備し始めたため、射程内に収められた西独などヨーロッパ諸国が警戒を高めた。中距離であったため射程外にあったアメリカ本土とヨーロッパを分断する**ディカップリング**（米欧分断）をソ連が狙っていると判断するとともに、「アメリカによる核の傘」への疑念が通常戦力では劣勢のこれら NATO 諸国で生まれた。これら諸国の懸念と疑念を背景に、NATO はアメリカ製中距離核戦力 INF を域内に配備するとともに、同時に INF 廃棄についてソ連側と交渉するという**二重決定**（NATO Double-Track Decision）を行った。軍事力を均衡させた上で相互に廃棄するリアリズムであった。このプロセスをリードしたのが西独のヘルムート・シュミット首相であった。NATO は大気圏再突入後に滑空機動が可能な機動式弾道ミサイルの**パーシングⅡミサイル**と地上発射式巡航ミサイルの**トマホーク**を 84 年ヨーロッパに実戦配備し始めた。

　その 5 年前の 1979 年 6 月 18 日米ソ間で調印された第二次戦略兵器制限条約 SALT・Ⅱは、12 月末にソ連がアフガニスタンに侵攻したためアメリカ上院は批准審議を打ち切り廃案に終わった。今やアメリカでは「デタント」はナチス・ドイツを甘やかし誤解させた「宥和政策（appeasement policy）」のようなものだったという否定的な認識が生まれていた。アメリカ議会内外ではデタントという言葉を口にするのも憚られるような雰囲気が生まれていた。

　こうした雰囲気の中で米ソ関係は、冷戦発生期のような緊張をはらみ始めた。カーター政権の人権外交、ソ連のエチオピア・ソマリア戦争とアンゴラ戦争やニカラグア紛争への介入、ソ連によるアフガニスタン戦争、米中国交樹立などが新たな緊張の要因となった。

　1977年1月20日成立したアメリカのカーター政権は、共産圏ばかりか韓国などの同盟国も対象にして**人権外交**を積極的に推進し、ソ連については物理学者のサハロフや作家のソルジェニーツィンなどへの人権侵害を告発したためソ連は激しく反発し始めた。一方ソ連は**エチオピア・ソマリア戦争**（1977年7月〜78年3月）へ介入したが、同地域がオイル・ルート確保の上で戦略上きわめて重要であったためにアメリカは反発し警戒を強めていった。79年1月1日カーター政権は、ソ連を「覇権主義国」と非難して同国との関係をさらに悪化させていた中国と国交を樹立した。ソ連は、ユーラシア西部ではNATO、ユーラシア東部では日本・韓国などアメリカ同盟国に加え、今や長大な国境を接する中国にも包囲されることになった。三方面を包囲されたソ連は、伝統的に南下政策の対象としていたアフガニスタンに12月末侵入し**アフガニスタン戦争**が始まったため、アメリカは同盟諸国と対ソ経済措置をとるとともにモスクワ・オリンピック（1980年）をボイコットした。これに対してソ連は極東海軍力を増強し、アメリカ撤退後のヴェトナムのカムラン湾や太平洋の島嶼諸国に進出し海軍の基地を確保し始めたため、司令部をハワイに置き西太平洋・インド洋を担当海域とする米海軍第7艦隊との緊張が高まっていった。

アフガニスタン戦争

　第二次世界大戦では中立を維持したアフガニスタンでは戦後ソ連の影響を受けた共産勢力が台頭し、1973年7月17日の共和制革命で王制を廃止し、さらに78年4月27日軍事クーデターにより共産主義政党であるアフガニスタン人民民主党による政権が樹立され、5月2日アフガニスタン民主共和国の成立を宣言した。これ以降、共産政権とその後ろ盾であり宗教を否定するソ連に対して、ムジャヒディン（アラビア語で聖戦ジハードを実行する者）と呼ばれたイスラム教徒集団による武装蜂起が発生し、ほぼ全土が抵抗勢力の支配下に入った。この過程でアメリカのCIA（中央情報局）は武器や資金を提供し、隣接するパ

キスタンや中国もムジャヒディン兵士の訓練基地を提供し、多くのイスラム教国から 20 万人近い志願兵が参加していた。その中にはサウジアラビアからの大使級人物として**ウサマ・ビン・ラディーン**もいた。いうまでもなく 2001 年の 9・11 同時多発テロの主犯といわれ、2011 年 5 月 2 日パキスタン奥地に潜伏していたところをアメリカ特殊部隊に急襲され殺害された人物である。

　追い詰められた人民民主党政権はソ連に軍事介入を要請し、1979 年 12 月 24 日、ソ連軍は KGB（ソ連国家保安委員会）保守部隊とともにアフガニスタンに軍事介入した。82 年 11 月の国連総会は、ソ連軍にアフガニスタン撤退を決議したことに示されたように、多くの国家がソ連の行為は主権国家への不当な侵略行為と非難した。89 年 2 月 15 日にソ連軍が完全撤兵するまで 10 年近く泥沼化した戦争が続いた。この戦争による犠牲者数は調査により幅があり、アフガン側の死者数 30 万人から 90 万人、負傷者数 75 万人から 200 万人、パキスタン・イランへ流出した難民 400 万人から 550 万人であり、ソ連参謀本部発表によると KGB 保守部隊や国境警備隊などを除いた正規軍の死者数約 1 万人、負傷者数約 3 万 5,000 人であるが、別のデータでは死者数 1 万 5,000 人、負傷者数約 4 万人となっている。アフガン戦争は小国が大国を実質的には敗退させたという意味ではアメリカによるヴェトナム戦争にたとえられ、ともに国際社会から広く不当な戦争と非難されながら長期にわたる泥沼化した戦闘で多くの犠牲者とあらゆる形の悲劇を生み出した戦争であった。この戦争が契機となって中東・アラブ地域ばかりか世界各地で、イスラム過激派のテロリストの活動が過激化していった。

米中国交樹立

　1972 年 2 月の第一次米中共同声明（第一次上海コミュニケ）に基づき、73 年 5 月以降 78 年までワシントン D.C. と北京に米中連絡事務所を設立し、国交樹立のための準備を開始していた。しかし依然として台湾問題がネックとなっていた。カーター政権の米中関係正常化の条件は、(1)正常化後もアメリカが台湾へ軍事援助を継続することを中国が認めること、(2)大使館閉鎖後に米台が相互に通商代表部を設置することを中国が認めること、(3)中国が台湾を武力解放しないことを保証すること、の 3 点であった。一方、中国側の条件は、(1)アメリカ

が台湾との外交関係を断絶すること、(2)アメリカが米台相互防衛条約を破棄することと、(3)台湾からアメリカ軍を撤退させること、の3点であった。米中が100％その条件に固執するならば正常化は不可能なはずであった。ブレジンスキー大統領補佐官が78年5月の段階で訪中し、両国が対ソ脅威論を共通の認識としたことによって上海コミュニケ同様、双方の主張を棚上げにして国交樹立を強行していったのである。78年12月15日**第二次米中共同声明（第二次上海コミュニケ）**を発表し、米中両国は翌79年1月に国交を樹立することを明らかにした。アメリカにとり第一に国交樹立は中ソの離間を決定的なものにする政策であり、第二にアメリカ産業界が将来的に中国の巨大な市場に参入していくための政策であった。

　残った大きな問題は台湾との関係であった。米中国交樹立＝米台国交断絶のあとも米台相互防衛条約が有効であるという異常事態の中で、アメリカ議会は政府提案の「**台湾関係法**」を断交以前と実質的に変わらない米台関係を保証しうる法案に修正し、中国のヴェトナム侵攻（1979年2月17日）にも影響されて圧倒的多数で可決し、カーター大統領が署名して79年4月10日に成立させた。米中国交樹立と同じ日の1月1日に遡って施行された。断交した国家と条約を締結することはできず、同法は国内法として制定された。台北に設置されるアメリカ側の「在台湾アメリカ協会」とワシントンD.C.に設置される台湾側の「北米事務協調委員会」（94年10月10日「駐米国台北経済文化代表処」へ、2019年5月25日「台湾米国事務委員会」へ変更）の二つの組織は「台湾関係法」により国内法上の根拠を与えられることになった。全17条からなる同法で重要なのは、「平和的手段以外によって台湾の将来を決定しようとする試みは、ボイコット、封鎖を含むいかなるものであれ、西太平洋地域の平和と安全に対する脅威であり、合衆国の重大関心事と考える」という項目と、この認識に基づく「防御的性格の兵器を台湾に供給する」という項目であり、この項目に基づくアメリカの歴代政権の武器供与は中国との緊張を引き起こしてきた。特に1981年1月成立したレーガン共和党政権が米台関係を修復するため、FX戦闘機を台湾に売却する方針を打ち出すや、中国は激しく反発して中ソ関係改善の姿勢を見せた。米中関係破綻の危機が発生したが、8ヵ月にわたる米中交渉を経て82年8月17日に**第三次米中共同声明（第三次上海コミュニケ）**を発表し、

アメリカは台湾への武器供給を削減していく方針を打ち出し、中国は台湾問題
を平和的に解決していく意向を明らかにして妥協した。

イラン革命とイラン・イラク戦争

　第二次世界大戦中パフラヴィー朝が統治するイランは中立を維持しようとし
たが、英ソにより強制的に連合国に引き込まれ、終結後もソ連軍は駐留を続け
たため米英とソ連は対立した。撤退したソ連に代わり石油利権を独占しようと
したアメリカに対し、モサデッグ首相は石油国有化を掲げたため失脚させられ、
ソ連南部に隣接するイランはアメリカの対ソ封じ込め政策に組み込まれアメリ
カからの経済援助を受けることになった。国王シャー・モハンマド・レザー・
パフラヴィーはアメリカの援助と指導を受けつつ上からの近代化を強権的に進
めるため抵抗勢力を弾圧し排除した。この統治に対してシーア派（十二イマー
ム）の法学者たちを中心とする宗教勢力が反政府デモを展開したため、パフラ
ヴィー国王は 1979 年 1 月 16 日アメリカに亡命した。79 年 2 月 1 日亡命先か
ら同派の精神的指導者ルーホッラー・ホメイニが帰国すると革命的気運が高ま
り、2 月 11 日には宗教勢力が権力を掌握した。アメリカが国王の入国を認め
たことに激怒したイスラム法学校の学生たちが、11 月 4 日**アメリカ大使館人
質事件**を引き起こした。80 年 4 月 24 日・25 日にアメリカが軍事力によって人
質を解放しようとしたが失敗したこともさらに反発を呼んだが、このときアメ
リカはイランとの国交を断絶し経済制裁を発動した。7 月 27 日エジプトに移
り住んでいた国王が死去し、81 年 1 月 20 日レーガン共和党政権が発足したこ
とをきっかけに 1 年 2ヵ月ぶりに人質たちは解放された。外交慣例と人権を無
視したイラン革命政権の対応により、アメリカはイランに対する姿勢を一貫し
て厳しいものにしていった。

　イラン革命はアメリカとの関係を極度に緊張させていったばかりか、周辺の
スンニー派アラブ諸国やソ連も警戒心を高めていった。サウジアラビアや湾岸
諸国のスンニー派諸国は革命の輸出を恐れた。イランと国境を接し国内に約
5,000 万人のイスラム教徒を抱えているソ連が、イラン革命後の 1979 年 12 月
にアフガニスタンに侵攻したのは親ソ政権がイスラム勢力に転覆されかねない
ことも理由であった。スンニー派諸国の中でも特に警戒をしたのが、バース党

を掌握して 79 年 7 月 16 日に権力を握り大統領になったサダム・フセインのイラクであった。パフラヴィー朝時代から石油輸出にとって重要なシャトル・アラブ川の使用権をめぐりイランと紛争を繰り返してきたイラクは、石油危機で高騰した原油輸出で獲得した資金で中東最大の軍事大国となっていた。

1980 年 9 月 22 日未明、イラク軍がイランの空軍基地を奇襲し、イラン軍が反撃することにより**イラン・イラク戦争**が勃発し 88 年 8 月 20 日まで 8 年間も続くことになった。米英仏ばかりか中ソもイラクを支援した。イラクはサウジアラビアに次ぎ世界第二の石油輸出国であったばかりか、フランスや中ソが大量の武器をイラクに輸出していたことも理由であった。しかし中国、イスラエル、アメリカは裏では複雑な動きをとっていた。中国はこの戦争中、イランにも武器供給をするばかりかイラクにもより多くの武器を供給していた。イスラエルは中東におけるアメリカ最大の同盟国であったが、イラクと敵対しており 81 年 6 月 7 日にはフランスの支援で建設中の原子力発電所を空爆・破壊したばかりかイランに武器援助さえしていた。「反イスラエル・反シオニズム」を国是とするホメイニ・イランであったが、劣勢を回復するため背に腹は代えられないとばかりにイスラエルからの武器援助を受け入れたのである。このイスラエルはイラン・コントラ事件にも関与することになる。

アメリカの場合ははるかに複雑怪奇な動きをし、その動きはその後**イラン・コントラ事件**として知られることになった。イラン・イラク戦争中の 1985 年 8 月、レバノン内戦中にアメリカ軍兵士たちがシーア派過激組織ヒズボラ（ヒズブッラー）に拘束されたことがアメリカの動きの出発点となった。75 年から 90 年までレバノンでは、マロン派キリスト教徒とイスラム教集団・パレスチナ連合の二つの勢力が対立・抗争を続け、さらにイスラム教集団相互が対立することもあった。85 年夏の段階でともにシーア派の隣国シリアが支援する「アマル」とイランが支援する「ヒズボラ」が衝突していた。レーガン政権は兵士たちを救出するためヒズボラを支援しているイランと秘密交渉を開始した。アメリカが支援・援助しているイラクの敵国であったイランと交渉し、劣勢であったイランに極秘裏に武器売却を持ち掛けたのである。これで終われば国際政治でしばしば見られる「二枚舌外交」であった。ところが中東での事態が中米での動きとリンクすることになるのである。

　アメリカが伝統的に勢力圏としてきた中米のニカラグアでは 1979 年の革命により親米政権が打倒され、キューバとソ連に支援された社会主義政権が誕生した。以前よりイスラエルは中南米で共産勢力と戦う右派ゲリラに武器供給を単独で行ってきたが、「アメリカの裏庭」が共産化するのを恐れたアメリカは同盟国イスラエルと共同歩調をとり始めた。イランへの武器売却の資金をニカラグアの反共ゲリラに流し、この事実がアメリカ国内外で明らかにされたのである。まさに国際政治が魑魅魍魎であることを垣間見る思いである。

　国交を樹立した米中両国と緊張を高めていたソ連という三国関係の中で、アフガン戦争、イラン革命、イラン・イラク戦争を契機としてイスラム勢力が台頭し、国際関係に影響を与えるようになったことはこの時期以降の国際政治の特徴であった。

アメリカ・レーガン政権の成立

　1960 年代に進展した米ソ・デタントは、ソ連によるアフガニスタン侵攻と米中国交樹立により大幅に後退しつつあった。こうした状況の中でソ連を「悪の帝国」と呼んだロナルド・レーガンが 1981 年 1 月 20 日アメリカ大統領に就任した。このときすでにソ連はヨーロッパと極東へ SS-20(移動式中距離核ミサイル)を配備し核の第一撃能力を強化した。これによってアメリカはミニットマン・サイロ(大陸間弾道弾の格納庫)をはじめとする第一撃施設が脆弱になりつつあることに危機感を抱き、83 年末レーガン政権は中距離核戦力(INF：パーシングⅡ、巡航ミサイル・トマホーク)をヨーロッパに配備し始め米ソ間で限定核戦争が発生する緊張が高まっていった。

　その半年前の 1983 年 3 月レーガン大統領は SDI(戦略防衛構想)を明らかにしていた。SDI は、人工衛星、電磁波、レーザーを使ってソ連の核弾道ミサイルがアメリカや同盟国に到達する前にこれを捕捉し破壊しようとするもので、半導体、光ファイバー、セラミックスなどの最先端技術を必要とするものであった。しかし開発・配備には 1〜3 兆ドルともいわれる巨額資金が必要とされたが、膨大な財政赤字に苦しんでいるアメリカにその余裕がないことは明らかであり、この時点では構想の段階に留まっていた。

　アメリカのカーター民主党政権から第一期レーガン共和党政権までの約 8 年

年表6　米ソ間の条約・協定

1970 年	2 月	拡大文化協定
	10 月	宇宙共同開発協定
1971 年	2 月	海底軍事利用禁止条約
	10 月	海難事故防止協定
1972 年	5 月	SALT・I（第一次戦略兵器制限交渉）
		⎡アメリカ：ICBM　1054、SLBM　656⎤ ⎣ソ　連：ICBM　1618、SLBM　740⎦
〃		ABM 制限条約
1973 年	6 月	核戦争防止協定
1974 年	6 月	長期貿易協定
	7 月	地下核実験制限条約

間は、米ソ新冷戦の時代といわれた。1960 年代に米ソ間で展開された全面的なデタントが後退して、核戦争の危険が増す状態が生まれたからである。では「冷戦の復活」とか「第二次冷戦」といわなかったのはなぜであろうか。冷戦とは大きく性格を変えていたからであり、冷戦の単純な復活という状態とは大きく異なっていた。第一に、三次にわたる米ソ・デタントにより国際政治構造は多極化し、新冷戦期には米ソのブロック・リーダーとしての統率力は大幅に低下していたこと。西西対立、東東対立、南北対立、南南対立に加え、これらの対立軸には位置づけられないイスラム過激派集団が台頭してきたこと。第二に、冷戦の戦場はヨーロッパと東アジアであったが、新冷戦の戦場にはアフリカやラテン・アメリカ（解放の神学）の第三世界地域が加わったこと。第三に、「偶発核戦争」や「限定核戦争」の可能性が高まったこと。第四に、冷戦が発生・激化した時期では米ソ間のコミュニケーションは途絶していたが、新冷戦期には過去三度のデタントの「遺産」として両国間のコミュニケーション機能が制度化していたこと。

第14章　「歴史としての冷戦」の終結

冷戦の終結過程

　冷戦はその発生と終結に時間的幅があることが、熱戦とは根本的に異なる特徴である。トルーマン・ドクトリン発表はあくまで冷戦発生の象徴でありこの発表により冷戦が発生したわけではなく、「ベルリンの壁」崩壊や「マルタ会談」も冷戦終結の象徴であった。

　1985年3月以降、新冷戦状況が短期間に緩和していった直接的理由は、結果的にいえば「ゴルバチョフ革命」とレーガン大統領の「歴史に名を残す大統領」への意欲ではあったが、より客観的理由が存在していた。

　第一に、三次にわたるデタントのプロセスを経たとはいえ、冷戦のコストが米ソ両国の相対的国力を消耗させてきていた。それは日欧の経済的発展ばかりかNIES（Newly Industrializing Economies：新興工業経済地域）、準NIESの台頭によって鮮明となった。全体主義は人・モノ・情報の移動を忌避する傾向が強く、ソ連ブロックでは70年間にわたるスターリン型の閉鎖・抑圧的統治機構が流通システムを機能不全化した上に、アメリカによる「三重の封じ込め（軍事的・通商技術的・金融的）」政策により経済発展が阻害されていた。アメリカも1970年代から貿易赤字が発生して日欧諸国と経済摩擦を引き起こしていたが、同政権期には軍事費の増大により財政赤字も発生して「**双子の赤字**」に苦しんでいた。1985年9月22日レーガン政権は巨額の財政赤字と高金利を背景に生まれていたアメリカ・ドルの独歩高による巨額の貿易赤字を解消するため、**プラザ合意**により対外不均衡を協調介入を強化して為替レートの調整により是正することを迫られていたのである。

　第二に、レーガン政権が打ち出したSDI（Strategic Defense Initiative：戦略防衛構想）は同政権期には構想段階で終わったが、ソ連がこれに対抗しうるシステ

年表 7　冷戦終結の関連年表

1985 年	1 月 20 日	第二次レーガン政権発足
	3 月 11 日	ゴルバチョフ・ソ連共産党書記長に就任
	11 月 19 日	レーガン・ゴルバチョフ会談（ジュネーブ）→ 21 日「核戦争不戦の誓い」
1986 年	4 月	ゴルバチョフ、ペレストロイカ（「立て直し」）政策を提唱
	4 月 26 日	チェルノブイリ原発事故→ゴルバチョフ、グラスノスチ（「情報公開」）を提唱
	7 月 28 日	ゴルバチョフ、ウラジオストック演説→アフガン撤退と中ソ関係改善の方針表明
	10 月 11〜12 日	レーガン・ゴルバチョフ会談（アイスランド・レイキャビック）
1987 年	12 月 8 日	米ソ首脳会談（ワシントン D.C.）、INF 全廃条約調印→発効 88 年 6 月 1 日
1988 年	3 月 15 日	ゴルバチョフ「新ベオグラード宣言」←制限主権論を否定
	5 月 29 日	レーガン訪ソし首脳会談、地下核実験検証条約など 9 文書に調印
	7 月	米ソ、INF 相互査察開始
	11 月 19 日	ハンガリーで自由民主連合結成
1989 年	2 月 15 日	全ソ連軍、アフガニスタンから撤退完了
	3 月 9 日	欧州通常戦力（CFE）交渉開始（ウィーン）→ 90 年 11 月 19 日 CFE 条約調印（パリ）→ 92 年 11 月発効
	5 月 2 日	88 年に民主化進んだハンガリー、オーストリアとの国境の有刺鉄線切断開始→国境開放
	6 月 4 日	天安門事件発生← 5 月 15 日ゴルバチョフ訪中・17 日北京 100 万人民主化デモ
	8 月 19 日	ハンガリー北西端ショプロンで政治集会「ヨーロッパ・ピクニック計画」→東独市民、西独へ亡命する者激増
	9 月 10 日	ハンガリー、東独市民の出国許可
	11 月 9 日	東独、国境開放→「ベルリンの壁」崩壊
	12 月 2 日	ブッシュ Sr. 大統領、ゴルバチョフとマルタ会談→東欧革命
	22 日	ルーマニア、チャウシェスク政権崩壊→ 25 日前大統領夫妻、処刑
1990 年	3 月 13〜15 日	ソ連、一党独裁放棄＝複数政党制容認、大統領制導入→ゴルバチョフ大統領就任
	8 月 2 日	イラク、クウェート侵攻→湾岸危機発生→米ブッシュ政権「新世界秩序」
	10 月 3 日	西独が東独を編入してドイツ再統一実現
	11 月 21 日	全欧安保協力会議（CSCE）パリ憲章に調印←冷戦終結と新平和秩序を謳う
1991 年	1 月 17 日	湾岸戦争開始（〜4 月 11 日）
	6〜7 月	6 月 28 日コメコン解散、7 月 1 日ワルシャワ条約機構（WTO）解散
	7〜8 月	リトアニア、エストニア、ラトビア独立宣言→ソ連、独立を承認
	7 月 31 日	米ソ、第一次戦略兵器削減条約（START・I）調印（モスクワ）
	8 月 19〜22 日	ソ連保守派のクーデター→失敗→エリツィン、共産党の活動停止を命令、24 日ゴルバチョフ、共産党書記長を辞任
	8 月	ウクライナ（24 日）、ベラルーシ（25 日）、モルドバ（27 日）独立宣言
	9 月 15 日〜	ユーゴ連邦軍とクロアチア軍、戦闘激化→ユーゴ紛争
	12 月 8 日	スラブ系 3 共国、独立国家共同体（CIS）形成→中央アジア 5 共和国、参加
	12 月 25 日	ゴルバチョフ、大統領を辞任→ソ連最高会議、ソ連邦の消滅を宣言

ムを開発する展望をもちえなかった。しかし、実質的にはゼロ成長の続いているソ連はこれに対抗するシステムをつくり上げる余裕はないので、アメリカにSDIの開発・配備を延期させて時間稼ぎをし、この間に破綻しつつある国内経済の再建をする必要があった。これこそ 1985 年 3 月 11 日、チェルネンコ亡きあと登場した 54 歳の若き指導者ゴルバチョフに課せられた任務であった。アメリカは、技術的には可能だが経済的には困難が伴う SDI という戦略構想によって、ソ連をデタント再構築の枠組みの中へ引っ張り込んでいった。

　1985 年 3 月書記長に就任したゴルバチョフは翌 4 月の党中央委員会総会で、1970 年代末から 80 年代初めの時期にソ連経済が困難に見舞われたことを踏まえて、「ソ連経済の加速化」を課題として取り上げた。86 年 4 月以降、「経済の立て直し」を意味する**ペレストロイカ政策**を打ち出すとともに 4 月末発生したチェルノブイリ原発事故をきっかけに「情報公開」を意味する**グラスノスチ政策**を強調し始めた。対内的にソ連社会の開放化や民主化を促進する効果をもったゴルバチョフ革命を始動させた。

　ゴルバチョフは対外的には**新思考外交**を掲げてアメリカや中国との関係改善に乗り出す意欲を示した。書記長就任 8 ヵ月後の 1985 年 11 月レーガン大統領とジュネーブで会談し、「核戦争不戦の誓い」を行ったことは米ソ間の相互不信を緩和させる効果をもった。米ソ対立の原因の一つであったアフガニスタン戦争についても、ゴルバチョフは 86 年 7 月に撤退方針を明らかにし、10 月にはレイキャビック会談で戦略兵力の 50％削減と INF 全廃で基本合意した。両国は 87 年 12 月には **INF 全廃条約**に調印し 88 年 6 月 1 日発効した。この INF全廃条約をめぐる交渉はレーガン政権が成立した 1981 年から始まり 83 年には中断したものの、ゴルバチョフの書記長就任以降に急加速し調印に至ったものである。

　アメリカが 859 基、ソ連が 1,752 基所有し地上配備していた中距離ミサイル（射程 1,000〜5,500km）と短距離・準中距離ミサイル（500〜1,000km）、これに付随する発射基と関連支援施設を廃棄対象とした。航空機搭載ミサイルと海上・海中発射ミサイルおよび弾頭は対象外とされた。対象となったミサイルはアメリカではパーシングⅡミサイルや地上発射型巡航ミサイルなどで、ソ連ではSS-20 や SS-4 などであった。ヨーロッパだけでなく世界全域に広げ、将来に

おける生産・実験・保有も禁止した画期的な条約であった。そのためこの INF 全廃条約の調印・発効は「冷戦の終わりの始まり」を象徴するものと評価された。

　続けて米ソは 1988 年 5 月地下核実験検証条約など 9 文書に調印し、89 年 2 月ソ連はアフガニスタンからの撤兵を完了し、3 月からは米ソが主導して NATO とワルシャワ条約機構との間で欧州通常戦力（CFE）交渉を始めるなど、米ソは矢継ぎ早に緩和措置をとっていった。この CFE は欧州各国が核兵器以外の通常兵器を削減していくことを目的としたもので、戦車・装甲戦闘車両・火砲・戦闘機・攻撃ヘリコプターの五つのカテゴリーの兵器について、米ソ両国を含め NATO 16 ヵ国と WTO 8 ヵ国に関して保有数の上限を定め、上限を超える兵器を速やかに廃棄し、条約遵守のための査察について取り決めたものであった。米ソは第二次世界大戦後初めて通常戦力削減に向かい始めたのである。

　欧州における軍縮の進展、ゴルバチョフが主導したペレストロイカ・グラスノスチ政策は、東欧諸国における自立化・民主化の動きを加速し始めた。特にゴルバチョフが 1988 年 3 月 15 日の「新ベオグラード宣言」でブレジネフがチェコ事件の際に利用した制限主権論を否定したことは、ソ連周辺諸国に独立へのモーメントを与えた。88 年段階で民主化運動が進展していたハンガリーでは、89 年 5 月オーストリアとの国境に設置していた有刺鉄線を切断したため、オーストリア東部に突き出たハンガリー北西端のショプロンで 8 月 19 日開催された政治集会「ヨーロッパ・ピクニック計画」を利用して多くの東独市民が西ドイツに亡命し始めた。9 月 10 日ハンガリーは東独市民の出国を許可し、東独も国境を開放したため 11 月 9 日には「ベルリンの壁」が崩壊することになった。すでに同年 1 月 20 日に就任していた G・W・ブッシュ（ブッシュ Sr.）大統領は、12 月 2 日〜3 日ゴルバチョフとマルタ島で会談し、冷戦後の新しい世界秩序構築の必要性について強調した。この会談は冷戦終結を象徴するものとして、世界のメディアでは「ヤルタからマルタ」という表現が多用されたが、冷戦終結に言及したのはゴルバチョフでブッシュは言及していない。

　1990 年 10 月 3 日西独（ドイツ連邦共和国）が東独（ドイツ民主共和国）を編入する形でドイツ再統一を実現した。西独は、東独地域の五つの州とベルリンが

連邦共和国に加盟したという立場をとっている。「ベルリンの壁」が崩壊した
ときには、米ソ英仏の首脳たち（ブッシュ・ゴルバチョフ・サッチャー・ミッテラ
ン）はあと 20〜30 年したら統一するだろうと予想していたが 1 年もしないで
統一したのである。91 年に入ると 6 月末から 7 月初めにかけ東欧経済相互援
助会議（コメコン）とワルシャワ条約機構（WTO）が解散し、米ソ対立の象徴
的にも実質的にもソ連側の中心であった組織が解体したのである。この直後、
7 月 31 日にアメリカのブッシュ大統領とロシア共和国のエリツィン大統領は
戦略核弾頭の半減などを含む戦略核兵器の削減を規定した**第一次戦略兵器制限
条約**（START・I）に調印した。削減の具体的対象は大陸間弾道ミサイル
（ICBM）、潜水艦発射弾道ミサイル（SLBM）、空中発射巡航ミサイル、海洋発
射巡航ミサイル、戦略爆撃機搭載核爆弾、短距離攻撃ミサイルで、こうした戦
略兵器の削減は史上初めてのものであったため本格的な核軍縮のスタートとな
るはずであった。

　1989 年夏ころからソ連周辺諸国では民主化の動きが活発になっていたが、
90 年入るとこれら諸国は独立への動きを強めた。「ベルリンの壁」の崩壊や
「マルタ会談」もこの動きを刺激したことは明らかだが、より巨視的に見ると
88 年 3 月のゴルバチョフによる「新ベオグラード宣言」と 91 年 7 月のワルシ
ャワ条約機構の解散が大きく影響しているのではないか。この過程で最も世界
の耳目を集めたのが 89 年 12 月末、ルーマニアで国軍が民衆側についてチャウ
シェスク政権を打倒し、逃げ惑う大統領夫妻を銃殺した出来事であった。90
年にはグルジア（現、ジョージア）やロシアまでも主権宣言し、91 年夏以降バ
ルト三国やウクライナ、ベラルーシ、モルドバも独立宣言した。12 月 8 日ロ
シア、ウクライナ、ベラルーシが主導して独立国家共同体（CIS）を結成し、
ソ連消滅を宣言した。CIS にはこれらスラブ系三共和国に加えコーカサス地方
のモルドバ、グルジア、アルメニア、アゼルバイジャン 4 ヵ国、さらにカザフ
スタン、キルギスタン、タジキスタン、ウズベキスタン、トルクメニスタンの
中央アジア 5 ヵ国、それにエストニア、ラトビア、リトアニアのバルト三国が
参加した。

　ソヴィエト社会主義共和国連邦（ソ連邦）が解体・分解していく混乱の中で、
12 月 25 日ゴルバチョフ大統領は辞任表明を行い、ここにソ連邦 70 年余の歴

史にピリオドが打たれた。冷戦の一方の主体であったソ連が消滅したことによって米ソ冷戦は最終的に終結したのである。しかしそれが元来担ったはずの社会主義の理念そのもの一切が消滅したわけではない。

冷戦終結過程における天安門事件と湾岸戦争

　1985年3月ソ連共産党書記長に就任したミハイル・ゴルバチョフは、新思考外交を標榜し対外関係を改善していく意欲を示していた。翌86年7月28日**ウラジオストック演説**でアジア・太平洋地域の核軍縮と平和戦略構想を提起した。この中でアフガニスタン戦争終結の意思を示すとともに中国に対して関係改善を呼びかけ、鄧小平総書記も受け入れる準備があると対応していた。アメリカとの軍縮が進展し始めたソ連は、89年2月にはアフガニスタンからの撤兵を完了させ、周辺の東欧諸国では民主化の動きが表面化し始めていた。

　この頃、中国では民主化に理解があり学生・若者たちの支持を受けていた**胡耀邦**前総書記が4月15日に死亡し、17日には追悼と民主化を求めるデモが天安門で始まった。**趙紫陽**総書記は「デモは動乱ではなく、愛国的な民主運動である」と参加者に理解を示し、5月に入ると運動は拡大し、毎日天安門広場では大規模な集会が開かれていた。騒然とした雰囲気の中5月15日〜18日ゴルバチョフが訪中したが、これに合わせるかのように北京で100万人規模の民主化要求デモが展開された。

　18日にゴルバチョフを見送った鄧小平は20日に戒厳令を布いたが、学生・若者・一般市民は軍への説得を行いつつ抵抗を強めていった。しかし鄧小平政権は6月4日以降武力弾圧の挙に出た。無差別発砲によって多くの学生・市民が殺害され、リーダー格の学生は逃亡したり亡命したが、多くは逮捕されその後行方不明となったものも多数いた。第二次天安門事件の発生であった。ゴルバチョフ訪中を取材するため多くの海外メディアが弾圧の光景を世界中に流したため、自由と民主化を求める東欧革命の動きとはきわめて対照的な暴虐は世界的に激しい批判と反発を生んだ。

　欧米諸国は武器を持たない学生・市民を無差別に虐殺した蛮行に抗議するとともに、世界銀行による対中融資の停止、武器輸出の禁止、対中首脳会議の停止など経済・外交制裁を発動した。鄧小平ら中国指導部は、東欧情勢の激変を

目の当たりに見て、武力鎮圧してでも中国共産党による統治を必死になって守ろうとしたのである。中国共産党のおぞましいほどの「核心的」本質を見る思いである。

　中国・北京での大量虐殺事件とは対照的に東独市民がハンガリー経由でさらには直接平和的に西独に出国できるようになり、「ベルリンの壁」が崩壊して冷戦終結の足音が大きく響き始めていた 1990 年 8 月 2 日、サダム・フセイン独裁下のイラクが突如隣国のクウェートに侵攻し、一挙にクウェート全土を制圧した。**湾岸危機**の発生である。このときアメリカの G・W・ブッシュ大統領はスコウクロフト国家安全保障担当補佐官とともに冷戦終結過程で発生したこの事態を見ながら、国際法と国連が重視される**新世界秩序**を構築していく必要性を認識した。イラクはイラン・イラク戦争により 600 億ドルもの戦時債務を抱えていた上、唯一の外貨獲得手段であった石油価格が安値で推移していたため経済が行き詰まっていたことが背景にあった。イラクは食料をアメリカの余剰農産物に依存していたが、戦時債務を返済していないイラクにアメリカは農産物ばかりか工業製品も輸出制限をかけてきた。追い詰められたフセインは OPEC に原油価格の引き上げを要請したが受け入れられなかったにもかかわらず、クウェートやサウジアラビア、アラブ首長国連邦は OPEC 合意を無視して増産したため、原油価格はさらに低下してイラクに打撃を与えていた。その上、イラクとクウェート国境にまたがっているルメイラ地下油田からクウェートが原油を盗掘していると非難していた。

　イラクの侵攻に対して、同日中に国連安保理は即時無条件撤退を求める安保理決議 660 を採択し、8 月 6 日にイラクに対する全面禁輸の経済制裁を行う安保理決議 661 も採択した。イラク軍による疾風怒濤の行動を前に恐慌状態に陥ったサウジアラビに対し G・W・ブッシュ大統領は 7 日、「**砂漠の盾**」作戦により米軍をサウジアラビアに派遣した。8 月 25 日国連安保理は対イラク限定武力行使決議を採択し、11 月 29 日には 1991 年 1 月 15 日までにイラク軍がクウェートから撤退しない場合には武力行使を認める安保理決議 678 を米ソが一致して可決した。しかし朝鮮戦争のときのような国連軍を編成する条件はなかったため、有志国による多国籍軍という形をとった。アメリカ軍主体の延べ 50 万人からなる多国籍軍は 91 年 1 月 16 日イラク空爆を開始し、2 月 24 日か

らは「**砂漠の嵐**」作戦で地上戦を開始した。イラク軍は短期間で大敗し、2月26日フセイン大統領は安保理の停戦決議を受諾しクウェートは解放された。

　湾岸危機と湾岸戦争に関する安保理の各決議案に米ソが合意できたのは冷戦終結過程の効果であったが、ソ連は必死になって戦争発生を阻止する外交を展開しこの戦争に部隊を送らなかった。またソ連と同じく部隊を送ることのなかった安保理常任理事国中国が拒否権を発動しなかったのは、ブッシュ政権が中国に対して経済制裁を緩めることを提案し「取引」した結果であった。

第15章　冷戦後の世界

　ソ連崩壊により冷戦に「勝利」し、ほぼ同時期に湾岸戦争にも「圧勝」して「唯一の超大国」ともてはやされたアメリカが勝利の愉悦感に浸れたのは冷「戦後」1990年代のほんの一瞬であった。アメリカの政治学者フランシス・フクヤマは「民主政治が政治体制の最後の形態である」と主張する『歴史の終わり』を1992年に著し、冷戦終結を高く評価した。しかし2000年以降の「ポスト冷戦後」になると冷戦終結により世界は「パンドラの箱」を開けたような「冷たい平和」の中にいることを国際社会は認識せざるをえなかった。歴史は終わっていなかったのである。90年代の湾岸戦争やユーゴ紛争など地域紛争に介入したアメリカや西欧諸国が、2000年代に入ると「EUの東方拡大」ばかりか「NATOの東方拡大」を強行したこともロシアや中国を刺激したからである。冷戦が終結したことも大きな要因となり、現代グローバリゼーション、世界貿易機関（WTO）の設立、EUの拡大、ユーゴ紛争の発生、NATOの変質など新たな現象や問題が発生し、それが国際政治状況を複雑にした。

グローバリゼーションの進展

　「人・物・金・情報・サービスが、以前の時代よりも、より大量により短時間で（高速に）、その結果多くの場合より安価に、国境を越えて行き来し始める」現代グローバリゼーションが急展開し始めた。冷戦終結によりそれまでアメリカが軍事専用に使用していたインターネット、暗号技術、通信衛星、GPS（Global Positioning System）を商業用に開放したため現代グローバリゼーションが急展開し始めた。1970年代初頭、IMF体制が崩壊して国際金融は固定相場制を離れたため、世界各地に収益の機会を求める大量の国際投機資金（ホットマネー）が形成され、金融会社やヘッジファンドがコンピューター・ネットワ

ークを通じ膨大な資金を瞬時に移動させ短期に巨大な利益を確保するようになった。このため 1997 年～98 年のアジア通貨危機をはじめ各地域で金融混乱が発生した。そればかりか海外の文化や思想が今まで以上に大量かつ短時間で各国に流入し、伝統的な生活様式に変化を与えたため反発する集団も現れた。同時に IT 技術の急速な発展はデジタル・ディヴァイドを生み、国際間でも国家内部でもすでに存在していた経済格差をいっそう拡大することになった。

　冷戦終結に先立つ 1970 年代以降、アメリカのインテル社がマイクロ・プロセサーを開発して ME 革命（マイクロ・エレクトロニクス革命）としての**デジタル革命**が始動していたが、冷戦終結を契機にアメリカが軍事専用に使用していたインターネットを商業用に開放したことにより**第三次産業革命**ともいわれる技術革命を中核とする社会革命が進行し始めた。コンピューターの小型化・高性能化・低廉化を特徴とするパーソナル・コンピューターや携帯電話・スマートフォンはインターネットの常時接続とソフトウェア利用を通じ、通信・金融サービス・広告宣伝・知的作業など社会の多くの分野の高速化を促した。確かに金・情報・サービスの高速化を促したが、人と物そのものの移動を可能にしたわけでない点で第一・二次産業革命とは根本的に異なる。しかし航空機・電車・バスの運行管理や宅配便などの移動手段の高速化を促してきたことは確かであり、21 世紀に入りデジタル革命の成果は産業に応用され第四次産業革命を引き起こすことになる。

WTO と自由貿易協定の拡大

　自由・無差別・多角的な貿易推進を標榜する GATT は、グローバリゼーションを背景に、物品の流通ばかりか金融・情報通信・知的財産権やサービス貿易を対象とする包括的ルールに基づき自由貿易推進を協議する場として、1995 年 1 月 1 日**マラケシュ協定**に基づき世界貿易機関（WTO）に衣替えした。130～150 ヵ国もの多くの国が加盟したため、先進国と途上国の間で自由化をめぐり対立が続き協議は難航してきた。このため FTA（自由貿易協定）やより広い分野を対象とした EPA（経済連携協定）を締結する、二国間の枠組みや APEC（アジア・太平洋経済協力）、AFTA（アセアン自由貿易地域）、NAFTA やメルコスールのような多国間の枠組みが構築されていった。中国はアメリカと

の協議を経て 2001 年 12 月 WTO に加盟できたことが、その後の高度経済成長に繋がった。また TPP や RCEP もこの自由貿易を拡大していこうとする試みの延長線上にあるが、農産物や工業製品の急速な自由化により農民や労働者が打撃を受けるばかりでなく、多国籍企業の要求を背景にした医薬品や種子の特許権強化は国民生活を破壊しかねない側面をもつことを忘れてはならない。

ヨーロッパ統合の深化と「EU の東方拡大」

　1958 年 EEC、67 年 EC と統合の度合いを深化させてきた西欧諸国は、91 年 12 月のマーストリヒト条約に基づき 93 年 11 月 1 日政治的統合を進めた EU（欧州連合）を発足させた。この段階で加盟国は 12 ヵ国であったが、95 年にはスウェーデン、フィンランド、オーストリアが加盟し、2002 年のユーロ流通後の 2004 年には旧東欧のチェコ、スロヴァキア、ポーランド、ハンガリー、スロヴェニア、バルト三国のエストニア、ラトビア、リトアニア、地中海のマルタ、キプロスの 10 ヵ国が一挙に加盟した。2007 年ブルガリアとルーマニア、2013 年にはクロアチアが加盟して 28 ヵ国まで規模を拡大した。2004 年加盟の旧東欧 8 ヵ国と 2007 年加盟の旧東欧 2 ヵ国の 10 ヵ国は、冷戦終結を受け市場経済を導入したが、グローバリゼーションの影響も受け一国単位での経済発展は望めず冷戦直後から加盟を熱望していた。ユーロ通貨圏に入ることは強い通貨の恩恵に与れるばかりでなく、統一市場のメリットにより雇用の増大や EU からの農業補助金などを得られることが理由であった。

　しかしかつてソ連の勢力圏であった旧東欧 10 ヵ国が EU に加盟することは、緩衝地帯が消滅して西欧諸国による新生ロシア連邦への政治的圧力が増大することを意味したため、ロシアは「EU の東方拡大」には強く反発するようになった。「旧ソ連邦の一部」であったが 1991 年 12 月 5 日独立したウクライナが 2014 年頃から EU に加盟する意向を強めると、直接国境を接するロシアは激しく反対し、その後ウクライナ紛争の淵源となった。

バルカン半島の「バルカン化」──ユーゴ紛争

　第二次世界大戦中、独自にパルチザンを組織してナチス・ドイツ軍と戦いソ連赤軍の力を借りずに解放を成功させたヨシップ・チトーは、民族構成の複雑

な南スラブ地域をその政治手腕で統一しユーゴスラヴィアを建国した。そのためスターリン型の国家建設ではなくユーゴ独自の政治社会の建設を目指し、欧米との関係も維持しつつ非同盟運動の中心となった。このカリスマ的政治家が1980年5月4日死去したことが、ユーゴ解体の第一歩であった。

ユーゴスラヴィア連邦（以下、ユーゴ）で最貧地域といわれていたセルビアのコソボ自治州では1980年代以降アルバニア民族主義が台頭し、人口の10%にあたる約20万人のセルビア人への迫害・排斥やセルビア正教会への破壊行為が行われるようになった。大セルビア主義を掲げたミロシェヴィッチがセルビア共和国大統領になるとコソボを併合しようとしたため、反発したコソボは1990年7月一方的に独立を宣言し、これをきっかけに長期にわたる**コソボ紛争**が発生した。コソボ紛争はユーゴスラヴィア連邦解体のきっかけとなっていった。90年代に連邦を構成する4共和国が独立していき、これを阻止するセルビアとの戦闘が頻発したためコソボでの紛争は「停滞」していた。

ユーゴスラヴィア連邦内では、セルビアとモンテネグロ2共和国以外のスロヴェニア、クロアチア、ボスニア・ヘルツェゴヴィナ、マケドニア4共和国も東欧革命の影響を受け、1990年代を通じて分離・独立をめぐる激しい紛争が続くことになった。90年に連邦を構成する6共和国で自由選挙が行われ、セルビアとモンテネグロ以外の4共和国では民族主義政党が勝利し、91年6月25日スロヴェニアとクロアチアがユーゴからの独立を一方的に宣言した。10月15日ボスニア・ヘルツェゴヴィナが、11月にはマケドニアが独立宣言に踏み切った。セルビアとモンテネグロは2ヵ国で新たにユーゴスラヴィア連邦共和国（以下、ユーゴ連邦）を結成した。これ以降、4共和国と独立宣言したコソボに対してユーゴ連邦が分離・独立を阻止するための戦争を仕掛けていくことになる。

スロヴェニアは住民のほとんどがスロヴェニア人であったこともあり10日間という短期間の戦闘で独立を実現した。しかしクロアチアにはセルビア人住民も多く住み両者間でしばしば衝突があったため、クロアチア軍とセルビア軍が1991年9月中旬から95年まで激しい戦闘を続け、この間、20万人近いセルビア人が退避を余儀なくされた。

ボスニア・ヘルツェゴヴィナは1992年3月住民投票に基づいて独立を宣言

し、4月6日にはEUがこれを承認し5月には国連に加盟した。クロアチア人
とボシュニャク人（イスラム教徒）はこれを支持したのに対し、全人口430万
人のうち70万人のセルビア人は独立に強く反対し軍事行動に出た。ここに**ボ
スニア内戦**が始まった。内戦の展開は単純ではなく複雑な経路をたどることに
なる。93年春頃にはクロアチア人勢力とボシュニャク人が対立するようにな
り、前者はセルビア人勢力と同盟関係に入ったが、94年に入るとセルビア人
勢力弱体化を狙うアメリカ・クリントン政権の仲介で再度両勢力は提携するこ
とになった。これ以降、NATO軍はアメリカを中心に4月、8月、11月に3
回にわたりセルビア人勢力に空爆を行った。

　これに対してセルビア人勢力は1995年春以降、ボシュニャク人勢力へ猛攻
を仕掛け始めたため、5月〜7月NATO軍はセルビア人勢力の拠点に4回目
の空爆を行った。7月6日セルビア人勢力は国連安保理が93年に「安全地帯」
に設定していたボシュニャク人勢力支配下のボスニア・ヘルツェゴヴィナ東部
の町スレブレニツァに侵攻し11日には中心部を制圧した。そして12日に
7,000人から8,000人ともいわれるボシュニャク人男性全てを虐殺するという
事件を引き起こした（**スレブレニツァの虐殺事件**）。女性たちは組織的にレイプさ
れ、セルビア人の子どもを強制出産せざるをえない状況に追い込まれた。民族
浄化（エスニック・クレンジング）を目的としたこの残虐行為が世界に知られる
ようになり、セルビア人部隊やミロシェヴィッチ政権への非難が広まっていっ
た。8月末には非戦闘地域とされたサライェヴォ中央市場にセルビア人勢力が
砲撃を行い多くの市民が死亡した。これに対しNATO軍は95年8月末から9
月下旬まで5回目となる今まで最大の大規模空爆を敢行したため、セルビア人
勢力は大打撃を受け和平交渉に同意せざるをえなかった。アメリカのクリント
ン政権が主導した和平交渉に当事者のボスニア・ヘルツェゴヴィナ、クロアチ
ア、ユーゴスラヴィア連邦の各大統領が参加し95年11月**デイトン合意**が成立
し、12月14日パリで合意が正式に宣言された。ボスニアにおけるスレブレニ
ツァの虐殺事件は旧ユーゴスラヴィア国際戦争犯罪法廷が、ボシュニャク人へ
の強制追放とともに集団殺害（ジェノサイド）と認めた。

━━━【脱線講義22】米軍機による中国大使館「誤爆」事件 ━━━━━

　1995 年 NATO が 4 回目のユーゴ空爆を行った際、5 月 7 日にアメリカの B-2 爆撃機がベオグラードの中国大使館を「誤爆」する事件が発生し、館内にいた 3 人が死亡し 20 人以上が負傷した。北京では米英大使館への非難・抗議の罵声が鳴り響いて騒然とし、江沢民・国家主席はアメリカのクリントン大統領からの電話に出ることを拒否したといわれた。クリントン政権は終始一貫「誤爆」と主張し続けたが、時間が経つにつれて意図的であった可能性が高まっていった。事件から 11 年後の 2016 年 6 月 17 日、ベオグラードを訪問した習近平・国家主席は真っ先に中国大使館跡を訪れ追悼式を行った。中国指導部の事件に対する強い思いを世界に示した。

　B-2 爆撃機が投下した飛行爆弾 JDAM は世界で最も精度の高い爆弾といわれており、目標から誤差 2 m 未満の兵器であり技術的に「誤爆」の可能性はきわめて低かったからである。NATO による空爆が開始されて各国外交官が退避する中、中国のみが退去しないばかりかスタッフを増員していたため、ヨーロッパの各国外交団の中で大きな話題になっていた。NATO 軍機が撃墜された場合、軍事機密情報をはじめとする情報を収集するためだとの認識が共有されていた。その後明らかになったことだが、94 年 3 月ユーゴスラヴィア軍に撃墜されたアメリカ軍のステルス戦闘機 F-117 のエンジンが中国側に引き渡されていた可能性があった。

　事件が風化しかかっていた 1999 年 10 月以降、イギリスの「オブザーバー紙」（リベラル路線をとる実質的にガーディアン紙の日曜版）は事件の真相について精力的に報道し始めた。結論的にいえば、事件は誤爆でなくアメリカが明確な意図をもって決行したものだということであった。NATO 諸国とりわけ米英は、中国がセルビアの軍事力増強を支援してきたことを認識していた上に、ミロシェヴィッチによるコソボ・アルバニア人民族浄化作戦の首謀者がコソボ現地の実行部隊と連絡を取る安全な中継基地として中国大使館を利用していたためであると結論づけた。

　より根本的な問題として、なぜ中国がユーゴ紛争に強い関心を寄せ大使館員を増強し、セルビアに軍事援助をしたのであろうか。旧ユーゴの解体は他人事（ひとごと）として座視できない問題であったからである。中国における少数民族は 10%にも満たず旧ユーゴと事情は異なるとはいえ、旧ユーゴの解体は台湾、チベット、新疆ウイグル、内モンゴルなどの分離・独立の「悪夢」と重なるからである。特にセルビアの一自治州であったコソボの最終的独立は、台湾独立の「悪夢」を呼び覚まし、現在でもコソボを国家承認していない。チェチェンをはじめムスリム主体の少数民族共和国・自治州を抱えるロシアもコソボを承認していない。

　連邦内 4 共和国の独立をめぐる紛争問題が落ち着いてきたが、コソボではアルバニア人を中心に武力による独立を目指すコソボ解放軍（KLA）の活動が激化してきたこともあり、1998 年 2 月セルビア治安部隊がコソボ掃討作戦を仕掛け、「停滞」していたかに見えたコソボ紛争は本格的な戦争に発展していっ

た。1999 年 2 月米英仏露独伊 6ヵ国が和平案を提示したがセルビア側が、和平合意後に NATO 軍を中心とする国連平和維持軍の駐留を国家主権侵害を理由に拒否したため、3 月 24 日から 6 月 10 日にかけ NATO 軍がアルバニア人の人権擁護を理由にセルビア空爆を開始した。4 月 24 日〜25 日ワシントン D.C. で開催された NATO 結成 50 周年記念式典では新たに加盟したチェコ、ハンガリー、ポーランドも加え、100％の合意がなくとも人権擁護のためには NATO 域外にも軍を展開することを決議し、コソボ紛争を解決する強い意志を示した。しかしこの空爆は国連安保理の決議を経ていなかったため中露などが反発した。

　空爆後はかえってユーゴ軍のコソボ攻撃が激化し 80 万人以上のアルバニア人が難民として周辺国に退避する事態となった。ロシアを含めた G8 諸国と EU が和平案を提示し、6 月 3 日ユーゴ連邦のミロシェヴィッチ大統領がこれを受け入れ、空爆は中止された。国連安保理の承認のもと、NATO 軍主体のコソボ平和維持部隊（KFOR）5 万人が派遣された。情勢が安定するにつれアルバニア人が帰国し、彼らがセルビア人やロマを迫害し始め 20 万人以上が難民となった。コソボは 2008 年再度独立を宣言した。2015 年に設立された国際刑事裁判所コソボ特別法廷は、2020 年 11 月コソボ独立を主導した KLA の指導者の一人であったサチ大統領を、戦争末期にセルビア人を拘束・殺害し臓器を売却した疑いで訴追した。

NATO の東方拡大

　冷戦終結過程で次々と独立を達成した東欧諸国には、ソ連消滅後も後継国家ロシア連邦（以下、ロシア）への警戒感・脅威感が根強く残っていた。そのためこれら諸国はできるだけ早く NATO に加盟することを熱望したが、ロシアは強く反対していた。しかし 1999 年 3 月ポーランド、チェコ、ハンガリーが正式加盟し（第一次東方拡大）、2004 年 3 月にはバルト三国、スロヴァキア、ブルガリア、ルーマニア、スロヴェニアの 7ヵ国が加盟を果たした（第二次東方拡大）。さらに 2009 年 4 月にはアルバニアとクロアチアが加盟した。「NATO の東方拡大」が「EU の東方拡大」と連動して進んだことは、ロシアを強く刺激し米欧との関係を緊張させることになった。2008 年にはウクライナとグルジ

アの加盟問題が NATO 理事会で議論されたが、ロシアとのさらなる対立を独仏両国が懸念したため加盟問題は凍結された。しかしロシアと国境を接するウクライナが 2014 年頃から EU にも加盟することを希望したため、ロシアはウクライナばかりかこれを支援していると判断した欧米諸国への警戒感を強めた。ロシアの NATO に対する反発は最終的には 2014 年 2 月以降**クリミア半島危機・ウクライナ紛争**に繋がった。それでも NATO 理事会は、2017 年と 2019 年に旧ユーゴのモンテネグロとマケドニアをそれぞれ加盟させたため、ロシアのプーチン大統領は「西側の軍事同盟が我々に向かって拡大している」と警戒感を繰り返し始めた。

核の拡散

　欧米諸国は、崩壊した旧ソ連から核兵器やその部品あるいは核関連情報が拡散していくことを恐れなければならかなった。1991 年末ソ連が消滅したとき、ソ連が保有していた膨大な核兵器システムは、ソ連から独立したロシア、ウクライナ、ベラルーシのスラブ系 3 共和国と中央アジアのカザフスタンに残された。アメリカをはじめ国際社会は、この核兵器が核開発に野心をもっている国家やテロリスト集団に渡ることを恐れ、これら共和国に残っている核兵器を旧ソ連の後継国家であるロシア連邦（85 の構成体から成り、22 が共和国）に返却させるために協力することで合意した。4 共和国からロシア連邦に返却したり廃棄処分する費用とそのための技術はアメリカが保証した。解体したり廃棄処分する際に発生する高純度ウラン・プルトニウムを 20 年間にわたりアメリカが購入することになった。またソ連崩壊に伴う混乱の中で、核兵器の一部が行方不明になっていたり、核開発に関連する技術者が失職すると旧ソ連の核関連情報を有償で海外に売却したりしたとの噂が広がった。リビア、イラン、北朝鮮もこの混乱の中で核関連部品や技術情報を入手したとの情報も世界のメディアで流されてきたが、明確な証拠は示されていない。

　因みに南アフリカのデクラーク大統領は、1993 年に所有していた 6 個の原爆を 91 年末までに自主廃棄したと発表し世界を驚かせ、91 年 7 月 10 日には NPT に加盟した。また以前より核疑惑が出ていたリビアのカダフィは 2003 年 12 月に核兵器を含む大量破壊兵器開発の事実を認め、即時・無条件の廃棄の

意向を表明し、国際原子力機関（IAEA）の査察を受け入れたため、2004 年ア
メリカはリビアと国交を結んだ。しかし 2011 年に「アラブの春」の民主化運
動の影響を受けて発生したリビア内戦中に、反カダフィ勢力を支援した英仏を
中心とする NATO 軍がカダフィ政権側に対して猛爆撃を繰り返して、40 年間
にわたり独裁を続けてきた同政権を 2011 年 8 月崩壊させた。北朝鮮の金正恩
が核保有に固執するのは、核放棄のあとに政権が打倒された現実を見たからだ
といわれることになる。

　三度にわたりパキスタンとの戦争を経験し、また数度にわたり中国とも国境
紛争を繰り返してきたインドは、1974 年 5 月 18 日に初の地下核実験を行い、
98 年 5 月 11・13 日には原爆・水爆実験を行った。その 2 週間後の 5 月 28・30
日にはパキスタンも初の地下核実験を行った。5 月 30 日の実験は、北朝鮮が
作ったプルトニウム原爆を代理実験したものであり、核開発で両国が緊密な関
係があることが推測される。2000 年代に入り北朝鮮は、2006 年 10 月 9 日に第
1 回原爆実験を行い、国連の経済制裁にもかかわらず 2009 年、2013 年、2016
年（2 回目は水爆実験）、2017 年と合計 6 回の実験を行ってきた。

9・11 テロ事件とイラク戦争

　冷戦終結期に発生したイラン革命や湾岸戦争により中東地域が今までにもま
して不安定化した。この不安定化の影響も受けイスラム過激派が増大し、無差
別テロが以前にもまして頻発するようになった。アフガニスタン戦争にはソ連
と戦うために国外から多数のイスラム教徒が義勇兵として参加していた。ウサ
マ・ビン・ラディーンに代表されるようにアフガニスタンから戻ったイスラム
過激派が湾岸戦争時にアメリカ軍がイスラムの聖地サウジアラビアに駐留した
ことに反発し、冷戦終結後、欧米諸国でテロ事件を頻発させるようになった。

　2001 年アメリカにおける 9・11 同時多発テロ事件がその最大のものであっ
たことはいうまでもない。犠牲者の多さとリアルタイムで放映された視覚的衝
撃、超大国としての地位喪失の危機感、国民の報復への熱狂、2000 年 11 月の
大統領選挙結果をめぐる混乱に見られた G・W・H・ブッシュ（ブッシュ Jr.）
の大統領としての正当性の欠如、議会内外の「第二のパール・ハーバー」とい
う認識、グローバリゼーションの鈍化によるアメリカ経済への打撃、というい

くつもの要素により、国家でないテロ集団を軍事行動で制裁する非対称戦争としての「**テロとの戦争**」という新たな概念を G・W・H・ブッシュ政権は打ち出さざるをえなかった。テロ事件直後ブッシュ政権はアフガニスタンの**タリバン政権**とここに拠点を置くウサマ・ビン・ラディーン指導下の**アル・カイーダ**が実行を指示したと判断し、「テロとの戦争」を宣言した。10 月 7 日アメリカ軍主体の多国籍軍がアフガニスタンに空爆を開始し、早くも 12 月上旬にはタリバン政権を崩壊させた。かつてソ連がアフガニスタンのイスラム教徒のタリバンと戦った際には、タリバンを支援したアメリカが今度は逆にタリバン政権を攻撃したのである。テロの概念・定義を曖昧にしたままこの概念を多用して、フィリピン、ジョージア（旧グルジア）、イエメンなどにアメリカ軍を派遣・駐留させた。しかしチェチェンや新疆ウイグルでの分離・独立運動に弾圧を強めていたロシアや中国への批判は中止して、一時的に「国際反テロ戦線」を結成した。

　アメリカの攻撃対象はアフガニスタンからサダム・フセイン政権のイラクに向かい始めた。イラン・イラク戦争でイラクを支援したアメリカは、湾岸戦争では多国籍軍の中心としてこれを大敗させたが、このとき以来、イラクの大量破壊兵器（WMD）開発と所有に疑念を抱いていた。その上、フセイン政権はかつてタリバン政権に援助を与えており、9・11 テロとイラクとの関係があるとブッシュ政権が疑念をもっていたため、「イラクに対して期限付きで WMD の査察受け入れと廃棄を求める」国連安保理決議 1441 が 15 ヵ国全員一致で認められた。イラクは査察を受け入れ、国連監視検証査察委員会 2003 年 1 月査察を開始した。同委員会は 3 回査察報告を提出したが、ブッシュ政権は報告書に不満を示しイラクは WMD を温存していると断定した。独仏中露は査察は機能していると主張したが、これを無視しブッシュ政権は 3 月 20 日イギリス、オーストラリアの有志連合とともにイラク攻撃に踏み切ってしまった。(1)国連憲章第 2 条は原則的に武力行使を禁止しており、(2)武力行使が認められるのは安保理決議がある場合か、自衛権発動の場合である。(1)に関して米英は湾岸戦争時の安保理決議 678 と 2002 年 11 月の 1441 を根拠にしたが、国際法上きわめて疑義のあるものであった。(2)に関しても 9・11 テロとイラクとの関係は証明されていないため「自衛権発動」とはいえず、国際法違反の先制攻撃・予防

戦争の性格が強いものであった。

　2003 年 5 月 1 日ブッシュ大統領はイラク戦争の終結を宣言したが、これ以降もアメリカ軍に対する攻撃は続いた。イラクが WMD を廃棄せず保有し、アル・カイーダと関係をもっているというアメリカの主張は何ら証明されなかったばかりか、イラク国内の治安がきわめて悪化した。IS（「イスラム国」）成立もイラク戦争がその遠因であった。2010 年 8 月 31 日オバマ大統領は戦闘終結を宣言し、続いて 2011 年 12 月 14 日イラク戦争終結を宣言した。8 年半の歳月と約 7,000 億ドル（1 ドル＝ 107〜108 円で計算すると約 75 兆円）の戦費をかけイラク戦争は一応終結したのである。ウェブサイトのウィキリークスが 2010 年 10 月 22 日に発表したところによると、2004 年 4 月〜2009 年 12 月の戦死者は約 10 万 9,000 人で、うち民間人は 60％の約 6 万 6,000 人であった。

中東・アラブ地域の不安定化──「アラブの春」とシリア内戦

　1979 年末ソ連の侵攻により始まったアフガニスタン戦争、ほぼ同時期に発生したイラン革命、80 年 9 月から 88 年 8 月まで続いたイラン・イラク戦争、90 年 8 月以降の湾岸危機と湾岸戦争、中東・西アジアのイスラム圏を舞台に米英仏ソの「大国」が介入したこれらの戦争を背景に発生した 2001 年の 9・11 テロ、これに対して始まったアフガニスタン戦争・イラク戦争など一連の出来事が累積して、中東・アラブ地域は不安定化していった。石油利権をめぐる域外諸国家の介入ばかりでなくスンニー派とシーア派との対立も加わり、この地域の国際関係は複雑化していった。グローバリゼーションの一因でもあり結果でもある衛星放送、携帯電話、SNS を使った情報伝達の加速化もこの不安定化・複雑化に影響を与えている。

　こうした過去 30 年間にわたるこの地域の不安定化・複雑化を背景に、2010 年 12 月以降「アラブの春」と呼ばれる反政府運動、民主化運動のうねりは、最終的にはイスラム国（IS）、米ロ、イスラエル、イラン、トルコ、クルド人勢力を巻き込むきわめて複雑な構図となるシリア内戦を引き起こしてきた。「アラブの春」というネーミングは 1968 年チェコ・スロヴァキアで起こった「プラハの春」に倣（なら）ったものであるが、現実は明るく穏やかな春ではなく冷酷さに満ちた極寒の冬となった。

2010年12月チュニジアでは露天商が焼身自殺によって行った抗議運動が、インターネットによって短期間で拡大した反政府運動が、23年間続いたベン＝アリー政権を2011年1月崩壊させた。29年間、非常事態宣言を背景に強権政治を行ってエジプトを統治したホスニー・ムバラクも、SNSで呼びかけられて集まった20万人の大規模反政府デモで2月辞任に追い込まれた。混乱の中でムスリム同胞団を背景に選挙で大統領に就任したモルシは、軍最高評議会からの完全な民政移管を実現しようとした。しかし2013年6月30日全国で反ムスリム同胞団の大規模デモが発生した機会をとらえ、国防相であったシシが国軍を使ってクーデターを起こしモルシ（ムルシィームルシィー）大統領を解任した。エジプトにおける「アラブの春」は逆コースをたどることになった。

アルジェリアでもチュニジアとエジプトでの動きに刺激され、アブデルアジズ・ブーテフリカ政権の強権政治に対する批判が、高い失業率と食料品の高騰という生活苦と結びついて2010年12月末から翌年2月末にかけ抗議デモが行われた。しかし19年間にわたる非常事態宣言を維持して権力を握り、2019年4月2日辞任した。結果的に見ると、他国ほど「アラブの春」の影響は少なかったといえる。

武力衝突から内戦状態になったリビアでは、2011年8月に英仏軍を中心としたNATO軍が反カダフィ勢力に軍事援助を与えつつ、カダフィ政権軍に8,000回にも及ぶ空爆を行い42年間続いたカダフィ政権を崩壊させた。2003年には核保有を認め廃棄し、2004年にはアメリカと国交を結び、2009年のG8首脳会議（当時はロシアもメンバー）に招待されたカダフィは欧米にあっけなく見限られたのである。チュニジアやエジプトと大きく異なるのは、民衆主体の反政府運動ではなく、歴史的にここに利害関係をもつ英仏が軍事力で独裁体制を崩壊させたことである。リビアでは2021年5月の時点でも内戦が続いている。

2010年末から発生した一連の「アラブの春」は、シリアで「アラブの冬」となっていった。チュニジアでの「ジャスミン革命」やエジプトでの民主化運動のように、2011年1月26日アサド政権への穏やかな抗議活動で始まり、2月5日には数百名が参加したアサド退陣デモに発展し逮捕者が出た頃から、次第にシリア軍と反政府勢力民兵との衝突が頻発するようになった。その後シリ

ア北部のクルド人勢力やイスラム教を名乗る IS が参戦し、これら反政府勢力の間でも戦闘が起こるようになった。米仏など多国籍軍もアサド政権打倒と IS 掃討を掲げて軍事介入し、さらにトルコ、サウジアラビア、カタールなどスンニー派の周辺諸国もシーア派の一派であるアラウィー派が実権を握るアサド政権打倒のため、反政府勢力に軍事支援を与えるようになった。これに対して伝統的にシリアと緊密な関係にあるロシアと、レバノンに拠点をもつ軍事組織ヒズボラ（ヒズブッラー）に支援をしてきたシーア派の盟主イランが、アサド政権の側に立ち反政府諸勢力に対して空爆を含め軍事介入を始めた。シリア一国内の対立に外国諸勢力やクルド人勢力と IS が介入する複雑な構図が生まれたため、シリア内戦というよりもシリアとその周辺を戦場とした国際間戦争の様相を呈している。2020 年現在、600 万人に及ぶシリア人が周辺諸国やヨーロッパの難民として流出している。「アラブの春」から 10 年経つが、民主化が成功したのはチュニジアのみであり、「アラブの春」は中東地域における権威主義体制の強靭さを証明する結果となった。

┈┈┈【脱線講義23】イエメン内戦 ┈┈┈

　イエメンでは他地域に比べ「アラブの春」の訪れは 10 年遅かったといわれる。しかし「アラブの春」の影響もある程度あるものの、イランに支援されたシーア派勢力とサウジアラビアに支援されたスンニー派勢力の間の権力闘争という色彩が強い。すなわち 2015 年 1 月シーア派武装組織フーシが大統領宮殿を制圧し 2 月に政権奪取を宣言した。これに対して紅海に面したアデンを拠点とするハディ暫定大統領派が、サウジアラビアなどスンニー派諸国から援助を得てフーシと内戦を展開している状況である。イランと対立しているアメリカはサウジアラビアと密接な関係のある大統領派を支援しているため、イランとアメリカとの対立の構図も見える。さらに 2020 年春には暫定大統領派の一部がイエメン南部を分離独立させようと画策したため、大統領派は内部分裂の危機に見舞われた。

中国の台頭

　1972 年の米中接近と 79 年 1 月 1 日の米中国交樹立によりアメリカの軍事的圧力から解放された中国は、85 年 3 月ソ連共産党書記長に就任したゴルバチョフの新思考外交に対応して中ソ対立を解消していった。かつて米ソ両超大国の軍事的圧力にさらされていた中国は、その圧力から解放されたのであった。米中国交樹立により日米欧から資本と技術を導入する改革開放政策を推進して経済成長の基礎を築き、冷戦終結後は平和台頭論を掲げて長大な国境を接する

ソ連・ロシアやインドとの関係改善に乗り出した。ロシアとは1991年に中ソ（露）東部国境協定、94年に中露西部国境協定を締結し、未解決の部分に関しては2004年に協定を締結してユーラシア内陸部の紛争の可能性を低下させた。130年間にも及んだタジキスタンとの領土問題も2011年に解決した。インドとは長年にわたり係争の対象となっているインド東北部のアルナチャル・プラデーシ地方の帰属をめぐり2009年にホットライン設置協定を締結し未解決ながらも緊張緩和を実現した。相対的に平和な国際環境を確保することにより高度経済成長を持続させるためには巨大なアメリカ市場と世界貿易機関（WTO）加盟が不可欠であり、アメリカとの協調関係を重視せざるをえなかった。

　しかし他方、慎重にアメリカへの軍事的警戒を高めていった。もともと中国指導部は冷戦後の国際政治構造をアメリカ中心の「一超多強」構造ととらえ、これを「多極」構造に転換させることを至上命題としていた。1995年5月ユーゴ内戦中にベオグラードの中国大使館がアメリカの爆撃機に「誤爆」された事件にも、2001年4月米海軍哨戒機と衝突した中国軍機が海南島付近に墜落した事件に対しても、「煮え湯を飲まされた」にもかかわらず中国は抑制的に対応した。同年末の実現を睨んだWTO加盟があったからである。これら二つの事件はもちろん、冷戦終結期におけるアメリカ主導の湾岸戦争、ユーゴ内戦中のアメリカ主導NATO軍によるセルビア人勢力への空爆、9・11テロをきっかけとしたアメリカ主導のアフガニスタン・イラク戦争などは、中国、ロシアばかりでなく多くの国家に警戒心を抱かせ、中露を準同盟関係に追い込んでいった。2010年中国のGDPがアメリカに次いで世界第二位に躍り出たあと、2013年頃から権力を掌握していった習近平政権は急激に軍事力を質量ともに増強させ、製品輸出と原材料輸入のルートと勢力圏拡大手段としての「一帯一路」政策を加速している。

終　章　20世紀国際政治の軌跡

　20世紀100年の国際政治史は人々を震撼させる事象に満ち満ちている。日露戦争、辛亥革命、第一次世界大戦、ロシア革命、世界恐慌、日中戦争、第二次世界大戦、ナチス・ドイツによるホロコースト、原爆投下、朝鮮戦争、キューバ危機、ヴェトナム戦争、中ソ対立、新冷戦、湾岸戦争、ユーゴ内戦、米ソ冷戦終結、9・11テロ、イラク戦争など枚挙にいとまがない。これらの事象に思いを馳せるとき、改めて20世紀が「戦争と革命」の世紀だったことを思い知らされる。

　だからといって20世紀に入って突如、凄まじい大量殺戮を伴う「戦争と革命」が頻発するようになった訳ではない。19世紀100年間に本格化した二つの産業革命の展開と、その結果生まれた二つの資本主義様式の発生が源泉であった。第一次産業革命と産業資本主義の「発展」は世界的規模で産業労働者階級を生み出し、この新しい社会階層が思想・運動としての社会主義を「体制としての社会主義」—ソヴィエト社会主義共和国連邦の成立—に押し上げた。この体制のもとで社会主義本来の理念が実現したとはいえなかったが、社会主義思想は資本主義諸国における改革・革命への潮流と、欧米植民地における民族解放運動や現代ナショナリズムを刺激することになった。産業資本主義の肥大化が生み出した金融資本主義の発生と石油・電気を基軸とする第二次産業革命は、帝国主義段階に達した資本主義列強間を緊張させることになった。この革命の中核をなした内燃機関に不可欠な石油をめぐる列強間の対立は、第一次世界大戦の大きな要因となった。20世紀は「戦争と革命」の世紀であったばかりか、その底流には石油という天然資源をめぐる列強間の暗闘があったのである。石油利権をめぐる暗闘はその後も続き、20世紀を「石油の世紀」ともしたのであった。あえて単純化していえば、国家社会の在り方をめぐる根本的対

立、現代ナショナリズムの勃興、経済に不可欠となった石油が「戦争と革命」の底流となっていた。

　世界大戦といわれたもののヨーロッパとその周辺地域が主戦場であった第一次世界大戦は西欧中心の国際政治の様相を激変させるとともに、パクス・ブリタニカを終焉させた。「技術力、経済力（生産・流通・金融力）、軍事力（とりわけ海軍力）そして何よりも政治外交力により、長期にわたる大国間の大戦争の発生を抑止しえていた状態」としてのパクス・ブリタニカのもとで、19世紀の第4四半世紀以降ヨーロッパ国際政治を制御していたイギリスは、この戦争の戦勝国でありながら国力を衰退させていった。大戦前すでにパクス・ブリタニカのもとでもその兆候は見え始めていた。後発資本主義国のドイツ・イタリアとの対立や世紀転換期のボーア戦争（ブーア戦争・南ア戦争）は国力を蝕んでいた。長期にわたる泥沼化した対外戦争が国力を衰退させることを示す典型的な事例であり、英仏はアメリカの参戦により辛うじて勝利したのである。

　戦場にならずに英仏など連合国に有償・無償の援助をしたアメリカが、イギリスに代わり国際経済の中心に成長していき、世界恐慌の「震源地」となりながらも第二次世界大戦を主導することになった。「震源地」になったことはアメリカが戦間期に国際経済の中心になりつつあったことの証拠でもあった。第二次世界大戦を主導し国連システムとIMF・GATTシステムを中心とした戦後秩序構築を主導したアメリカは、同時に自由・民主主義・人権を防衛するという大義を掲げて、米ソ冷戦を戦うためにグローバルに同盟網をつくり上げた上で世界各地の紛争・戦争に介入していった。「好戦国家アメリカ」、「世界から嫌われるアメリカ」という印象を広めていった。特に1960年代の「アメリカの戦争」と化したヴェトナム戦争は、非人道的兵器を多用し雨 霰（あめあられ）のごとく爆弾を投下したため世界中から非難を浴びた。アメリカでも国内世論を深刻に分裂させ、ヴェトナム戦争を戦ってしまったことへの反省や罪悪感「ヴェトナム・シンドローム（ヴェトナム戦争への心理的後遺症）」を生んだ。この戦争は人的損害を拡大したばかりか、アメリカ経済を大きく傷つけることになった。長期にわたる膨大な軍事・経済援助による「ドルの散布（ドルの垂れ流し）」と軍需生産にシフトしたアメリカ経済は国際競争力を失い、ドル不安を引き起こすとともに戦後初めて貿易赤字を記録した。ニクソン政権は金とドルの交換を停

止し、戦後国際政治におけるアメリカの圧倒的優位を支えてきた要素の一つであった IMF システムを崩壊させ、国際金融は不安定な「海図なき航海」を強いられることになった。しかしこのシステムの大前提であった国際基軸通貨としてのアメリカ・ドルに代替する通貨は登場せず、GDP 世界第一位の経済力、世界最強といわれた軍事力を背景にアメリカ・ドルが実質的に国際決済通貨として使用され、その後もアメリカの相対的優位を保証した。

　ソ連崩壊で最終的に冷戦に「勝利」したという一時的な興奮状態・愉悦感の中で、アメリカの顕教（exoteric）であった自由・民主主義・人権という価値観と市場原理がグローバルに拡大するという期待は必ずしも実現しなかった。「歴史の終わり」は到来しなかった。「パクス・アメリカーナⅡ」論も幻と消えた。確かに冷戦終結期に最先端兵器を総動員して湾岸戦争に「圧勝」し中露を驚愕・警戒させたアメリカであったが、「貧者の核兵器」ですらない数々の自爆テロにさらされることになった。2001 年の 9・11 同時多発テロの衝撃は直ちにアフガニスタン・イラクでの戦争を引き起こし、再び膨大な数の犠牲者を生み出したばかりか、ロシア、イラン、トルコ、イスラエルやクルド人、イスラム国（IS）などが介入するシリア内戦を引き起こし中東地域を極度に不安定化させている。冷戦後の NATO と EU の東方拡大がロシアとの緊張を引き起こしているヨーロッパは、この不安定化した中東地域から流入する難民問題への対応をめぐる亀裂が深刻化している。

　より深刻になったのが 2017 年 1 月成立したアメリカのトランプ政権が仕掛けた米中対立である。米中貿易摩擦に端を発する対立は、先端技術の知的所有権をめぐる対立から軍拡競争に拡大してきたため、精緻な概念規定をしないままマスメディアでは米中（新）冷戦あるいは米中覇権闘争と煽り立てている。この対立の帰趨を即断することはできないが、覇権性を衰退させたアメリカに取って代わってパクス・シニカが成立する可能性はきわめて低いといわざるをえない。確かに短中期的データによると 21 世紀前半には、経済的にも技術的にも軍事的にも中国がアメリカを凌駕し覇権を握る可能性が高くなりつつあるとする予測が多い。現在の習近平政権は対内的には、強権をふるって監視社会構築を強化し、「中国製造2025」の実現を目指して第四次産業革命の主導権を握る野心に燃えている。対外的には上海協力機構、BRICS（銀行）、アジア・イ

ンフラ投資銀行（AIIB）などを背景に「一帯一路」政策を展開し独裁的政権の国家への影響力を拡大している。しかしパクス・ブリタニカ、パクス・アメリカーナという過去二つのパクスが成立した国際的条件は今や消滅している。パクス・ブリタニカの場合、独伊など新興国家の成立はあったものの国際政治のプレイヤーはヨーロッパを中心に30ヵ国前後であり、パクス・アメリカーナの場合ですら国連の原加盟国は51ヵ国であった。圧倒的な意図と能力を有する国家が秩序形成を主導し維持コストを支払う条件が存在したが、今や国連加盟国は193ヵ国と4倍に増加した上に、安保理常任理事国の五大国ばかりか印パに加え北朝鮮やイスラエルなど核保有国が増加し、核を後ろ盾に特定国家の意思を他国に強制できる条件は消滅している。国家の数が激増したばかりでなく、NGOや多国籍企業あるいはアメリカのGAFA（Google、Apple、Facebook、Amazon）や中国のBATH（Baidu、Alibaba、Tencent、Huawei）などの非国家主体がデジタル革命により国家主体に対抗できる存在から国家を脅かす存在になりつつある。その上、それぞれの国家の国民が衛星放送・PC・スマートフォンなどを通じて世界情勢を把握し、SNSにより意見表明し公式・非公式に政治参加するようになり、独裁国家においても異議申し立てを行う時代になっている。特定の1・2ヵ国がかつてのように一方的に自国の価値や政策を押し付け、自国中心の国際秩序を構築する条件は消滅しているのである。特に環境問題、核廃絶問題、パンデミックなど全人類の生存に関わる地球的問題群は、少数の特定国家によるのではなく多国間主義・国際協調主義でしか解決していかない時代に変化してきている。

　現在進行中の第四次産業革命で主導権を握った国家が技術覇権を基礎に覇権を握る可能性も低いといわざるをえない。冷戦終結を契機にデジタル革命を中核とした第三次産業革命が進行したが、21世紀に入りデジタル革命の成果が産業に応用されることにより急速に第四次産業革命が発生しつつある。デジタル革命により蓄積された膨大なビッグデータや飛躍的な技術革新を背景に、AI（人工知能）、三次元プリンター、自動車の自動運転化、家電をはじめとする様々な機器の自動制御化・遠隔操作化（IoT）、デジタル通貨などを生み出しつつある。この産業革命の中核である技術革命は複数の国家が激しい競争を展開し絶えず最先端技術を開発していかざるをえないため、ある技術分野で一時

的に優位を確立しても短時間で次世代技術に追い抜かれる宿命にある。したがって第四次産業革命を牽引したからといって、それが国際政治における覇権を握ることにはならない。第一次産業革命を牽引したイギリス、第二次産業革命を牽引したアメリカ（・ドイツ）がやがて覇権を握った19・20世紀と異なり、21世紀の産業革命を牽引する国家は単独ではなく複数の先進国であり覇権国を生み出すことはないであろう。

【参考文献】（本書の性質上、日本語文献に限定する）

A．全体に関わる文献

1．D・F・フレミング、小幡操訳『現代国際政治史Ⅰ～Ⅳ』岩波書店、1966～1973年
2．F・L・シューマン、長井信一訳『国際政治（上下）』東京大学出版会、1973年
3．石井修『国際政治史としての20世紀』有信堂、2000年
4．有賀貞『国際関係史　16世紀から1945年まで』東京大学出版会、2010年
5．有賀貞『現代国際関係史　1945年から21世紀初頭まで』東京大学出版会、2019年
6．佐々木雄太『国際政治史　世界戦争の時代から21世紀へ』名古屋大学出版会、2011年
7．柳澤英二郎・加藤正男・細井保『危機の国際政治史　1917-1992』亜紀書房、1993年
8．福田茂夫・義井博・草間秀三郎『二〇世紀国際政治史』名古屋大学出版会、1988年
9．アダム・B・ウラム、鈴木博信訳『ソヴェト外交史　膨張と共存1～3』サイマル出版会、1978年
10．松岡完『20世紀の国際政治　二度の世界大戦から冷戦の終焉まで』同文館出版、2003年
11．北島平一郎『近代外交史　ナポレオンからカイザーへ』創元社、1975年
12．北島平一郎『現代外交史　第一次世界大戦からヒットラーへ』創元社、1979年
13．ウィリアム・ウッドラフ、千本祥子訳『現在を読む世界近代史　アジアを基軸として』TBSブリタニカ、1990年
14．ウイリアム・ウッドラフ、原剛・菊池紘一・松本康正・南部宣行・篠永宣孝訳『概説現代世界の歴史　1500年から現代まで』ミネルヴァ書房、2003年
15．柴田三千雄・木谷勤『世界現代史37　世界現代史』山川出版社、1985年
16．大江一道『世界近現代全史Ⅱ　近代世界システムの展開』山川出版社、1995年
17．ドミニク・リーベン、袴田茂樹監修、松井秀和訳『帝国の興亡　上下』日本経済新聞社、2002年
18．土井正興・浜林正夫ほか『科学全書28　戦後世界史下』大月書店、1989年
19．油井大三郎『戦後世界秩序の形成　アメリカ資本主義と東地中海地域1944-1947』東京大学出版会、1985年
20．萱原信雄『20世紀国際政治史　東アジアと世界の交錯』而立書房、1982年
21．ウィリアム・H・マクニール、増田義郎・佐々木昭夫訳『世界史　下』中央公論新社、2008年
22．ニーアル・ファーガソン、仙名紀訳『憎悪の世紀　なぜ20世紀は世界的殺戮の場となったのか　下』早川書房、2007年
23．ポール・ジョンソン、別宮貞徳訳『現代史　1917-1991　上下』共同通信社、1992年
24．ルネ・ジロー、渡邊啓貴・柳田陽子・濱口學・篠永宣孝訳『国際関係史1871～1914年　ヨーロッパ外交、民族と帝国主義』未来社、1998年
25．タッド・シュルツ、吉田利子訳『1945年以後　上下』文芸春秋、1991年

334

26.　モーリス・ヴァイス、細谷雄一・宮下雄一郎監訳『戦後国際関係史　二極化世界から混迷の時代へ』慶應義塾大学出版会、2018年

27.　小川浩之・板橋拓己・青野利彦『国際政治史　主権国家体系のあゆみ』有斐閣、2018年

B. 国・地域に関する文献

1.　石井修編著『1940年代ヨーロッパの政治と冷戦』ミネルヴァ書房、1992年

2.　古賀秀男・西島有厚・前間良爾『現代人の西洋史』法律文化社、1979年

3.　T・C・W・ブランニング編著、望田幸男・山田史郎監訳『オックスフォード　ヨーロッパ近代史』ミネルヴァ書房、2009年

4.　ウォルター・ラカー、加藤秀治郎・金井和子・酒井一成・佐治孝夫・永山博之・藤井浩司訳『ヨーロッパ現代史1　西欧・東欧・ロシア』芦書房、1998年

5.　渡邊啓貴編『ヨーロッパ国際関係史　繁栄と凋落、そして再生』有斐閣、2002年

6.　青山吉信・今井宏編『概説イギリス史　伝統的理解をこえて』有斐閣、1982年

7.　松浦高嶺『イギリス現代史』山川出版社、1992年

8.　北川勝彦編著『イギリス帝国と20世紀　第4巻　脱植民地化とイギリス帝国』ミネルヴァ書房、2009年

9.　木畑洋一編著『イギリス帝国と20世紀　第5巻　現代世界とイギリス帝国』ミネルヴァ書房、2007年

10.　河野健二『世界現代史　19巻　フランス現代史』山川出版社、1977年

11.　木村尚三郎・志垣嘉夫編『概説フランス史　中世・近世の社会と文化の理解のために』有斐閣、1982年

12.　ハーバート・ティント、藤木登訳『現代フランス外交史』御茶の水書房、1977年

13.　服部春彦・谷川稔編著『フランス近代史　ブルボン王朝から第五共和政へ』ミネルヴァ書房、1993年

14.　渡邊啓貴『フランス現代史　英雄の時代から保革共存へ』中央公論新社、1998年

15.　グザヴィエ・ヤコノ、平野千果子訳『フランス植民地帝国の歴史』白水社、1998年

16.　平野千香子『フランス植民地主義の歴史　奴隷制廃止から植民地帝国の崩壊まで』人文書院、2002年

17.　望田幸男・三宅正樹編『概説ドイツ史　現代ドイツの歴史的理解』有斐閣、1979年

18.　クリストフ・クレスマン、石田勇治・木戸衛一訳『戦後ドイツ史1945－1955　二重の建国』未来社、1995年

19.　アルフレート・グロセール、山本尤・三島憲一・相良憲一・鈴木直訳『ドイツ総決算　1945年以降のドイツ現代史』社会思想社、1981年

20.　G・クノップ、E・クーン、望田幸男監訳『ドイツ統一　夢と現実』晃洋書房、1991年

21.　高橋進『歴史としてのドイツ統一　指導者たちはどう動いたか』岩波書店、1999年

22.　森田鉄郎・重岡保郎『世界現代史　22巻　イタリア現代史』山川出版社、1977年

23.　斉藤孝編『世界現代史　23巻　スペイン・ポルトガル現代史』山川出版社、1979年

24.　百瀬宏『世界現代史　28巻　北欧現代史』山川出版社、1980年

25．木戸蓊・伊藤孝之編『東欧現代史』有斐閣、1987 年
26．R. オーキー、越村勲・田中一生・南塚信吾編訳『東欧近代史』勁草書房、1987 年
27．ヴィクター・セベスチェン、三浦元博・山崎博康訳『東欧革命 1989　ソ連帝国の崩壊』白水社、2009 年
28．林忠行『中欧の分裂と統合　マサリクとチェコスロヴァキア建国』中央公論社、1993 年
29．木戸蓊『世界現代史　24 巻　バルカン現代史』山川出版社、1977 年
30．永田雄三・加賀谷寛・勝藤猛『世界現代史　11 巻　中東現代史 1　トルコ・イラン・アフガニスタン』山川出版社、1982 年
31．今井宏平『トルコ現代史　オスマン帝国崩壊からエルドアンの時代まで』中央公論新社、2017 年
32．永田雄三編『新版世界各国史 9　西アジア史Ⅱ　イラン・トルコ』山川出版社、2002 年
33．山口直彦『世界歴史叢書　アラブ経済史 1810 年― 2009 年』明石書店、2010 年
34．武田元有「1881 年ムハレム勅令の発布とトルコ負債償還体制の展開」『土地制度史学』41 巻 4 号、1999 年 7 月
35．中岡三益『アラブ近現代史　社会と経済』岩波書店、1991 年
36．ジョン・キムチ、田中秀穂訳『パレスチナ現代史』時事通信社、1974 年
37．川田順造編『世界現代史　10 巻　アフリカ史』山川出版社、2009 年
38．宮本正興・松田素二編『新書アフリカ史』講談社、2018 年
39．国本伊代『概説ラテンアメリカ史』新評論、2001 年
40．有賀貞・宮里政玄編『概説アメリカ外交史　政治・経済・軍事戦略の変遷』有斐閣、1983 年
41．松田武編著『現代アメリカの外交　歴史的展開と地域との諸関係』ミネルヴァ書房、2005 年
42．アメリカ学会編『原典アメリカ史　第 8 巻　衰退論の登場』岩波書店、2006 年
43．石井修『覇権の翳り　米国のアジア政策とは何だったのか』柏書房、2015 年
44．益田実・小川浩之編著『欧米政治外交史』ミネルヴァ書房、2013 年
45．佐々木卓也編『戦後アメリカ外交史　1871〜2012』有斐閣、2017 年
46．青野利彦・倉科一希・宮田伊知郎編著『現代アメリカ政治外交史　「アメリカの世紀」から「アメリカ第一主義」まで』ミネルヴァ書房、2020 年
47．滝田賢治『太平洋国家アメリカへの道　その歴史的形成過程』有信堂、1996 年
48．百瀬宏『世界歴史叢書 21　ソビエト連邦と現代の世界』岩波書店、1979 年
49．歴史学研究会編集『アジア現代史　第 1 巻〜第 3 巻』青木書店、1979〜1981 年
50．川島真・服部龍二編『東アジア国際政治史』名古屋大学出版会、2007 年
51．和田春樹・後藤乾一・木畑洋一・山室信一・趙景達・中野聡・川島真編『岩波講座東アジア近現代通史 7　アジア諸戦争の時代　1945-1960 年』岩波書店、2011 年
52．池田誠『中国現代政治史』法律文化社、1962 年
53．毛里和子『現代中国外交』岩波書店、2018 年
54．浅野亮・川井悟編著『概説近現代中国政治史』ミネルヴァ書房、2012 年

55. ヤン・M・プルヴィーア、長井信一監訳『東南アジア現代史 植民地・戦争・独立 上下』東洋経済新報社 1977 年

56. 首藤もと子『インドネシアーナショナリズム変容の政治過程』勁草書房、1993 年

57. 入江昭『日本の外交―明治維新から現代まで』中央公論社、1966 年

58. 増田弘・佐藤晋編著『新版 日本外交史ハンドブック 第二版』有信堂、2016 年

59. 五百旗頭真編『戦後日本外交史 第三版補訂版』有斐閣、2014 年

60. 宮城太蔵『現代日本外交史 冷戦後の模索、首相たちの決断』中央公論新社、2016 年

C. 冷戦に関する文献

1. 代表：江口朴郎・坂本義一『岩波講座 現代 6 冷戦―政治的考察』岩波書店、1963 年

2. ジョージ・ケナン、松本重治編訳『アメリカ外交の基本問題』岩波書店、1965 年

3. デイヴィッド・ホロヴィッツ、山口房雄訳『超大国時代 米国世界政策の批判 ヤルタか らベトナムまで』サイマル出版会、1968 年

4. ルイス・J・ハレー、太田博訳『歴史としての冷戦 超大国時代の史的構造』サイマル 出版会、1970 年

5. 永井陽之助『冷戦の起源 戦後アジアの国際環境』中央公論社、1978 年

6. 矢野暢『冷戦と東南アジア』中央公論社、1986 年

7. 小此木政夫・赤木完爾共編『冷戦期の国際政治』慶應通信、1987 年

8. 佐々木卓也『封じ込めの形成と変容 ケナン、アチソン、ニッツェとトルーマン政権の 冷戦戦略』三嶺書房、1993 年

9. マイケル・シャラー、五味俊樹監訳『アジアにおける冷戦の起源 アメリカの対日占 領』木鐸社、1996 年

10. 松岡完・広瀬佳一・竹中佳彦編著『冷戦史 その起源・展開・終焉と日本』同文舘出 版、2003 年

11. ジョン・ルイス・ギャディス、赤木完爾・齋藤祐介訳『歴史としての冷戦 力と平和 の追求』慶應義塾大学出版会、2004 年

12. 太田勝洪・袖井林二郎・山本満編『冷戦史資料選 東アジアを中心として』日本評論 社、1982 年

13. O・A・ウェスタッド、益田実監訳『冷戦 ワールド・ヒストリー 上下』岩波書店、 2020 年

14. 山本健『ヨーロッパ冷戦史』筑摩書房、2021 年

15. 吉留公太『ドイツ統一とアメリカ外交』晃洋書房、2021 年

D. 軍事・戦争に関する文献

1. ジェームズ・ジョル、池田清訳『第一次世界大戦の起源』みすず書房、1997 年

2. A・J・P・テイラー、倉前稔訳『目で見る戦史 第一次世界大戦』新評論、1980 年

3. J-J・ベッケール、ゲルト・クルマイヒ、剣持久木・西山暁義訳『仏独共同通史 第一 次世界大戦 上下』岩波書店、2012 年

4. マイケル・ハワード、馬場優訳『第一次世界大戦』法政大学出版局、2014 年

5. 山室信一・岡田暁生・小関隆・藤原辰史編『第一次世界大戦 現代の起点 1』岩波書店、

2014 年

6.　軍事史学会編『第一次世界大戦とその影響』錦正社、2015 年

7.　マーガレット・マクミラン、真壁広道訳、滝田賢治監修『第一次世界大戦　平和に終止符を打った戦争』えにし書房、2016 年

8.　デイヴィッド・マッケンジー、柴宜弘・南塚信吾・越村勲・長場真砂子訳『暗殺者アピス　第一次世界大戦をおこした男』平凡社、1992 年

9.　中野五郎『君は第二次世界大戦を知っているか』光人社、1982 年

10.　荒井信一『第二次世界大戦』講談社、1984 年

11.　秦郁彦『実録第二次世界大戦　運命を変えた、六大決戦』光風社出版、1984 年

12.　K・R・グリーンフィールド、中野五郎訳『歴史的決断』筑摩書房、1986 年

13.　P・カルヴォコレッシー、G・ウィント、J・プリチャード、八木勇訳『トータル・ウォー　第二次世界大戦の原因と経過　上下』河出書房新社、1991 年

14.　マーティン・ギルバート、岩崎俊夫訳『第二次世界大戦　人類史上最大の事件　上下』心交社、1994 年

15.　ドナルド・キャメロン・ワット、鈴木主税訳『第二次世界大戦はこうして始まった　上下』河出書房新社、1995 年

16.　黒羽清隆『太平洋戦争の歴史』講談社、2004 年

17.　ボリス・スラヴィンスキー、高橋実・江沢和弘訳『考証日ソ中立条約　公開されたロシア外務省機密文書』岩波書店、1996 年

18.　スチュアート・D・ゴールドマン、山岡由美訳、麻田雅文解説『ノモンハン 1939　第二次世界大戦の知られざる始点』みすず書房、2013 年

19.　秦郁彦『明と暗のノモンハン戦史』PHP 研究所、2014 年

20.　田中克彦『ノモンハン戦争　モンゴルと満洲国』岩波書店、2009 年

21.　小林英夫『ノモンハン事件　機密文書「検閲月報」が明かす虚実』平凡社、2009 年

22.　加藤陽子『満州事変から日中戦争へ』岩波書店、2007 年

23.　藤村信『ヤルタ　戦後史の起点』岩波書店、1985 年

24.　アルチュール・コント、山口俊章訳『ヤルタ会談=世界の分割　戦後体制を決めた 8 日間の記録』サイマル出版会、1986 年

25.　倉田保雄『ヤルタ会談　戦後米ソ関係の舞台裏』筑摩書房、1988 年

26.　チャールズ・ミー、大前正臣訳『ポツダム会談　日本の運命を決めた 17 日間』徳間書店、1975 年

27.　J・K・ザヴォドニー、中野五郎訳『カティンの森の夜と霧　第二次大戦をめぐる奇怪な大虐殺事件の真相記録』読売新聞社、1963 年

28.　遠藤晴久『第二次世界大戦　ドキュメンタリー・ドラマ　ヤルタ体制への道』亜紀書房、1981 年

29.　D・W・コンデ、陸井三郎監訳『朝鮮戦争の歴史　1950-53　アメリカは何をしたか　上』太平出版社、1967 年

30.　平松茂雄『中国と朝鮮戦争』勁草書房、1988 年

31.　朱建栄『毛沢東の朝鮮戦争　中国が鴨緑江を渡るまで』岩波書店、1991 年

32.　和田春樹『朝鮮戦争全史』岩波書店、2002 年

33．ブルース・カミングス、鄭敬謨・林哲・加地永都子訳『朝鮮戦争の起源　1』明石書店、2012 年
34．ジョージ・C・ヘリング、秋谷昌平訳『アメリカの最も長い戦争　上下』講談社、1985 年
35．小倉貞男『ドキュメント　ヴェトナム戦争全史』岩波書店、1992 年
36．松岡完『ベトナム戦争　誤算と誤解の戦場』中央公論新社、2001 年
37．金子譲『NATO 北大西洋条約機構の研究』彩流社、2008 年
38．神谷不二編『二十世紀の戦争　ヒトラーと二つの世界大戦』講談社、1985 年
39．三野正洋・田岡俊次・深川孝行『20 世紀の戦争』朝日ソノラマ、1995 年
40．フランソワ・ジェレ、山本光久訳『地図で読む現代戦争事典』河出書房新社、2003 年
41．シーモア・J・ダイチマン、牛田佳夫等訳『アメリカの限定戦略』朝日新聞社、1966 年

E．技術・経済・金融に関する文献

1．バリー・トリンダー、山本通訳『産業革命のアルケオロジー　イギリス　製鉄企業の歴史』新評論、1986 年
2．薬師寺泰蔵『テクノヘゲモニー　国は技術で興り、滅びる』中央公論社、1989 年
3．パット・ハドソン、大倉正雄訳『産業革命』未来社、1999 年
4．長谷川貴彦『世界史リブレット 116　産業革命』山川出版社、2012 年
5．角山栄・川北稔責任編集『講座　西洋経済史Ⅰ　工業化の始動』同文舘出版、1979 年
6．角山栄責任編集『講座　西洋経済史Ⅱ　産業革命の時代』同文舘出版、1979 年
7．入江節次郎・高橋哲雄責任編集『講座　西洋経済史Ⅳ　大恐慌前後』同文舘出版、1980 年
8．矢口孝次郎編著『イギリス帝国経済史の研究』東洋経済新報社、1974 年
9．C・P・キンドルバーガー、石崎昭彦・木村一朗訳『大不況下の世界　一九二九―一九三九』東京大学出版会、1982 年
10．C・P・キンドルバーガー、中島健二訳『経済大国興亡史　1500-1990　上下』岩波書店、2002 年
11．長岡新吉・太田和宏・宮本謙介編著『世界経済史入門　欧米とアジア』ミネルヴァ書房、1992 年
12．浅羽良昌編著『国際経済史　欧米とアジア』ミネルヴァ書房、1996 年
13．石見徹『世界経済史　覇権国と経済体制』東洋経済新報社、1999 年
14．ロバート・ギルピン、古城佳子訳『グローバル資本主義　危機か繁栄か』東洋経済新報社、2001 年
15．猪木武徳『戦後世界経済史　自由平等の視点から』中央公論新社、2000 年
16．高橋進『ドイツ賠償問題の史的展開　国際紛争および連繋政治の視角から』岩波書店、1983 年
17．A・ヌスバウム、浜崎敬治訳『ドルの歴史』法政大学出版局、1967 年
18．リチャード・N・ガードナー、村野孝・加瀬正一訳『国際通貨体制成立史　英米の抗争と協力　上下』東洋経済新報社、1973 年

19.　ミルトン・ギルバート、緒方四十郎・溝江義郎訳『国際通貨体制の軌跡』東洋経済新報社、1982 年

20.　ハンスイェルク・ヘル、坂口明義訳『国際通貨の政治経済学　貨幣・通貨間競争・通貨システム』多賀出版、1996 年

21.　伊藤正直・浅井良夫編『戦後 IMF 史　創生と変容』名古屋大学出版会、2014 年

22.　牧野裕『IMF と世界銀行の誕生　英米の通貨協力とブレトンウッズ会議』日本経済評論社、2014 年

23.　A・J・H・レイサム、川勝平太・菊池紘一訳『アジア・アフリカと国際経済　1865 － 1914 年』日本評論社、1987 年

F.　史資料・辞典・年表・地図

1.　鹿島平和研究所編『現代国際政治の基本文書』原書房、1987 年

2.　吉岡吉典・新原昭治編『資料集　20 世紀の戦争と平和』新日本出版社、2000 年

3.　山田朗編『外交資料　近代日本の膨張と侵略』新日本出版社、1997 年

4.　いいだもも編訳『民族・植民地問題と共産主義　コミンテルン全資料・解題』社会評論社、1980 年

5.　細谷千博・有賀貞・石井修・佐々木卓也編『日米関係資料集　1945 － 97』東京大学出版会、1999 年

6.　歴史学研究会編『世界史史料　第 10 巻　20 世紀の世界 1　ふたつの世界大戦』岩波書店、2006 年

7.　歴史学研究会編『世界史史料　第 11 巻　20 世紀の世界 2　第二次世界大戦後　冷戦と開発』岩波書店、2012 年

8.　宮崎犀一・奥村茂次・森田桐郎編『近代国際経済要覧』東京大学出版会、1981 年

9.　猪口孝・田中明彦・恒川惠市・薬師寺泰蔵・山内昌之編集『国際政治事典』弘文堂、2005 年

10.　国際法学会編『国際関係法辞典』三省堂、2005 年

11.　外務省外交史料館日本外交史辞典編纂委員会編『日本外交史辞典』大蔵省印刷局、1979 年

12.　青山吉信・石橋秀雄・木村靖二・武本竹生・松浦高嶺編集『世界史大年表』山川出版社、1992 年

13.　歴史学研究会『世界史年表』岩波書店、2001 年

14.　日比野丈夫編『世界史年表』河出書房新社、1997 年

15.　G・バラクラフ総監修『朝日＝タイムズ　世界歴史地図』朝日新聞社、1979 年

16.　松田知彬訳・監修『図説世界の歴史　別巻　世界歴史地図』学習研究社、1979 年

17.　R・I・ムーア編、中村英勝訳『世界歴史地図』東京書籍、1982 年

18.　Editor: William A. Cleveland, Britannica Atlas, pp. 128-131, Encyclopaedia Britannica Inc., 1992

おわりに

　38 年間中央大学法学部で国際学・平和学とともに担当した国際政治史をまとめようと思いつつ、現役時代は講義も研究も自転車操業状態であり果たすことができなかった。定年退職を機に準備を始めたが思っていた以上に難航を極めた。第一次世界大戦や第二次世界大戦あるいは冷戦についてもすでに内外に膨大な研究成果がある上に、次から次へと新しい史資料やそれに基づく解釈も出てきており、それらをすべて咀嚼してまとめることは難しい作業であった。その際、学生時代、外交史や政治史の講義で担当教員が百年経たなければ歴史学の対象にはならないと繰り返し強調していたことを思い出した。百年くらいの時間が経たなければ信頼に足る十分な史資料や証言が出てこないことがその理由の一つであったと記憶している。

　しかし世界情勢は急速に変化し続けており百年待つことなど到底できない。現役時代、第一次世界大戦や第二次世界大戦の背景や結果あるいはそれらが国際政治に及ぼした影響などを講義していると、歴史好きの学生は別として単位目的で履修している学生には自分の生活や人生とは無縁の遠い昔話しのようであった。ヴェトナム戦争の話になると学生たちの反応が若干変わった記憶があるが。平成生まれの学生たちにとって第一次・第二次世界大戦の講義は、1946年（昭和21年）生まれの筆者にとってクリミア戦争や明治維新期の諸戦争の講義を聞かされるようなものだったようだ。遠い昔の出来事に見える様々な事象が、いかに現代社会と密接にリンクしているかを若い学生たちに理解してもらう責任を感じて四苦八苦しつつ執筆したのが本書である。

　すでに多くの研究者が内容的にも分量的にも実にバランスのとれた国際政治史の概説書を世に送っている。これら先人たちの良書に比べると本書は必ずしもバランスのとれたものではないと自覚しているが、あえて教室で講義してい

るような概説書となることを意図したものである。とはいえ概説書である以上、内外学界での定説を踏まえることを原則としたが、無理のない範囲で自分自身の解釈も加えさせていただいた。そのため以下4名の研究者に原稿段階で目を通していただき、多くの有益なコメントをいただいた。首藤もと子氏（筑波大学名誉教授）、金子譲氏（元防衛研究所主任研究員）、今井宏平氏（ジェトロアジア経済研究所研究員）、竹内雅俊氏（東洋学園大学准教授）の4氏にはここに記して深甚の謝意を表したい。

　最後になるが出版状況が厳しい中、定年退職し講義を担当していない筆者に執筆の機会を与えていただいた上に、何度も懇切丁寧に原稿をチェックするとともに数多くのアドヴァイスをしていただいた有信堂高文社社長の髙橋明義氏に心より感謝申し上げたい。

　　　2021年10月

　　　　　　　　　　　　愛猫・茶々に癒されながら

　　　　　　　　　　　　　　　　　滝田　賢治

索　引

350

ワ　行

A～Z

著者紹介

滝田　賢治（たきた・けんじ）

【略歴】1946年、横浜生まれ。1970年東京外国語大学英米語学科卒業、1977年一橋大学大学院法学研究科博士課程（国際関係論専攻）単位取得満期退学。中央大学法学部専任講師、助教授、教授を経て2017年名誉教授。1991年3月より93年3月までジョージワシントン大学（ワシントンDC）中ソ研究所ヴィジティングフェロー

【主要業績】単著『太平洋国家アメリカへの道』（有信堂、1996年）、編著 *Emerging Geopolitical Situations in the Asia-Pacific Region*（中央大学出版部、2008年）、編著『アメリカがつくる国際秩序』（ミネルヴァ書房、2014年）、共編著『国際関係学』（有信堂、2015年）。論文「ルーズヴェルト政権と米中銀交渉」（野沢豊編『中国の幣制改革と国際関係』東京大学出版会、1981年）、「米中関係とアメリカ産業界」（『国際政治』78号、日本国際政治学会、1984年）、「グローバリゼーションとアメリカナイゼーション：冷戦構造との関連で」（『アメリカ太平洋研究』1号、東京大学アメリカ太平洋研究所、2001年）、「アメリカ帝国論―その心理と論理」（『情況』4月号、情況出版、2003年）、「多国間主義の再定義とアメリカ外交」（『国際政治』133号、日本国際政治学会、2003年）、「国民国家アメリカにおけるベトナム戦争の公的記憶」（細谷千博・入江昭・大芝亮編『記憶としてのパールハーバー』ミネルヴァ書房、2004年）、「平和憲法と日米同盟の狭間で」（『日本の外交第6巻：日本外交の再構築』岩波書店、2013年）、「グローバル化論の類型学」（星野智編『グローバル化と現代世界』中央大学出版部、2014年）、「IMF・GATT体制と円ドル為替問題」（『名古屋大学　法政論集』260号、2015年）。単訳：イアン・クラーク『グローバリゼーションと国際関係理論』（中央大学出版部、2010年）、共訳：ゴードン・A・クレイグ、アレキサンダー・L・ジョージ『軍事力と現代外交』（1997年、有斐閣）、共訳：デイヴィッド・ヘルド、アンソニー・マグルー他『グローバル・トランスフォーメーション』（中央大学出版部、2006年）、監訳・訳・解説：ロバート・コヘイン、ジョセフ・ナイ『パワーと相互依存』（ミネルヴァ書房、2012年）

国際政治史講義── 20 世紀国際政治の軌跡

2022年1月28日　初　版　第1刷発行　　　　〔検印省略〕

著　者©滝田 賢治／発行者　髙橋 明義

東京都文京区本郷 1-8-1　振替　00160-8-141750
〒113-0033　TEL（03）3813-4511
FAX（03）3813-4514
http://www.yushindo.co.jp/
ISBN978-4-8420-5584-8

印刷・製本／亜細亜印刷

発　行　所
株式会社　有信堂高文社
Printed in Japan

国際政治と規範——国際社会の発展と兵器使用
をめぐる規範の変容　　　　　足立研幾著　三〇〇〇円

レジーム間相互作用とグローバル・ガヴァナンス
——通常兵器ガヴァナンスの発展と変容　足立研幾著　二六〇〇円

オタワプロセス——対人地雷禁止
レジームの形成　　　　　　　足立研幾著　六三〇〇円

移行期正義と和解——規範の多元的伝
播・受容過程　　　　　　　クロス京子著　四八〇〇円

国内避難民問題のグローバル・ガバナンス
——アクターの多様化とガバナンスの変化　赤星聖著　四六〇〇円

米国の冷戦終結外交
——ジョージ・H・Wブッシュ政権とドイツ統一
　　　　　　　　　　　　　志田淳二郎著　六三〇〇円

国際連合成立史
——国連はどのようにしてつくられたか
　　　　　　　　　　　　　加藤俊作著　二〇〇〇円

民族自決の果てに——マイノリティをめぐる
国際安全保障　　　　　　　　吉川元著　三〇〇〇円

国際関係学 [第3版]
——地球社会を理解するために
都留康子編　滝田賢治　大芝亮　三二〇〇円

国際政治史講義——20世紀国際
政治の軌跡　　　　　　　滝田賢治著　三〇〇〇円

国際政治史としての二〇世紀　石井修著　三〇〇〇円

新版日本外交史ハンドブック [第二版]
——解説と資料　　増田弘　佐藤晋編著　三〇〇〇円

★表示価格は本体価格（税別）

有信堂刊